Meezan-e-adal

Falak Asiya

SPI Publications

Published by SPI Publications, www.spipublications.in
SPI, the SPI logo, and Split Poetry India are trademarks of SPI Publications, or its affiliates.

ISBN-13: 978-93-49860-4 -1

First Edition 2025

SPI Publications

Corporate & Editorial Office
117/2, Sector 37, Khandsa Road,
Gurgaon, Haryana 122 001
Phone: +91 98355 52940
Email: contact@spipublications.in
Website: www.spipublications.in

Processed and Printed in India

بِسمِ اللّٰہِ الرَّحمٰنِ رَحِیم

قال رسول الله صلى الله عليه وسلم:
"يُنصَبُ الميزانُ يومَ القيامةِ، فلو وُزِنَتْ فيه السماواتُ والأرضُ لوسِعَتْهُ، فتقولُ الملائكةُ: يا ربِّ! لِمَن يُوزَنُ هذا؟ فيقولُ اللهُ تعالى: لِمَن شِئتُ مِن خَلقي."
(سنن الترمذي، حديث نمبر: 2427)
اردو ترجمہ:
نبی کریم صلی اللہ علیہ وسلم نے فرمایا:
"قیامت کے دن ترازو (میزان) نصب کیا جائے گا، اگر اس میں آسمان و زمین رکھ دیے جائیں تو وہ انہیں سمو لے گا۔
فرشتے عرض کریں گے: اے ہمارے رب! یہ کس کے لیے ہے؟
اللہ تعالیٰ فرمائے گا: اپنے جس بندے کے لیے میں چاہوں گا۔"
(ترمذی: 2427)

میزانِ عدل
جہاں انسانوں کے اعمال تولے جاتے ہیں،
وہاں جذبات، نیتیں اور آنکھوں کی نمی بھی وزن رکھتی ہے۔
عدل کا ترازو بے رحم ہوتا ہے —
نہ جھکاؤ جانتا ہے، نہ تعلق پہچانتا ہے۔
ہر خطا، ہر وفا،
برابر تولی جاتی ہے۔
اور جس دن یہ ترازو حرکت میں آتا ہے،
اس دن نہ آنکھیں جھکنے سے بچتی ہیں، نہ دل دھڑکنے سے۔

پیش لفظ

دُنیا کی تلخ حقیقت :

* دنیا میں طاقتور کمزوروں پر ظلم کرتے ہیں، امیر غریبوں کا استحصال کرتے ہیں، اور ظالم مظلوموں کو کچلتے ہیں۔ انصاف ایک خواب بن چکا ہے، جہاں حقداروں کو ان کا حق نہیں ملتا اور مجرم آزاد گھومتے ہیں۔ * یہ دنیا لالچ، خودغرضی اور ناانصافی کا گڑھ بن چکی ہے، جہاں انسانیت سسک رہی ہے۔

انصاف کی جدوجہد کا جذبہ :

* لیکن، یہ یاد رکھنا چاہیے کہ تاریکی کتنی ہی گہری کیوں نہ ہو، روشنی کی ایک کرن ہمیشہ موجود ہوتی ہے۔

* انصاف کے لیے لڑنا ایک مقدس فرض ہے، ایک ایسا فرض جو ہمیں انسانیت کے لیے ادا کرنا ہے۔

* ہمیں ظالموں کے سامنے ڈٹ جانا ہوگا، مظلوموں کی آواز بننا ہوگا، اور انصاف کے لیے اپنی جان تک قربان کرنی ہوگی۔

* یہ لڑائی آسان نہیں ہوگی، ہمیں مشکلات کا سامنا کرنا پڑے گا، ہمیں قربانیاں دینی ہوں گی۔

* لیکن، ہمیں کبھی ہمت نہیں ہارنی چاہیے، کیونکہ انصاف کی فتح یقینی ہے۔

* ہمیں ایک ایسی دنیا بنانی ہے جہاں ہر انسان برابر ہو، جہاں ہر کسی کو انصاف ملے، اور جہاں انسانیت کا بول بالا ہو۔

* انصاف کے لیے لڑنا صرف ایک عمل نہیں، یہ ایک جذبہ ہے، ایک عہد ہے، ایک مشن ہے۔

* یہ ایک ایسی لڑائی ہے جو ہمارے اندر کی انسانیت کو جگاتی ہے، ہمیں بہتر انسان بناتی ہے، اور ہمیں ایک بہتر دنیا کی طرف لے جاتی ہے۔

* یہ لڑائی ہمیں سکھاتی ہے کہ انصاف صرف ایک لفظ نہیں، یہ ایک عمل ہے، ایک جدوجہد ہے، ایک قربانی ہے۔

* یہ لڑائی ہمیں سکھاتی ہے کہ انصاف کے لیے لڑنا ہی اصل زندگی ہے۔

دنیا کو بدلنے کی طاقت :

* یاد رکھیں، ایک شخص بھی دنیا کو بدل سکتا ہے۔

دیکھیں، زندگی ایک سفر ہے، اور اس سفر میں ہمیں مختلف موڑوں سے گزرنا پڑتا ہے۔ ہر موڑ پر کچھ نئے چیلنجز، کچھ نئی خوشیاں، اور کچھ نئے تجربات ہوتے ہیں۔ ان موڑوں کو ہم زندگی کے مراحل کہتے ہیں۔

اب، ان مراحل کا سامنا کیسے کرنا ہے؟ یہ ایک اہم سوال ہے۔ سب سے پہلے تو یہ سمجھ لیں کہ کوئی بھی مرحلہ ہمیشہ کے لیے نہیں رہتا۔ وقت بدلتا ہے، حالات بدلتے ہیں، اور ہم بھی بدلتے ہیں۔ چاہے کچھ بھی ہو جائے ہمیں اپنا فرض پورا کرنا چاہیے۔ انصاف اور سچ کا دامن مضبوطی سے پکڑے رہنا چاہیے ۔

باب:۱

عدل و انصاف کسی ایک گروہ، ملک اور قوم کی خواہش و حاجت نہیں۔ یہ پوری تاریخ انسانیت میں تمام انسانوں کی فطری و تاریخی ضرورت ہے۔ اللہ تعالی کی خوشنودی کے لئے چلائی جاتی ہے ۔

رات کا سنّاٹا تھا، اور آسمان مسلسل برس رہا تھا۔ بارش کی بوندیں سڑک پر گر رہی تھیں۔ حیات اپنی دوست کی برتھ ڈے پارٹی سے واپس آ رہی تھی۔ سڑکیں بھیگ چکی تھیں اور فضا میں نمی کے ساتھ تنہائی کی سی خوشبو گھلی ہوئی تھی۔ اچانک، سامنے سے آتی گاڑی کی تیز روشنی حیات کی آنکھوں پر پڑی—چند لمحے کے لیے سب کچھ دھندلا سا ہو گیا۔ اور پھر... ایک جھٹکے میں یا تو گاڑی حیات کے سامنے آ گئی تھی، یا حیات خود اس کے راستے میں آ گئی تھی۔ لمحہ ٹھہر سا گیا۔

"اندھے ہو کیا؟ دکھتا نہیں ہے؟ سامنے دیکھ کر گاڑی چلانی چاہیے نا! یہ کار ہے ہوائی جہاز نہیں، جو روڈ پر ہی اُڑانے لگے ہو؟" حیات نے ایک ہی سانس میں غصے بھرے لہجے میں کہا۔

"محترمہ، میں اندھا نہیں ہوں، بلکہ آپ کی آنکھوں کو دکھائی نہیں دیتا۔ آپ ہی اچانک آگے آ گئیں۔ آپ کو کسی اچھے آئی اسپیشلسٹ کی سخت ضرورت ہے۔"

"اوئے ہیلو... زیادہ مت بولو! مجھے سب کچھ صاف دکھائی دیتا ہے، وہ تو بس بارش کا پانی آنکھوں میں چلا گیا تھا!" حیات نے اپنے ہاتھوں سے آنکھ کا پانی صاف کرتے ہوئے کہا۔

ابھی وہ دو قدم آگے بڑھی ہی تھی کہ...

"اجی محترمہ، سنو!" اُس لڑکے نے پیچھے سے آواز لگائی۔

جب حیات اُس کی طرف پلٹی تو وہ لڑکا اپنی کار کے ڈیش بورڈ سے کچھ نکال رہا تھا۔ حیات وہیں رک گئی۔ تبھی وہ لڑکا اپنی کار کی کھڑکی سے ہاتھ باہر نکال کر اُسے کالی چھتری دیتا ہے۔

"نہیں، مجھے ضرورت نہیں ہے۔" حیات نے انکار کرتے ہوئے کہا۔
"ارے لے لیجیے، محترمہ... ورنہ بیمار ہو جائیں گی۔ اور زیادہ پریشان ہونے کی ضرورت نہیں، بعد میں مجھے لوٹا دیجیے گا۔"
حیات خاموشی سے اُس سے چھتری لے لیتی ہے۔ وہ اُس کا چہرہ دیکھنے کی ناکام کوشش کرتی ہے، مگر رات کے اندھیرے اور بارش کی شدت کے باعث اُس کا چہرہ دیکھنا ممکن نہیں تھا۔ اور شاید اُس لڑکے نے بھی حیات کا چہرہ نہیں دیکھا ہوگا، کیونکہ حیات نے خود کو کالے رنگ کی بڑی سی چادر میں لپیٹا ہوا تھا۔
حیات کی نظر اُس لڑکے کی کلائی میں بندھی گھڑی پر پڑتی ہے...

......*

حیات اپنے کمرے میں بیڈ پر تکیوں سے ٹیک لگائے اُس لڑکے کے بارے میں سوچ رہی تھی،اور اپنے کہے ہوئے الفاظوں پر شرمندہ ہو رہی تھی۔
"وہ کتنا اچھا لڑکا تھا، میں نے اُسے برا بھلا کہا پھر بھی اُس نے مجھے اپنی چھتری دی ,کاش! میں اس سے ایک بار پھر ملتی،اور اُسے شکریہ کہتی خیر!" ....تبھی اُس کی نظر اُس کی کلائی پر پڑتی ہے اور اُس کا بریسلیٹ اُس کے ہاتھ میں نہیں رہتا۔ "ارے میرا بریسلیٹ کدھر گر گیا، ہائے اللہ میرا اتنا قیمتی بریسلیٹ تھا"اور پھر اُسے اچانک سے یاد آتا ہے کہ اُس کا بریسلیٹ اُس لڑکے کی کار میں گرا تھا جب وہ اُس سے چھتری لے رہی تھی۔
کہیں ٹھنڈی ٹھنڈی ہوائے چل رہی تھی تو کہیں وبا کے سنناٹو میں گِھرا ہوا شہر جیسے اپنی ہی سانس روک کر بیٹھا تھا، تبھی سنّاٹوں کو چیرتے ہوئے آواز آتی ہے "امّی چایے بنی کیا۔ آج صبح صبح کتنا اچھا موسم ہے، ہم گارڈن میں بیٹھ کر چایے پئینگے"
دوسری طرف سے بھی آواز آتی ہے۔ "اجی سنتی ہو حیات کی امی بسکٹ بھی ساتھ لے آنا ساتھ بیٹھ کر چایے اور موسم کا مزا لیں گے" احسن صدیقی نے اپنے کمرے سے آواز لگائی ۔
ایک گیند حیات کے پیر کے پاس آکر گرا ہی تھا کی عارض دوڑا آیا "تمہیں لگی کیا گیند سے، اُس نے حیات سے پوچھا۔

"نہیں گیند نے میرے قدموں میں گر کر تمہاری اس گستاخی کی معافی مانگی ہے ۔ اور میں معاف کرنے میں یقین رکھتی ہو کیونکہ سزا دینے والے سے بڑا معاف کرنے والا ہوتا ہے" حیات نے چہرے پر ہلکی سے مسکراہٹ کے ساتھ کہا۔

"تم دونوں ہنس رہے ہو اور اُدھر بالکنی کا کانچ ٹوٹ گیا ہے۔ ابھی تمہارے بابا دکھیں گے تو بہت غصّہ کریں گے۔" اسماء بیگم نے غصّے میں کہا ۔

"Don't worry امی، چھوٹی چھوٹی باتوں کا ٹینشن نہیں لیتے، ہم بابا کو ہینڈل کر لیں گے۔"

"اچھا اب تم دونوں اتنے بڑے ہو گئے ہو کہ اپنے بابا کو ہینڈل کروگے،میں تو پوری زندگی نہیں کر سکی۔ اب تم دونوں کو بھی دیکھ لیتی ہو"کہتے ہوئے وہ پھر کچن کی جانب چلی گئی۔

✷ . . . ✷ . . . ✷

"اب اٹھ بھی جاؤ زہران صبح کے دس بج رہے ہیں اور تم ابھی تک سو رہے ہو"زہران کے والد علی فاروق خان نے محبت بھرے انداز میں کہا۔

"ارے بابا! سونے دے نا ابھی 10 ہی تو بجے ہے،کون سا مجھے کالج یا اسکول جانا ہے" زہران نے کروٹ بدلتے ہوئے کہا۔

"جب تمہیں کالج یا اسکول نہیں جانا ہے تو میرے ساتھ آفس چلو۔ اور کام میں میرا ہاتھ بٹاو،ویسے بھی اب میری عمر کام کرنے والی نہیں ہے اب تمہیں چاہیے کی تم میرا کاروبار سمبھال لو تاکہ میں کچھ دن سکون سے جی کر مروں"

"آپ یہ کیسی باتیں کر رہے ہیں بابا" زہران نے ناراضگی سے کہا ۔

"ایک دن تو سب کو جانا ہے بیٹا" علی فاروق نے اُسے سمجھاتے ہوئے کہا۔

"بابا دیکھے"ماہرا نے زور سے آواز لگائی ۔

"کیا ہوا ؟ کیوں شور مچا رہی ہو؟"

دیکھے نا بابا عمیر بھائی مجھے پریشان کر رہے ہیں "ماہرا نے علی فاروق کے پیچھے چھپتے ہوئے کہا۔

"کتنا جھوٹ بولوگی ماہرا، خدا کا خوف کرو،انسان کو ایک دن اللہ کو بھی منہ دکھانا ہے۔" عمیر نے غصّے بھرے انداز میں کہا ۔

"ارے ارے بس بھی کرو عمیر، پہلے تو غلطی بھی کرتے ہو پھر جھوٹ بھی بولتے ہو"زہران نے عمیر کو خاموش کرانے کی کوشش کی۔

"ارے بھائی! غلطی یہ کرتی ہے اور قصوروار مجھے ٹھہراتی ہے،آپ اور بابا اس کی باتوں پر یقین بھی کر لیتے ہیں"

"اچھا اب بات ختم کرو اور یونیورسٹی جاؤ ورنہ دیر ہو جائے گی"

"جی بابا ہم جا رہے ہیں" ماہرا نے عمیر کو منہ چڑاتے ہوئے کہا۔

"اچھا میں آفس جا رہا ہوں تم بھی ناشتہ کر کے آفس آؤ".....

دروازے پر دستک کی آواز آتی ہے اور زہران نے جب پلٹ کر دیکھا تو علشبہ اس کے لیے ناشتہ لے کر کھڑی تھی۔

"کیوں کھڑی ہو رکھ دو،گھر میں ملازم ہیں جو مجھے ناشتہ دے سکتے ہیں۔ تمہیں تکلّف کرنے کی کیا ضرورت تھی"اُس نے اکھڑے ہوئے لہجے میں کہا ۔

"اس میں تکلّف کی کیا بات ہے۔ خیر!...... تمہیں ہمیشہ سے میں نا پسند ہوں" یہ کہتے ہوئے علشبہ کمرے سے باہر چلی گئی.....

علی فاروق خان کی محبت نے زہران کو بگاڑ رکھا تھا وہ دیر رات تک دوستوں کے ساتھ پارٹی کرتا تو کبھی پوری رات غائب رہتا۔ وہ بہت ہی برے قسم کا لڑکا تھا ، اپنے رب سے کوسو دور اُسے تو یہ بھی معلوم نہیں تھا کہ ایک دن میں ہم پر کتنے وقت کی نمازیں فرض ہیں ، کیا حرام ہے اور کیا حلال۔

علی صاحب کی زہران سے بے پناہ محبت کی وجہ یہ تھی کہ زہران کی امی کا انتقال ہو گیا تھا جب وہ چھ سال کا تھا ۔ تب علی صاحب نے زہران کو ملیشیا اُسکی نانی کے پاس بھیج دیا تھا ۔ کیونکہ انیسہ بیگم کا رویہّ اُس کے ساتھ کچھ ٹھیک نہیں تھا۔ اور ایک حادثے کے بعد علی صاحب کو یہ یقین ہو گیا تھا۔ کہ زہران کا یہاں رہنا خطرے سے خالی نہیں ہے۔ وہ اپنی ایک اولاد کھو چکے تھی۔ دوسری کو کھونے کی ہمت نہیں تھی۔

زہران نے ملیشیا سے ہی اپنی پڑھائی مُکمل کی۔ بچپن میں وہ ہوسٹل میں رہتا تھا۔ اور بعد میں زیادہ تر ہوٹل میں اپنے دوستوں کے ساتھ رہا کرتا۔

......*

آج رزلٹ آنے والا تھا سب بہت گھبرائے ہوئے تھے.... تبھی ٹیچر بولتی ہیں

"سب چل کر اپنا اپنا رزلٹ دیکھ لو" رزلٹ کی لسٹ میں جو نام سب سے اوپر تھا وہ دیکھ کرسب شاکڈ ہو گئے۔ "یہ کیسے ممکن ہے" سب آپس میں سرگوشی کرنے لگے۔

"ارے کیوں ممکن نہیں ہے تم لوگ جانتی نہیں کیا حیات احسن کس کی فرینڈ ہے"نایاب نے مسکراتے ہوئے کہا۔

"ویسے ہے کہاں تمہاری فرینڈ" شگوفہ نے نایاب سے پوچھا۔

"پتا نہیں کہاں رہ گئ روز تو وقت پر آ جاتی تھی رُکو میں فون کر کے پوچھتی ہوں۔"

اُدھر حیات ٹریفک میں پھنسی تھی " انکل کیوں ٹریفک جام ہے"اُس نے ایک بوڑھے آدمی سے پوچھا۔

"بیٹا وہ ایک لڑکے کا ایکسڈنٹ ہو گیا۔

"کیا ایکسڈنٹ ؟ ۔ اُس کی حلق سے بے اختیار نکلا ۔ مگر کیسے ؟

" پتا نہیں بیٹا"

حیات اپنی اسکوٹی سے اتر کر اُس جگہ پر جاتی ہے جہاں ایکسیڈنٹ ہوا تھا اور وہ یہ دیکھ کر حیران رہ جاتی ہے کہ سب لوگ وہاں کھڑے ہو کر تماشا دیکھ رہے ہیں۔ کوئی فوٹوز لے رہا ہے تو کوئی ویڈیوز بنا رہا ہے۔ اور وہ لڑکا درد میں تڑپ رہا تھا۔

"آپ لوگ انسان ہے یا حیوان" حیات غصّے میں بولی۔ اتنے میں وہاں ایمبولینس آجاتی ہے اور اس لڑکے کو ہاسپٹل لے کر جایا جاتا ہے۔

"کیسے ایکسیڈنٹ ہوا اُس لڑکے کا؟" حیات نے وہاں موجود لوگوں سے پوچھا ۔

"کسی امیر زادے کی گاڑی سے ہوا ہے بیٹا" وہاں موجود ایک بوڑھے دکان دار نے بتایا۔

"آپ اُس لڑکے کو پہچانتے ہیں انکل" حیات نے تفتیش کرتے ہوئے کہا۔

"ہاں پہچانتا ہو"مگر تم یہ سب کیوں پوچھ رہی ہو بیٹا؟ بوڑھے آدمی نے تھوڑا گھبراتے ہوئے کہا۔

"کچھ نہیں انکل ....بس ایسے ہی پوچھ رہی تھی"
حیات کے تن من سے جیسے مانو کی آگ لگی ہو۔ وہ بہت غصّے میں تھی۔ نایاب اُسے بار بار فون کر رہی تھی مگر حیات نے افرا تفریح میں اُس کا کال receive نہیں کیا ۔
حیات بہت ہی غصّے میں تھی۔ اس نے بمشکل اپنے آنسو ضبط کیے اور روڈ کراس کر کے اپنی اسکوٹی کی طرف بڑھ رہی تھی۔ گاندھی روڈ اس وقت دوپہر کی تپتی دھوپ میں سنسان پڑا تھا، ٹریفک کی ہلکی ہلچل اور بند دکانوں کی خاموشی میں ایک عارضی سکون تھا۔ لیکن حیات کے اندر ایک طوفان برپا تھا۔ وہ اپنی سوچوں میں اس قدر گم تھی کہ اسے اردگرد کی دنیا کا ہوش ہی نہ رہا۔
اچانک، ایک تیز رفتار گاڑی اس کے عین سامنے آ گئی۔ حیات کی چیخ حلق میں ہی دب گئی اور اس کے اور گاڑی کے درمیان صرف ایک ہاتھ کا فاصلہ رہ گیا تھا۔ ایک لمحے کے لیے اس نے اپنی زندگی کی فلم اپنی آنکھوں کے سامنے چلتی ہوئی محسوس کی، لیکن پھر ایک زور دار چیخ کے ساتھ ٹائروں کی رگڑنے کی آواز آئی اور گاڑی بال بال بچ گئی۔ اس نوجوان ڈرائیور نے آخری لمحے میں بریک لگا دی تھی۔
حیات کا دل زور زور سے دھڑک رہا تھا، خوف اور غصے کی ایک ملی جلی کیفیت اس پر طاری تھی۔ اس کا پہلے سے ہی بھرا ہوا پیمانہ اب چھلک پڑا۔ اس نے گہری سانس لی اور اپنی تمام تر برہمی اس بے احتیاط ڈرائیور پر نکالنے کا فیصلہ کیا۔ اس نے جھک کر گاڑی کا کانچ نیچے کروایا اور اپنی غصے سے لال ہوتی آنکھوں سے اس لڑکے کو گھورتے ہوئے چلائی،
"اندھے ہو کیا؟ جب گاڑی چلانی نہیں آتی تو لے کر نکلتے ہی کیوں ہو؟ تم جیسے لوگوں کی وجہ سے نہ جانے کتنے معصوموں کی جان چلی جاتی ہے!" اس کا لہجہ انتہائی تلخ اور اکھڑا ہوا تھا۔
زہران، جو اپنی کسی خیال میں گم تھا، اچانک اس تیز آواز سے چونک گیا۔ اس نے الجھن میں اس غصے سے بھری لڑکی کی طرف دیکھا جو اسے گھور رہی تھی۔ وہ اسے بڑے غور سے دیکھتا رہا، اس کے سرخ چہرے اور غضبناک آنکھوں میں ایک عجیب کشش محسوس کر رہا تھا۔
"میں تم سے بات کر رہی ہوں لڑکے!" حیات نے اپنی آواز بلند کی۔

"ہاں سُن رہا ہوں محترمہ،" زہران نے قدرے حیرت زدہ لہجے میں جواب دیا۔

"اللہ کا شکر ہے کہ تم بہرے نہیں ہو۔ مجھے تو لگا کہ اندھے ہونے کے ساتھ ساتھ تم بہرے بھی ہو!" حیات نے طنز بھرے لہجے میں کہا۔ اس کی آواز میں غصے کے ساتھ ساتھ ایک تیکھی کاٹ بھی تھی۔

زہران نے اب قدرے تیزی محسوس کی اور وہ گاڑی سے باہر نکل آیا۔ "آپ کو کسی نے بات کرنے کی تمیز نہیں سکھائی کیا؟" اس نے غصّے بھرے انداز میں کہا۔ اس کی آواز میں بھی اب تلخی آ گئی تھی۔

"اور آپ کو کسی نے گاڑی چلانا نہیں سکھایا کیا؟" حیات نے اسی کے لہجے میں فوراً جواب دیا، اس کے چہرے پر طیش نمایاں تھا۔

"آج تک کسی نے زہران علی خان سے اس لہجے میں بات نہیں کی!" اس نے حیات کو اپنی غضبناک نظروں سے گھورتے ہوئے کہا، اس کے لہجے میں ایک دھمکی آمیز انداز تھا۔

"کاش کی ہوتی...... تو تم آج اتنے بدتمیز نہیں ہوتے۔ ویسے تمھاری ماں نے کبھی یہ نہیں سکھایا کی عورتوں کی عزّت کرنی چاہیے!"

یہ سن کر زہران کا چہرہ غصے سے تمتما اٹھا، کیونکہ وہ اپنی ماں کے خلاف ایک لفظ بھی برداشت نہیں کرتا تھا۔

حیات دو قدم آگے بڑھی ہی تھی کہ زہران نے پیچھے سے آ کر اس کے بائیں ہاتھ کی کلائی کو اس کے دوپٹے کے اوپر سے پکڑ لیا۔ حیات نے دائیں ہاتھ میں پکڑا ہوا بیگ زمین پر چھوڑ دیا اور اپنی پوری قوت مجتمع کر کے اپنا دایاں ہاتھ اس کے بائیں رخسار پر دے مارا۔ تھپڑ اتنا زور دار تھا کہ ایک لمحے کے لیے زہران کی آنکھوں کے سامنے دھند چھا گئی۔ کھلے منہ اور حیرت زدہ آنکھوں کے ساتھ دم بخود اس نے اس لڑکی کو دیکھا جو سرخ چہرے کے ساتھ بلند آواز میں اس سے کہہ رہی تھی، "آئندہ کسی لڑکی کو اس کی اجازت کے بغیر ہاتھ لگانے سے پہلے اس تھپڑ کو یاد کر لینا۔ امید کرتی ہوں یہ تھپڑ تمہارے لیے باعثِ نصیحت ہو گا!"

زہران اپنے سنسناتے ہوئے رخسار پر ہاتھ رکھے حواس باختہ عالم میں اسے دیکھتا رہا۔ گاندھی روڈ کی دوپہر اس لمحے ایک منجمد تصویر بن گئی تھی، جس میں ایک غضبناک لڑکی اپنی اسکوٹی کی طرف تیزی سے بڑھ رہی تھی اور ایک نوجوان لڑکا اپنے گال پر ہاتھ

رکھے بے یقینی سے اسے جاتا دیکھ رہا تھا۔ وہ تب تک اسے دیکھتا رہا جب تک وہ اس کی نظروں سے اوجھل نہ ہو گئی۔

......*

حیات اپنے کمرے کی کھڑکی پر کھڑی ہو کر رات کے اندھیروں میں چمکتے چاند ستاروں کو بڑی غور سے دیکھ رہی تھی تبھی عارض کمرے میں داخل ہوتے ہوئے بولتا ہے.... "کیا کر رہی ہو حیات؟"
"کچھ نہیں بس قدرت کی بنائی چیزوں کو دیکھ رہی تھی۔"
"مگر تم تو upset لگ رہی ہو۔ کیا بات ہے بتاؤ؟"
"آج ایک لڑکے کا ایکسڈنٹ ہو گیا تھا۔ اور سب کھڑے ہو کر تماشا دیکھ رہے تھے۔ کسی نے بھی اس لڑکے کو روکا نہیں جس نے ایکسڈنٹ کیا تھا۔"
"کیوں نہیں روکا کسی نے۔ اُسے تو پولیس کے حوالے کر دینا چاہیے تھا"۔ عارض غصّے میں بولا۔
" وہ ایک امیر زادہ تھا۔ اسی لیے کسی نے اُسے روکنے کی جرأت نہیں کی۔"
"ہمم.....انسان کے اندر سے انسانیت ختم ہو چکی ہے خیر!"........عارض نے لمبی سانسے بھرتے ہوئے کہا۔
"حکم تھا نفس مارنے کا، لیکن یہاں تو لوگوں کے ضمیر ہی مر چکے ہیں " حیات مدھم لہجے میں بولی۔
اب عارض خاموشی سے حیات کی باتوں کو سُن رہا تھا۔ تبھی حیات کے فون کی رنگ بجی.......
"ہیلو...السّلام علیکم۔
"وعلیکم السلام ۔ کیسی ہو حیات ۔ میرا کال کیوں recieve نہیں کر رہی تھی۔ " تم ٹھیک تو ہو نا ۔ دوسری طرف سے آواز آئی۔
"ہاں ٹھیک ہو الحمداللہ ۔" تم اپنی بتاؤ۔
"میں بھی ٹھیک ہو آج رزلٹ آ گیا ہے اور تم آئی نہیں رزلٹ دیکھنے"۔
حیات کچھ دیر خاموش رہی....
"ہیلو میں تم سے ہی بات کر رہی ہوں ۔ نایاب نے پھر اپنے جملے دہرائے۔

"نایاب! میں کل تم سے مل کر سب بتاتی ہوں۔ بہت لمبی کہانی ہے۔"
"ٹھیک ہے پھر کل ملتے ہیں انشاء اللہ "۔
اللہ حافظ کہتے ہوئے حیات نے فون رکھ دیا۔
عارض ابھی بھی وہیں بیٹھا اُن دونوں کی باتیں سن رہا تھا اور اُسے یہ احساس ہو رہا تھا کہ حیات سچ میں بہت دکھی ہے۔
"حیات چایے پیوگی" عارض نے حیات کا من بہلانے کی کوشش کی۔
"ہمم.....مگر چایے میں نہیں بناؤں گی۔"
ٹھیک ہے میں ہی بنا دیتا ہوں No problem"...... عارض کچن کی طرف چلا گیا ۔

✷ • • • ✷ • • • ✷

حیات نیند کی گہری چادر میں لپٹی بیزاری سے کروٹیں بدل رہی تھی۔ کمرے میں ہلکی سی خاموشی تھی، جسے صرف ٹک ٹک کرتی گھڑی کی آواز چیر رہی تھی۔ یکایک فضا میں گونجتی مؤذن کی صدا— "الصلوٰۃ خیرٌ من النوم"— اُس کے کانوں سے ٹکرائی۔ آواز ایسی تھی جیسے کسی نے اس کی روح کو جھنجھوڑ دیا ہو۔ وہ جھٹکے سے اٹھ کر بستر پر بیٹھ گئی۔ چند لمحوں تک ساکت بیٹھی رہی، جیسے کسی اندرونی کشمکش میں ہو۔ پھر آہستہ سے اُس نے قدم بڑھائے، واشروم کی جانب، مگر جیسے ہی نگاہ کھڑکی کی جانب پڑی، اُس کے قدم تھم گئے۔ باہر آسمان ابھی بھی رات کی چادر اوڑھے ہوئے تھا، اور چاند بادلوں کے پیچھے سے جھانک رہا تھا— جیسے وہ بھی خاموشی سے کسی عبادت کا گواہ ہو۔
صبح کا وقت اپنی شفافیت تازگی ، خوشگوار فضا، پرندوں کی چہچہاہٹ اور کئی وجہ سے حیات کو بہت پسند تھا۔ وہ کھڑکی پر کھڑی ہو کر قدرت کی بنائی چیزوں کو دیکھ کر اپنے رب کا شکر ادا کرتی ہوئی وضو کرنے کے لیے چلی گئی۔ پھر وضو کرکے نماز ادا کی اور اللہ سے دعا کی۔
"یا اللہ ہمیں دین کے راستے پر چلنے کی توفیق عطا فرما اور ہمیں برے کاموں سے بچا اور ہمیشہ حق کا ساتھ دینے کی توفیق عطا فرما۔ اور ہمیں شکر اور صبر کرنے کی توفیق عطا فرما ۔ اور مجھے اپنے اُن بندو میں شامل کردے جن سے تو راضی ہے"۔ آمین

توحید کے بعد دین کا سب سے اہم رکن نماز ہے۔ قرآن وسنت سے اس کے وجوب اور فرضیت کے دلائل موجود ہیں۔ یوں تو ساری ہی نمازیں انتہائی اہمیت وفضیلت کی حامل ہیں لیکن فجر اور عصر دو ایسی نمازیں ہیں جن کے لئے خصوصی تاکید کی گئی ہے۔ اس کی مختلف وجوہات ہیں۔ ایک وجہ یہ بیان کی جاتی ہے چوں کہ ان اوقات میں لوگ غفلت کا شکار رہتے ہیں، عصر کا وقت کاروبار میں مشغولیت اور فجر کا وقت میٹھی نیند سونے میں گزرتا ہے نیز نماز فجر کی ادائیگی کے لئے نیند کو ترک کرنا پڑتا ہے اس لئے لوگوں کو خصوصی طور پر اس کی ادائیگی کے لئے ابھارا گیا ہے۔ فجر کی اذان بھی دوسری اذانوں سے مختلف ہے اس لئے کہ اس میں الصلوٰۃ خیر من النوم(نماز نیند سے بہتر ہے) کا اضافہ ہے تاکہ مسلمانوں کو نماز کے لئے اٹھنے پر ابھارا جائے۔ اس لئے کہ ایک مسلمان فجر کے وقت نرم گرم بستر چھوڑ کر فقط اپنے رب کی رضا کی خاطر نماز کے لئے اٹھتا ہے۔ احادیث میں نماز فجر کی بہت اہمیت و فضلیت بیان کی گئی ہےاس کے باوجود جب ہم اپنے معاشرے کا جائزہ لیتے ہیں تو ایسے بہت کم لوگوں کو پاتے ہیں جو فجر کے وقت میٹھی نیند کو ترک کرکے پیغام مؤذن سن کر مسجد چلے آتے ہوں۔ عام طور سے جو لوگ پابندی سے نماز پڑھتے ہیں وہ بھی فجر کے وقت اٹھنے میں کوتاہی کرجاتے ہیں ۔ یہ بہت بڑی محرومی ہے اور رب العالمین کی فرض کردہ چیزنیز پیارے نبیؐ کی بتلائی ہوئی سنتوں سے پہلوتہی ہے۔ ہماری شریعت میں ہر نماز کا وقت مقرر ہے اور تمام نمازوں کو اس کے وقت پر ہی پڑھنا افضل ہے۔ آئیے اس سلسلے میں پیارے نبیؐ کا قول سنتے ہیں:

صحابیٔ رسول حضرت ابوہریرہؓ روایت کرتے ہیں کہ اللہ کے رسول ﷺ نے ارشاد فرمایا:"منافقین پر دو نمازیں بہت بھاری پڑتی ہیں: ایک فجر کی اور دوسری عشاء کی۔ اگر وہ ان کی فضیلت کے بارے میں جان لیں تو گھسٹ گھسٹ کر آئیں۔"

فجر کے وقت بستروں میں پڑے رہنے والے لوگ ذرا غور کریں۔ فجر کی نماز کی آپؐ نے کتنی تاکید کی ہے۔ نیز اس حدیث میں منافقین کے بارے میں بتلایا گیا ہے کہ ان پر فجر بھاری پڑتی ہے، تو جن لوگوں پر فجر بھاری پڑتی ہے وہ یہ سوچ لیں کہ کیا اس نماز کو قضا کرکے وہ اپنا شمار منافقین میں کروانا چاہتے ہیں ۔

✱ . . . ✱ . . . ✱

"کل یہاں ایک لڑکا ایڈمٹ تھا۔ اُس کا ایکسڈنٹ ہوا تھا مجھے اس سے ملاقات کرنی ہے" حیات نے ریسیپشنسٹ سے کہا۔
"آپ حمید احمد کی بات کر رہی ہیں؟" ریسیپشنسٹ نے پوچھا ۔
"شاید! لیکن مجھے اُس کا نام نہیں پتا۔
"جی اُس کا نام حمید احمد ہے ، وہ لڑکا آج ہی ڈسچارج ہوا ہے قریب ایک گھنٹے پہلے، اُس کی حالت بہت خراب ہو گئی تھی۔"
"اچھا کیا آپ مجھے اُس کا ایڈریس دے سکتی ہیں پلیز" اُس نے گزارش کرتے ہوئے کہا۔

"Ok let me give you his address"

جب وہ حمید کے گھر کے باہر پہنچی تو اُس نے دیکھا کی وہاں بہت لوگ موجود ہیں۔ اور زیادہ تر لوگوں نے سفید لباس پہنا ہوا ہے یہ دیکھ کر اُس کا دل بیٹھنے لگا۔ مگر پھر بھی وہ ہمّت کرکے گھر کے اندر داخل ہوئی۔ گھر میں ماتم کا ماحول تھا، لوگ جنازے کی تیاری کر رہے تھے۔ وہاں سفید کفن میں لپٹی میت کو دیکھ جیسے مانو کی حیات کی سانس اٹکنے لگی۔ کیونکہ اُسے سفید رنگ سے خوف آتا تھا، زیادہ ہجوم والی جگہ پر اُسے گھبراہٹ ہوتی تھی۔ وہ وفق رنگت اور کانپتے ہوئے ہاتھوں کے ساتھ فوراً گھر سے باہر نکل گئی اور بنا رکے یونیورسٹی چلی گئی۔
کلاس روم میں اسٹڈی ٹیبل پر سر رکھ کر وہ کل ہوئے حادثے کے بارے میں سوچ ہی رہی تھی کہ نایاب نے پیچھے سے اُس کے پشت پر ہاتھ رکھا ۔ حیات جھٹکے سے اٹھ کھڑی ہوئی ۔
"کیا ہوا حیات تم اتنی گھبرائی ہوئی کیوں ہو؟" حیات خاموش رہی۔ نایاب نے پھر اپنے سوال کو دہرایا۔
"وہ لڑکا مر گیا۔"
"کون مر گیا؟" نایاب نے پریشانی کے عالم میں اُسے دیکھا، پھر سوال کیا۔
"وہ لڑکا!" یہ کہتے ہوئے حیات رونے لگی۔

نایاب نے نرمی سے اُس کے کندھے پر ہاتھ رکھا اور دلاسا دیتے ہوئے کہا، ایک دن سب کو جانا ہے، کس کا انتقال ہوا ہے بتاؤ حیات؟"

"کل ایک لڑکے کا ایکسڈنٹ ہو گیا تھا، اُسی کا انتقال ہو گیا آج۔"

"اچھا اب اپنے آنسو صاف کر لو لیکچر کا وقت ہو گیا ہے"

لیکچر میں بھی حیات کا دھیان نہیں تھا وہ پیتیس منٹ جیسے اُس کے لیے پیتیس گھنٹے ہو گئے تھے۔ خیر سے لیکچر ختم ہوا اور حیات فوراً گھر کے لیے نکل پڑی۔

دروازے پر دستک کی آواز آئی اور اسماء بیگم نے دروازہ کھولا، حیات سر جھکائے اس طرح اندر داخل ہوئی کہ اُس کے چہرے پر انکی نظر نہ پڑی۔

"بیٹا تم فریش ہو جاؤ میں کھانا لگاتی ہوں" اسماء بیگم نے دروازہ بند کرتے ہوئے کہا۔

"نہیں امّی ... مجھے بھوک نہیں ہے" کہتے ہوئے وہ اپنے کمرے کی طرف جانے لگی۔

" ارے بیٹا کیوں بھوک نہیں ہے؟" انہوں نے پیچھے آتے ہوئے پوچھا

۔

"امّی مجھے بھوک نہیں ہے ۔ اور میرے سر میں بھی درد ہو رہا ہے میں کچھ دیر آرام کرنا چاہتی ہوں.... پلیز" یہ کہتے ہوئے اُس نے کمرے کا دروازہ بند کر لیا ۔

اتنی دیر میں عارض بھی گھر آ گیا۔

"امّی کھانا لگائے مجھے بہت زورو والی بھوک لگی ہے"

"ہاں لگاتی ہو بیٹا" اُنہوں نے کچن میں سے جواب دیا۔

"ویسے امّی ابھی حیات نہیں آئی کیا ؟" عارض نے پہلا لقمہ منھ میں ڈالتے ہوئے پوچھا۔

"آ گئی ہے ۔" اُ

"تو کھانا کھانے کیوں نہیں آئی، میں بلا کر آ تا ہوں"

"نہیں مت جاؤ اُس کے سر میں درد ہے وہ ابھی آرام کرنا چاہتی ہے ۔" "سر میں درد، اُس کی طبیعت تو ٹھیک ہے نہ؟ "

"پتہ نہیں اُس نے کچھ بتایا ہی نہیں ، بھوک نہیں ہے اور سر میں بھی درد ہو رہا ہے یہ کہتے ہوۓ وہ کمرے میں چلی گئی۔ ہو سکتا ہے

کسی سے جھگڑا ہو گیا ہو۔ روز تو کسی نہ کسی سے لڑائی ہو جاتی ہے اُس کی، خیر .... تم کھانا کھاو وہ بعد میں کھا لے گی۔"

جب حیات مغرب کی نماز پڑھ کر اٹھی تو اُس نے دیکھا کہ اسماء بیگم اُس کے بیڈ پر بیٹھی ہیں ۔ "کیا ہوا امّی ......کوئی کام تھا ؟"

"ہاں، ...... ادھر آؤ بیٹھو ..... مجھے تم سے کچھ بات کرنی ہے" ۔

"کیا بات ہے امّی؟ حیات نے سوال کیا۔

"یہ تم بتاوگی نا ..... اسماء بیگم نے حیات کا ہاتھ پکڑ کر اپنے پاس بیٹھا لیا ۔ چلو اب سچ سچ بتاؤ کیا بات ہے؟"

"ایک لڑکے کا انتقال ہو گیا ہے" یہ کہتے ہوئے حیات کی آنکھوں میں پھر سے آنسو آ گیا۔

اِنَّا لِلّٰہِ وَاِنَّا اِلَیْہِ رَاجِعُون ۔ (ہم خدا کے ہیں اور ہمیں اسی کی طرف لوٹ کر جانا ہے) اسماء بیگم نے لمبی سانس لی، پھر پوچھا ......کیا ہوا تھا اُس لڑکے کو؟"

اُس کا ایکسیڈنٹ ہو گیا تھا اور پھر انتقال کر گیا۔ حیات کی آواز بھرّا گئی ۔

"بیٹا موت تو برحق ہے... ایک نہ ایک دن سب کو آنی ہے۔ اچھا چلو کچھ کھا لو، صبح سے تم نے کچھ نہیں کھایا ہے۔" یہ کہتے ہوئے وہ کمرے سے چلی گئیں ۔

✷ . . . ✷ . . . ✷

حیات کو آج باہر جانا تھا، مگر نیچے ہال میں ابّا ٹی وی کے سامنے بیٹھے تھے۔ اُن کے پاس سے گزرنا، مطلب سوالوں کی بوچھاڑ میں آ جانا تھا۔

اُس نے دبے قدموں کمرے کا دروازہ کھولا، جیسے خود اپنے ہی ارادے کو چُھپانا چاہتی ہو۔ آہستگی سے قدم رکھتی ہوئی وہ سیڑھیاں چڑھی اور چھت پر آ گئی۔ رات کی ہوا میں ہلکی سی نمی تھی، اور آسمان پر چاند اپنی پوری چمک سے بادلوں کے پیچھے سے جھانک رہا تھا۔

اُس نے نایاب کو کال کی،

"چھت پر آؤ، ابھی!"

چند لمحوں بعد جب نایاب اپنی چھت پر پہنچی، تو اُس نے حیات کو پہلے سے وہاں موجود پایا—اُس کی اپنی چھت پر۔ مگر حیرت کا

کوئی سایہ اُس کی آنکھوں میں نہیں اُترا، جیسے یہ منظر اُس کے لیے نیا نہ ہو۔
اور واقعی، یہ پہلا موقع نہیں تھا۔ جب بھی حیات کو گھر سے باہر نکلنے کی اجازت نہ ملتی، وہ چھت کی دیواریں پھلانگ کر نایاب کی چھت پر پہنچ جایا کرتی تھی۔
کیونکہ اُن کے گھر ایک دوسرے سے جُڑے ہوئے تھے،
"ارے اب کدھر جانے کی تیاری ہے"۔ نایاب حیات سے مخاطب ہوئی۔
"اس لڑکے کے گھر جانا ہے جس کا انتقال ہوا ہے"
"مگر کیوں؟" نایاب نے حیرانی سے پوچھا۔
"واپس آکر بتا دوں گی ۔ ویسے انکل آنٹی کدھر ہیں؟" اُس نے نظر دوڑاتے ہوئے کہا۔
"اپنے کمرے میں ہیں، تم جاؤگی کیسے؟ تمھاری اسکوٹی کدھر ہے؟" نایاب نے سوال کیا۔
"رکشا سے چلی جاؤں گی اگر اسکوٹی لی تو بابا کو پتا چل جاے گا، اور ہاں جب تک میں نہیں آتی، تم سب سمبھال لینا پلیز!"
"ہاں .....تم ہمیشہ مجھے ہی قربانی کا بکرا بنانا "
" بکرا نہیں بکری۔"
"اچھا اب جاؤ، ورنہ امی آ جائیں گی، اپنا خیال رکھنا اور جلدی آ جانا"
"ہاں تمھاری قربانی سے پہلے آ جاؤں گی" انشاء اللہ......
"مجھے تم سے یہی اُمّید ہے" فِي أَمَانِ اللّٰہ کہتے ہوئے نایاب نے دھیرے سے دروازہ بند کر دیا ۔
زہران اُس روز کسی ضروری کام کے باعث پارٹی ادھوری چھوڑ کر کلب سے نکل آیا تھا۔ رات گہری ہو چکی تھی اور ریلوے کراسنگ پر ٹریفک کا ایک بے قابو ریلا اُس کا راستہ روکے کھڑا تھا۔ اُس نے فاصلہ بھانپتے ہی گاڑی موڑ لی اور ایک سُنسان بائی روڈ پر رخ کر لیا۔
وہ سڑک سنّاٹے میں ڈوبی ہوئی تھی، اور زہران تیز رفتاری سے آگے بڑھ رہا تھا کہ اچانک اُس کی نظر سڑک کے کنارے فٹ پاتھ پر کھڑی ایک لڑکی پر پڑی۔ اندھیرے اور فاصلے کے باوجود وہ اُسے فوراً پہچان گیا—حیات۔ وہ تنہا کھڑی تھی، جیسے کسی اوٹو رکشا کا انتظار کر رہی ہو۔ زہران کے دل میں ایک انجانی تشویش نے جنم لیا۔

ایسی خالی اور ویران سڑک، رات کا وقت، اور تنہا کھڑی لڑکی—یہ منظر اُس کے اندر ایک اضطراب سا پیدا کر گیا۔

بغیر کچھ سوچے، اُس نے گاڑی کی رفتار دھیمی کی اور اُسے حیات کے قریب لے جا کر آہستہ سے بریک پر پاؤں رکھا۔ گاڑی رکی تو جیسے وقت بھی تھم سا گیا تھا۔

"can I help you with anything" زہران نے اپنی گاڑی کے گلاسز اُتارتے ہوئے اُس سے بنا نظر ملائے پوچھا ۔

"No I will

manage"

اُس کا جواب سن کر زہران جانے کے لئے ابھی تھوڑا ہی آگے بڑھا تھا کہ حیات کی نظر بائک پر آتے دو لڑکوں پر پڑی۔ جو شکل سے ہی لفنگے لگ رہے تھے۔

"ارے رُکو" حیات نے پیچھے سے آواز لگائی۔

"زہران نے گاڑی پیچھے لی اور شیشہ نیچے کرتے ہوئے نرمی سے کہا، "جی، بولیں محترمہ، کیا خدمت کر سکتا ہوں؟"

حیات نے نہایت سنجیدگی سے جواب دیا، "جب اتنی ضد کر رہے ہو تو میں بیٹھ ہی جاتی ہوں۔"

زہران نے حیرت سے اُس کی طرف دیکھا، "کیا؟ ضد؟ میں؟"

"بس اب چلو، مجھے جلدی ہے۔"حیات نے اُس کے بات کاٹ دی اور سیٹ بیلٹ باندھتے ہوئے کہا۔

وہ بار بار پیچھے مڑ کے دیکھ رہی تھی۔ اور وہ تب تک دیکھتی رہی جب تک وہ لڑکے اُس کی نظروں سے غائب نا ہو گئے۔ بہت دیر تک دونوں خاموش تھے پھر زہران نے اپنی خاموشی توڑتے ہوئے کہا..... " کیا منزل ہے آپ کی"

"What"....حیات کی حلق سے بے اختیار نکلا ۔

"I mean" ...کہاں جانا ہے آپ کو۔"

"میں آپ کو لوکیشن سینڈ کرتی ہوں، اپنا نمبر دیں" حیات نے اپنا فون زہران کے سامنے کر دیا ۔ اور اُس نے اپنا نمبر فون میں save کر دیا۔

"اور ہاں زیادہ خوش ہونے کی ضرورت نہیں ہے، یہ نمبر میرے بابا کا ہے۔" حیات نے صاف گوئی سے جھوٹ بولا۔

"تو محترمہ میں کون سا مر رہا ہوں آپ کے نمبر کے لیے؟" زہران نے ہنستے ہوئے جواب دیا۔
کچھ دیر گاڑی میں خاموشی رہی۔
لمبی خاموشی کے بعد زہران بولا .... آپ کی منزل آگئی ہے۔
حیات اتر کر جانے لگی تو، زہران کو انتظار تھا کہ وہ اُسے شکریہ کہے گی مگر وہ خاموشی کے ساتھ چلی گئی۔
دروازے پر دستک دینے کے کچھ لمحے بعد، ایک معصوم سی بچی دروازہ کھولتی ہے۔ حیات نے مسکراتے ہوئے نرمی سے اُس سے پوچھا،
"کیا میں اندر آسکتی ہوں، بیٹا؟"
اتنے میں ایک عورت، جو شاید بچی کی ماں تھی، پیچھے سے آ کر دروازے کے قریب آ جاتی ہے۔ وہ حیات کو دیکھتے ہوئے کچھ حیرانی کے ساتھ بولی،
"آپ کون؟ میں نے آپ کو پہچانا نہیں۔"
"کیا ہم اندر بیٹھ کر بات کر سکتے ہیں آنٹی؟" حیات نے نرم لہجے میں کہا۔
"ہاں .... ضرور"وہ عورت حیات کو بڑے غور سے دیکھ رہی تھی۔
"حمید کے انتقال کا سُن کر بہت تکلیف ہوئی۔ اللہ اُسے جنّتُ لفردوس میں اعلیٰ مقام عطا کرے"۔ آمین ۔
"آپ کون ؟" حیات نے اُس عورت سے پوچھا۔
"میں حمید کی امّی ہوں".
تم کون ہو بیٹا ؟ اور تم حمید کو کیسے جانتی ہو؟
"جس دن حمید کا ایکسیڈنٹ ہوا تھا میں وہاں موجود تھی"
"کیا تم نے دیکھا ؟ کس نے میرے بچے کا ایکسیڈنٹ کیا تھا؟" اُس عورت کی آنکھوں میں آنسو آ گئے۔
"نہیں آنٹی .....میں نے دیکھا نہیں۔ لیکن میں معلوم کرسکتی ہوں, اگر آپ مجھے اجازت دے تو۔"
"اب کیا فائدہ.......میرا بچہ تو مجھے چھوڑ کر اپنے باپ کے پاس چلا گیا۔" یہ سُن کر جیسے حیات کو جھٹکا لگا۔
"کیا آپ کے شوہر بھی نہیں ہیں؟" حیات نے حیرت زدہ انداز میں پوچھا۔

"نہیں بیٹا میرے شوہر ایک سال پہلے انتقال کر گئے۔ اگروہ آج زندہ ہوتے تو اب تک میرے بیٹے کو شاید انصاف مل چکا ہوتا۔"

"آنٹی آپ کے بیٹے کو ضرور انصاف ملے گا، اور میں اُسے انصاف دلاؤں گی۔ یہ میرا وعدہ ہے آپ سے۔"

"بیٹا اللہ تمہیں کامیاب کرے ۔ مگر میں تمہیں پریشان نہیں کرنا چاہتی"

"آنٹی اس میں پریشانی کی کیا بات ہے۔ جس دن میں حمید کو انصاف دلا دوں گی اُس دِن مُجھے سکون ملےگا۔"

"شکریہ بیٹا اللہ تمہیں ہمیشہ خوش رکھے۔"

"آنٹی اگر آپ کو کسی چیز کی ضرورت ہو تو مجھے بس ایک فون کر لیجیےگا، یہ رہا میرا نمبر۔" حیات نے اُس عورت کے ہاتھ میں کاغذ کا ایک ٹکڑا تھما دیا۔ "اب مجھے اجازت دیجئے رات بہت ہو گئی ہے" یہ کہتے ہوئے حیات کھڑی ہو گئی۔

"ٹھیک ہے بیٹا پھر آنا۔"

"انشاء اللہ آنٹی ضرور آؤں گی۔" یہ کہتے ہوئے حیات گھر سے باہر آجاتی ہے۔

"تم ابھی تک یہاں کیوں کھڑے ہو" حیات حیرت سے بولی۔

"محترمہ آپ کا انتظار کر رہا تھا" زہران نے سڑک کی طرف دیکھتے ہوئے کہا۔

"اچھا چلو" یہ کہتے ہوئے حیات گاڑی میں بیٹھ گئی۔

زہران نے گاڑی اسٹارٹ کی۔

"مجھے آپ سے ایک پرسنل سوال پوچھنا تھا " زہران نے تھوڑا مدھم لہجے میں کہا۔

"کیا؟..... پرسنل..... پوچھو" حیات نے تینوں لفظوں پر زور دیتے ہوئے کہا۔

"آپ اتنی رات کو کس سے ملنے آئی تھی"

"اپنے بوائے فرینڈ سے۔"

"مگر آپ تو شکل سے شریف لگتی ہیں"

"ہمم.........صرف لگتی ہوں مگر ہوں نہیں۔ تمہیں کوئی پروبلم ہے۔"حیات نے اُس کی طرف دیکھتے ہوئے کہا ۔

"نہیں مجھے کیا پروبلم ہوگی۔ آپ کی زندگی آپ کی مرضی ، ویسے بھی مجھے ٹیڑھ کھانے کا شوق نہیں ہے۔ ویسے آپ کو ایک اچھے psychiatrist کی سخت ضرورت ہے۔"

یہ سن کر حیات کو بارش والی رات یاد آئی، اس رات بھی اُس لڑکے نے اسی لہجے میں کہا تھا ۔ ("آپ کو کسی اچھے آئی اسپیشلسٹ کی سخت ضرورت ہے") حیات نے فوراً زہران کی کلائی کو دیکھا، مگر اُس کی کلائی میں وہ گھڑی نہیں تھی جو اُس دن اُس لڑکے کی کلائی میں تھی ۔ کچھ دیر خاموش رہنے کے بعد حیات نے کہا۔
"ویسے ایک بات بولوں"
"ہاں بولیے"
"آپ بھی شکل سے گنڈے موالی لگتے ہو۔ تو کیا آپ گنڈے ہے؟"
"استغفراللہ ! ویسے آپ بہت ہی بدتمیز قسم کی لڑکی ہیں۔"
"یہ تو مُجھے معلوم ہے آپ کچھ نیا بتائیے" پھر حیات نے نایاب کو فون ملایا۔
"سب ٹھیک ہے نا، امّی کو معلوم تو نہیں چلا"
جب زہران اُس کی باتیں سنتا ہے تو اُسے حیات کی کہی باتوں پر یقین آ جاتا ہے کہ شاید حیات سچ میں اپنے بوائے فرینڈ سے ملنے آئی تھی۔
"بس یہیں روک دو میرا گھر پاس میں ہے میں چلی جاؤں گی۔" حیات گاڑی سے اُترکر چلی جاتی ہے۔
زہران کو اس بار بھی انتظار تھا کہ وہ اُسے شکریہ کہے گی۔ مگر اس بار بھی حیات نے اُسے شکریہ نہیں کہا۔ اور خاموشی کے ساتھ چلی گئی۔
"بڑی جلدی آ گئی... کیسے؟" نایاب نے دروازہ کھولتے ہی سوال کیا۔
"وہ ایک لڑکا مل گیا تھا تو اُسی نے لفٹ دے دی" کہتے ہوئے حیات سیڑھیاں چڑھنے لگی اُس نے دو قدم آگے بڑھایا ہی تھا کہ نایاب پیچھے چلتی ہوئی پھر بولی " کون تھا وہ لڑکا؟"
"مجھے نہیں معلوم یار!" یہ کہتے ہوئے حیات پھر سیڑھیاں چڑھنے لگی۔
"اچھا یہ تو بتاؤ کیسا دکھتا تھا ؟ "
"وہ handsome اور arrogant قسم کا لڑکا تھا کسی بڑے خاندان کا وارث لگ رہا تھا۔ اور اُس کے کالے گھنے بال تھے ۔اور سرمئی آنکھیں تھی ۔ چہرے پر ہلکی سی داڑھی، اُس نے سفید رنگ کی شرٹ پہنی ہوئی تھی، شرٹ کے اوپر کی ۲ بٹن کھلی تھی اور اُس کے بائیں ہاتھ کی کلمہ انگلی میں ایک قیمتی پتھرکی انگوٹھی بھی

تھی۔ اور اُس کا قد پانچ فٹ گیارہ انچ کے قریب تھا۔ بس میں نے اتنا ہی غور کیا" حیات ایک ہی سانس میں بول پڑی۔

"بہت کم غور کیا تم نے" نایاب نے مسکراتے ہوئے کہا ۔

"اتنا غور کرنا پڑتا ہے تاکہ بعد میں پولیس کو اُس کا حلیہ بتانے میں مشکل نہ ہو۔"

"مگر پولیس کو کیوں اُس کا حلیہ بتانا ہے؟" نایاب نے حیرت سے کہا۔

"ارے اب نہیں بتانا ہے, میں پہلے کی بات کر رہی تھی۔ دیکھو میں اُس کے ساتھ اُس کی گاڑی میں گئی تھی اگر خدا نہ خواستہ اُس نے کچھ الٹی سیدھی حرکتیں کی ہوتی تو میں پولیس کو اُس کا حلیہ بہت آسانی سے بتا سکتی تھی۔"

"سچ میں اُس کی آنکھیں سرمئی تھی" نایاب نے تجسّس سے پوچھا ۔

"زہر لگ رہی تھی اُس کی آنکھیں مجھے۔ سرمئی آنکھوں والا بندر۔

"تمہیں اُس کی آنکھ سے کیا پروبلم ہے"

"اُس کی آنکھوں سے مجھے الجھن ہو رہی تھی" ۔ حیات نے اُلجھے ہوئے انداز میں کہا ۔

"تمہارا علاج تو حکیم لقمان کے پاس بھی نہیں ہے" نایاب نے اپنا سر پکڑ لیا۔

"چلو اب میں جا رہی ہوں , اللہ حافظ " وہ پھر دیواریں پھلانگ کر اپنے گھر چلی گئی۔

......*

زہران اپنی چھت پر کھڑا، سگریٹ پی رہا تھا تبھی علشبہ نے سیڑھیوں سے چڑھتی ہوئے کہا۔"تم اتنی رات کو چھت پر کیا کر رہے ہو؟"

"کیوں کیا مجھے چھت پر آنے کے لیئے تمہاری پرمیشن لینی پڑی گی" زہران نے اکھڑے ہوئے لہجے میں جواب دیا۔

"نہیں میں نے ایسا کب کہا"

"تم میری زندگی میں زیادہ دخل مت دیا کرو پلیز!"

علشبہ فوراً چھت سے چلی گئی، وہ ہمیشہ زہران کے ہاتھوں ذلیل ہونے کے بعد بھی اُس کا پیچھا نہیں چھوڑتی تھی۔ اُس کے دل میں

زہران کے لیے محبت تھی یا شاید اُس کی دولت کی لالچ یہ تو بس اللہ کو ہی معلوم تھا۔

زہران کی سوتیلی والدہ انیسہ بیگم اُس کا نکاح علشبہ سے کرنا چاہتی تھی۔ مگر زہران اس فیصلے کے بلکل خلاف تھا۔ کیوں کہ اُسے علشبہ پسند نہیں تھی۔ علشبہ اُس کے سوتیلے ماموں زاد کزن تھی۔ انیسہ بیگم کی سگی بھتیجی ۔

سب کھانا کھا رہے تھے تبھی علی صاحب بولتے ہیں۔ " کل شام میں ہم سب کی دعوت ہے میرے دوست کے گھر، سب جلدی تیار ہو جانا۔ اور زہران تم پہلی بار جا رہے ہو، تم میرے ساتھ چلنا"

"ویسے کس کے گھر دعوت ہے؟' انیسہ بیگم نے پانی کا گلاس ٹیبل پر رکھتے ہے کہا۔

"احسن کے گھر۔ اُنہوں نے انیسہ بیگم کی طرف دیکھا پھر جواب دیا۔

"بابا! میں اور بھائی ایک ساتھ چلے جائیں گے" عمیر نے علی صاحب سے مخاطب ہوتے ہوئے کہا۔

"تمہیں معلوم ہے گھر کا ایڈریس؟

"ہاں بابا بہت اچھے سے، میں تو برابر جایا کرتا ہوں "

"ٹھیک ہے تب تم دونوں ساتھ میں آ جانا"

زہران اپنے کمرے میں بیڈ پر بیٹھ کر سوچ رہا تھا کہ وہ دعوت میں کیا پہنے، تبھی عمیر نے کمرے میں داخل ہوتے ہوئے کہا۔ "کیا بات ہے آپ کیوں پریشان لگ رہے ہیں۔"

"مجھے سمجھ نہیں آ رہا کہ میں کیا پہنوں"

"بس وائٹ ڈریس مت پہنیےگا۔ اور کوئی بھی رنگ پہن لیجئے" عمیر نے التجانہ لہجے میں کہا۔

"لیکن میں تو صرف وائٹ ڈریس ہی پہنتا ہوں" زہران کے پاس سفید رنگ کے لباس کے علاوہ کوئی دوسرے رنگ کا لباس نہیں تھا۔

"کوئی بات نہیں بھائی، میں آپ کو اپنا ایک اچھا سا بلیک سوٹ دیتا ہوں" یہ کہتے ہوئے عمیر کمرے سے چلا گیا۔

......*

"تھوڑا جلدی جلدی ہاتھ چلا لو، کھانا آج ہی بنانا ہے..... کل نہیں"

"ارے امی کر تو رہی ہوں" تبھی دروازے پر دستک کی آواز آئی اور احسن صاحب نے دروازہ کھولا۔
"امی لگتا ہے مہمان آ گئے، میں چایے لے کر جاتی ہوں"
"السلام وعلیکم" حیات مہمان سے مخاطب ہوئی۔
"وعلیکم السلام.....کیسی ہو حیات بیٹا ؟"
"میں بلکل ٹھیک ہوں آنٹی .... آپ لوگ چایے لیں۔"
پھر کسی نے دروازہ بجایا۔ "حیات دیکھو دروازے پر کون ہے؟" اسماء بیگم کچن سے آواز لگا تی ہیں۔
حیات دروازہ کھولتی ہے" تم یہاں کیا کر رہے ہو، سرمئی آنکھ والے بندر، میرا پیچھا کرتے کرتے تم میرے گھر تک آ گئے، میں نے صحیح اندازہ لگایا تھا تمہارے حوالے سے, رُکو تم..... میں ابھی تمہارا دماغ ٹھکانے لگاتی ہوں..... بس کوئی پتھر میرے ہاتھ لگ جایے۔"
"تم نے مجھے سرمئی آنکھ والا بندر کہا۔ تمھاری ہمت کیسے ہوئی؟" زہران نے غصّے بھرے انداز میں کہا ۔
تبھی عمیر گاڑی پارک کرکے آ گیا۔ "یہ کیا ہو رہا ہے؟ تم دونوں آپس میں بحث کیوں کر رہے ہو؟"
"اس نے مجھے سرمئی آنکھ والا بندر کہا ہے۔"
"یہ ہے کون ؟ حیات اُس کی بات کاٹتے ہوئے عمیر سے مخاطب ہوئی۔
"حیات! یہ زہران بھائی ہیں میرے بڑے بھائی، احسن انکل نے ہمیں ڈنر پر انوائٹ کیا تھا"
"کیا یہ تمھارا بھائی ہے؟" اُس نے حیرت سے زہران کو دیکھا۔ "معاف کرنا، مجھے نہیں معلوم تھا کہ یہ............ تمہارا بھائی ہے" حیات نے منھ بناتے ہوئے کہا۔
"اب ہم گھر میں آسکتے ہیں محترمہ .... اگر آپ کی اجازت ہو تو" زہران یہ کہتے ہوئے گھر میں داخل ہو گیا۔
"اچھا عمیر سنو" حیات نے پیچھے سے آواز لگائی ۔
"ہاں بولو"
"یہ جو لڑکا ہے تمہارے ابّو کی اولاد ہے نا " یہ سُن کر عمیر ہنس پڑا .....پھر بولا ...."ہاں .....تمہیں کوئی شک"
"نہیں میں تو بس ایسے ہی پوچھ رہی تھی "

دسترخان پر طرح طرح کے پکوان سجے ہوئے تھے۔ کورما، کباب، روٹی، نان، پلاؤ، بریانی، سلاد، فل وغیرہ وغیرہ۔
پھر سب کھانا کھانے بیٹھ گئے۔
"آنٹی بریانی بہت اچھی بنی ہے" زہران نے اسماء بیگم کی طرف دیکھتے ہوئے کہا ۔
"بریانی حیات نے بنائی ہے" اُنہوں نے جواب دیا۔
"تبھی تو اس کی طرح تیکھی ہے" زہران نے مدھم آواز میں کہا۔عمیر یہ سُن کر ہنس پڑا ۔
"عمیر کھانا کھانے میں ہنسا نہیں جاتا" علی صاحب نے عمیر کو سمجھایا ۔
"جی بابا! "
کھانے کے بعد احسن صاحب اور علی صاحب گفتگو میں مصروف ہوگئے۔ "زہران کو ہمارا گھر دکھا دو بیٹا، پہلی بار آیا ہے۔" اسماء بیگم نے حیات سے کہا۔ حیات خاموشی کے ساتھ وہاں سے اٹھ کر چلی گئی اور زہران بھی اُس کے پیچھے آ گیا ۔
"ویسے مجھے یقین نہیں آرہا کہ تم احسن انکل جیسے شریف آدمی کی بیٹی ہو۔" زہران نے اُسے طنز کرتے ہوئےکہا ۔
"اور مجھے بھی یقین نہیں آ رہا تم علی انکل جیسے خاندانی آدمی کے بیٹے ہو جسے یہ بھی تمیز نہیں ہے کہ کسی لڑکی کا ہاتھ بیچ سڑک پر نہیں پکڑتے" حیات نے اُسی کے انداز میں جواب دیا۔
"خیر مناؤ صرف ہاتھ ہی پکڑا تھا"
"تم بھی خیر مناؤ میں نے صرف تھپڑ ہی مارا ......تمھارا ہاتھ نہیں توڑا" حیات نے دو ٹوک لہجے میں کہا۔
"تم دونوں کو پروبلم کیا ہے؟ جب دیکھو ایک دوسرے سے لڑتے ہی رہتے ہو۔" عمیر نے لان میں آتے ہی کہا ۔
"پروبلم مجھے نہیں اسے ہے" دونوں نے ہاتھ سے ایک دوسرے کی طرف اشارہ کرتے ہوئے ایک ساتھ کہا۔
"خیر!.... یہ تم دونوں کا مسئلہ ہے، مجھے بیچ میں نہیں پڑنا ۔ ویسے بھی میں چچا کے گھر جا رہا ہوں ، نایاب سے بھی ملاقات ہو جائے گی"۔

سب دعوت سے گھر آ گئے تھے ,اور زہران چھت پر کھڑا, آسمان کو بڑے غور سے دیکھ رہا تھا۔ وہ چاند ستارے جو فلک میں

چمک رہے تھے۔ وہ ٹھنڈی فضا جو زہران کے جسم کو چھو کر واپس چلی جاتی۔ اور رات کا یہ پہر بہت ہی حسین ہوتا ہے۔ شاید اس لیے کہ رات کے اس پہر میں بہت ہی خاموشی اور سکون چھپا ہوتا ہے۔

مگر وہ ہمیشہ سکون کی تلاش میں رہتا تھا، اس شخص کو سکون کیسے حاصل ہو، جس کا دل اپنے رب سے بہت دور کہیں ایک ویرانے میں آباد تھا۔ ایک ایسا انسان جو دین سے غافل اور صرف نام کا مسلمان تھا۔ وہ انسان جس کے پاس دنیا کی ساری آسائش موجود تھی سوائے سکون کے۔ وہ خوش ہو کر بھی خوش نہیں تھا ۔

روح مٹّی سے یا مٹّی روح سے تنگ ہے
دونوں کے بیچ شاید سکون و امن کی جنگ ہے

✷ . . . ✷ . . . ✷

"امّی! میں یونیورسٹی جا رہی ہوں دروازہ بند کرلیں۔" یہ کہتے ہوئے حیات یونیورسٹی کے لیئے نکل جاتی ہے۔ مگر وہ یونیورسٹی جانے کے بجائے اُس بوڑھے آدمی کی دکان پر چلی جاتی ہے جس نے اُسے بتایا تھا کہ حمید کا ایکسیڈنٹ ایک امیر زادے نے کیا تھا۔

" السلام و علیکم... انکل"

"وعلیکم اسلام " اُس بوڑھے آدمی نے جواب دیا۔

"انکل مجھے آپ کی مدد کی سخت ضرورت ہے" حیات نے کہا ۔

"ہاں بولو بیٹا کیا کام ہے"

"انکل مجھے اُس لڑکے کے بارے میں معلومات حاصل کرنی جس نے حمید کا ایکسیڈنٹ کیا تھا"

وہ بوڑھا آدمی خاموشی کے ساتھ اُسے حیرانی سے دیکھتا رہا۔

حیات نے اپنی بات پھر دہرائی ۔

"مجھے کچھ نہیں پتا ہے کہ ایکسیڈنٹ کیسے ہوا تھا" اُس آدمی نے نظریں چراتے ہوئے کہا۔

"مجھے پتا ہے انکل آپ کو سب کچھ معلوم ہے مگر آپ بتانا نہیں چاہتے۔"

"دیکھو بیٹا میں کسی کی وجہ سے اپنی جان خطرے میں نہیں ڈال سکتا,اور میں تمہیں بھی مشورہ دیتا ہوں کہ تم ان معاملوں سے دور رہو"
"انکل مجھے آپ کے مشورے کی ضرورت نہیں ہے۔ بلکہ مجھے آپ کے ساتھ کی ضرورت ہے۔ اور میں قسم کھا تی ہوں کہ آپ کا نام کہیں بھی نہیں آئےگا۔ بس آپ مجھے اُس لڑکے کے بارے تھوڑا بہت جانکاری دے دیں۔ میں آپ سے وعدہ کرتی ہوں میں آپ کی دکان کا راستہ بھی بھول جاؤں گی۔ اورحیات اپنی جان دے سکتی ہےمگر وعدہ خلافی کبھی نہیں کر سکتی۔"
"مجھے زیادہ کچھ معلوم نہیں ہے۔ بس اتنا جانتا ہوں کہ وہ لڑکا منوّر شاہ کا چھوٹا بیٹا رحیم منوّر شاہ تھا۔"
"شکریہ انکل" کہتے ہوئے حیات وہاں سے یونیورسٹی چلی گئی۔
"میں تمہارے گھر گئ تھی تو آنٹی نے بتایا کہ تم یونیورسٹی چلی گئی ہو۔ پھر میں جب یونیورسٹی آئی تو پتا چلا کہ تم یونیورسٹی نہیں آئی ہو" نایاب نے حیات سے کہا ۔
"میں .... میں کچھ کام سے گئی تھی"حیات نے جواب دیا ۔
"ایسا بھی کیا کام تھا جو تم آنٹی سے جھوٹ بول کر گئی تھی؟"
"میں ایک انکل سے ملنے گئی تھی" حیات نے اپنا بیگ بینچ پر رکھتے ہوئے کہا ۔
"کس انکل سے ؟اور کیوں ؟"
"حمید کے سلسلے میں کچھ جانکاری معلوم کرنی تھی"
نایاب اُسے قدرے حیرانی سے دیکھتے ہوئے بولی" تم کیوں اپنی جان کی دشمن بنی ہو؟"
"میں اپنی جان کی دشمن نہیں بلکہ ان کی جان کی دشمن بنی ہوں جو معصوموں کی جان کے دشمن ہیں" حیات نے اُسی کے انداز میں جواب دیا ۔
اب نایاب خاموش ہو گئی کیونکہ وہ جانتی تھی کہ حیات کو سمجھانا فضول ہے۔ وہ اب کسی کی بات نہیں سنے گی، اور اُسے یہ بھی پتا تھا کہ حیات حق اور سچ کے راستے پر چل رہی مگر نایاب کو یہ بھی معلوم تھا کہ حق اور سچ کے لیے لڑنے والے لوگوں کو بہت سے قربانیاں دینی پڑتی ہے۔

"کن سوچوں میں گم ہو گئی ہو" حیات نے اس کی آنکھوں کے سامنے ہاتھ ہلاتے ہوئے کہا ۔
"کہیں نہیں......بس سوچ رہی تھی کہ جب تمہارے بابا کو پتہ چلے گا تو اُن کا کیا ردِّ عمل ہوگا۔"
"پتا نہیں یار!..... یہ تو میں نے سوچا ہی نہیں, خیر ....جو بھی ردِعمل ہوگا دیکھا جائے گا۔" حیات نے لمبی سانس لیتے ہوئے کہا ۔
"ویسے بھی جہاں انصاف نہیں وہاں امن نہیں، اور امن کو برقرار رکھنا ہم سب کا فرض ہے اور میں اپنا فرض ضرور پورا کروں گی۔ اور کیا تم نے سورۃ النساء میں نہیں پڑھا ۔

سورۃ النساء

یٰۤاَیُّهَا الَّذِیْنَ اٰمَنُوْا كُوْنُوْا قَوّٰمِیْنَ بِالْقِسْطِ شُهَدَآءَ لِلّٰهِ

اے ایمان والو! اللہ کے لئے گواہی دیتے ہوئے انصاف پر خوب قائم ہو جاؤ ۔

آیت (135)

✷ • • • ✷ • • • ✷

عمیر اپنے کمرے میں ویڈیو گیم کھیل رہا تھا تبھی زہران اُس کے کمرے میں داخل ہوا۔ اور اس کے پاس بیٹھتے ہوئے بولا" کیا میں سچ میں سرمئی آنکھوں والا بندر لگتا ہوں؟"
یہ سن کر عمیر قہقہہ لگا کر ہنس پڑا۔ زہران اُسے گھور رہا تھا۔
"نہیں بھائی آپ تو اتنے ہینڈسم ہے کہ ہزاروں لڑکیاں آپ کی آنکھ کی دیوانی ہیں۔ ویسے بھائی آپ کب سے لڑکیوں کی بات کو دل پر لینے لگ گئے؟" عمیر نے مذاق اڑانے والے انداز میں کہا ۔
"میں اُس کی بات دل پر نہیں لے رہا۔ وہ تو نفسیاتی ، بیوقوف ، بدتمیز لڑکی ہے۔ انی وے (Any way)... تم مجھے یہ بتاؤ ، تم نے مجھے وائٹ ڈریس پہن کر احسن انکل کے گھر جانے سے کیوں منع کیا تھا"
"کیونکہ حیات کو سفید رنگ کا لباس پسند نہیں ہے" عمیر نے جواباً کہا۔
" تو مجھے کیوں منع کیا۔ اُسے نہیں پسند تو وہ بیشک نا پہنے" اُس نے غصّے سے کہا ۔

"بھائی!....بات صرف پسند کی نہیں ہے۔ اُسے وائٹ ڈریس سے ڈر لگتا ہے" یہ سُن کر زہران قہقہہ لگا کر ہنس پڑا ۔
"یہ ہنسنے کی بات نہیں ہے میں سچ کہہ رہا ہوں"عمیر نے اُسے سمجھانے کی کوشش کی مگر زہران کی ہنسی نہیں رک رہی تھی۔ وہ یہ سوچ کر اور ہنسنے لگا کہ کسی کو سفید رنگ سے بھی ڈر لگتا ہے۔
"بھائی میں سچ کہہ رہا ہوں" عمیر نے اپنے الفاظ ایک بار پھر دہرائے۔
"مگر کیوں" زہران نے سنجیدگی سے پوچھا ۔
" شاید اُسے Leukophobia ہے، اس سے زیادہ میں نہیں جانتا۔"
"تم نے کبھی اس سے پوچھا" زہران نے سوال کیا۔
"ہاں..... کئی بار میں نے پوچھا، مگر جواب میں صرف مجھے خاموشی ملی ہے۔"
"اچھا !.....لگتا ہے معاملہ سنگین ہے" یہ کہتے ہوئے زہران ایک بار پھر ہنس پڑا ۔ "ویسے وہ اتنی بزدل لگتی نہیں ہے۔"
"تو کس نے کہا کہ وہ بزدل ہے۔ اُس کی ہمّت کے قصے پورے حضرت گنج میں مشہور ہیں"

آخر یہ غور و فکر کرنے والی بات ہے کہ حیات جیسی بہادر لڑکی کو سفید رنگ کے لباس سے خوف کیوں آتا ہے۔ یہ تو واقعی ہنسنے والی بات ہے مگر آپ لوگ کو ہنسنے کی اجازت نہیں ہے۔ ویسے اگر ہنسنے کا دل کرے تو ہنس لیں حیات کون سا آپ کو دیکھ رہی ہے, لیکن نا ہنسے کیونکہ حیات نہیں لیکن خدا تو دیکھ رہا ہے اور کسی کی کمزوری پر ہنسنسے والا بزدل ہوتا ہے اور ہم بزدل نہیں ہیں ۔

یہ بیماری حیات کو پیدائشی نہیں تھی بلکہ سات سال کی عمر میں اُس کے ساتھ کچھ ایسا واقعہ پیش آیا جس نے اُسےLeukophobia کا مریض بنا دیا۔ یہ ایک بہت ہی پرانا اور دردناک راز ہے جس سے آج تک ہر کوئی انجان ہے۔ اور ہر انسان میں کوئی نہ کوئی خامی ہوتی ہے جیسی کہ حیات میں ہے۔ یا شاید یہ خامی نہیں بلکہ ایک ڈر ہے جو حیات کے دل میں بس گیا ہے۔ اُس حادثے کا ڈر جو حادثہ اُس کے ساتھ ۱۵ سال پہلے واقع ہوا تھا۔ اس راز سے پردہ ہم عنقریب ہٹائیں گے, اب ہم لوٹ آتے ہیں اپنی اصل زندگی میں جہاں ہم حیات جیسی

بہادر لڑکی کی کہانی پڑھ رہے ہیں اور اس شاعری کے ساتھ ہم اپنی کہانی کی شروعات کرتے ہیں ۔

نامِ خدا ہے ہر جگہ، ذکرِ خدا کہیں کہیں !
ذکرِ خدا ہو بھی اگر، تو خوفِ خدا کہیں کہیں!

......*

نایاب حیات کے گھر آئی وہ دونوں ساتھ میں بیٹھ کر چایے پی رہی تھیں۔"حیات اُس لڑکے کا کیا نام تھا جس کا ایکسیڈنٹ ہوا تھا؟" اُس نے چایے کی ایک سپ لیتے ہوئے پوچھا۔
"حمید" حیات نے ایک لفظہ جواب دیا۔
"اُس کا ایکسیڈنٹ کس کی گاڑی سے ہوا تھا تمہیں پتا چلا؟"
"ہاں پتا چلا ہے جب انکل سے ملاقات کرنے گئی تھی۔"
"کون تھا وہ؟؟
"منوّر شاہ کا بیٹا رحیم منوّر شاہ" یہ نام سنتے ہی نایاب کے ہاتھ سے چایے کا کپ گر کے کئی ٹکڑوں میں تقسیم ہو گیا۔ اور اس کے چہرہ کا رنگ بھی تبدیل ہو گیا۔
"کیا ہوا کوئی ابلیس دیکھ لیا کیا تم نے" حیات نے قدرے حیرانی سے پوچھا۔
"ابلیس نہیں....آدم خور ہیں وہ لوگ جن سے تم انتقام لینا چاہتی ہوں" اُس نے کانپتے لبوں کے ساتھ کہا۔
"میں کسی آدم خور سے نہیں ڈرتی"
"تم نہیں جانتی وہ لوگ بہت ہی برے انسان ہیں، رئیس ہونے کے ساتھ ساتھ وہ مغرور بھی ہیں "
"اور قاتل بھی" حیات نے اُس کی بات کاٹتے ہوئے کہا ۔
"دیکھو حیات .... تم مجھے بہت عزیز ہو اور میں نہیں چاہتی کی تم ان لوگوں کے سامنے بھی جاؤ وہ انسان نہیں ہے۔"
"تم کیسے یہ سب جانتی ہو اُن کے بارے میں" حیات نے اُسے مشکوک نظروں سے دیکھتے ہوئے کہا ۔
"میں .....میں جانتی ہوں۔"

"مگر کیسے.... اب بھی میرا وہی سوال ہے۔"
"منوّر شاہ کا چھوٹا بیٹا رحیم منوّر شاہ نے میری کزن کو پرپوز کیا تھا پھر جب اُس نے شادی کرنے کو کہا تو وہ امریکہ چلا گیا اور تب سے اُس نے میری کزن سے کوئی رابطہ نہیں کیا "
"مطلب کہ یہ آدم خور , مغرور اور قاتل ہونے کے ساتھ ساتھ دھوکےباز بھی ہیں۔ مزہ آئے گا بلکہ بہت مزہ آئے گا اس جنگ میں....... کیونکہ انسان ایک ہے اور کردار بہت۔" اُس نے اپنے داتوں کے نیچے اپنی انگلی دبا لی۔ اور حیات ایسے تب ہی کرتی تھی۔ جب اُس کے دماغ میں کچھ چل رہا ہوتا ہے۔
"اب کیا چل رہا ہے تمہارے فطوری دماغ میں " نایاب نے پوچھا .
"کچھ بہت ہی دھماکےدار"حیات نے اپنے سر پہ دوپٹہ رکھتے ہوئے کہا۔
"مگر کیا؟ مجھے بھی بتاؤ" نایاب نے تجسّس بھرے انداز میں پوچھا .
"وقت آنے پر سب پتا چل جائے گا ابھی صبر رکھو"
حیات کی باتیں اب نایاب کو پریشان کر رہیں تھی اور نایاب نہیں چاہتی تھی کہ حیات شاہ ہاؤس میں قدم رکھے اور وہ اُسے سمجھانے کی کوشش کر رہی تھی مگر وہ اپنی کوشش میں مسلسل نا کام ہو رہی تھی۔

......*

حیات یونیورسٹی سے گھر آنے کے بجائے اُس جگہ چلی جاتی ہے جہاں حمید کا ایکسیڈنٹ ہوا تھا۔ اور وہاں کے لوگوں سے تفتیش کرنے لگتی ہے مگر اُسے کچھ خاص معلومات حاصل نہیں ہوتی اور اُسے گھر آنے میں عشاء کا وقت ہو جاتا ہے اور وہ جیسے ہی گھر میں قدم رکھتی ہے۔
"یہ کوئی وقت ہے گھر آنے کا .... تم نے وقت دیکھا ہے کیا ہو رہا ہے۔ اور کیوں تمہیں اتنی دیر ہو گئی۔ نایاب تو کب کا گھر آ گئی ہے" احسن صاحب نے غصّے بھرے انداز میں کہا .
"بابا کچھ ضروری کام تھا تبھی دیر ہو گئی۔"
"ایسا بھی کیا ضروری کام تھا کہ اتنی رات کو گھر آ رہی ہو۔"

"وہ میری ایک دوست کی طبیعت خراب تھی تو میں اُس کے ساتھ ہاسپٹل میں تھی اُس کے خاندان والے شہر سے باہر گئے ہوئے ہیں"
تبھی نایاب آ جاتی ہے اور احسن صاحب اُس سے سوال و جواب کرنے لگتے ہیں۔
"کون سی دوست ہے اس کی.... ذرا مجھے بھی بتاؤ؟" انہوں نے نایاب سے پوچھا ۔
نایاب کے منھ سے ابھی کون ؟ نکلا ہی تھا کہ حیات بیچ میں بول پڑی۔ "ارے ہماری دوست...جو یونیورسٹی میں پڑھتی ہے جو ہاسپٹل میں ایڈمٹ ہے" اُس نے نایاب کو آنکھوں سے اشارہ کرتے ہوئے کہا۔
" ہاں انکل وہ بہت بیمار ہے.... میں بھی رک جاتی اگر میری طبیعت خود خراب نہ ہوتی تو۔"
"اچھا تم دونوں اب اپنے کمرے میں جاؤ" یہ کہتے ہوئے وہ اپنے کمرے کی طرف چلے گئے۔
"کہاں گئی تھی اور مجھے جھوٹ بولنے پر مجبور کیوں کیا۔"
"بہت ضروری کام سے گئی تھی۔"
"ہاں مجھے پتا ہے کون سا ضروری کام تھا" نایاب نے طنزیہ لہجے میں کہا۔
"جب پتا ہے تب کیوں تفتیش کر رہی ہو۔"
"تفتیش میں نہیں بلکہ تم کرتی فر رہی ہو" نایاب نے اُسی کے لہجے میں جواب دیا۔
"میں بہت تھک گئی ہوں , ایک اچھی سی چایے بنا دو پلیز!" وہ نایاب سے کہتے ہوئے اپنے کمرے میں چلی گئی ۔

......*

سورج سر پہ آ گیا تھا اور آدھا دن سمجھو ڈھل چکا تھا مگر زہران اب بھی اپنے بستر پر کروٹیں بدل رہا تھا تبھی اُس کے کمرے کے پردے کھول دیے جاتے ہیں اور جب وہ اپنی آنکھوں سے اپنا بازو ہٹا کر دیکھتا ہے کہ سامنے علی صاحب کھڑے اُسے بہت غور سے دیکھ رہے تھے" گڈ مورنینگ بابا.....آپ کب آئیں"
"بس ابھی آیا ہوں "
"آج آپ آفس نہیں گئے کیا ؟"

"آفس سے گھر آ گیا ہوں۔ رات میں کب سوتے ہو کہ نیند پوری نہیں ہوتی۔ وقت دیکھا ہے آدھا دن ڈھل چکا ہے بس آدھا دن ہی بچا ہے۔ بیٹا وقت کی قدر کرو یہ ایک بار چلا گیا تو پھر واپس نہیں آئے گا" انہوں نے تحمل سے کہا۔
"جی بابا!" کہتے ہوئے وہ واشروم کی طرف چلا گیا۔
اب علی صاحب زہران کو دیکھ کر پریشان ہو رہے تھے کیونکہ ملیشیا سے انہوں نے زہران کو اس لیے بلایا تھا کہ وہ اب ان کا بزنس سمبھال لے, مگر انہیں مایوسی کا سامنا کرنا پڑا اُسے ملیشیا سے آئے تقریباً ۲ ماہ ہو چکے تھے مگر اُس نے کبھی آفس میں قدم بھی نہیں رکھا تھا۔
" زہران کل تم میرے ساتھ میرے آفس چلو گے اور میں کوئی بہانہ نہیں سنوں گا"
"جی بابا"اُس نے اپنے بالوں کے پانی کو خشک کرتے ہوئے کہا۔
زہران کو آفس میں کوئی دلچسپی نہیں تھی وہ آزاد پرندوں کی طرح زندگی گزارنے میں یقین رکھتا تھا۔ ذمّہ داریوں سے دور بھاگتا تھا مگر اسے اس بات کا علم نہیں تھا کہ اُس کی اس غیرذمّہ داریوں کے پیچھے اُس کے خلاف سازشیں کی جا رہی ہیں۔ علی صاحب کو اس بات کا اندیشہ ہو گیا تھا اسی لیے انہوں نے زہران کو ملیشیا سے واپس بلا لیا اور اُسے اپنے بزنس میں شامل کرنا چاہا کیونکہ انہیں اس بات کا بھی علم تھا کہ اگر زہران اسی طرح مسلسل لا پرواہ رہا تو اُس کے ہاتھ سوائے پچھتاوے کے کچھ نہیں آئے گا ۔ کون زہران کے خلاف سازش کر رہا ہے اس کا اندازہ تو آپ کو ہو گیا ہوگا اور اگر نہیں ہوا ہے تو ہم بہت جلد اس راز سے بھی پردہ ہٹائیں گے۔

دنیا میں آئے ہو تو جینے کا ہنر رکھنا.
دشمنوں سے کوئی خطرہ نہیں ، بس اپنوں پر نظر رکھنا.

......*

"ماہرا یونیورسٹی سے واپس آ رہی تھی تبھی اُسے راستے میں دو لڑکے پریشان کرنے لگتے ہیں۔
"دیکھو میرے راستے سے ہٹ جاؤ ورنہ انجام اچھا نہیں ہوگا" ماہرا نے سخت لہجے میں کہا۔

"ارے انجام کی کس کو فکر ہے۔ اورجو بھی انجام ہوگا۔ ہمیں دل سے منظور ہوگا ہم کسی سے ڈرتے نہیں ہیں۔"

ماہرا زہران کو فون ملاتی ہے مگر اُس کا فون نہیں اٹھتا اور ماہرا وہاں سے بھاگنے کی کوشش کرتی ہے۔

حیات اور نایاب بھی یونیورسٹی سے گھر واپس جا رہیں تھیں تبھی حیات کی اسکوٹی کے سامنے ماہرا اچانک سے آ جاتی ہے۔

"کیا ہوا ماہرا تم اتنی گھبرائی ہوئی کیوں ہو" نایاب نے قدرے حیرانی سے پوچھا۔

ابھی ماہرا کچھ جواب دیتی اُس سے پہلے ہی وہ لڑکےآ جاتے ہیں۔ اور ماہرا اُن کی طرف اپنے ہاتھوں سے اشارہ کرتی ہے وہ کچھ بولنے کی حالت میں نہیں تھی۔ ایک لڑکا وہاں سے بھاگ جاتا ہے۔ مگر ایک وہاں ڈھیٹ کی طرح کھڑا رہتا ہے۔

حیات اپنی اسکوٹی سے اتر کر اُس لڑکے کے رخسار پر ایک زوردار تھپّڑ لگا دیتی ہے۔ وہ لڑکا حیات کا ہاتھ پکڑ لیتا ہے پھر نایاب بھی اس کے رخسار پر ایک زوردار تھپّڑ رسید کر دیتی ہے۔

ماہرا وہاں کھڑی سب کچھ دیکھ رہی تھی۔ پھر حیات اپنا ہاتھ اُس لڑکے سے چھڑا کر ایک تھپّڑ یہ کہتے ہوئے جڑتی ہے کہ " آئندہ کسی لڑکی کا ہاتھ مت پکڑنا...... "پہلا تھپّڑ اس لیے تھا کہ تم نے ماہرا کو پریشان کیا اور دوسرا تھپّڑ اس لیے تھا کہ تم نے میرا ہاتھ پکڑا اور تیسرا تھپّڑ اس لیے تھا تاکہ تم مستقبل میں کسی اکیلی لڑکی کو پریشان نا کرو اور ہاں... **اکیلی لڑکی موقع نہیں بلکہ زمہ داری ہوتی ہیں ہر اُس مرد کی جس کے گھر میں ماں, بہن اور بیٹی موجود ہو اور جو مرد اکیلی لڑکی کو موقع سمجھے وہ مرد نہیں ہوتا**........." اور پھر وہ دونوں ماہرا کو گھر لے آتی ہیں۔

"اپنا فون دو" گھر پہنچ کرحیات نے ماہرا سے کہا۔

ماہرا کانپتے ہاتھوں کے ساتھ اُسے اپنا فون اُسے دے دیتی ہے۔ اور پھر وہ زہران کو فون ملاتی ہے۔ اور فون ابھی اٹھا ہی تھا کہ "تمہیں اپنی ذمّہ داریوں کا احسان ہے کہ نہیں, بہنوں کے بھائی اتنے لاپرواہ نہیں ہوتے جتنے تم ہو" اُس نے اکھڑے ہوئے لہجے میں کہا۔

"آپ کون بات کر رہی ہیں اور ماہرا کہاں ہے؟ دوسری طرف سے آواز آتی ہے ہے ۔

"ماہرا تمہارے چاچا کے گھر ہے۔"

"ماہرا سے میری بات کرواؤ" زہران نے کہا ۔
"وہ ابھی بات کرنے کی حالات میں نہیں ہے" حیات نے جواب دیا۔
دوسری طرف خاموشی چھا گئی۔ حیات نے کئ بار آواز دی مگر کچھ جواب نہیں آیا پھر فون کٹ گیا۔ کشیدگی کی وجہ سے زہران کے چہرے کا رنگ تبدیل ہو گیا اور وہ بنا کچھ سوچےسمجھے ٹیبل پر رکھی چابھی اٹھا کر سیڑھیوں سے طوفان کی طرح اترتا ہوا اپنی گاڑی میں بیٹھ گیا۔ اُس کے ذہن میں عجیب عجیب سے وسوسے اور خیالات آ رہے تھے اپنے اُن خیالاتوں سے لڑ کر آخر کار وہ نایاب کے گھر پہنچ گیا ۔
"چچی جان! ماہرا کہاں ہے" اُس نے گھر میں داخل ہوتے ہی پوچھا۔
"اوپر نایاب کے روم میں ہے"
وہ رفتار سے سیڑھیاں چڑھ رہا تھا اور حیات نایاب کے کمرے سے نکل کر جیسے ہی سیڑھی کے پاس پہنچی ہی تھی کہ وہ حیات سے بے اختیار ٹکرا گیا۔
"اُف!.....اندھے ہو کیا " حیات نے اپنی پیشانی ہاتھ سے سہلاتے ہوئے کہا ۔
"ماہرا کہاں ہے؟" اُس نے اُس کی بات کاٹ دی ۔
"سامنے کمرے میں " حیات نے ہاتھوں سے اشارہ کرتے ہوئے کہا۔
" زہران کمرے میں داخل ہوتے ہی بولا" تم ٹھیک ہو نا" اُس کی آواز بھرّا گئی ماہرا بہت ڈری سہمی اور جواب دینے کی حالت میں نہیں تھی۔ وہ اُس کے پاس بیٹھ گیا۔
پھر نایاب اُس سے پورا قصہ بیان کرتی ہے تبھی حیات بھی کمرے میں داخل ہوئی۔
" پہلے تو مجھے لگا کہ تم صرف بدتمیز ہو مگر آج پتا چلا کہ تم لاپرواہ بھی ہو " حیات نے طنزیہ لہجے میں کہا۔
زہران نے اُسے پلٹ کر کوئی جواب نہیں دیا کیونکہ وہ جانتا تھا ماہرا کی اس حالت کے پیچھے کہیں نا کہیں اُس کی بھی غلطی ہے ۔ اگر وہ وقت پر ماہرا کا فون اٹھا لیتا تو شاید آج حالات کچھ مختلف ہوتے ۔ پھر وہ ماہرا کو اپنے ساتھ گھر لے گیا۔
"ویسے نایاب ...... تم نے اُس بیچارے لڑکے کو بہت زور سے تھپّڑ مارا تھا".....دونوں آپس میں بیٹھی باتیں کر رہی تھیں۔

"اور تم نے تو ایسا تھپّڑ جڑا تھا کہ ابھی تک شاید اُس کے کان میں تمہارے تھپّڑ کی آواز گونج رہی ہوگی" نایاب نے چپس کا پیکٹ کھولتے ہوئے کہا۔

عورت کی سب سے بڑی عبادت، اپنی عزت کی حفاظت کرنا ہے۔
اللہ نے ہم عورتوں کو عزت تحفے میں دی ہے کبھی کسی کی بیٹی, بہن بنا کر تو کبھی کسی کی بیوی بنا کر اور کبھی کسی کی ماں بنا کر اور ماں کا درجہ تو اتنا بلند فرمایا ہے کہ اس کے قدموں میں جنت ہی رکھ دی۔ جبکہ مرد کو عزت کمانی پڑتی ہے ۔

......*

منوّر شاہ کو اپنے بیٹے کی حرکتوں کا پتا چل گیا تھا کہ اس کی گاڑی سے ایک معصوم لڑکے کی موت ہو گئی، اور وہ رحیم کو گالیاں دے رہے تھے تبھی ان کی اہلیہ آ جاتی ہیں۔
" یہ سب آپ کی محبت کا سلہ ہے۔ آپ کی چھوٹ کی وجہ سے ہمارا بیٹا آج قاتل بھی بن گیا" دونوں میا بیوی بحث میں مصروف تھے کہ چوکیدار آکر انہیں یہ اطلاع دیتا ہے کہ باہر پولیس آئی ہے - یہ خبر سن کر رحیم کے پیروں کے نیچے سے حقیقتاً زمین نکل گئی۔ منوّر شاہ کی کچھ سمجھ میں نہیں آرہا تھا کہ آخر وہ اس معاملے کو کیسے ہینڈل کریں " کس لیے آئی ہے پولیس؟ رحیم نے تشویش سے پوچھا ۔
"یہ تو نہیں پتا صاحب ۔ وہ بس کہہ رہیں ہے کہ بڑے صاحب سے ملنا ہے اور وہ یہ بھی کہہ رہے ہیں ان کے پاس وارنٹ ہیں۔ اگر انہیں اندر نہیں آنے دیا تو وہ زبردستی اندر آجائیں گے۔"
انہیں یہ اندازہ ہو گیا تھا کہ پولیس یقیناً اُس لڑکے کے ایکسیڈنٹ کے بارے میں تفتیش کرنے آئی ہے۔
"تم فکرمت کرو ۔ میں کچھ نہ کچھ کرتا ہوں" اُنہوں نے رحیم سے کہا اور پھر وہ چوکیدار کے ساتھ باہر چلے گئے۔ وہ کسی عام شہری کا گھر ہوتا تو پولیس شاید دیواریں پھلانگ کر بھی اندر آ جاتی مگر وہ منوّر شاہ کا گھر تھا جس کی وجہ سے وارنٹ ہونے کے باوجود بھی اُنہوں نے شاہ ہاؤس میں قدم رکھنے کی جرآت نہیں کی۔

"جی بولئے انسپکٹر صاحب...... آپ نے یہاں آنے کی تکلیف کیوں کی" اُنہوں نے اپنی آوازکو پر سکون رکھتے ہوئے بے تاثر چہرے کے ساتھ پوچھا ۔
"اب کیا کریں منوّر صاحبٗ آپ کے بیٹے نے ایسا کام ہی انجام دیا ہے کہ ہمیں یہاں آنا ہی پڑا" انسپکٹر نے بھی انہیں کے لہجے میں جواب دیا۔
"ایسا بھی کیا کارنامہ میرے بیٹے نے انجام دیا ہے" اُنہوں نے بلکل اپنے بیٹے کے گناہوں سے بےخبر ہونے کے انداز میں کہا۔
"آپ اپنے بیٹے کے کارناموں سے سچ میں بے خبر ہیں یا بے خبر ہونے کی اداکاری کر رہے ہیں"
"دیکھئے انسپکٹر.... آپ مجھے سیدھا سیدھا جواب دیں" اُنہوں نے سخت لہجے میں کہا اور پھر اکڑ کر کھڑے ہو گئیں۔
"تو سنئیے.... آپ کے بیٹے نے ایک ۱۷ سال کے لڑکے کا ایکسیڈنٹ کیا تھا اور اس لڑکے کی موت ہو گئی۔" انسپکٹر نے پورا واقعہ بیان کیا۔
"اچھا! ایف.آئی.آر کس نے کی ہے؟" اُنہوں نے انسپیکٹر سے پوچھا۔
"حیات احسن نے" انسپکٹر نے ایک لفظہ جواب دیا ۔ اور ہم اس کیس پر تفتیش کر رہے ہیں ابھی ہمارے ہاتھ کوئی ٹھوس ثبوت نہیں لگا ہے اور بنا ثبوت کے ہم کسی پر ہاتھ نہیں ڈال سکتے۔ اور ہاں آپ کا بیٹا شہر سے باہر نہیں جا سکتا جب تک یہ کیس ختم نا ہو۔ تو اب ہمیں اجازت دیجئے پھر بعد میں ملاقات ہوتی ہے۔"
"اب کیا کریں گے ہم..... مجھے تو یہ سمجھ نہیں آ رہا ہے "اُنہوں نے فرش پر ٹہلتے ہوئے کہا۔
"پاپا میں شہر سے باہر چلا جاتا ہوں"
"احمق انسان .....تم شہر سے باہر نہیں جا سکتے۔ انسپکٹر نے مجھے سختی سے کہا ہے۔" وہ چلائے۔
"کس نے میرے خلاف ایف.آئی.آر کٹوائی ہے۔"
"ہے ایک لڑکی ۔ حضرت گنج میں رہتی ہے۔ لیکن تم یہ سب کیوں پوچھ رہے ہو" اُنہوں نے قدرے حیرانی سے پوچھا ۔
رحیم.... بغیر کچھ جواب دیئے وہاں سے چلا گیا۔
"مجھے اُس لڑکی سے متعلق ساری انفارمیشن آج کے آج ہی چاہیے۔ وہ کہاں رہتی ہے۔ اُس کا نام کیا ہے۔ اُس کا فیملی بیک گراونڈ کیا

ہے" وہ اپنے کمرے میں کسی سے فون پر بات کر رہا تھا۔ "بہت ہی غلط کیا ہے اس لڑکی نے ....میری زندگی میں دخل اندازی کر کے" وہ بڑبڑایا۔

رات ڈائننگ ٹیبل پر سب ساتھ بیٹھے کھانا کھا رہے تھے پورے گھر میں خاموشی گونج رہی تھی تبھی رحیم نے اپنی خاموشی توڑی۔
" کیا سوچا ہے پاپا آپ نے" اُس نے فوک پلیٹ میں رکھتے ہوئے کہا۔
"کل جا کر اُس لڑکی سے بات کرتا ہوں ۔ پیسے دے کر معاملہ ختم کر دیں گے۔ اور ویسے بھی یہ غریب لوگ پیسے کے لئے تو ہم جیسے امیر لوگوں کی چھوٹی چھوٹی غلطیوں کو رائی کا پہاڑ بنا دیتے ہیں۔"
"اچھا .....کسی کا قتل کر دینا آپ کی نظر میں چھوٹی بات ہے" زبیدہ بیگم نے غصّے میں کہا۔
"تو تم کیا چاہتی ہو کہ ہمارے بیٹے کو پھانسی ہو جائے۔"
"میں نے ایسا کب کہا ہے؟ میں تو بس یہ کہہ رہی ہو کہ کسی کا قتل کر دینا کوئی چھوٹی بات نہیں ہے۔ اور مجھے آپ کو ایک اور اطلاع دینی ہے میں کینیڈا جا رہی ہوں میری بہن کا آپریشن ہے۔" "ہاں تو جاؤ کس نے تمہیں منع کیا ہے۔"

✷ . . . ✷ . . . ✷

وہ سو رہی تھی جب ہڑبڑا کر اٹھ بیٹھی۔ کوئی اُس کے کمرے کا دروازہ بجا رہا تھا۔
"حیات...حیات" نایاب اُس کے دروازے پہ دستک دیتے ہوئے بلند آواز میں اُس کا نام پُکار رہی تھی۔
"کیا ہوا ہے ؟ کیوں چلّا رہی ہو؟" دروازہ کھولتے ہی اُس نے حواس باختی کے عالم میں نایاب سے پوچھا۔ جس کے چہرے کا رنگ اُڑا ہوا تھا۔
"جلدی چلو نیچے" نایاب نے اُسے دیکھتے ہی کہا۔
"کیوں ؟ وہ مزید پریشان ہوئی۔
"بس چلو میرے ساتھ " نایاب نے کمرے کے اندر داخل ہوتے ہی کہا۔
"کیا ہوا ہے" اُس نے اپنا سوال پھر دہرایا۔

"منوّر شاہ نیچے آئے ہیں۔ اور ان کے ساتھ موٹے لمبے گنڈے بھی ہیں۔"

"بابا تو گھر پر نہیں ہیں شاید" اُس نے اطمعنان سے بھری لمبی سانس لی۔

"تمہیں ڈر نہیں لگ رہا ہے۔ عارض گھر پہ نہیں ہے اور انکل بھی باہر گئے ہوئے ہیں۔" نایاب نے پریشانی سے کہا۔

"میرے دل میں صرف خدا کا خوف ہے۔ میں ان معمولی گنڈوں سے نہیں ڈرتی۔ اور تم کیوں کانپ رہی ہو۔ ایک کام کرو تم یہیں میرے کمرے میں بیٹھو میں دیکھ کر آتی ہوں۔"

"نہیں میں تمہیں اکیلے نہیں جانے دوں گی۔ میں بھی تمہارے ساتھ چلوں گی ۔" نایاب نے اُس کا ہاتھ پکڑ لیا۔

"نایاب تم وقت کی نزاکت کو نہیں سمجھ رہی ہو۔ میں تمہیں کسی بھی خطرے میں نہیں ڈال سکتی۔" اُس نے نایاب سے اپنا ہاتھ چھڑا لیا۔ نایاب اُسے بے اختیار دیکھتی رہی اور وہ بیڈ پر پڑی اپنی کالی چادر (جسے وہ اوڑھ کر باہر نکلتی تھی) اٹھا کر اپنے اوپر ڈالتی ہوئی نیچے چلی گئی۔

" السلام وعلیکم" حیات منوّر شاہ سے مخاطب ہوئی۔

" میں یہاں بات کرنے آیا ہوں" اُنہوں نے سلام کے جواب میں کہا۔

" بابا گھر پر نہیں ہیں تو بہتر ہوگا ابھی آپ جائیں، جب وہ آ جائے تب آپ اُن سے بات کر لیجئے گا۔"

" مگر میں تمہارے بابا سے بات کرنے نہیں آیا ہوں"

"تو؟" حیات نے سنجیدگی سے کہا۔

"تم سے بات کرنے آیا ہوں "

"مگر میں تو آپ کو نہیں جانتی۔ پھر آپ مجھ سے کیا بات کرنے آئے ہیں؟"

تم مجھے نہیں جانتی؟" منوّر شاہ مذاق اڑانے والے انداز میں ہنسے۔

"مجھے جانتی بھی نہیں ہو اور میرے بیٹے کے خلاف ایف.آئی.آر بھی کٹوا دی .....واہ!... تمھاری ہمّت کی تو داد دینی چاہیئے۔"

"تو دیں...... کس نے آپ کو منع کیا ہے" حیات نے انہیں کے لہجے میں کہا۔ "ویسے آپ جو بات کرنے یہاں آئیں ہیں کریں ۔ اور اپنے گھر کے راستے کی پیمائش کریں ۔ کیونکہ ہم آپ جیسے لوگوں کو زیادہ دیر اپنے گھر میں رکھنے کے قائل نہیں ہیں۔"

" تو سنو لڑکی " حیات نے اُن کی بات کاٹ دی۔
"میرا نام لڑکی نہیں۔ حیات ہے " آگے بولیں۔
"پیسہ لے کر معاملہ رفا دفاع کرو" اُنہوں نے مغرور نظروں سے حیات کی طرف دیکھتے ہوئے کہا۔
" معاف کرئے گا منوّر صاحب"........ ہم لاشوں کا سودا نہیں کرتے۔" اُس نے سنجیدگی سے کہا۔
"مجھ سے دشمنی... تمہیں مہنگی پڑے گی۔ اس لیے کہہ رہا ہوں پیسہ لو اور معاملہ رفع دفاع کرو" اُنہوں نے اپنی بات دہرائی۔
"جہاں تک رہی بات دشمنی مہنگی پڑنے کی، تو آپ بھی یہ بات جان لیں ......میں سستی چیزوں کی شوقین نہیں ہوں۔ اور رہی بات پیسوں کی تو میں ایسی دولت پر لعنت بھیجتی ہوں جو کسے معصوم کی جان کے بدلے حاصل ہو۔ اور مجھے لگتا ہے کہ اب آپ کو جانا چاہیے کیونکہ میں نے آپ کے سارے سوالوں کے جواب سود سمیت دیئے ہیں۔"
"ٹھیک ہے جیسی تمھاری مرضی...... تم اپنی بربادی اپنے ہاتھوں سے لکھ رہی ہو" اُنہوں نے اکھڑے ہوئے لہجے میں کہا۔
"اپنی نہیں...... آپ کے بیٹے کی" حیات نے چہرے پر ہلکی سی مسکراہٹ کے ساتھ جواب دیا۔
اُدھر نایاب اور اسماء بیگم کمرے میں بیٹھی ساری گفتگو سن رہی تھیں۔ کچھ دیر بعد نایاب اُس کمرے میں آجاتی ہے جہاں منوّر شاہ موجود تھے اُس نے حیات کے بازو کو ہولے سے کھینچ کر اُسے چلنے کا اشارہ کیا۔ مگر حیات نے اپنا بازو چھڑا لیا۔
"ذرا صبر کرو چلتے ہیں" پہلے یہ تو ہمارے گھر سے تشریف لے جائیں" اُس نے منوّر شاہ کی طرف دیکھتے ہوئے نایاب سے کہا۔
منوّر شاہ کے کان کی لوئیں سرخ ہو گئیں ۔ اور وہ پلکیں جھپکائے بغیر اُسے گھورتے رہیں ۔ کیوں کہ وہ پہلی لڑکی تھی جس نے اُن سے اس لہجے میں بات کی تھی ۔ بلکل نڈر اور بے خوف ۔
"تمہیں تو میں بعد میں دیکھ لوں گا " وہ غرّائے۔
"بعد میں کیوں ابھی دیکھ لیں۔ آپ کے سامنے کھڑی ہوں " حیات نے سنجیدگی سے کہا ۔ منوّر شاہ بے حد غصّے میں گھر سے نکل گئیں ۔
"تمہیں کیا ضرورت تھی اُن سے اس لہجے میں بات کرنے کی" نایاب نے تیز لہجے میں کہا۔

"تو کس لہجے میں"..... اسماء بیگم نے اُس کی بات کاٹ دی ۔
"کون تھے یہ لوگ؟ اور یہاں کیوں آئے تھے؟ اور کیسا سودا کرنے کی بات کر رہے تھے؟"
"امی میں آپ کو بتاتی ہوں۔"
" دیکھو حیات..... مجھے صرف اور صرف سچ سننا ہے"
پھر حیات نے انہیں ساری سچّائی بتائی اور وہ حواس باختی کے عالم میں اُسے دیکھتی رہی انہیں سمجھ نہیں آرہا تھا کہ یہ سب کیا ہو رہا ہے۔ وہ بے صبری سے احسن صاحب کا انتظار کر رہیں تھی۔
آخر کار ان کا انتظار ختم ہوا اور وہ گھر آئے اسماء بیگم نے انہیں ساری بات تفصیل میں بتائی ۔ اور اُنہوں نے بے حد غصّےسے حیات کو آواز دی ۔ وہ وفق رنگت اور کانپتے ہوئے ہاتھوں کے ساتھ حاضر ہوئی ۔
"یہ کیا سن رہا ہوں میں" اُنہوں نے اکھڑے ہوئے لہجے میں حیات سے پوچھا۔ وہ خاموشی کے ساتھ کھڑی رہی۔
"جواب دو مجھے" وہ چلاّئے۔
" بابا میں تو بس اُس لڑکے کو انصاف دلانا چاہتی تھی" اُس نے کانپتے ہوئے لبوں کے ساتھ کہا۔
"تمہیں جھانسی کی رانی بننے کی ضرورت نہیں ہےاور کیا چاہتی ہو تم......تاریخ ایک بار خود کو پھر دہرائے۔ جو آج سے ۱۵ سال پہلے ہوا تھا وہ پھر ہو۔"
"نہیں بابا ایسا کچھ نہیں ہوگا۔ میں حق اور سچ کے راستے پہ چل رہی ہوں۔"
"اپنے باپ کی عزت کو مٹّی میں مِلانا چاہتی ہو۔" اُنہوں حیات کو سرخ آنکھوں سے گھورتے ہوئے کہا۔
"حق اور سچ کے لیے لڑنا کب سے آپ کے لیے باعثِ شرمندگی ہو گیا" اب تک حیات کا ڈر ختم ہو چکا تھا اور وہ بنا ڈرے اُن کے سوالوں کے جواب دے رہی تھی۔ احسن صاحب کچھ دیر خاموش رہیں ... پھر بولیں ..." کل سے اس کی شادی کی تیاری کرو اگلے حفتے اس کا نکاح ہے۔ وہ اپنا فیصلہ سناتے ہوئے اپنے کمرے کی طرف چلے گئے۔
"میں ابھی سلیم کی امّی سے بات کرتی ہوں۔ وہ بھی یہ خبر سن کر خوش ہو جائیں گی۔ وہ تو کب سے چاہتی تھی کہ تم دونوں کی شادی

جلدی ہو جائے مگر ہم ہی انہیں ٹالتے رہیں۔ ہم نے سوچا کہ تمھاری پڑھائی مُکمل ہو جائے پھر تمھاری شادی کریں گے ۔ خیر......" اسماء بیگم نے لمبی سانس لی ۔
"کیا خیر.... آپ لوگوں نے میرے لیے خیر کا فیصلہ نہیں کیا ہے۔ مجھے بابا سے بات کرنی ہے۔ میں اپنے ساتھ یہ نا انصافی نہیں ہونے دوں گی۔"
"بابا! آپ مجھ سے پوچھے بغیر کس طرح میری شادی ارینج کر سکتے ہیں۔" حیات نے بے یقینی سے کہا۔
احسن صدیقی نے کچھ سنجیدگی سے اُسے دیکھا۔ "یہ نسبت تمہارے بچپن سے ہی طے ہوئی تھی ۔ ابھی تک تو تمہیں اس پر کوئی اعتراض نہیں تھا۔ تو آج ایسا کیا ہو گیا۔"
" منگنی کی بات اور تھی....... شادی کی بات اور ہے..... آپ نے مجھ سے کہا تھا کہ میری ڈگری مُکمل ہونے کے بعد آپ میری شادی کریں گے" حیات نے انہیں اُن کا وعدہ یاد دلایا۔
"تمہیں اس شادی پر اعتراض کیوں ہے ۔ کیا تمہیں سلیم پسند نہیں ہے؟"
" بابا ۔ بات یہاں پسند یا نا پسند کی نہیں ہے۔ میں اپنی تعلیم کے دوران میں شادی کا سوچ بھی نہیں سکتی۔ کرنا تو دور کی بات ہے۔ اور آپ اچھی طرح جانتے ہیں کہ میں وکیل بننا چاہتی ہوں .....اپنی زندگی میں کچھ کرنا چاہتی ہوں۔ اس طرح آپ میری شادی کر دیں گے تو میرے سارے خواب ادھورے رہ جائیں گے۔"
" تمھارے خوابوں کے پرواز کو میں بھانپ چکا ہوں۔ اس لیے میں تمھاری شادی جلد از جلد کرنا چاہتا ہوں۔ اور میں تمہارا دشمن تو نہیں ہوں ۔ تم میری اکلوتی بیٹی ہو اور میں تمھاری حفاظت چاہتا ہوں۔"
"بابا! میں آپ کے پاس محفوظ ہوں۔"
"مگر تمہیں اپنی زندگی سے محبت نہیں ہے۔ تو میں چاہتا ہوں کہ تم اپنی زندگی سے محبت کرو" اُنہوں سنجیدگی سے کہا۔
"بابا! آپ کو کیا لگتا ہے کہ اگر آپ میری شادی کر دیں گے تو مجھے اپنی زندگی سے محبت ہو جائے گی۔"
"ہاں ....مجھے لگتا نہیں ہے بلکہ یقین ہے ۔ کیونکہ میں بھی اپنی جوانی کے دنوں میں بہت ہی جذباتی تھا۔ نا زندگی سے محبت تھی نا موت کا ڈر۔ بلکل تمھاری طرح۔ پھر تمھارے دادا نے میری شادی

کروا دی اور سارے جزباتوں نے خود بہ خود خودکشی کر لی۔ زندگی سے محبت بھی ہو گئی اور اسے کھونے کا ڈر بھی دل میں بس گیا۔"

"آپ میری ساری محنت کو ضائع کررہے ہیں۔ اگر آپ کو میرے ساتھ یہی کرنا تھا تو آپ کو چاہیے تھا کہ آپ مجھے وکیل بنانے کا وعدہ نا کرتے۔" حیات نے اُن کی بات پر ناراضی سے کہا۔

"جب میں نے تم سے وعدہ کیا تھا تب کی بات اور تھی ...... تب حالات اور تھے اب حالات اور ہیں۔ اور تم جس راستے پہ چل پڑی ہو اُس راستے پہ بربادی کے سوا کچھ نہیں ہے اس راستے پہ چلنے کے لیے بہت سی قربانیاں دینی پڑتی ہے اور بیٹا تم ایک لڑکی ہو..... ایک لڑکی اس دنیا سے اکیلی نہیں لڑ سکتی .....اُسے ایک مضبوط کندھوں کی ضرورت ہوتی ہے۔"

"بابا ضروری تو نہیں کہ وہ کندھا شوہر کا ہو ..... وہ کندھا آپ کا بھی ہو سکتا ہے۔" حیات نے اس بار قدرے ملتجانہ انداز میں کہا۔

"میں تمہیں یقین دلاتا ہوں کہ سلیم تمھاری تعلیم میں تمہارا پورا ساتھ دے گا اور تمہیں کسی چیز سے منع نہیں کرے گا ۔ احسن صدیقی نے اُس کی بات کا جواب دیتے ہوئے کہا۔

"بابا مجھے کسی کے ساتھ کی ضرورت نہیں ہے۔ اور میں سلیم سے شادی نہیں کروں گی یہ میرا آخری فیصلہ ہے۔"

"تو اب تم اپنے باپ کی مرضی کے خلاف جاؤ گی" احسن صدیقی نے غم و غصّے کے عالم میں کہا۔

"بابا میں آپ کے خلاف نہیں جا رہی بلکہ آپ نے مجھے اپنے مقابل لا کر کھڑا کر دیا ہے۔ میں اپنے قدم پیچھے ہٹا لوں یہ میرا ضمیر مجھے اجازت نہیں دیتا۔ اور میں اپنے قدم آگے بڑھاؤں اس کی آپ مجھے اجازت نہیں دے رہیں۔ تو اب اس صورتِ حال میں ..... میں وہی کروں گی جو مجھے صحیح لگے گا۔"

"تو پھر ٹھیک ہے تم وہ کرو جو تمہیں صحیح لگ رہا ہے۔ اور میں وہ کرو گا جو مجھے صحیح لگے گا۔"

"پتا ہے بابا.... آپ والدین ہمیشہ یہی سوچتے ہیں کہ آپ جو فیصلہ اپنی اولاد کیلئے کرتے ہیں وہ ہمیشہ درست ہوتا ہے پھر جب وہ فیصلہ غلط ثابت ہو جائے تو آپ قسمت کو قصوروار ٹھہرا دیتے ہیں۔ اور جب اولاد کوئی فیصلہ خود کے لیے کرتی ہے اور وہ غلط ہو گیا تو آپ والدین کہتے ہیں کہ ماں باپ کی نا فرمانی کا صلہ ملا ہے۔ خیر

...... آپ جو فیصلہ میرے لیے کر رہے ہیں کریں ۔ مجھے کوئی اعتراض نہیں۔ لیکن ہاں آپ اس بارے میں غور و فکر کر لیں ۔ اور اچھے سے تحقیقات بھی کر لیں۔" حیات کمرے سے سرخ چہروں کے ساتھ نکل گئی۔

بعض دفعہ ماں باپ کی ضد بھی اولاد کے لیئے بے حد صبر آزما اور تکلیف دہ ہوتی ہے۔

آج حیات بھی اُسی تکلیف سے گزر رہی ہے ۔ اُس کا قصور صرف اتنا ہے کہ اُس نے حق اور سچ کے راستے کا انتخاب کیا تھا۔ اور اس راستے پر چلنا آسان نہیں ہوتا ۔

✷ • • • ✷ • • • ✷

حیات اپنے کمرے میں آ کر بھی اسی طرح بیٹھی رہی , اُسے اپنے پیٹ میں گرہیں پڑتی ہوئی محسوس ہو رہی تھیں ۔ صرف چند گھنٹوں میں سب کچھ بدل گیا تھا۔ جیسے اُس کی خوشیوں کو کسی کی نظر لگ گئی تھی۔ یا شاید یہ اُس پر آزمائش کے دن تھے۔ کیوں کہ اللہ آزماتا بھی انہیں ہے جس سے وہ بے پناہ محبّت کرتا ہے۔ اور وہ اس آزمائش میں اپنے بندے کو اکیلا نہیں چھوڑتا۔

وہ پوری رات سو نہیں سکی ۔ بیڈ پر لیٹے لیٹے تہجّد کا وقت قریب آیا گیا۔ وہ بےچینی کے عالم میں اٹھی اور سیدھا واش روم کی طرف چلی گئی۔ وضو کر کے اُس نے تہجّد کی نماز ادا کی۔ اور اپنے دونوں ہاتھوں کو اٹھا کر اپنے رب سے رو رو کر دعا کی۔

رَبِّي يَسِّرْ وَلَا تُعَسِّرْ وَتَمِّمْ بِالْخَيْرِ وَبِكَ نَسْتَعِينَ

"اے میرے رب ! (میرے معاملات کو) آسان فرما، انہیں مشکل نہ بنانا، میرا خاتمہ خیر پر کرنا اور میں تجھ ہی سے مدد مانگتا ہوں "

حیات نے کبھی سوچا بھی نہیں تھا ایک دن ایسا آئے گا جب اُس کے والدین ہی اُسے پریشانی میں مبتلا کر دیں گے۔

ہر ماں باپ کو حق ہوتا ہے اپنی اولاد کی زندگی کا فیصلہ کرنے کا مگر وہ فیصلہ ماں باپ کو سوچ سمجھ کر کرنا چاہئے۔ ضروری تو نہیں کہ ہر دفعہ ماں باپ کا فیصلہ اولاد کے لیئے درست ثابت ہو۔

بعض دفعہ ماں باپ کے غلط فیصلے بھی اولاد کی زندگی تباہ و برباد کر دیتے ہیں ۔ اور بعض دفعہ ماں باپ کا ایک صحیح فیصلہ اولاد کی زندگی سنوار دیتا ہے۔

ماں باپ کے فیصلے بیشک غلط نہیں ہوتے ۔ مگر ماں باپ کے چند فیصلوں سے اولاد کی خوشیاں جڑی ہوتی ہیں۔

اس بات کا کسی کو علم نہیں ہے کہ سلیم کیسا لڑکا ہے۔ وہ احسن صاحب کے دوست کا بیٹا اور حیات کے بچپن کا منگیتر تھا۔ شادی کوئی پل دو پل کا کھیل نہیں بلکہ پوری زندگی کا وعدہ ہے ۔ بچپن میں ہمیں کسی کے کردار کا پتا نہیں چلتا ۔ ویسے بھی اس دنیا میں ہر انسان کے دو چہرے ہیں ۔ جس طرح سچ کے دو پہلو ہوتے ہیں۔ اور ہم ہمیشہ ایک ہی چہرے کو دیکھ کر اُس کے بارے میں اچھی یا بری رائے قائم کر لیتے ہیں ۔ اور کبھی کبھی ہم اُس انسان کے دونوں چہروں کو دیکھ کر بھی اُسے نہیں پہچان پاتے۔ اور یہ فیصلہ نہیں کر پاتے کہ ہمارے لیے کیا اچھا ہے اور کیا برا۔ اس صورتِ حال میں ہمیں استخارہ کر لینا چاہیئے ۔

استخارہ کی فضیلت

رسول اللہ ﷺ صحابہ کرام کو ہر کام میں استخارے یعنی اللہ سے خیر طلب کرنے کی تعلیم دیتے تھے۔ (بخاری)

رسول اللہ ﷺ صحابہ کرام رضی اللہ تعالی عنہ کو تمام کاموں میں استخارہ اتنی اہمیت سے سکھاتے تھے جیسے قرآن مجید کی سورت کی تعلیم دیتے تھے۔ (ترمذی)

رسول اللہ ﷺ نے فرمایا: انسان کی سعادت اور نیک بختی یہ کہ اپنے کاموں میں استخارہ کرے اور بد نصیبی یہ کہ استخارہ کو چھوڑ بیٹھے، اور انسان کی خوش نصیبی اس میں ہے کہ اس کے بارے میں کیسے کئے اللہ کے ہر فیصلے پر راضی رہے اور بد بختی یہ ہے کہ وہ اللہ کے فیصلے پر ناراضگی کا اظہار کرے۔ (مشکوۃ)

(طبرانی)

رسول اللہ ﷺ نے فرمایا: جو آدمی اپنے معاملات میں استخارہ کرتا ہو وہ کبھی ناکام نہیں ہو گا اور جو اپنے کاموں میں مشورہ کرتا ہو اس کو کبھی شرمندگی یا پچھتاوے کا سامنا نہ کرنا پڑے گا۔

✱ • • • ✱ • • • ✱

"اب کیا کروگی۔ عارض بھی یہاں نہیں ہے کہ وہ تمھاری مدد کرے گا" نایاب نے اُسے سوالیہ نظروں سے دیکھتے ہوئے کہا۔
"اللہ مالک ہے۔ اب دیکھو کیا ہوتا ہے۔" حیات نے مایوسی سے کہا۔
"ویسے میرے پاس ایک آئیڈیا ہے بتاؤں ؟"
"ہاں بولو" حیات نے تجسّس سے کہا ۔
"اگر سلیم شادی سے انکار کر دے تو" نایاب نے اپنا کندھا اُچکایا ۔
"ہاں یار ... یہ تو واقعی بہت اچھا آئیڈیا ہے ۔ مگر سلیم شادی سے انکار کیوں کرے گا ۔ وہ تو مرا جا رہا شادی کرنے کے لیے۔"
"اگر ہم اُسے کسی گنڈے سے موت کی دھمکی دلوائے تو شاید وہ پیچھے ہٹ جائے ۔ کیونکہ اپنی جان سب کو پیاری ہوتی ہے۔"
"مگر ہم اس منصوبے پر عمل درآمد کیسے کریں گے۔" حیات نے اُلجھی ہوئی نظروں سے نایاب کی طرف دیکھتے ہوئے کہا۔ "اور بابا نے یونیورسٹی جانے پر بھی پابندی لگا دی ہے۔ مجھے بہت ڈر لگ رہا ہے نایاب۔ اور سلیم مجھے پھٹی آنکھ نہیں بھاتا تو میں اُس کے ساتھ اپنی پوری زندگی کیسے گزاروں گی۔"
" تو تم یہ بات اپنے بابا کو بتاؤ، سلیم تمہیں پسند نہیں۔"
"اگر میں بابا کو بتا بھی دوں۔ تب بھی وہ اس رشتے کو ختم نہیں کریں گے۔ کیونکہ یہ رشتہ اُن کے مرحوم دوست یعنی سلیم کے باپ نے طے کیا تھا۔ "
"تو اب کیا کرو گی ؟" نایاب نے قدرے پریشانی سے کہا ۔
" پتا نہیں ۔ ویسے تمہارا آئیڈیا اچھا ہے ۔ ہمیں اس پر غور کرنا چاہیئے۔"
"ہاں تم غور کرو ۔ میں جا رہی ہوں" نایاب کمرے سے چلی گئی۔
حیات اپنے کمرے میں بے چینی کے عالم میں بیٹھی گہری سوچ میں ڈوبی ہوئی بہت غور سے کھڑکی کے باہر آسمان کو دیکھ رہی تھی۔ شاید اُس نے اپنے والدین کے سامنے ہتھیار ڈال دیا تھا ۔ اور شاید

اچھی بیٹیاں یہی کرتیں ہیں۔ یا شاید یہ خاموشی ایک بڑے طوفان کے آنے کا اندیشہ تھا ۔ کیوں کہ حیات اُن لڑکیوں میں سے نہیں تھی جو حالات کے سامنے کمزور پڑ جائیں۔ ہاں وہ اُن لڑکیوں میں سے ضرور تھی جو اپنے والدین کی عزت کے لیے کچھ بھی کرنے کو تیار ہو جاتی ہیں ۔ شاید وہ اسی لیے خاموش ہے یہ شاید کوئی اور وجہ ہے۔

اُس نے اپنے اسٹڈی ٹیبل سے فون اٹھا کر کال ملایا کچھ دیر رنگ جانے کے بعد کال اٹھا ۔

"ہیلو کون ؟" دوسری طرف سے آواز آئی ۔

حیات خاموش رہی ۔ اُسے سمجھ نہیں آ رہا تھا کہ وہ بات کا آغاز کیسے کرے۔

"ہیلو" ایک بار پھر ہیلو کی آواز اُس کے کان میں گونجی ۔ اس بار اُس نے بہت ہمت کر کے کہا۔ "السّلام وعلیکم"

"وعلیکم اسلام ۔ آپ کون ؟" دوسری طرف موجود شخص مخاتب ہوا۔

"میں بات کر رہی ہوں"

"میں کون؟ میں کا نام بھی کچھ ضرور ہوگا ؟ یا آپ کا نام ہی میں ہے؟"

"میں حیات .... میں..." اُس شخص نے اُس کی بات کاٹ دی ۔

"میں... میں بعد میں کرنا ۔ پہلے یہ بتاؤ مجھ جیسے نا چیز کی یاد کیسے آ گئی ۔"

"مجھے تم سے بہت ضروری کام ہے۔ مجھے پتا ہے کہ تم میرے تپپڑ کی وجہ سے میری مدد کرنے سے انکار کر دوگے۔ مگر وہ تپپڑ بلکل پروفیشنل نہیں تھا۔ بس غصّے میں مار دیا تھا۔ اُس کے لیے میں معذرت چاہتی ہوں"

"کام کیا ہے یہ بتاؤ" دوسری طرف سے زہران نے سوال کیا۔

"دراصل ایک لڑکے کو اغوا کرنا ہے۔ اور مجھے پتا ہے یہ کام تو تمھاری بائیں ہاتھ کا کھیل ہے۔"

"کیوں کیا میں کوئی گنڈا ہوں۔"

" شاید ....خیر..... میں تمہیں اُس لڑکے کا مکمل پتا بھیجتی ہوں۔"

"مگر اُس لڑکے کو اغوا کر کے کرنا کیا ہے۔ " اُس نے تجسّس بھرے انداز میں کہا۔

"اُس لڑکے سے یہ کہنا کہ وہ مجھ سے شادی سے انکار کردے۔ اور اگر اُس نے انکار نہیں کیا تو کہنا کہ تم اُسے جان سے مار دوگے۔"

"واہ... تم نے تو مجھے پروپر گنڈا ہی سمجھ لیا ہے۔اُسے بس شادی سے انکار کرانا ہے، تو سمجھو تمہارا کام ہو گیا۔ "

"ٹھیک ہے اللہ حافظ " کہتے ہوئے حیات نے فون رکھ دیا ۔

"عجیب لڑکی ہے .... شکریہ بولنا تو اس نے سیکھا ہی نہیں۔ " زہران نے بیڈ کے پاس رکھے ٹیبل پر اپنا فون لیمپ کے پاس رکھ دیا ۔ اور اپنے بیڈ سے اتر کر وہ عمیر کے کمرے میں بنا دستک دیئے داخل ہوا۔ عمیر ویڈیو گیم کھیل رہا تھا ۔ "کیا ہوا بھائی.... اتنی رات کو آپ یہاں... خیریت۔ " اُس نے ویڈیو گیم کا ریموٹ رکھتے ہوئے کہا۔

"خیریت ہی تو نہیں ہے" زہران نے ویڈیو گیم کا ریموٹ اٹھا لیا ۔ اور ویڈیو گیم کھیلنا شروع کر دیا۔

"کیا ہوا ہے یہ تو بتائیں" عمیر نے اُسے قدرے حیرانی سے دیکھتے ہوئے کہا۔

"ایک لڑکے کو اغوا کرنا ہے" عمیر نے زہران کے چہرے کو غور سے دیکھا پھر بے اختیار ہنسا ۔

"کیوں؟کیا اُس نے آپ کی شان میں کوئی گستاخی کی ہے؟" وہ ایک بار پھر ہنسا۔

"نہیں ایسا کچھ نہیں ہے۔ اُس لڑکے کی شادی ہونے والی ہے ۔ اور اُس سے کہنا ہے کہ وہ اس شادی سے انکار کر دے ۔" وہ پر سکون چہرے کے ساتھ کہہ رہا تھا۔

"مگر کیوں؟" عمیر نے قدرے پریشانی کے عالم میں اُس کا چہرہ دیکھا۔

"جس لڑکی سے اُس کی شادی ہو رہی ہے۔ وہ لڑکی اُس سے شادی نہیں کرنا چاہتی۔"

بھائی.... کہیں آپ کو اُس لڑکی سے محبت تو نہیں ہو گئی ۔ تبھی آپ اُس کی شادی ختم کرنا چاہتے ہیں۔"

"مائی فٹ...... کہ میں اُس سے محبت کروں گا۔ اگر وہ اس جہاں کی آخری لڑکی بھی ہوتی نا، تب بھی مجھے اُس سے محبت نہیں ہوتی۔" اُس نے لا پرواہی سے کہا۔

"کون ہے وہ لڑکی ...یہ تو بتائیں"

"یہ وہی لڑکی ہے جس نے پہلی ملاقات میں ہی میرے چہرے پر ایسا تھپڑ مارا تھا کہ اُس کی گونج ابھی تک مجھے سنائی دیتی ہے"
"کیا سچ میں ... آپ کو کسی لڑکی نے تھپڑ مارا تھا ۔ آپ نے یہ بات مجھے پہلے نہیں بتائی۔" وہ من ہی من ہنس رہا تھا۔
"پہلے میں تو اس بات کو ہضم کر لیتا ... مجھے تو خود کئی دنوں تک یقین نہیں آ رہا تھا ، مجھ جیسے ہینڈسم بندے کو کوئی لڑکی تھپڑ مار سکتی ہے وہ بھی بیچ سڑک پر" زہران کا چہرہ سرخ ہو گیا ۔
"کون تھی وہ ....اور تھپڑ کیوں مارا تھا اُس نے؟ اُس کا نام بس آپ مجھے بتا دیں ۔ بیچ سڑک پر آپ سے معافی نا منگوائی تو میرا نام بھی عمیر علی خان نہیں۔"
"اُس کا نام حیات ہے" یہ سنتے ہی عمیر کے پیروں سے حقیقتاً زمین نکل گئی۔ " کیا آپ سچ کہہ رہیں ہیں۔ حیات نے آپ کو تھپڑ مارا وہ بھی بیچ سڑک پر" وہ قہقہہ مار کر ہنس پڑا۔ "مگر کیوں مارا تھا تھپڑ".... اُس نے تھپڑ لفظ پر زور دیتے ہوئے کہا۔
"وہ میں نے غصّے میں اُس کا ہاتھ پکڑ لیا تھا ۔ " زہران نے اُسے تفصیل میں سب بتایا ۔
"تو غلطی آپ کی ہے بھائی ۔ یہ ملیشیا نہیں ہے کہ آپ یہاں کسی بھی لڑکی کا ہاتھ پکڑ لیں ۔ یہ ہندوستان ہے اور یہاں کوئی بھی لڑکا اس طرح کسی لڑکی کا ہاتھ نہیں پکڑ سکتا ۔ اور حیات کا تو بلکل نہیں ۔ آپ کو تو رب کا شکر ادا کرنا چاہیے کہ اُس نے آپ کا ہاتھ صحیح سلامت چھوڑ دیا۔"
"کیا مطلب؟ وہ اتنی خطرناک ہے " زہران نے قدرے چونک کر عمیر کو دیکھا ۔
"خطرناک! لفظ اُس کے لیے بہت چھوٹا ہے،خیر ....مجھے آپ یہ بتائیں کہ آپ اُس کی شادی ختم کیوں کرنا چاہتے ہیں ؟ ۔ کہیں آپ اُس سے بدلہ تو نہیں لینا چاہتے۔" عمیر نے اُسے مشکوک نظروں سے دیکھتے ہوئے کہا ۔
"اب میں ....اتنا بھی برا انسان نہیں ، کہ بدلہ لینے کے لئے کسی لڑکی کی زندگی سے کھیلوں ۔"
"تو پھر آپ یہ سب کیوں کر رہے ہیں"

زہران نے اُسے تفصیل سے حیات کا مسئلہ بتایا" بھائی آپ کیوں خوامخواہ اس طرح کی حماقت کر رہے ہیں۔ علی انکل کو بتا دیں اس سارے معاملات کے بارے میں۔"
"میں تم سے مدد مانگنے آیا ہوں ، مشورہ نہیں" زہران نے نا گواری سے کہا۔
"میں آپ کی کیا مدد کر سکتا ہوں ۔" عمیر نے اُلجھے ہوئے انداز میں کہا۔
"دیکھو ... میں یہاں ابھی نیا نیا آیا ہوں ۔ میرے تو بس ایک دو دوست ہیں اور میری کچھ زیادہ لوگوں سے جان پہچان بھی نہیں ہے ۔ تم تو بچپن سے یہی رہے ہو تم تو لوگوں کو جانتے ہوگے۔"
" ہاں میرے کچھ دوست ہیں میں ان سے بات کرتا ہوں۔ مگر یہ کام ہمیں خود کرنا چاہیے۔"

✷ • • • ✷ • • • ✷

ڈائننگ ٹیبل پر سب ساتھ بیٹھے کھانا کھا رہے تھے ۔ تبھی رحیم نے خاموشی توڑی۔
"پاپا مجھے لگتا ہے کہ وہ ڈر گئی ۔ کیونکہ وہ آج کل یونیورسٹی بھی نہیں آ رہی ہے۔"
" جس طرح اُس نے مجھ سے بات کی لگتا تو نہیں تھا کہ وہ ڈرنے والوں میں سے ہے۔" اُنہوں نے پانی کا گلاس ٹیبل پر رکھتے ہوئے کہا۔
"میں نے پتا کیا تو معلوم ہوا کہ وہ کئ دنوں سے یونیورسٹی نہیں آ رہی ہے۔ اور آپ کو اُس کے گھر گئے بھی بہت دن ہو گئے ہیں۔ مطلب وہ اُسی دن سے یونیورسٹی نہیں گئی۔"
"ویسے وہ لڑکی بہت ہمت والی ہے ۔ میں تو اُس سے بہت ایمپریس ہوا ہوں۔ ہمارے ملک میں اگر ایسے ١٠ فیصد بھی لڑکیاں ہو جائیں تو اس ملک کی ترقی میں اضافہ ہو جائے گا" منوّر شاہ نے رحیم پر نظر ڈالی۔
"پاپا آپ اُس لڑکی کے قصیدے پڑھ رہے ہیں۔ جو میری جان کی دشمن ہے۔ " رحیم نے ناراضگی ظاہر کرتے ہوئے کہا ۔

"میں قصیدے نہیں پڑھ رہا بلکہ حقیقت بیان کر رہا ہوں..... خیر....
تم کھانا کھاؤ اور اپنے باپ پر یقین رکھو۔ تمہارا باپ تمہیں کچھ نہیں ہونے دے گا۔ " اُنہوں نے اُس کی پشت پر ہاتھ تھپتھپایا ۔
زبیدہ بیگم ڈائننگ ٹیبل پر بیٹھی خاموشی سے اُن کی باتیں سن رہی تھیں ۔ باتیں سننے کے علاوہ وہ کر بھی کیا سکتی تھی ۔ اُن کے بیٹے نے بہت بڑا گناہ کیا تھا شاید اتنا بڑا جو نا قابلِ معافی تھا اور قابلِ سزا تھا۔
سب ڈائننگ ٹیبل سے اُٹھ گئے مگر زبیدہ بیگم اب بھی وہیں بیٹھی گہری سوچ میں کھوئی ہوئی تھیں۔
"مما.... آپ ابھی تک یہاں بیٹھی ہیں ۔ رحیم نے پیچھے سے اُن کے کندھے پر ہاتھ رکھتے ہوئے کہا ۔
"کیا کروں بیٹا اولاد کی فکر ماں باپ کو کھا جاتی ہے۔ اور آج تمہاری فکر مجھے کھا رہی ہے۔"
"مما آپ کیوں فکر کر رہی ہیں ۔ پاپا نے کہا ہے نا وہ اس مسئلے کا حل نکال لیں گے ۔ "
"کیا گناہ کا بھی کوئی حل ہوتا ہے۔"
"مما تو آپ کیا چاہتی ہیں کہ میں پھانسی چڑھ جاؤں " رحیم نے اکھڑے ہوئے لہجے میں کہا ۔
"نہیں ....ایک ماں ایسا کبھی نہیں چاہے گی۔ میں تو بس یہ چاہتی ہوں کہ تمہیں اپنی غلطی کا احساس ہو۔ جو گناہ تم سے ہوا ہے تم اُس پر شرمندہ ہو۔"
"میں نے کوئی گناہ نہیں کیا ہے۔ کیا ضرورت تھی اُس غریب لڑکے کو بیچ میں آنے کی۔" اُس نے حقارت سے کہا۔
"یہی غرور تمہیں لے ڈوبے گا ۔ ابھی بھی وقت ہے ۔ اپنے گناہوں کی معافی مانگ لو۔ ایسا نا ہو کہ بہت دیر ہو جائے۔ " اُنہوں نے اُسے سمجھانے کی کوشش کی مگر اُن کی کوشش ناکام رہی ۔
"میں معافی مانگو ایسے غریب غرباء لوگوں سے ۔ مائی فٹ" اُس نے تکبّر بھرے انداز میں کہا۔ جیسے وہ غریب لوگوں کو کتنا حقیر اور اُن سے معافی طلب کرنے کو وہ اپنی توہین سمجھتا تھا ۔ بہت ہی مغرور اور ڈھیٹ قسم کا انسان تھا ۔ اُس پر اُس کی ماں کی باتوں کا ذرہ برابر بھی اثر نہیں ہوا ۔

میں آپ کو ایک واقعہ بتاتی ہوں ۔ اُمّید کرتی ہوں کہ یہ واقعہ آپ کے لیے باعثِ نصیحت ہو۔
ایک بیوی اپنے شوہر کے ساتھ بیٹھ کر کھانا کھا رہی تھی کہ کسی نے دروازے پر دستک دی۔ اُس نے جاکر دیکھا کہ کوئی فقیر ہے ۔ اُس نے کھانا اٹھایا کہ جا کر اس فقیر کو دے تو شوہر نے اُسے دینے سے منع کر دیا کہ مت دو ، اسی وجہ سے دونوں میں جھگڑا ہوا، اس حد تک کہ کچھ عرصے میں طلاق ہو گئی ۔ کچھ عرصے بعد عورت کی کسی دوسرے مرد سے شادی ہو جاتی ہے ایک دن گھر میں دونوں میاں بیوی کھانا کھا رہے تھے اچانک دروازے پر دستک ہوئی ۔اُس نے جا کر دیکھا کہ کوئی فقیر ہے، بیوی گھر کے اندر آئی کہ فقیر کو کچھ اٹھا کر دیدے تو اسکی آنکھوں میں آنسو آگئے تھے ۔ شوہر نے پو چھا کیا بات ہے ، بیوی نے کیا یہ فقیر جو دروازے پر آیا ہے میرا پہلا شوہر ہے جو بہت مغرور اور تکبر تھا کل اس نے دروازے سے فقیر کو کھانا دینے سے منع کیا تھا آج وہ خود دروازے پر بھیک مانگنے آیا ہے ، تو دوسرے شوہر نے بیوی سے کہا میں تمہیں کچھ بتانا چاہتا ہوں (وہ فقیر میں تھا) جس کو کھانا دینے سے تمہارے پہلے شوہر نے منع کیا تھا ۔
حدیث: **نبی ﷺ نے فرمایا: ”وہ شخص جنت میں داخل نہیں ہوگا جس کے دل میں رائی برابر بھی تکبر ہوگا ۔**
ہمیں کس بات کا غرور ہے کیا اس بات کا کہ ہم مٹّی سے بنے ہیں یا اس بات کا کہ ہمیں مٹّی میں مل جانا ہے۔ **آج مٹّی کے اوپر تو کل مٹّی کے نیچے یہی ہماری حیثیت ہے۔**

......*

نایاب نے اپنی چھت سے حیات کو لان میں بیٹھے دیکھ لیا۔ وہ ہاتھ میں ایک کتاب لیے اُسے بہت غور سے پڑھ رہی تھی۔ نایاب نے دبے قدموں اُس کی پشت کی جانب سے اُس کے عقب میں گئی اور اُس کے پاس جا کر اُس نے یک دم حیات کے ہاتھ سے کتاب چھین لی ۔ حیات نے اُسے مڑ کر دیکھا۔
"کیا پڑھا جا رہا ہے یہاں اکیلے بیٹھے۔" نایاب نے بلند آواز میں کہتے ہوئے کتاب کو بند کر دیا ۔

" بیٹھو مجھے تمہیں کچھ بتانا ہے" حیات نے اُس کا ہاتھ پکڑ کر اپنے پاس رکھی کرسی پر اُسے بیٹھا دیا۔

" بولو کیا بات ہے؟ "

"جو تم نے آئیڈیا بتایا تھا۔ میں نے اُس پر عمل درآمد کرنے کا فیصلہ کیا ہے "

"مگر تم یہ سب کیسے کروگی؟" اس بار نایاب کے لہجے میں گھبراہٹ تھی۔

" میں کر لوں گی بس تم میرا ساتھ دینا ۔ دو گی نہ میرا ساتھ ؟" حیات نے سوالیہ نظروں سے اُسے دیکھتے ہوئے پوچھا۔

ہاں.... کیوں نہیں دوں گی تمھارا ساتھ ؟ تمہارے لیے تو جان بھی حاضر ہے۔"

"مجھے تمہاری جان نہیں۔ بس تمھارا ساتھ چاہیے"۔ اُس نے مسکراتے ہوئے کہا۔

ابھی بھی نایاب کو یہ بات پریشان کر رہی تھی کہ آخر یہ سب حیات کیسے کرے گی۔ وہ بھی اتنے کم وقت میں کیوں کہ جمعہ کو حیات کا نکاح تھا اور پھر ۲ ماہ بعد رخصتی۔

"کیسے کرو گی یہ سب" نایاب نے ایک بار پھر اپنا سوال دہرایا۔

"میں نے زہران سے بات کی ہے وہ میری مدد کرے گا ۔ اور ویسے بھی یہ سب کام اُس کے لیے کچھ مشکل کام نہیں ہے۔" حیات نے اپنا کندھا جھٹکے ہوئے کہا۔

"پاگل ہو گئی ہو تم.... کیوں اُس کے لیے یہ سب مشکل نہیں ہوگا۔ وہ ملائشیا میں سوفٹ ویئر انجینئرنگ (software engineering) کرتا تھا گنڈا گردی نہیں۔" اُس نے اکھڑے ہوئے لہجے میں کہا۔

"لیکن حلیے سے تو گنڈا بدمعاش ہی لگتا ہے۔ خیر چھوڑو یہ سب بات، وہ ہماری مدد کر رہا ہے۔ یہی بہت بڑی بات ہے۔ اور وہ سوفٹ ویئر انجینئر ہو یا کوئی گنڈا مجھے اس سے کوئی فرق نہیں پڑتا اور تمہیں بھی نہیں پڑنا چاہئے۔ "

"مجھے فرق پڑتا ہے کیوں کہ وہ میرا کزن ہے" اس بار نایاب کے لہجے میں تھوڑا نرمی تھی ۔ "ویسے تم اُس کے بارے میں ایسی رائے کیسے قائم کر سکتی ہو کہ وہ گنڈا ہے"

"ایک بار اُس نے بیچ سڑک پر میرا ہاتھ پکڑا اور میں نے اُس کو زور دار تھپڑ لگا دیا تھا ۔ تب سے وہ مجھے صحیح لڑکا نہیں لگتا۔"

"تم نے اُسے تھپڑ لگایا یہ جانتے ہوئے کہ وہ تمہارے بابا کے جگری یار کا بیٹا ہے"
"تب مجھے نہیں پتا تھا کہ وہ علی انکل کا بیٹا ہے۔ اور اگر پتا ہوتا تب بھی اُس کی اس حرکت پر میں اُسے ایسے ہی تھپڑ لگاتی۔"
"تمہارے تھپڑ مارنے کے بعد وہ تمہاری مدد کرے گا؟ ۔ کہیں وہ دھوکہ نا دے تمہیں۔"
"میں نے اُس سے معذرت کر لی ہے ۔ اور مجھے نہیں لگتا کہ وہ دھوکہ دے گا ۔ مگر پھر بھی تم ایک بار اُس سے بات کر لینا وہ تمھارا کزن ہے تو تمھاری بات ضرور مانے گا "
"میں بات کر لوں گی۔ تم فکر نا کرو۔ اُس نے حیات کو تسلّی دیتے ہوئے کہا ۔
"تم دونوں یہاں بیٹھی گپے مار رہی ہو اور گھر میں بہت کام پڑا ہے۔ چلو کام میں میرا ہاتھ بٹاؤ۔" اسماء بیگم نے حیات کا ہاتھ اُس کے بازو سے پکڑ کر اُسے اپنے ساتھ لے گئیں ۔
" کیوں کر رہی ہیں آپ یہ سب، مجھے شادی نہیں کرنی تو مطلب نہیں کرنی"
"جمعہ کو تمھارا نکاح ہے اور تم کہہ رہی ہو کہ تمہیں شادی نہیں کرنی" اسماء بیگم نے غم و غصّے کے عالم میں کہا۔
"میں تو کب سے کہہ رہی ہوں کہ مجھے شادی نہیں کرنی مگر آپ لوگ میری بات ہی نہیں سن رہے ۔ خدا کے واسطے یہ ظلم نا کرے مجھ پر اور مجھے سکون سے جینے دیں ۔ حیات برق رفتاری کے ساتھ اپنے کمرے میں چلی گئی اور کمرے کا دروازہ زور سے پٹک کر اُس میں کڑی لگا دی ۔ بیڈ پر وہ بدحواسی کے عالم میں کچھ دیر سر پر اپنا ہاتھ رکھ کر بیٹھی رہی ۔

......*

"تم لوگ مجھے کہاں لے آئے ہو؟ کون سی جگہ ہے یہ؟ اور کیوں لائے ہو؟ وہ خوف اور ڈر کے عالم میں چلّایا ۔ اُس کی آنکھوں پر پٹی بندھی ہوئی تھی اور اُس کے ہاتھ پاؤں بھی رسّی میں جکڑے ہوئے تھے ۔ وہ پسینے میں لت پت اور بار بار وہ اپنی رسیوں کو کھولنے کی کوشش کر رہا تھا مگر وہ ہر بار ناکام ہو گیا ۔ جہاں اُسے قید کیا

گیا وہاں بہت خاموشی تھی ۔ خاموشی کو تیر کی طرح چیرتی ہوئی ایک آواز اُسے سنائی دی ۔ اُس آواز کو سن کر وہ چونک گیا۔ وہ آواز تھی" تم حیات سے شادی سے انکار کر دو اگر تمہیں اپنی جان پیاری ہے تو" زہران نے سخت لہجے میں کہا۔

" مگر میں کیوں شادی سے انکار کروں ؟ اور تم ہوتے کون ہو مجھ سے یہ کہنے والے ؟"

" رشتے میں تو ہم تمھارے باپ لگتے ہیں"..... نام ہے...؟ مگر تم تو میرے رقیب بننا چاہتے ہو"

"کیا مطلب ہے تمھارا " سلیم نے کچھ نا سمجھنے والے انداز میں کہا ۔

"مطلب یہ کہ حیات میری محبوبہ ہے۔ اور اگر کسی نے اُسے مجھ سے جدا کرنے کی کوشش کی تو میں لاشیں بچھا دوں گا لاشیں"

سستا سنی دیول.....

عمیر اور اُس کا دوست قاسم دونوں قہقہہ لگا کر ہنس پڑے۔ اور زہران بھی من ہی من ہنس رہا تھا۔

"ٹھیک ہے میں شادی سے انکار کر دوں گا۔ مگر مجھے اُس کے بدلے کیا ملےگا " سلیم نے لالچ بھرے انداز میں کہا۔

"تمھاری جان بخش دی جائے گی ۔ اور تمھارا وہ راز بھی راز رہے گا۔ جو آج ہمیں پتا چلا ہے۔ اور اگر حیات کے باپ کو تمھارا یہ راز پتا چل گیا تو وہ تمہیں جان سے مار دیں گے " زہران نے اُسے دھمکانے کی کوشش کی اور وہ اپنی کوشش میں کامیاب ہو گیا ۔

" تمہارا نام کیا ہے؟" اُس نے زہران سے پوچھا ۔

"نام میں کیا رکھا ہے برو۔ چلو اب ہم تمہیں تمہاری منزل پر چھوڑ دیتے ہیں ۔ جہاں سے ہم نے تمہیں اغوا کیا تھا۔

پھر اُن لوگوں نے اُسے اُس کے فارم ہاؤس پر دروازے کے باہر ہی اُس کے ہاتھ پاؤں کھول کر وہی چھوڑ دیا ۔ مگر آنکھوں پر پٹّی ابھی بھی بندھی تھی ۔ اُن لوگوں نے گاڑی کو فل سپیڈ میں بھگایا ۔ جب تک سلیم نے اپنی آنکھوں سے پٹّی اُتاری تب تک وہ لوگ وہاں سے جا چکے تھے ۔

✷...✷...✷

احسن صدیقی بہت ہی پریشان بیٹھے تھے۔ حیات کمرے کے دروازے پر دستک دیتی ہوئی کمرے میں داخل ہوئی۔
"بابا آج میرا پریکٹکل ہے اور میرا جانا بہت ضروری ہے۔ کیا میں یونیورسٹی جاؤں؟"
"ہاں جاؤ... کون سا اب تمھاری شادی ہو رہی ہے" اُنہوں نے مدھم لہجے میں کہا۔
"کیا مطلب ہے بابا؟ میری شادی نہیں ہو رہی مگر کیوں؟" اُس نے سارے معاملات سے بے خبر ہونے کی اداکاری کرتے ہوئے کہا۔
"سلیم نے شادی سے انکار کر دیا۔ میں نے وجہ پوچھی مگر اُس نے کچھ بتایا نہیں۔ تم یونیورسٹی جاؤ ورنہ دیر ہو جائے گی۔"
"جی بابا" اُس نے بلکل ایک اچھی بیٹی ہونے کی اداکاری کی اور اپنے ماں باپ کی نظروں میں گرنے سے بھی بچ گئی۔
"تمہیں پتا ہے سلیم نے شادی سے انکار کر دیا" حیات نے یونیورسٹی میں نایاب کو بتاتے ہوئے قہقہہ لگایا۔
"مبارک ہو!" نایاب نے خوشی کا اظہار کرتے ہوئے کہا۔
"چلو آج لنچ میری طرف سے" پھر وہ دونوں لنچ کے لیے ریسٹورانٹ گئی۔
" تم یہاں کیا کر رہی ہو" زہران نے اُسے ریسٹورنٹ میں دیکھتے ہی کہا۔
"ریسٹورنٹ میں انسان کیا کرنے آتا ہے؟"حیات نے زہران کو اُسی کے لہجے میں جواب دیا ۔
" ظاہر سی بات ہے کھانا کھانے آتا ہے"
مگر ہم کھانا کھانے کے ساتھ ساتھ سلیبریشن (Celebration) بھی کرنے آئے ہیں" نایاب نے بیٹھتے ہوئے کہا۔
" کس بات کی سلیبریشن ؟" زہران نے قدرے حیرانی سے پوچھا۔
"میری منگنی ٹوٹنے کی سلیبریشن" حیات نے جواب دیا ۔
"اوہ...... تو یہ بات ہے ۔ چلو تب میں بھی تم لوگوں کے ساتھ لنچ کروں گا۔"
"نہیں کوئی ضرورت نہیں ہے تم جاؤ اپنے لفنگے دوستوں کے ساتھ لنچ کرو ۔ ہم اکیلے ہی ٹھیک ہیں"
"پہلی بات یہ کہ میرے دوست لفنگے نہیں ہے ۔ اور دوسری بات یہ کہ تم جو سلیبریشن کر رہی ہو نا یہ میری ہی مہربانی ہے "

"احسان جتا رہے ہو" حیات نے تلخی سے کہا۔
"نہیں محترمہ میں تو بس یاد دلانے کی کوشش کر رہا ہوں۔ اور مجھے تمہیں کچھ بتانا ہے ۔ زہران تیسری کرسی کھینچ کر اُس پر بیٹھ گیا۔
"کیا بتانا ہے؟ " حیات نے اپنی چادر ٹھیک کرتے ہوئے کہا۔
"سلیم بہت بڑا دھوکےباز ہے۔ وہ تمہیں چیٹ کر رہا تھا ۔ اور اُس کا افئیر ہے کسی کے ساتھ بلکل تمھاری طرح ۔ نایاب نے اُس کی بات کاٹتے ہے تلخ لہجے میں کہا۔
"کیا مطلب تمھاری طرح, حیات ایسا ویسا کوئی کام نہیں کرتی ۔ آئندہ زبان سمبھال کر بات کرنا ۔"
"میری پیاری کزن ... مجھ پر غصّہ کرنے سے حقیقت تو نہیں بدل جائے گی " اُس نے نرم لہجے میں کہا۔
'حیات یہ کیا کہہ رہا ہے؟" نایاب نے اُس کی طرف مشکوک نظروں سے دیکھتے ہوئے کہا۔
"گھر چل کر ساری بات تفصیل میں بتاؤں گی" حیات نے اسے خاموش کرانے کی کوشش کی۔ حیات کو پہلی بار شرمندگی کا احساس ہوا تھا جب زہران نے اُسے سلیم سے کمپئر کیا۔
"تم سب یہاں بیٹھے ہو ، اور میں بھائی کو پورے ریسٹورنٹ میں ڈھونڈ رہا تھا۔"
"تو تم بھی بیٹھ جاؤ" نایاب نے اُداس چہروں کے ساتھ کہا ۔
"تمہیں کیا ہوا، کیوں تمھارے منھ پر ۱۲ بجے ہوئے ہیں " عمیر نایاب سے مخاطب ہوا ۔
"نایاب کی جانِ جگر نے اُسے دھوکہ دیا ہے " زہران بیچ میں بول پڑا۔
"کیا مطلب" عمیر نے حیرانی سے پوچھا۔
"کچھ مطلب نہیں" حیات نے اُس کی بات کاٹ دی ۔
"تم سلیم کے بارے میں بتا رہے تھے تو بتاؤ۔"
" جب ہم لوگ سلیم کو اغوا کرنے اُس کے فارم ہاؤس پہنچے تو میں نے کچھ ایسا دیکھا کہ میرے ہوش نہیں اُڑے کیوں کہ میری نظر میں یہ کوئی اتنی بڑی بات نہیں ہے لیکن تمھاری نظر میں یہ بہت بڑی بات ہے۔"

"تو بتاؤ.......کیا ایسا دیکھ لیا تم نے" حیات نے تجسّس بھرے انداز میں تجسّس بھری نظروں سے اُسے دیکھا ۔
"میں شریف خاندان کا لڑکا ہوں۔ ایسی باتیں بتاتے ہوئے مجھے شرم آتی ہے۔" اس نے خامخواہ شرمانے کی اداکا ری کی۔
"بیچ راستے پر لڑکی کا ہاتھ پکڑتے ہوئے شرم نہیں آتی۔ اور اب بے وجہ شریف بننے کی اداکاری کر رہے ہو۔ ڈرامے باز!" حیات نے اکھڑے ہوئے لہجے میں کہا ۔
وہ کچھ بول نا سکا صرف خاموشی سے اُسے دیکھتا رہا ۔ پہلی بار وہ لاجواب ہوا تھا ۔ اُس نے حیات کی بات کا کوئی جواب نہیں دیا ۔
"میں بتایا ہوں... جب ہم لوگ اُس کے فارم ہاؤس پہنچے تو میں نے دروازے پر دستک دی ۔ جب سلیم نے دروازہ کھولا تو ہم لوگوں نے اُسے بیہوش کرکے گاڑی میں ڈال دیا ۔ اور ہم لوگوں نے دیکھا کہ وہاں ایک لڑکی بھی موجود تھی ۔ پھر میں نے بعد نے پتا لگایا تو معلوم ہوا کہ وہ اُس کی بیوی ہے اور اُن دونوں کی شادی ۵ مہینے پہلے ہی ہوئی ہے اور اس بارے میں تمھاری نا ہونے والی ساس کو معلوم تھا " عمیر نے ساری بات تفصیل میں بتائی۔
حیات کے پیروں سے جیسے زمین ہی نکل گئی ہو۔ وہ پہلی بار اپنے فیصلوں پر خوش ہو رہی تھی اور اُسے اس بات کا بھی رنج تھا کہ اُسے اِس دوزخ میں دھکا اُس کے والدین ہی دے رہے تھے ۔ جب کہ حیات نے اپنے والد سے کہا بھی تھا کہ سلیم کے بارے میں اچھے سے تفتیش کر لیں۔
" دل تو کر رہا ہے کہیں جا کر اپنی جان دے دوں۔ تاکہ میرے والدین کو میری وجہ سے شرمندگی کا سامنا نہ کرنا پڑے۔" غصّہ سے کہتی ہوئی وہ تیز رفتار سے ریسٹورنٹ سے چلی گئی ۔
وہ اس وجہ سے مرنے کی بات کر رہی تھی کیوں کہ اُس کے حق اور سچ کی لڑائی اُس کے والدین کے لیے باعثِ شرمندگی بن رہی تھی ۔ یہ تو فخر کرنے کی بات ہے اُن کی بیٹی انصاف کے لیے لڑ رہی ہے ۔ مگر اُن کے دماغ پر نا جانے کس شیطان کا قبضہ ہے ۔
آپ کے یا میرے چاہنے سے کیا ہوتا ہے ۔ ہوتا تو وہی ہے جو منظورِ خدا ہوتا ہے ۔

باب:۲

ذہنی تشدّد کے بعد وہ کچھ اس طرح بیٹھی رہی جیسے اُس کا سر درد سے پھٹ جائے گا۔ وہ اُس وقت خود کو بہت اکیلا محسوس کر رہی تھی ۔ اُس کی آنکھوں سے بے اختیار آنسوں بہہ رہے تھے ۔ وہ اس لیے نہیں رو رہی تھی کہ اُسے سلیم نے دھوکہ دیا بلکہ وہ اس لیے رو رہی تھی کہ اُسے دھوکہ دینے کا موقع اُس کے والدین نے ہی دیا تھا ۔ اگر اُس کے والدین اُس کی بات مان لیتے تو آج حالات کچھ مختلف ہوتے۔

"حیات کھانا کھالو۔" اسماء بیگم نے اُس کے کمرے کے دروازے پر دستک دی۔

مگر حیات نے کچھ جواب نہیں دیا وہ خاموشی کے ساتھ فرش پر اپنے بیڈ سے ٹیک لگائے بیٹھی رہی ۔ اُنہوں نے ایک بار پھر دروازے پر دستک دی۔ مگر اس بار بھی حیات نے کوئی جواب نہیں دیا۔ اسماء بیگم وہاں سے چلی گئیں۔ اس لیے کہ وہ جانتی تھی کہ حیات بہت ضدی ہے ۔

حیات کے فون کی رنگ بجتی ہے اور مسلسل بجتی ہے مگر اُس نے فون نہیں اٹھایا اور فون کی اسکرین پر دکھنے والا نام مسٹر بدتمیز تھا۔

پھر اُس نے اپنا موبائل فون سائلینٹ موڈ کر کے سائڈ ٹیبل پر رکھ دیا۔ اور اپنے بستر پر لیٹ گئی۔ بستر پر لیٹے ہوئے وہ چھت کو گھور رہی تھی۔ کچھ دیر اُس نے نیند آنے کا انتظار کیا مگر اُسے نیند نہیں آ رہی تھی۔ پھر وہ اپنی آنکھوں پر اپنا بازو رکھ کر سو گئی۔

اُس کے کمرے میں ساری چیزیں پھیلی ہوئی تھی۔ کمرے میں مدھم روشنی آ رہی تھی۔ جو اُس کے لان کے بلب کی تھی۔ سائڈ ٹیبل پر رکھی الارم کلاک ٹھیک ۲ بجا رہی تھی۔ اب بھی اُس کے موبائل فون پر مسلسل کالز آ رہی تھی۔ فون سائلینٹ موڈ پر ہی تھا۔

گہری نیند کے عالم میں حیات نے دھیرے دھیرے دستک کی آواز سنی جو کھڑکیوں سے آ رہی تھی وہ گھبرا کر اٹھ بیٹھی۔ اُس نے تاریکی میں اپنے چاروں طرف دیکھنے کی کوشش کی مگر اپنی کوشش میں ناکام رہی۔ پھر اُس نے اپنا ہاتھ بڑھا کر سائڈ ٹیبل پر رکھے لیمپ کو آن کیا۔ پہلے تو اُسے لگا کہ شاید کوئی چور یا ڈاکو ہیں۔ پھر اُس نے ہمت کر کے اپنے قدم فرش پر رکھے تبھی اُس کی نظر موبائل فون پر پڑی جس پر ابھی بھی کالز آ رہی تھی۔ اُس نے فون اٹھایا۔

"ہیلو ..." حیات نے بہت ہی دھیمی آواز میں کہا ۔

"تم ٹھیک تو ہو نا" دوسری طرف موجود شخص نے بے اختیار اُلجھے ہوئے لہجے میں پوچھا۔

"ہاں میں...."

دوسری طرف موجود شخص نے اُس کی بات کاٹتے ہوئے کہا۔

"کھڑکی کھولو میں باہر کھڑا ہوں۔" یہ سن کر حیات چونک گئی۔

اپنے بیڈ سے دبے قدموں اٹھ کر وہ کھڑکی کی طرف آئی جس طرف سے آواز آرہی تھی۔ اُس نے بالکنی میں دیکھا بالکنی میں اُس نے جسے کھڑا دیکھا تھا اُس نے اُسے ہکا بکا کر دیا۔

"He is crazy"اُس کے منہ سے بے اختیار نکلا۔

اگر اس وقت اُسے یہاں آتے کوئی دیکھ لیتا تو یقیناً قیامت آ جاتی۔ وہ دیوار پھلانگ کر آیا تھا اگر وہ ذرا بھی ڈسبیلینس ہوتا تو زمین پر گر کر اُس کی ہڈی پنسلی ایک ہو جاتی۔

حیات نے کھڑکی کھولی۔

"اندر آؤ جلدی" حیات نے تیزی سے زہران کا ہاتھ بازو سے پکڑ کر اندر کھینچتے ہوئے کہا ۔ وہ بلا جھجھک اندر آ گیا۔

حیات نے کھڑکی بند کی۔

"آر یو آؤٹ آف یور مائنڈ؟(are you out of your mind?)"

"دماغ تو ابھی واکیشن پر گیا ہے محترمہ" زہران نے ہنستے ہوئے جواب دیا۔

وہ کمرے کو نظریں گھما گھما کر دیکھ رہا تھا۔ ساری چیزیں پھیلی ہوئی تھی کوئی بھی چیز اپنی اصل جگہ پر نہیں تھی۔

اُس نے حیات کی نم آنکھوں کو دیکھا جسے دیکھ کر یہ ظاہر ہو رہا تھا کہ وہ بہت روئی ہے۔ اُس کے دل میں عجیب سے جذبات اٹھے

جسے وہ کوئی نام نہیں دے پا رہا تھا۔ اُسے حیات کا رونا تکلیف دے رہا تھا۔
کچھ دیر وہ اُسے دیکھتا رہا جب حیات اپنے کمرے کی ساری چیزیں سمیٹ رہی تھی۔
"تم اتنی رات کو کیوں آئے ہو؟" حیات نے اپنی کتابیں بک شیلف میں رکھتے ہوئے کہا۔
"تمھاری فکر ہو رہی تھی اسی لیے تمہیں دیکھنے چلا آیا۔" ابھی بھی اُس کی نظریں حیات پر تھی۔
" میری فکر" حیات مذاق اُڑا نے والے انداز میں ہنسی۔
"ہاں تمھاری فکر ذرا اپنا فون چیک کرو میں نے ۳۰ کالز کی ہیں۔ پھر آنٹی کو کال کی تو پتا چلا کہ تم شام سے دروازہ نہیں کھول رہی ہو، تو مجھے لگا کہ "........ حیات نے اُس کی بات کاٹ دی ۔
"تمہیں لگا کہ میں نے سچ میں خودکشی کر لی" حیات نے سوالیہ نظروں سے اُسے دیکھا۔
"ہاں ..... میں ریسٹورنٹ والی بات سوچ کر پریشان ہو گیا تھا۔ میں نے بہت سونے کی کوشش کی مگر نیند نہیں آرہی تھی۔ اور اگر تم خودکشی کر لیتی تو الزام میرے سر ہی آتا۔"
"تمھارے سر کیوں آتا؟"
"ارے میں نے ہی تمہیں سلیم کی اصلیت بتائی تھی" زہران نے جواباً کہا۔
"تمہیں کیا لگتا ہے میں اتنی بزدل ہوں کہ ایک لڑکے کے لیے خودکشی کر لوں گی۔ تکلیف مجھے اس بات کی ہے کہ میرے والدین نے میرا ساتھ نہیں دیا" اُس کی آنکھوں میں ایک بار پھر آنسوں آ گئے ۔ مگر وہ اپنے آنسوں کو ضبط کر گئی، کیونکہ اُسے کسی کے سامنے رونا پسند نہیں تھا۔
"چلو میں جاتا ہوں۔ تم ٹھیک ہو بس یہی دیکھنے آیا تھا۔ میں نے نایاب کو اتنی کالز کی مگر اُس کا فون بند جا رہا تھا ۔ اسی لیے چلا آیا۔" زہران اُسے بار بار دلیلیں دے رہا۔ اُسے وہاں آ کر یہ احساس ہوا تھا کسی لڑکی کے گھر اتنی رات کو جانا مناسب نہیں ہے۔
"میں جانتی ہوں.....بار بار تمہیں صفائی پیش کرنے کی ضرورت نہیں ہے، چلو میں دروازہ کھول دیتی ہوں۔"
"اگر انکل نے دیکھ لیا تو۔" زہران نے اُلجھے ہوئے لہجے میں کہا۔

"دیکھ لیں گے تو کیا ہوا؟ کون سا تم اپنی محبوبہ سے ملنے آئے تھے۔ بتا دینا جو کچھ ریسٹورنٹ میں ہوا تھا اور اُس کمینے سلیم کی سچائی بھی بتا دینا۔ اَسْتَغْفِرُاَللّٰہ اُس کی وجہ سے میری زبان گندی ہو گئی۔"
زہران نے سیڑھیوں سے اترتے ہوئے حیات کی طرف دیکھا۔ اُس کے قدم لڑکھڑا گئی۔
"اتنی بھی کیا کشش ہے مجھ میں کہ تمہیں سیڑھی بھی نظر نہیں آ رہی؟" حیات نے اُسے لڑکھڑاتے دیکھ کر کہا۔
وہ خاموشی سے سیڑھیاں اتر گیا۔

......*

"تم کل زہران کی کال کیوں نہیں اٹھا رہی تھی؟" حیات یونیورسٹی میں بیٹھی نایاب سے مخاطب ہوئی۔
"میرا فون بند ہو گیا تھا اور میں سو گئی تھی۔ ویسے وہ مجھے کال کیوں کر رہا تھا؟"
"میری خیریت لینے کے لئے۔"
"تمھاری خیریت" نایاب نے حیرت زدہ انداز میں کہا ۔
" وہ ریسٹورنٹ والی بات پر پریشان ہو گیا تھا۔"
"پریشان؟ وہ بھی تمھارے لئے؟ ویسے کون سی بات پر پریشان ہوا تھا؟"نایاب نے سوال کیا ۔
"میں نے کہا تھا نا، کہ دل کر رہا ہے کہیں جا کر مر جاؤں۔ تو اُسے لگا کہ میں نے سچ میں کچھ الٹا سیدھا کر لیا ہے اپنے ساتھ"
"اوہ!..... تو تمہیں بھی کال کی تھی اُس نے؟" نایاب نے اپنے کتاب پر سے نظریں ہٹا لیں۔
"فون کو چھوڑو وہ تو رات کے ۲ بجے میرے گھر بھی آ گیا تھا۔" حیات نے اُسے سب کچھ تفصیل میں بتایا۔
"کیا!" نایاب کو جیسے جھٹکا لگا۔ "انکل یا آنٹی نے کچھ کہا نہیں؟" اُس نے حیات کو غور سے دیکھتے ہوئے پوچھا۔
"وہ جانتے تب نا کچھ کہتے۔ وہ میرے کمرے کی کھڑکی سے آیا تھا۔
" کیا کھڑکی سے؟" نایاب کو ایک بار پھر جھٹکا لگا ۔

"پہلے تو مجھے لگا کہ کوئی چور ہے پھر پتا چلا کہ مسٹر بدتمیز ہمارے گھر تشریف لائے تھے وہ بھی کھڑکی سے۔" حیات مذاق اڑانے والے انداز میں ہنسی۔

"دوست کو دشمن بنتے دیکھا تھا۔ لیکن آج پہلی بار دشمن کو دوست بنتے دیکھ رہی ہوں۔" نایاب نے پھر سے اپنی نظریں کتابوں پر دوڑائی۔ "مجھے اُس سے کسی بھی قسم کا کوئی رشتہ منظور نہیں ہے نا دشمنی کا اور نا ہی دوستی کا۔" حیات نے بلکل لا پرواہی سے کہا۔

"تم یہ سب چھوڑو پہلے مجھے یہ بتاؤ کہ زہران ریسٹورنٹ میں کس بوائے فرینڈ کی بات کر رہا تھا۔"

"ارے یار!..... جس دن میں حمید کے گھر گئی تھی اُس نے مجھے لفٹ دی تھی۔ تو مجھ سے پوچھ رہا تھا کہ کس سے ملنے آئی ہو، میں نے کہہ دیا اپنے بوائے فرینڈ سے۔"

"تو تم نے جھوٹ کیوں کہا؟" نایاب کو حیات کی باتیں سمجھ نہیں آ رہی تھی کیوں کہ وہ ساری باتیں اس طرح الجھی تھی کہ انہیں سمجھنا مشکل تھا۔

"تو کسی غیر کو پورا سچ بتا دیتی۔" حیات نے جواب دیا۔

"وہ کب سے غیر ہو گیا؟" نایاب اُس سے سوال پر سوال کئے جا رہی تھی۔

"وہ غیر تھا اب نہیں ہے۔ کیوں کہ پہلے میں نہیں جانتی تھی، کہ وہ علی انکل کا بیٹا ہے۔"

"تم جانتی بھی نہیں تھی اُسے ...... پھر بھی اُس سے لفٹ لے لی۔ فرض کرو اگر زہران کی جگہ کوئی اور ہوتا اور وہ تم سے تھپڑ کا بدلہ لینے کے لیے تمہیں نقصان پہنچا دیتا تو۔"

"مجبوری تھی یار..... ورنہ میں اُس سے لفٹ نہیں لیتی۔ دو لفنگے میرے پیچھے پڑ گئے تھے۔ ویسے بھی میں ہمیشہ اپنی سیفٹی کے لیے ہتھیار ساتھ لے کر چلتی ہوں۔"

"وہ باتیں چھوڑو، مجھے زہران کا رات کے پہر تمہارے گھر آنا کچھ سہی نہیں لگا۔ وہ میرا کزن ضرور ہے مگر مجھے اُس کے نیچر کا بلکل پتا نہیں۔ کیوں کہ وہ بچپن سے ملیشیا رہا ہے۔"

"مجھے انسانوں کی پرخ ہے نایاب۔ میں مانتی ہوں اُس میں لاکھ برائیاں ضرور ہیں۔ وہ مغرور ہے بدتمیز ہے، بدلحاظ بھی ہے مگر بد

کردار نہیں ۔ اور اس کا اندازہ مجھے کل رات ہوا، وہ میرے گھر آ تو گیا تھا مگر پانچ منٹ بھی نہیں رکا اور اس طرح گھبرا رہا تھا جیسے وہ لڑکی اور میں لڑکا ہوں۔"

" مجھے تو لگا کہ پیار محبت والا سین ہے" نایاب نے مذاق اڑانے والے انداز میں کہا۔

نعوذباللہ!....... کیسے گھٹیا باتیں کرتی ہو تم۔" حیات نے ناراضگی ظاہر کی۔

"اس میں گھٹیا کیا ہے؟ اچھا خاصا ہینڈسم لڑکا ہے۔"

"اچھا..... خاصا..... کہیں تم اندھی تو نہیں ہو گئی؟ وہ سرمئی آنکھوں والا بندر تمہیں اچھا خاصا ہینڈسم لگتا ہے ۔ توبہ استغفِرُاللہ۔"

"اُس کی سرمئی آنکھوں سے کیا پروبلم ہے تمہیں؟"

"مجھے کوئی پروبلم نہیں ہے۔ بس مجھے الجھن ہوتی ہے۔"

"مطلب محبت والا کوئی سین نہیں ہے؟" نایاب نے سوال کیا۔

"محبت تو ہے مگر اُس سے نہیں کسی اور سے" اتنے میں انابیہ بھی آکر اُن دونوں کے پاس بیٹھ گئی۔"

"کس سے؟ مجھے بھی بتاؤ" نایاب نے تجسّس سے پوچھا۔

"جب میں انابیہ کی برتھ ڈے پارٹی سے گھر آ رہی تھی ایک شخص ملا تھا۔ رات کے پہر، بارش کے موسم میں اندھیری رات تھی اور میں بارش میں بھیگتی ہوئی اُس کی گاڑی کے سامنے آ گئی۔ اور میں نے بہت برا بھلا بھی کہا تھا اُسے۔ پھر بھی اس نے میری مدد کی اور مجھے اپنی چھتری بھی دی تھی ۔ وہ لمحہ بہت حسین تھا ۔ میں چاہ کر بھی نہیں بھول پا رہی ہوں۔"

"بس اتنی سی بات سے تم ایمپریس ہوگئ I can't believe it! (مجھے یقین نہیں آ رہا") نایاب نے بے یقینی کے عالم میں اُس کی طرف دیکھا۔ حیات کے چہرے پر مسکراہٹ نمودار ہوئی اور اس کی آنکھوں کچھ الگ سے چمک دکھی۔ نایاب اور انابیہ اُسے بہت غور سے دیکھتی رہیں۔

......*

"یہ سارے کپڑے پھینک دو۔" اُس نے ملازمہ سے کہتے ہوئے وارڈروب میں سے چن چن کر کپڑے نکالیں۔

"کیا کر رہے ہیں بھائی؟" عمیر دروازے پر دستک دیتے ہوئے کمرے میں داخل ہوا۔

"پرانے کپڑے نکال رہا ہوں۔"

"یہ پرانے ہیں؟" عمیر نے حیرت سے اُن کپڑوں کی طرف نظریں دوڑائیں۔ "مگر بھائی یہ کپڑے تو آپ نے پچھلے مہینے ہی لیے تھے، مشکل سے آپ نے اسے ۲ سے ۳ بار ہی پہنا ہوگا۔"

"تمہیں تو پتا ہے نا...... میں ہر چیز دو سے تین بار ہی استعمال کرتا ہوں"

وہ عیش و عشرت کا شوقین اور خودغرض تھا، اپنے باپ کے پیسوں پر عیاشی کرنے اور فضول خرچی کرنے میں ماہر۔

وہ خاندان کا بڑا بیٹا بہت ہی ضدی اور غصّے والا، اُس کی عمر ابھی چوبیس سال تھی اُس نے کبھی کسی کے سامنے جھکنا سیکھا ہی نہیں، جس چیز کی ضد ایک بار کر لیتا اُسے حاصل کرکے ہی سانس لیتا تھا۔

"کیا کر رہے ہو زہران؟" علشبہ کمرے میں داخل ہوئی اُسے دیکھ کر زہران کے چہرے کا رنگ اتر گیا۔

" ڈانس کر رہا ہوں ، کرو گی؟" زہران نے غصّے بھرے انداز میں کہا ۔

"تم ہمیشہ اتنا کڑوا کیوں بولتے ہو؟"

"کیوں کہ میں ناشتے میں کریلا کھاتا ہوں۔" زہران نے اُس کی طرف دیکھے بغیر ہی جواب دیا۔

وہ ابھی بھی وارڈروب میں سے کپڑے نکالنے میں مصروف تھا، اور علشبہ اُس کے پیچھے کھڑی اُس سے سوال کر رہی تھی ۔

"خدا کے واسطے مجھے سکون سے جینے دو۔ اور چلی جاؤ یہاں سے" وہ غصّے میں چلایا۔

علشبہ کچھ کہے بغیر ہی وہاں سے چلی گئی زہران کی اس حرکت نے علشبہ کو اندر سے زخمی کر دیا تھا۔ وہ اپنے کمرے میں بیڈ پر بیٹھی سسکیاں لے کر رو رہی تھی۔ وہ ایک یتیم لڑکی تھی جس کے ماں باپ اُس کے بچپن میں ہی انتقال کر گئے تھے ۔ تو انیسہ بیگم اُسے یہاں لے آئی تھی کیوں کہ علشبہ اُن کی بھتیجی تھی ۔

"کیوں رو رہی ہو علشبہ؟" انیسہ بیگم نے کمرے میں داخل ہوتے ہی کہا۔

"میری ان ساری تکلیفوں کی وجہ آپ ہیں پھوپھو۔"
"میں نے کیا کیا ہے؟" اُنہوں نے حیرت زدہ انداز میں پوچھا۔
"آپ نے اپنے فائدے کے لیے مجھے استعمال کیا ہے۔ زہران کی جائیداد بھی آپ کی ہو جائے اسی لیے آپ چاہتی تھی نا.....کہ میری شادی زہران سے ہو۔"
"تو کیا غلط چاہتی ہوں میں، تمھارا اچھا مستقبل چاہتی ہوں بس" اُنہوں نے علشبہ کا ہاتھ پکڑ کر کہا ۔
"اب آپ مجھ سے جھوٹ بولیں گی؟ جھوٹ اُس سے بولیے جو آپ کی حقیقت سے واقف نا ہو۔ میری رگوں میں بھی آپ کا خون دوڑتا ہے اور میں آپ کی ساری چالاکیاں سمجھتی ہوں" علشبہ نے اپنا ہاتھ چھڑا لیا ۔ وہ حقیقتاً بہت ہرٹ ہوئی تھی زہران کے اس رویّے سے ۔
یہ سچ ہے کہ انیسہ بیگم علشبہ کا استعمال اپنے مفات کے لیے کر رہی تھیں۔ کیوں کہ انہیں اس بات کا علم تھا کہ علی فاروق خان نے اپنی جائیداد کا ۵۰ فیصد حصہ زہران کے نام اُس وقت ہی کر دیا تھا جب اُس کی والدہ کا انتقال ہوا تھا ۔ اور وہ اُن جائیداد کو حاصل کرنے کے لیے کسی بھی حد تک گر سکتی ہیں ۔
علی فاروق بہت ہی بڑے بزنس مین تھے ۔ پورے شہر میں اُن کا نام مشہور تھا۔ وہ بہت ہی خاندانی اور طاقتور انسان تھے مگر اُن میں ذرا بھی گھمنڈ نہیں تھا ۔

......*

منوّر شاہ اور اُن کے بیٹے نے سکھ کا سانس لیا انہیں لگا کہ اب خطرہ ٹل چکا ہے اور وہ خود کو بلکل محفوظ محسوس کر رہے تھیں۔ کیونکہ حیات کی طرف سے وہ بہت پرسکون تھے انہیں لگا کہ اُن کی دھمکی سے حیات سچ میں ڈر گئی ۔ مگر اصل بات تو کچھ اور تھی۔
ہاں ..... اُن کی دھمکی نے حیات کی زندگی میں بہت سے تبدیلی ضرور لائی تھی، وہ اپنے گھر کے معاملوں میں اُلجھی ہوئی تھی۔ مگر ڈری نہیں تھی ۔
"بابا! میں بھائی کے پاس کینیڈا جانا چاہتا ہوں"رحیم نے بلا جھجھک منوّر شاہ سے کہا۔

"وہ لڑکی صرف خاموش ہوئی ہے، مگر کیس ابھی بھی اوپن ہے اور پولیس انویسٹیگیشن کر رہی ہے۔ اور تمہیں ملک سے باہر جانے کی اجازت نہیں ہے۔ میں کوشش کر رہا ہوں کہ یہ کیس جلد ہی ختم ہو اور تم کینیڈا جاؤ۔
تو کب ختم ہوگا یہ کیس، میں پریشان ہو گیا ہوں ۔ وہ پریشانی کے عالم میں چلایا۔
"تم فکر نا کرو بہت جلد ہی یہ کیس ختم ہو جائے گا۔ اُس لڑکی نے ایف.آئی.آر کٹوائی ہے تو انویسٹی گیشن ہوگی ۔ جب کوئی ثبوت نہیں ملے گا تو کیس بند ہو جائے گا۔" اُنہوں نے رحیم کو تسلّی دی۔
"اور اگر ثبوت مل گیا تو؟ پھر کیا ہوگا؟"
"تم فکر مت کرو تمھارا باپ ابھی زندہ ہے۔ میں تم پر کوئی آنچ نہیں آنے دوں گا؟" اُنہوں نے اُس کے سر پر ہاتھ رکھتے ہوئے کہا۔
والدین کبھی بھی اپنی اولاد کو تکلیف میں نہیں دیکھ سکتے اور انہیں والدین میں سے ایک والد منوّر شاہ تھے ۔ جو اپنے بیٹے کو بچانے کے لیے کچھ بھی کرنے کو تیار تھے۔
اور حیات بھی اپنے وعدوں کی پکّی تھی وہ رحیم کو سزا دلانے اور حمید کو انصاف دلانے کے لئے ہر قیمت چکانے کو تیار تھی۔ اب دیکھتے ہیں کہ اس جنگ میں جیت کس کی ہوتی ہے حیات کی یا پھر منوّر شاہ کی۔

......*

"بھائی اُس لڑکے کا پتا چل گیا جس نے ماہرا کو پریشان کیا تھا۔"عمیر نے زہران کے کہنے پر اُس لڑکے کا پتا لگا لیا تھا جس نے راستے میں ماہرا سے بدتمیزی کی تھی۔
"ماہرا کہاں ہے؟" اُس نے کتاب کو ٹیبل پر رکھتے ہوئے پوچھا۔
"اپنے کمرے میں۔"
زہران ماہرا کے پاس گیا ،دروازے پر دستک دیتے ہوئے وہ کمرے میں داخل ہوا۔
"ماہرا مجھے تم سے کچھ پوچھنا ہے" اتنے میں عمیر بھی وہاں آ گیا۔

"کیا پوچھنا ہے بھائی؟" ماہرا نے اپنا فون سائڈ ٹیبل پر رکھتے ہوئے کہا۔
"اُس دن کیا ہوا تھا مجھے سب تفصیل میں بتاؤ۔"
ماہرا نے اُسے سب کچھ تفصیل میں بتایا ۔ اُس نے جب زہران کو یہ بتایا کہ اُس لڑکے نے حیات کا ہاتھ پکڑ لیا تھا تو اُس کا چہرہ غصّے سے سرخ ہو گیا۔
"کس ہاتھ سے اُس نے حیات کا ہاتھ پکڑا تھا" زہران نے غصّے بھرے انداز میں پوچھا۔
"شاید دائیں ہاتھ سے" ماہرا نے یاد کر کے بتایا۔ عمیر وہاں کھڑا ساری باتیں سن رہا تھا۔
وہ غصّے کے عالم میں یہاں سے چلا گیا اور عمیر بھی اُس کے پیچھے ہی چلا گیا۔
کچھ وقت گزرنے کے بعد، زہران اور عمیر اس جگہ پر پہنچ گئے جہاں وہ لڑکا رہتا تھا۔ زہران نے دروازے پر دستک دی، اور جیسے ہی دروازہ کھلا، وہ بنا کسی اجازت کے سیدھا اس لڑکے کے گھر کے اندر داخل ہو گیا۔
گھر کے اندر موجود لڑکا اس اچانک اور غیر متوقع انداز سے گھبرا گیا۔ "یہ کسی کے گھر میں داخل ہونے کا کیا طریقہ ہے، اور آپ لوگ کون ہیں؟" اس نے خوفزدہ لہجے میں پوچھا۔
اس کے سوال کے جواب میں، زہران نے اپنی پوری طاقت سے اس لڑکے کے چہرے پر ایک سخت تھپڑ رسید کر دیا۔ تھپڑ کی ضرب اتنی شدید تھی کہ لڑکا حواس باختہ ہو کر زہران کو تکنے لگا، گویا اسے یقین ہی نہیں آ رہا تھا کہ یہ کیا ہو گیا۔
"تمھارے گھر میں اور کون کون رہتا ہے؟" عمیر نے پوچھا۔
لڑکا اب بھی اپنے گال پر ہاتھ رکھے ہوئے تھا، جہاں زہران نے تھپڑ مارا تھا، اور وہ ان دونوں کو غصے اور حیرت سے گھور رہا تھا۔ عمیر نے اپنا سوال ایک بار پھر دہرایا تاکہ اس کی توجہ حاصل کر سکے۔
"میں اکیلا رہتا ہوں، اور تم لوگ کون ہو؟ اور تمھاری ہمت کیسے ہوئی مجھے تھپڑ مارنے کی؟" اس کے لہجے میں درد اور غصہ دونوں نمایاں تھے۔

اس پر زہران کا غصہ اور بھڑک اٹھا، اس نے لڑکے کا گریبان پکڑ لیا اور غصے سے بولا۔
"تمھاری ہمت کیسے ہوئی میری بہن کو پریشان کرنے کی؟"
لڑکے نے زہران کے ہاتھ سے اپنا گریبان چھڑانے کی کوشش کی، لیکن وہ بری طرح ڈر گیا تھا۔ اس کی گھبراہٹ کی بڑی وجہ یہ بھی تھی کہ اس وقت اس کے گھر میں کوئی اور موجود نہیں تھا جو اس کی مدد کر سکے۔
زہران کی نظر لڑکے کے ہاتھ پر مرکوز ہو گئی۔ اُسے ماہرا کی کہی ہوئی بات یاد آئی۔ اُس نے حیات کا ہاتھ اپنے دائیں ہاتھ سے پکڑا تھا۔
"وہ لاوارث نہیں ہے... جو کوئی بھی بیچ سڑک پر اس کا ہاتھ پکڑ لے گا۔" یہ کہتے ہوئے زہران نے اس لڑکے کا دایاں ہاتھ پکڑا اور اسے مروڑ دیا۔ لڑکا درد سے چیخ اٹھا، لیکن زہران نے اب بھی اس کا ہاتھ مضبوطی سے پکڑا ہوا تھا۔
"بھائی، اس کا ہاتھ ٹوٹ جائے گا۔" یہ کہہ کر عمیر نے زبردستی اس لڑکے کا ہاتھ زہران کی گرفت سے چھڑوا دیا۔
"میں تمھیں صرف وارننگ دے کر چھوڑ رہا ہوں، لیکن آئندہ اگر تم نے ایسی کوئی حرکت کی تو میں تمھیں جان سے مار دوں گا۔" زہران کے لہجے میں سخت غصہ اور دھمکی واضح تھی۔
عمیر نے زہران کو پہلی بار اتنے شدید غصے میں دیکھا تھا۔ وہ اپنے بھائی کے اس روپ کو دیکھ کر بالکل شاکڈ، یعنی حیران اور سکتے کی کیفیت میں چلا گیا تھا۔ عمیر نے فوراً زہران کا ہاتھ پکڑا اور اسے وہاں سے کھینچ کر باہر لے آیا، کیونکہ اگر وہ کچھ دیر اور وہاں رکتے تو نہ جانے زہران اس لڑکے کے ساتھ کیا سلوک کرتا۔

......*

شام کا وقت تھا اور حیات لان میں بیٹھی چائے پی رہی تھی۔ اُس کے فون کی رنگ بجتی ہے۔
"ہیلو! السلام و علیکم...."
دوسری طرف سے آواز آئی .... "وعلیکم السلام "
"خیریت ہے۔ " حیات مخاطب ہوئی۔

"میری بیٹی کی طبیعت بہت خراب ہے وہ بخار میں تپ رہی ہے، اور میں اُسے اکیلے ہاسپٹل نہیں لے جا سکتی، بیٹا تم بخار کی دوا لے آؤ۔" دوسری طرف موجود شخص نے گزارش کی ۔
"آنٹی آپ گھبرائیں نہیں... میں ابھی آ رہی ہوں۔ حیات نے فون رکھ دیا۔
" امی میں باہر جا رہی ہوں" حیات نے لان میں سے آواز لگائی۔
"کہاں جا رہی ہو؟" اسماء بیگم لان میں آ گئیں ۔
حیات اگر سچ بتا دیتی تو اسماء بیگم شاید اُسے نا جانے دیتی۔ اور وہ اس وقت کوئی بھی خطرہ مول نہیں لینا چاہتی تھی ۔ اس لیے اُس نے جھوٹ بولا۔
"میں.....علی انکل کے گھر جا رہی ہوں۔ ماہرا نے مجھے بلایا ہے اُسے شاید پروجیکٹ میں کچھ مدد چاہیے۔
پھر وہ آدم بابا کے زمانے والی کالی چادر اوڑھے ہوئے (في أمان الله) کہتے ہوئے گھر سے نکل گئی۔
دروازے پر دستک دینے سے پہلے ہی دروازہ کھلا ہوا تھا، حیات گھر میں داخل ہوئی، حمید کی امی کا رو رو کر حال برا ہوا تھا۔
"آنٹی آپ روئیں مت دعا ٹھیک ہو جائے گی۔ میں دوا لے آئی ہوں" حیات نے تسلّی دی۔
"شکریہ بیٹا! اللہ آپ کو ہمیشہ خوش رکھے۔
انہوں نے دعا کو دوا پلائی۔ کچھ ہی دیر میں مغرب کی اذان ہونے لگی۔ حیات نے وضو کر کے نماز ادا کی اور آنٹی نے بھی حیات کے ساتھ نماز ادا کی۔ نماز پڑھنے کے بعد اُنہوں نے حیات کے لیے چایے بنائی۔ دونوں ساتھ بیٹھ کر چایے پی رہی تھیں تبھی آنٹی نے حیات سے پوچھا۔
" بیٹا! اُس لڑکے کا پتا چلا جس نے حمید کا ایکسیڈنٹ کیا تھا؟"
کچھ دیر کی خاموشی کے بعد حیات نے جواب دیا۔ "جی آنٹی .... پتا چل گیا ہے مگر ثبوت نہیں ملا۔"
"تو کیا اب میرے بیٹے کو انصاف نہیں ملےگا " اُنہوں نے مایوسی سے کہا۔
" آنٹی!.... مایوسی کفر ہے۔ اور امید زندگی کا سہارا ۔ اس لیے اُمّید رکھئے بہت جلد آپ کے بیٹے کا قاتل سلاخوں کے پیچھے ہوگا ۔ اور سچ زیادہ دن تک چھپ نہیں سکتا ۔

اُدھر اسماء بیگم پریشان ہو رہی تھی کیوں کہ احسن صدیقی کے گھر آنے کا وقت ہو گیا تھا اور اُنہوں نے اسماء بیگم سے سخت منع کیا تھا کہ حیات یونیورسٹی کے بعد گھر سے باہر قدم نا نکالے۔ اُنہوں نے حیات کو فون کیا مگر اُس کا فون مسلسل بند جا رہا تھا۔ پھر اُنہوں نے عمیر کو کال کی کیوں کہ گھر کے کسی بھی فرد کا نمبر اُن کے پاس نہیں تھا سوائے عمیر کے۔

" ہیلو عمیر! حیات کدھر ہے بیٹا .... میری اُس سے بات کروا دو۔"

"آنٹی میں گھر پر نہیں ہوں کچھ کام سے باہر آیا ہوا ہوں ، میں آپ کو زہران بھائی کا نمبر دیتا ہوں۔ وہ اس وقت گھر پر ہی ہیں۔ پھر اُنہوں نے زہران کو فون ملایا۔

"ہیلو ..... حیات کدھر ہے بیٹا .... میری اُس سے بات کروا دو ۔اُنہوں نے ایک بار پھر اپنی بات دہرائی۔

"حیات تو یہاں نہیں ہے آنٹی۔"

"کیا؟ مگر مجھ سے بول کر گئی تھی، ماہرا نے اُسے بلایا ہے کسی پروجیکٹ کے لیے" اسماء بیگم نے پریشانی سے کہا۔

"جی وہ آئی تھی بس ابھی نکلی ہے گھر کے لیے، کچھ دیر میں پہنچ جائے گی ۔ آپ پریشان مت ہوئیے ۔ "

زہران نے اُسی وقت حیات کو فون ملایا مگر اُس کا فون بند جا رہا تھا۔ وہ سوچنے لگا کہ آخر حیات جھوٹ بول کر گئی کہاں ہے؟ کچھ دیر دماغ دوڑانے کے بعد اُسے شک ہوا کہ شاید وہ اپنے بوائے فرینڈ سے ملنے گئی ہوگی۔

زہران فوراً حمید کے گھر کے لیے نکل گیا وہ ابھی حمید کے گھر سے کچھ فاصلے پر تھا کہ اُس نے حیات کو حمید کے گھر سے نکلتے دیکھا۔ اب اُس کا شک یقین میں بدل گیا ، وہ حیات کو برے کردار کا سمجھنے لگا ۔ اُس نے گاڑی حیات کے پاس روکی۔

" تم یہاں گھوم رہی ہو اور آنٹی گھر پر پریشان ہو رہی ہیں۔ اور تمہارا فون کیوں آف جا رہا ہے؟"

"میں گھوموں یا ناچوں ، تم سے مطلب؟ " حیات نے تلخی سے کہا۔

"مطلب ہے تبھی آیا ہوں ، ورنہ مجھے کوئی شوق نہیں ہے تم جیسی بدتمیز لڑکی سے بات کرنے کا، آنٹی کا فون آیا تھا وہ بہت پریشان ہیں ۔ اور تمہارا پوچھ رہی تھیں۔"

"کیا تم نے بتا دیا، میں تمہارے گھر نہیں ہوں؟" حیات نے متجسس لہجے میں پوچھا ۔
"پہلے گاڑی میں بیٹھو پھر بتاتا ہوں" حیات گاڑی میں آ کر بیٹھ گئی۔
"اب بتاؤ .... تم نے امی کو بتا دیا؟" اب بھی حیات نے اُسی لہجے میں سوال کیا۔
" نہیں" اُس نے ایک لفظہ جواب دیا۔
"تو کیا کہا تم نے؟" حیات نے مڑ کر اُس کی طرف دیکھا۔
"ابھی تم میرے گھر سے نکلی ہو"
"چلو .... بچ گئی ورنہ امی تو میری جان ہی نکال لیتی۔" حیات نے سکون کا سانس لیا۔
"تو بتا دو اپنی امی سے" زہران نے اُسے مشورہ دیتے ہوئے کہا۔
"اگر بتا دوں گی ......تو امی کل ہی میری شادی کرنے لگیں گی۔"
"تو کر لینا ، اس میں ہرج ہی کیا ہے۔" زہران نے کندھا اُچکا تے ہوئے کہا ۔
"مجھے ابھی اپنی زندگی میں بہت کچھ کرنا ہے۔ لیکن شادی نہیں کرنی۔ "
اُس کی ان باتوں نے زہران کے دل میں اور بھی غلط فہمی پیدا کر دی۔
حیات کو یہ بات یاد نہیں تھی کہ زہران حمید کے بارے میں کچھ نہیں جانتا۔ اور زہران اُسے اس لیے مشورہ دے رہا تھا کہ چھپ کر بوائے فرینڈ سے ملنے سے اچھا ہے کہ وہ اپنے گھر والوں کو سچ بتا دے۔ اور حیات انہیں اس وجہ سے سچ نہیں بتا رہی تھی کہ اگر اُس کے گھر والوں کو پتا چلا کہ وہ اب بھی حمید کے کیس میں ملّوث ہے تو وہ نا جانے اُس کے ساتھ کیا کرتے۔
کچھ دیرخاموش رہنے کے بعد زہران نے خاموشی توڑتے ہوئے کہا۔
" ویسے تمہارا بوائے فرینڈ کرتا کیا ہے؟"
یہ سن کر حیات کو جیسے جھٹکا لگا ،کچھ دیر بعد اُسے رات والی بات یاد آئی۔ مگر اُس نے زہران کو سچ نہیں بتایا کیوں کہ زہران اُس کے لیے اتنا اہم نہیں تھا کہ وہ اُسے سب کچھ بتاتی۔
وہ خاموش رہی اور زہران نے بھی اُس سے دوبارہ یہ سوچ کر سوال نہیں کیا کہ شاید حیات اُسے بتانا نہیں چاہتی۔
"ویسے رات کو کسی کے گھر جانا سیف نہیں رہتا"

وہ کچھ حیران ہو کر اُس کا چہرہ دیکھنے لگی ۔
"ایسے کیوں دیکھ رہی ہو؟" زہران نے سامنے دیکھتے ہوئے کہا۔
حیات نے اپنا بیگ کھول کر اُس میں سے پسٹل نکال کر ڈیش بورڈ پر رکھ دی۔
زہران نے پسٹل دیکھتے ہی جھٹکے سے بریک لگا دی۔
" کیوں رک گئے؟......... گاڑی چلاؤ مجھے جلدی گھر پہنچنا ہے"
"تم پسٹل لے کر چلتی ہو؟" زہران نے قدرے حیرانی سے اُسے دیکھا۔
"ہمم..... اپنی سیفٹی کے لیئے لے کر چلنا پڑتا ہے۔"
زہران کو اب یہ یقین ہو گیا تھا کہ حیات کوئی معمولی لڑکی نہیں ہے۔
"یہ پسٹل تو بہت پرانی لگ رہی ہے۔" زہران نے پسٹل کی طرف دیکھتے ہوئے کہا۔
"میرے دادا کی ہے ..... جب میں سات سال کی تھی تب اُنہوں نے مجھ سے وعدہ کیا تھا کہ یہ پسٹل وہ مجھے دیں گے۔"
" چلانی آتی بھی ہے یا بس بھاوکال مارنے کے لیے رکھی ہے۔"
زہران نے اُسے دیکھا پھر قہقہہ مار کر ہنسا۔
حیات نے ڈیش بورڈ سے پسٹل اٹھا کر اس میں پھونک ماری اور اپنی انگلیوں پر پسٹل گھماتے ہوئے ہاتھ کی گرفت میں لیتے ہوئے کہا۔ "تم بولو تو ابھی چلا کر دکھا دوں"
"نہیں lady Dabangg مجھے مرنے کا شوق نہیں ہے "
زہران پسٹل پر اُس کے ہاتھ کی گرفت دیکھ کر یہ سمجھ گیا تھا کہ حیات پسٹل چلانے میں ماہر ہے ۔ زہران نے اُسے بے یقینی سے دیکھا۔
وہ اُسے دیکھ ہی رہا تھا کہ حیات بھی اُس کی طرف پلٹی اور اُس کی نظر زہران کی شرٹ کی کھلی اوپر کی تین بٹن پر پڑی ۔ اُس کا جسم دکھ رہا تھا حیات نے فوراً نظر ہٹا لی ۔
" صرف ہم عورتوں کو غیر مردوں سے پردہ کرنے کا حکم نہیں ہے۔ بلکہ مردوں کو بھی غیر عورتوں سے پردہ کرنا چاہیے، مطلب کوشش کرنی چاہیے اُن کے جسم پر غیر محرم عورت کی نظر نا پڑے ۔"
وہ سمجھ گیا اسی لیے حیات نے جلدی سے اپنی نظریں جھکالی تھیں ۔

......*

حیات ثبوت کی تلاش میں ماری ماری فر رہی تھی مگر اُسے رحیم کے خلاف کوئی بھی ثبوت نہیں ملا ۔ اُس نے روڈ کے پاس کے سارے سی۔ سی۔ ٹی۔ وی کیمرے چیک کروائے ، اُس دن کی ساری فوٹیج ڈیلیٹ ہو چکی تھی ۔ اُس نے لوگوں سے کہا کہ رحیم کے خلاف گواہی دیں ، مگر کسی نے بھی اُس کی بات نہیں مانی کیونکہ ہر کسی کو اپنی جان پیاری تھی اور کوئی بھی منوّر شاہ سے دشمنی مول نہیں لینا چاہتا تھا۔

وہ خود کو ہارتا ہوا محسوس کر رہی تھی مگر اُس نے اُمّید نہیں چھوڑی کیونکہ ہر شام کے بعد سویرا ضرور ہوتا ہے۔

"امی چایے بنا دیں، سر میں درد ہو رہا ہے۔" حیات نے گھر میں داخل ہوتے ہی اسماء بیگم سے کہا ۔

کچھ دیر بعد اسماء بیگم چایے کا ایک کپ لیے حیات کے کمرے میں داخل ہوئیں، اُنہوں نے چایے کا کپ ٹیبل پر رکھ دیا۔ حیات نے اپنی آنکھوں سے بازو ہٹا کر ٹیبل پر رکھی چایے کی کپ کو دیکھا پھر اپنی آنکھوں پر دوبارہ اپنا بازو رکھ لیا ۔

"حیات چایے پی لو۔" اسماء بیگم نے اُس کے سر پر ہاتھ رکھا۔

"ابھی پی لوں گی" اُس نے آنکھوں سے بازو ہٹائے بغیر کہا۔

"ٹھیک ہے جیسی تمہاری مرضی۔" وہ کمرے سے چلی گئیں۔

حیات فوراً اٹھ کر بیٹھ گئی ، اُس نے ٹیبل پر رکھے کپ کو اٹھایا اور چایے سے نکلتے ہوئے دھوئیں کو دیکھا پھر چایے کا کپ دوبارہ ٹیبل پر رکھ دیا ۔ پھر وہ واشروم کی طرف چلی گئی ۔

اب تک چایے تھوڑی ٹھندی ہو چکی تھی اور اُس میں اٹھنے والا دھنوا بھی غائب ہو گیا تھا ۔ اُس نے چایے کو پیا پھر اپنے بیڈ پر لیٹ گئی، اب بھی اُسے وہی بات پریشان کر رہی تھی، کہ آخر وہ حمید کو کیسے انصاف دلائے گی۔ رحیم نے سارے ثبوت مٹا دیئے تھیں۔ اب دنیا کی کوئی بھی عدالت رحیم کو گنہگار ثابت نہیں کر سکتی تھی۔ مگر وہ رب جو ساتویں آسمان کے اوپر بیٹھا ہے اُس کی عدالت میں کوئی بھی ثبوت مٹایا نہیں جا سکتا، وہاں دلوں کے بھید بھی کھول دیے جائیں گے، اور کوئی بھی جرم چھپایا نہیں جا سکتا۔ انسان کی پکڑ سے مجرم بچ سکتا ہے مگر خدا کی پکڑ سے نہیں اور جن کو کوئی سزا نہیں دے سکتا انہیں خدا سزا دیتا ہے ۔

وہاں انصاف کی چکّی ذرا دھیرے سے چلتی ہے
مگر چکّی کے پاٹوں میں بہت باریک پستا ہے

✷ • • • ✷ • • • ✷

زہران اپنے کمرے میں بیٹھا کتاب پڑھ رہا تھا۔ علشبہ کمرے میں داخل ہوئی۔
"مجھے تم سے بات کرنی ہے۔" اُس نے صوفے پر بیٹھتے ہوئے کہا۔
" زہران نے اپنے سامنے سے کتاب ہٹا کر اُسے دیکھا پھر کتاب پڑھنے لگا۔
"مجھے تم سے بات کرنی ہے۔" علشبہ نے ایک بار پھر اپنی بات دہرائی۔
"بولو..... میں سن رہا ہوں" اُس نے کتاب کو اپنے سامنے سے ہٹائے بغیر کہا۔
"ادھر دیکھو..... میں تم سے بات کرنے آئی ہوں اور تم مجھے اگنور کر رہے ہو"۔ علشبہ نے اُس کے ہاتھ سے کتاب چھین لی۔
"بدتمیزی کی کوئی حد ہوتی ہے علشبہ! بی ہیو یور سیلف (Behave yourself)" اُس کا چہرہ غصّے سے سرخ ہو رہا تھا ۔ علشبہ نے کتاب کو ٹیبل پر رکھ دیا۔ اُس پر زہران کے غصّے کا کوئی اثر نہیں ہوا، کیوں کہ وہ زہران کے غصّے کی عادی ہو چکی تھی۔
"میں تم سے بات کرنا چاہتی ہوں ۔ اور میں چاہتی ہوں، کہ تم میری بات غور سے سنو۔"
"بولو ..... کیا کہنا ہے تمہیں، میں سن رہا ہوں۔" اُس نے علشبہ کی طرف دیکھتے ہوئے جھنجھلا کر کہا۔
"میں تمہیں پسند کرتی ہوں۔" اُس نے بلا جھجھک زہران سے نظریں ملائیں۔
زہران قہقہہ لگا کر ہنس پڑا۔
"میں مزاق نہیں کر رہی ،میں سچ بول رہی ہوں ۔ مجھے تم پسند ہو۔"
"یہ تمھارا پروبلم ہے میرا نہیں۔ اور میں تمھاری کیا مدد کر سکتا ہوں؟"
"میرا پروبلم ہے! علشبہ نے حیرت سے کہا۔

"ہاں..... تمھارا پروبلم ہے، کیونکہ مجھے پسند تم کرتی ہو۔ میں نہیں۔"
"زہران میری فیلینگز کو سمجھو، I want to marry you (میں تم سے شادی کرنا چاہتی ہوں)۔"
"Have you lost your mind?" (تم پاگل تو نہیں ہو گئی ہو؟) کچھ بھی اناپ شناپ بکے جا رہی ہو۔ اس پوری دنیا میں نا جانے کتنی لڑکیوں کا کرش ہوں میں، نا جانے کتنی لڑکیاں محبت کرتی ہیں مجھ سے ، تو کیا میں اُن سب سے شادی کر لوں۔" زہران نے اکھڑتے ہوئے کہا۔
"ہاں ... ہو گئی ہو پاگل میں۔" وہ چلّائی۔
"تو اپنا پاگل پن کہیں اور جا کر دکھاؤ، میرا دماغ خراب مت کرو۔" اُس نے علشبہ کو اپنے کمرے سے نکال کر دروازہ بند کر دیا۔
"پتا نہیں خود کو سمجھتی کیا ہے۔ جو میں اس سے شادی کر لوں ۔" وہ بڑبڑایا۔
علشبہ سیڑھیوں پر بیٹھی رو رہی تھی۔
" کیا ہوا؟ تم یہاں کیوں بیٹھی ہو؟" ماہرا نے علشبہ کو دیکھتے ہی کہا۔
ماہرا مجھے ایک بات بتاؤ، کیا میں کسی کو اچھی نہیں لگ سکتی؟" اُس نے سسکیاں لیتے ہوئے ماہرا سے پوچھا۔
"تم بہت اچھی ہو ، اور جو تمہیں پسند کرے گا وہ اس دُنیا کا خوش نصیب انسان ہوگا۔"
"تو زہران کو میں کیوں پسند نہیں ہوں؟ وہ مجھ سے نفرت کیوں کرتا ہے؟"
"بھائی تم سے نفرت نہیں کرتے۔ انہیں محبت، شادی ان سب چیزوں سے نفرت ہے۔ اور تم اپنا دل چھوٹا مت کرو تمہیں وہ محبت ضرور ملے گی جس کی تم حقدار ہو۔" ماہرا نے علشبہ کو حوصلہ دیا اور اُسے اپنے ساتھ کمرے میں لے گئی۔

......*

منور شاہ، اپنی سفید پوشاک اور چمکتے ہوئے بالوں کے ساتھ، پریس کانفرنس کے اسٹیج پر بیٹھے تھے۔ ان کے چاروں طرف کیمروں کی

چمک اور صحافیوں کی بھیڑ تھی۔ انہوں نے ایک مسکراہٹ کے ساتھ اپنی تقریر شروع کی۔

"میں آج آپ سب کے سامنے ایک اہم اعلان کرنے کے لیے آیا ہوں۔ ہم ایک ایسے معاشرے میں رہتے ہیں جہاں غریبوں کو انصاف نہیں ملتا۔ میں اس صورتحال کو بدلنا چاہتا ہوں۔ میں ہر غریب کو انصاف دلانے کا وعدہ کرتا ہوں۔"

صحافیوں نے تالیاں بجائیں اور کیمروں کی فلیش روشن ہو گئی۔ منور شاہ نے اپنی تقریر جاری رکھی، "ہم ایک فاؤنڈیشن قائم کر رہے ہیں جو غریبوں کو قانونی مدد فراہم کرے گی۔ ہم ان کے مقدمات مفت میں لڑیں گے۔ ہم اس بات کو یقینی بنائیں گے کہ ہر غریب کو انصاف ملے۔"

اچانک، پریس کانفرنس کے دروازے کھلے اور حیات کمرے میں داخل ہوئی۔ اس نے ایک پُرعزم نظر سے منور شاہ کی طرف دیکھا اور کہا، "آپ جھوٹ بول رہے ہیں، منور شاہ۔ آپ غریبوں کو انصاف نہیں دلانا چاہتے۔ آپ صرف اپنے بیٹے کے جرم کو چھپا کر اُسے بچانا چاہتے ہیں۔"

منور شاہ کا چہرہ غصے سے سرخ ہو گیا۔ "تم کون ہو؟ اور تم کیا بکواس کر رہی ہو؟" انہوں نے غصّے سے کہا ۔

"آپ مجھے نہیں جانتے؟" حیات نے مزاق اڑانے والے انداز میں کہا۔ "مجھے جانتے بھی نہیں ہیں ، اور میرے گھر آکر مجھے رشوت دینے کی بات بھی کر رہے تھے۔ واہ!..... آپ کی اداکاری کو اِکّیس توپوں کی سلامی۔"

"آپ کون ہے؟" اور آپ کس جرم کو چھپانے کی بات کر رہی ہیں۔ ایک رپورٹر نے حیات سے پوچھا۔

"میں حیات احسن ہوں۔ میں ایک بیوہ عورت کے بچے حمید کے انصاف کے لیے کھڑی ہوں۔ منوّر شاہ کے بیٹے نے اس معصوم کو قتل کیا۔ اور اُنہوں نے اپنے اثر و رسوخ کا استعمال کرتے ہوئے اس جرم پر پردہ ڈالا۔" حیات نے منوّر شاہ کی طرف اپنے ہاتھ سے اشارہ کرتے ہوئے کہا ۔

کیمروں کی فلیش پھر سے روشن ہو گئی۔ حیات نے اپنے چہرے کو اپنی چادر سے چھپا لیا ۔

"میرے پاس کوئی ثبوت نہیں ہے، اور سچ کسی ثبوت کا محتاج نہیں ایک نا ایک دن سامنے آ جائے گا۔ اور میں اُس وقت تک نہیں رُکوں گی جب تک کہ حمید کو انصاف نہ مل جائے۔" اس نے منور شاہ کی دھمکیوں اور رشوت کی پیشکشوں کے بارے میں بھی بتایا۔
منور شاہ خاموش ہو گئے۔ ان کا سر شرمندگی سے جھکا ہوا تھا۔ صحافیوں نے منور شاہ سے سوالات کی بوچھاڑ کر دی۔ منور شاہ کے پاس کوئی جواب نہیں تھا۔
"منور شاہ، آپ ایک منافق ہیں۔ آپ غریبوں کو انصاف دلانے کا دعویٰ کرتے ہیں، لیکن آپ اپنے بیٹے کے جرم پر پردہ ڈال رہے ہیں۔ آپ کو شرم آنی چاہیے۔" حیات غصّے سے کہہ رہی تھی۔
منور شاہ پریس کانفرنس سے خاموشی سے نکل گئے۔
"میں حمید کو انصاف دلا کر رہوں گی۔ میں اُس وقت تک نہیں رُکوں گی جب تک کہ منور شاہ اور ان کا بیٹا اپنے جرائم کی سزا نہ پائیں۔"

......*

احسن صدیقی کو جب حیات کی اس دلیرانہ حرکت کا علم ہوا، ماضی کے ایک تلخ واقعے کی یادوں میں کھو گئے۔ پندرہ سال پہلے بھی ایسا ہی کچھ ہوا تھا۔ جس کے نتیجے میں انہیں ناقابلِ تلافی نقصان اٹھانا پڑا تھا۔ وہ نہیں چاہتے تھے کہ ان کی بیٹی بھی اسی طرح خطرے میں پڑے۔
"حیات، تم نے جو کیا، اس کا انجام تم اچھی طرح جانتی ہو" ان کی آواز میں خوف اور پریشانی تھی۔ "تم نے ایک ایسے شخص سے ٹکر لی ہے، جس کے پاس طاقت اور دولت دونوں ہیں۔ وہ تمہیں معاف نہیں کرے گا۔"
حیات نے احسن صاحب کی طرف دیکھا، اس کی آنکھوں میں عزم تھا۔ "میں جانتی ہوں کہ میں کیا کر رہی ہوں۔ مجھے ڈر نہیں لگتا۔"
"تم نہیں سمجھ رہی، حیات ۔ پندرہ سال پہلے جو ہوا تھا اُس نے ہمارے خاندان کی بنیاد کو ہلا دیا تھا، اُس صدمے سے میں ابھی تک باہر نہیں نکل سکا۔ اور تم تو اچھی طرح جانتی ہو۔ ہم نے اپنا سب کچھ کھو دیا تھا۔"

حیات نے احسن صاحب کے چہرے پر خوف دیکھا۔ وہ جانتی تھی کہ اس کے والد اس سے کتنی محبت کرتے ہیں اور وہ اسے کسی بھی طرح کے خطرے میں نہیں دیکھ سکتے۔
"میں تمہیں کھونا نہیں چاہتا، حیات۔" اُن کی آواز بھرّا گئی۔
"یا تو تم اپنی ضد چھوڑ دو، یا یہ گھر چھوڑ دو۔" اُنہوں نے حیات کے سامنے شرائط رکھیں۔
حیات کے سامنے ایک مشکل انتخاب تھا۔ ایک طرف اس کے والد تھے، جن سے وہ بہت پیار کرتی تھی، اور دوسری طرف وہ انصاف تھا، جس کے لیے وہ لڑ رہی تھی۔
اور اُنہیں اس بات کا یقین تھا، کہ حیات اپنی ضد چھوڑ دے گی ۔ مگر اُن کا یقین غلط ثابت ہوا اور حیات نے گھر چھوڑنے کا فیصلہ کیا ۔
حیات نے منور شاہ کے بیٹے رحیم کو سزا دلوانے کا پختہ عزم کر لیا تھا۔ وہ جانتی تھی کہ یہ کوئی آسان کام نہیں ہے، لیکن وہ ہار ماننے والی نہیں تھی۔ اس نے اپنے دادا کی طرح انصاف کے لیے لڑنے کا فیصلہ کر لیا تھا۔
جب حیات کے والد کو اس کے فیصلے کا علم ہوا، تو وہ غصے سے آگ بگولا ہو گئے۔ وہ حیات کو اس خطرناک راستے پر چلنے سے روکنا چاہتے تھے۔ ان کا خوف جائز تھا۔ وہ اپنی بیٹی کو اس تکلیف سے بچانا چاہتے تھے، جو انہوں نے پندرہ سال پہلے اٹھائی تھی ، شاید تاریخ ایک بار پھر خود کو دہرا رہی ہے ۔ کیا وہ سب ایک بار پھر ہوگا جو پندرہ سال پہلے ہوا تھا ۔ کیا صدیقی خاندان کو ایک بار پھر صدمے سے گزرنا پڑے گا۔ یا اس بار وہ سارے راز سامنے آئیں گے۔ جو پندرہ سالوں سے صدیقی خاندان کے دلوں میں دفن ہیں ۔
"تم پاگل ہو گئی ہو، حیات!" اُنہوں نے غصے سے کہا۔ "تمہیں اندازہ بھی ہے کہ تم کس سے ٹکرا رہی ہو؟ منور شاہ ایک طاقتور آدمی ہے۔ وہ تمہیں زندہ نہیں چھوڑے گا۔"
"میں جانتی ہوں کہ یہ خطرناک ہے، بابا۔ لیکن میں خاموش نہیں رہ سکتی۔ مجھے رحیم کو اس کے جرم کی سزا دلوانی ہے۔"حیات نے پرسکون لہجے میں جواب دیا،
"تم نہیں سمجھ رہی، حیات۔ یہ ایک ایسی جنگ ہے جسے تم نہیں جیت سکتی۔ تم اپنی جان خطرے میں ڈال رہی ہو۔"

"میں اپنی جان سے نہیں ڈرتی، بابا۔ میں انصاف کے لیے لڑوں گی۔ میں اس وقت تک نہیں رکوں گی جب تک کہ رحیم کو سزا نہ مل جائے۔"

احسن صاحب نے حیات کی آنکھوں میں عزم دیکھا۔ وہ سمجھ گئے کہ وہ حیات کو روک نہیں سکتے۔ اُنہوں نے حیات کو اُس کے حال پر چھوڑ دیا ۔ لیکن ان کا دل خوف اور پریشانی سے بھرا ہوا تھا۔

......*

عارض کو جب یہ معلوم ہوا کہ حیات نے اُس کے والد کی شرط کی وجہ سے گھر چھوڑ دیا ہے، تو وہ غصے سے پاگل ہو گیا۔ اسے یقین نہیں آ رہا تھا کہ اس کے والد اتنے ظالم ہو سکتے ہیں۔

"آپ نے یہ کیا کیا، بابا؟" عارض نے غصے سے پوچھا۔ "آپ نے حیات کو گھر سے نکال دیا۔ آپ کو اندازہ بھی ہے کہ اس نے کتنی تکلیف اٹھائی ہے؟"

"میں نے جو کچھ کیا، وہ حیات کی بھلائی کے لیے کیا۔ میں اسے خطرے میں نہیں ڈالنا چاہتا تھا۔"احسن صاحب نے جواب دیا۔

"خطرہ؟" عارض نے طنزاً کہا۔ "آپ اسے خطرے سے بچانا چاہتے تھے؟ آپ نے اسے اکیلا چھوڑ دیا۔ آپ نے اسے اس دنیا میں تنہا کر دیا۔"

عارض نے اسماء بیگم کی طرف دیکھا، جو خاموش کھڑی تھی۔ "اور آپ، امی؟ آپ نے کچھ نہیں کہا؟ آپ نے حیات کو نہیں روکا؟"

"میں نے کوشش کی، عارض۔ لیکن تمہارے بابا نے میری ایک نہ سنی۔"اسماء بیگم نے آنسو بھری آنکھوں کے ساتھ جواب دیا،

عارض نے مایوسی سے سر ہلایا۔ "میں یہاں مزید نہیں رہ سکتا۔ میں اس گھر میں نہیں رہ سکتا جہاں میری بہن کی کوئی قدر نہیں ہے۔"

"عارض ایسا مت کہو، اگر تم بھی یہ گھر چھوڑ کر چلے گئے تو میں برداشت نہیں کر سکوں گی ۔ اپنی ماں کے لیے مت جاؤ بیٹا۔" اُن کی آواز میں بہت درد تھا ۔ عارض خاموشی کے ساتھ وہاں سے چلا گیا۔

......*

"حیات اٹھو یونیورسٹی نہیں جانا کیا؟" نایاب نے چایے کا کپ ٹیبل کر رکھتے ہوئے کہا۔
"دل نہیں کر رہا ہے، آج کہیں بھی جانے کا۔ ویسے بھی آج میری طبیعت کچھ ٹھیک نہیں لگ رہی، تم جاؤ۔" حیات نے کروٹیں بدلتے ہوئے کہا۔
"چلو ٹھیک ہے، میں جا رہی ہوں ، تم اپنا خیال رکھنا۔"
آج حیات کو نایاب کے گھر آئے ایک حفتہ سے اوپر ہو گیا تھا۔ حیات نایاب کے گھر آنا نہیں چاہتی تھی مگر نایاب کے ضد کرنے پر وہ آ گئی ۔ حیات اپنے پرانے گھر جا رہی تھی جہاں سے اُس کی بہت سی تلخ یادیں جڑی ہیں۔
نایاب کے والدین نایاب کے نانا کے گھر شہر سے باہر گئے ہوئے تھے۔ اسی لیے حیات نایاب کے گھر رہنے کو راضی ہو گئی۔
دروازے پر دستک کی آواز آتی ہے ،یہ سوچ کر حیات دوڑ کر دروازہ کھولنے جاتی ہے کہ شاید نایاب آئی ہے۔
"تم کب آئے؟" حیات کے لہجے میں خوشی اور حیرانی دونوں تھی۔
"جب پتا چلا کہ میری بہن کو میری ضرورت ہے۔" عارض نے گھر میں داخل ہوتے ہوئے کہا۔
"تمھارے جانے کے بعد میری زندگی میں بہت سی تبدیلیاں آ گئی ہیں۔ کچھ بھی پہلے جیسا نہیں رہا۔ ماں باپ کے زندہ ہوتے ہوئے میں یتیم ہو گئی ہوں۔ حیات کی آنکھیں نم ہو گئی۔
"پاگل ! یتیم وہ ہوتے ہیں، جن کے سر پہ کسی کا سایہ موجود نا ہو، اور تیرا بھائی ابھی زندہ ہے۔" اُس نے حیات کے سر پہ دھیرے سے ہاتھ مارتے ہوئے کہا۔
"اتنے دنوں سے کہاں غائب تھے، نا حال، نا چال ، نا خیر، نا خبر....." اُس نے سارے لفظوں پر زور دیتے ہوئے کہا۔
"میرا فون خراب ہو گیا تھا اور تمھارا نمبر نہیں یاد تھا۔ بابا کو میں نے کال کی تھی ، مگر انہوں نے مجھے کچھ نہیں بتایا۔"
"وہ کیا تمہیں کچھ بتائیں گے، بیٹی سے زیادہ انہیں اپنی انا عزیز ہے۔"
حیات نے تلخ لہجے میں کہا۔

"خیرا! تم کب تک یہاں رہوگی، ضد چھوڑو، اور میرے ساتھ گھر چلو۔ میں بھی دیکھتا ہوں کون تمہیں گھر میں نہیں رہنے دیتا۔" عارض نے حیات کا ہاتھ پکڑ کر اُسے اپنے ساتھ چلنے کو کہا۔
"میں کہیں نہیں جا رہی۔" حیات نے عارض سے اپنا ہاتھ چھڑا لیا۔
"اور تب تک میں گھر نہیں جاؤں گی جب تک میں رحیم کو اُس کے گناہ کی سزا نا دلا لوں۔"
"حیات! تم یہ کام گھر چل کر بھی کر سکتی ہو ، اور میں تمہارے ساتھ ہوں۔" عارض نے اُسے قائل کرنے کی کوشش کی۔
"میں اُس گھر سے اس لیے نکلی تھی ، کہ میں حمید کو انصاف دلا سکوں اور رحیم کو سزا۔ اور تمہیں کیا لگتا ہے کہ بابا مجھے گھر میں آنے دیں گے؟"
"کیوں نہیں آنے دیں گے ؟ میں بھی دیکھتا ہوں کون تمہیں اُس گھر میں جانے سے منا کرتا ہے۔"
"میں نہیں جا رہی، اور ویسے بھی نایاب گھر میں اکیلی ہے، میں اُسے اکیلا چھوڑ کر نہیں جا سکتی۔ اور تم میری وجہ سے امی بابا سے اپنا رشتہ خراب مت کرو۔ مجھے پتا ہے بابا یہ سب میری سیفٹی کے لیے کر رہے ہیں۔ مگر وہ میری بات نہیں سمجھ رہے۔ میں اتنی خودغرض نہیں ہو سکتی ،کہ اپنی بھلائی کے لیے کسی کے ساتھ نا انصافی ہوتے دیکھوں۔"
"حیات! تم دوسروں کے لیے کیوں خود کو اذیت میں ڈال رہی ہو؟"
"میں خود کو اذیت میں نہیں ڈال رہی، بلکہ اُس ماں کی اذیت کو کچھ کم کرنا چاہتی ہوں ،جس نے اپنا جوان بیٹا کھویا ہے۔"
"حیات پلیز! چھوڑ دو دنیا کو اس کے حال پر، یہاں ہر روز کسی نا کسی کے ساتھ نا انصافی ہوتی رہتی ہے۔ تم اپنے بارے میں سوچو۔" عارض اُسے ایک بار پھر قائل کرنے کی کوشش کر رہا تھا۔
"میری نظر میں ظلم ہوتا دیکھنا، اور اُس کے خلاف آواز نا اٹھانا بھی ظلم کرنے کے برابر ہے۔ اور میں اپنا شمار ظالموں میں نہیں کر سکتی۔"

✱...✱...✱

"بھائی! آج آپ کو چھوٹی ماں کی قبر پر جانا تھا، آپ گئے نہیں؟" ماہرا نے اسٹڈی روم میں داخل ہوتے ہوئے کہا۔

"ہاں ..... جانا تو ہے، مگر ہمت نہیں جٹا پا رہا ۔" اُس نے کتاب کو بند کرتے ہوئے کہا۔
"بھائی! حوصلا رکھئے۔ اور اپنی امی کی قبر پر فاتحہ پڑھ آئیے۔"
"تم جاؤ..... میں ابھی چلا جاؤں گا۔" زہران وہاں سے اٹھ کر علی صاحب کے کمرے میں چلا جاتا ہے۔
"بابا! آپ میرے ساتھ ماں کی قبر پر چلیں گے؟ زہران نے نم آنکھوں سے اُنہیں دیکھتے ہوئے کہا۔
"کیوں نہیں بیٹا ؟ میں برابر جاتا ہُوں ، تمہاری ماں کی قبر پر۔ اور آج کے دن تو میں ضرور جاؤں گا۔"
کچھ دیر میں علی صاحب اور زہران جب گھر سے نکلنے لگے تو انیسہ بیگم نے ایک گہری سانس لی۔ وہ جانتی تھیں کہ انہیں کوئی ایسی چال چلنی ہوگی جو علی صاحب کو فوراً روک دے۔ ان کی نظر سیڑھیوں پر پڑی اور ان کے ذہن میں ایک شیطانی خیال آیا۔
انہوں نے جان بوجھ کر اپنا پاؤں لڑکھڑایا اور زور سے چیخیں۔
"آہ!" وہ سیڑھیوں سے لڑکھڑاتی ہوئی گر پڑیں۔ علی صاحب اور زہران گھبرا کر ان کی طرف دوڑے۔
"انیسہ! تم ٹھیک ہو؟"علی صاحب نے گھبرا کر کہا۔
"مجھے بہت تکلیف ہو رہی ہے۔ میرا پاؤں مڑ گیا ہے۔" وہ درد سے کراہ رہی تھیں۔
علی صاحب نے انیسہ بیگم کو اٹھانے کی کوشش کی، لیکن وہ درد سے چیخ پڑیں۔ زہران نے انیسہ بیگم کا پاؤں دیکھا۔ وہ سوجا ہوا تھا اور نیلا پڑ گیا تھا۔
"بابا، مجھے لگتا ہے کہ ان کا پیر ٹوٹ گیا ہے۔"
علی صاحب پریشان ہو گئے۔ "بیٹا، تم انیسہ کا خیال رکھو۔ میں ڈاکٹر کو فون کرتا ہوں۔" انہوں نے زہران سے کہا۔
علی صاحب نے ڈاکٹر کو فون کیا اور انہیں فوراً آنے کو کہا۔ زہران انیسہ بیگم کے پاس بیٹھا رہا اور ان کے ماتھے پر ٹھنڈے پانی کی پٹیاں رکھتا رہا۔
"زمین کے تو ہوش اُڑ گئے... سمجھی تھی پھول گرا، لیکن یہ تو بم نکلا!" وہ دھیرے لہجے میں کہہ رہا تھا۔
"کچھ کہا تم نے؟" اُنہوں نے زہران کی طرف دیکھا۔
"نو!"

ڈاکٹر آئے اور انیسہ بیگم کا معائنہ کیا۔ انہوں نے کہا کہ اُن کا پاؤں موچ گیا ہے۔ انہوں نے علی صاحب کو کچھ دوائیں دیں اور انیسہ بیگم کو آرام کرنے کا مشورہ دیا۔
"بیٹا، آج ہم قبرستان نہیں جا سکیں گے۔"
زہران مایوس ہو گیا، انیسہ بیگم نے زہران کی طرف دیکھ کر ایک فاتح مسکراہٹ دی۔
اُن کے دل میں نا جانے کیوں بغض ہے۔ زہران کے لیے۔

......*

نایاب کے گھر میں، حیات کتاب پڑھ رہی ہے جب زہران کمرے میں داخل ہوا۔
"اوہ، تو تم ابھی تک یہاں ہو؟ مجھے لگا تھا تم کسی غریب کو انصاف دلانے کے مشن پر نکلی ہوگی۔" اُس نے طنزاً مسکراتے ہوئے کہا۔
"تم یہاں کیا کر رہے ہو؟"حیات نے کتاب سے نظریں اٹھائے بغیر پوچھا۔
"یہ میرا بھی گھر ہے۔ نایاب میری کزن ہے۔" اُس نے کندھا اچکایا۔
"I know Mr. Magroor." حیات نے طنزیہ لہجے میں جواب دیا ۔
"میں مغرور نہیں ہوں، میں صرف پر اعتماد ہوں۔" زہران نے مسکراتے ہوئے کہا۔
"ہاں، ہاں، مجھے معلوم ہے، میں تمہاری عادتوں سے واقف ہوں۔" حیات نے آنکھیں گھمائی ۔
"تو تم یہاں کیا کر رہی ہو؟ مجھے لگا تھا تم اپنے والد کے ساتھ رہ رہی ہوگی۔" زہران نے حیات کے قریب آتے ہوئے کہا۔
"یہ تمہارا مسئلہ نہیں ہے۔" وہ غصّہ ہوئی۔
چلو میں انکل کو سمجھاتا ہوں کہ وہ تمہیں اپنے گھر میں تھوڑی سی جگہ دے دیں اور کسی زنجیر سے باندھ کر رکھیں۔ تاکہ تم جسٹس پروٹیسٹ پر نہ نکل پاؤ۔"
"مجھے کسی زنجیر کی ضرورت نہیں، اور نہ ہی کسی کی 'رحمدلی' کی۔" وہ اس بار پھر غصّہ ہوئی۔

"میں صرف تمہاری مدد کرنے کی کوشش کر رہا تھا۔" زہران مسکرایہ۔
"مجھے تمہاری مدد کی ضرورت نہیں ہے۔" حیات نے تلخ لہجے میں جواب دیا۔
"تم ہمیشہ یہی کہتی ہو۔ پھر مدد لے لیتی ہو۔ کبھی روڈ پر بوائے فرینڈ کے گھر جاتے ہوئے۔ تو کبھی بوائے فرینڈ کے گھر سے آتے ہوئے، کہ تمہاری امی کو پتا نا چلے کہ تم کہاں گئی تھی۔ تو کبھی جھوٹ بول کر میرے گھر آنے کا کہتی ہو، اور چلی کہیں اور جاتی ہو۔" وہ اُسے طنز کے رہا تھا۔
"بکواس مت کرو۔ اور تم مجھے کیوں تنگ کر رہے ہو؟" وہ غصّے میں چلائی۔
"میں آپ کو تنگ نہیں کر رہا محترمہ ۔ میں صرف آپ کے ساتھ بات کرنے کی کوشش کر رہا ہوں۔"
مجھے تم سے بات نہیں کرنی ہے۔ حیات نے منہ بناتے ہوئے اُس کی طرف دیکھا۔
"ٹھیک ہے۔ لیکن یاد رکھنا ایک دن تم مجھ سے بات کرنے کے لیے ترسوگی۔ زہران نے کندھے اچکاتے ہوئے کہا۔
"میں تم سے بات کرنے کے ترسوں گی۔ مائی فٹ!" اُس نے حقارت سے کہا۔
"نعوذ باللہ، بہت بدتمیز ہو تم۔
"یہ تمہاری خوبی ہے میری نہیں۔"
وہ خاموشی سے چلا گیا۔ اور حیات نے سکون کا سانس لیا ۔ کچھ دیر بعد، نایاب کمرے میں داخل ہوئی۔
"تم دونوں پھر لڑ رہے تھے؟" نایاب نے کمرے میں داخل ہوتے ہی پوچھا۔
"ہم لڑ نہیں رہے تھے۔ ہم صرف بات کر رہے تھے۔" حیات نے مسکرانے کی کوشش کی۔
"مجھے یقین نہیں آتا۔ جب تم دونوں ایک دوسرے کے سوالوں کے سیدھے جواب نہیں دیتے۔ تو بات کیا خاک کروگے۔"
"ارے یار! وہ بلکل پاگل ہے۔ زبردستی بات کرنے کی کوشش کر رہا تھا۔"
"تو کر لیتی بات، کیا ہرج تھا؟" نایاب نے حیات کی طرف دیکھا۔

مجھے اُس کی شکل دیکھنا گوارہ نہیں ہے۔ اور تم کہہ رہی ہو، میں اُس سے بات کرلیتی ۔اور تو اور مجھے طنز کر رہا تھا ، کہ کسی غریب کو انصاف دلانے، کسی مشن پر نہیں نکلی ، ابھی تک یہاں ہو۔" حیات نے غصّے سے کہا۔

"ارے یار! وہ مذاق کر رہا ہوگا ۔ اور تم تو اُس سے کئ بار مل چکی ہو، تمہیں تو اُس کی عادت کا پتا ہے۔"

"ہاں..... پتا ہے مجھے ایک نمبر کا مغرور اور بدتمیز انسان ہے۔"

"یہ سب چھوڑو، چلو لان میں بیٹھ کر کچھ کھاتے ہیں۔ اور موسم کا مزا لیتے ہے ۔ نایاب نے حیات کا ہاتھ بازو سے پکڑ کر اُسے اپنے ساتھ چلنے کو کہا۔

"شاید باہر جا کے میرا موڈ ٹھیک ہو جائے۔ ورنہ اُس سرمئی آنکھوں والے بندر نے تو میرا اچھا خاصا موڈ خراب کر دیا۔" دونوں لان میں چلی گئیں۔

......*

اسماء بیگم کمرے میں اُداس بیٹھی تھیں۔ احسن صاحب دفتر سے واپس آئے۔ اُنہوں نے دیکھا کہ وہ اُداس اپنے کمرے میں بیٹھی ہیں۔

"تم کیوں اُداس بلبل کی طرح بیٹھی ہو؟" اُنہوں نے اپنا بیگ ٹیبل پر رکھتے ہوئے پوچھا۔

" کچھ نہیں ، بس حیات کی بہت یاد آ رہی تھی ۔ پتا نہیں میری بچّی کس حال میں ہوگی؟ اُس نے کھانا کھایا بھی ہوگا یا نہیں؟ ۔" اُنہوں نے مایوسی سے کہا۔

"ٹھیک ہے تمھاری بچّی۔ نایاب کے گھر پہ ہے۔ میں اُس دن چھت پر گیا تھا، تب میں نے اپنی آنکھوں سے دیکھا، دونوں لان میں بیٹھی باتیں کر رہی تھیں۔"

"تو آپ نے مجھے پہلے کیوں نہیں بتایا؟" اسماء بیگم نے غصّے سے کہا۔

"تم نے پوچھا ہی نہیں۔"

"تب بھی آپ مجھے بتا سکتے تھے۔ میں اتنے دنوں سے پریشان ہوں۔"

اُنہوں نے ناراضگی ظاہر کی۔

"تمہارا بیٹا بھی بتا سکتا تھا۔ جو بہن کا ہمدرد بنا فر رہا ہے۔ ہم سے سیدھے منھ بات نہیں کر رہا۔" احسن صاحب نے طنزیہ لہجے میں کہا۔
"کم از کم وہ آپ کے جیسا بھائی تو نہیں ہے۔ جو اپنی بہن کو اپنی ضد اور انا کا مسئلہ بنا کر اُس سے قطع تعلّق کر لے۔" اُنھوں نے انہیں کے لہجے میں جواب دیا۔
"اپنی انا اور ضد کی وجہ سے میں نے اُس سے تعلق ختم نہیں کیا۔ اُس نے اپنی ضد کی وجہ سے مجھ سے تعلق ختم کر دیا۔"
"تو آپ ہی مان لیتے اپنی بہن کی بات ، کیا ہو جاتا؟" اُنھوں نے غصّے سے کہا۔
"جس ضد کی وجہ سے میں نے اپنی بیٹی کو گھر سے جانے کا کہہ دیا، اپنی بہن کی وہی ضد میں کیسے مان سکتا تھا؟"
"تو آپ بھی میری ایک بات یاد رکھیے احسن صاحب۔ جس دن حیات اور عارض کو آپ کی اس غلطی کا پتا چلے گا وہ آپ کی شکل دیکھنا بھی گوارہ نہیں کریں گے۔"
"بس...چپ کر جاؤ اسماء، ورنہ میرا ہاتھ اٹھ جائے گا۔" وہ سخت لہجے میں چلائے۔
"میں تو خاموش ہو جاؤں گی ۔ مگر ایک نا ایک دن سچ سامنے آ جائے گا۔" وہ اٹھ کر کچن کی طرف چلی گئیں ۔

......*

عمیر کے چہرے پر پریشانی کے گہرے نقوش تھے، زہران سے مخاطب ہوا۔
"بھائی! میرا دوست... اس نے خودکشی کی کوشش کی ہے۔" اس کی آواز میں گھبراہٹ صاف محسوس ہو رہی تھی۔
"کیا؟ یہ کیسے ہو گیا؟" اس نے فکر مندی سے پوچھا۔
عمیر نے زہران کو بتایا کہ اس کا دوست محبت میں ناکامی کے باعث انتہائی دلبرداشتہ ہو گیا تھا اور اس نے یہ انتہائی قدم اٹھایا۔ زہران کا دل محبت جیسی چیزوں پر یقین نہیں رکھتا تھا، عمیر کی بات سن کر مسکرایا۔

"عمیر! تم بھی نا... یہ محبت و حبت سب فضول باتیں ہیں۔" اس نے حقارت سے کہا۔ "بھلا کوئی محبت میں ناکامی کی وجہ سے اپنی جان لے سکتا ہے؟"

عمیر نے زہران کی بات پر حیرت سے اسے دیکھا۔ " بھائی آپ کیا کہہ رہے ہیں؟ وہ میرا دوست ہے۔ اور اس وقت اس کی زندگی خطرے میں ہے۔" عمیر کی آواز میں ناراضگی تھی۔

زہران نے عمیر کی بات کو نظر انداز کرتے ہوئے مزید طنز کیا۔ "یہ سب ڈرامے بازی ہے۔ لوگ بس توجہ حاصل کرنے کے لیے ایسا کرتے ہیں۔" اس کی باتوں میں غرور اور بے حسی جھلک رہی تھی۔

عمیر کو زہران کی باتوں پر شدید غصہ آیا۔

"بھائی آپ بالکل بھی نہیں سمجھو گے۔ کیوں کہ آپ کو کبھی کسی سے محبت نہیں ہوئی نا۔ چلو میرے ساتھ ہسپتال، شاید آپ کی آنکھیں کھل جائیں۔" عمیر نے زہران کا بازو پکڑا اور اسے اپنے ساتھ چلنے کے لئے کہا۔ زہران نے مزاحمت کی، لیکن عمیر کے اصرار کے آگے اسے جھکنا پڑا۔

راستے بھر زہران محبت کے خلاف بولتا رہا، اس کے نزدیک محبت صرف وقت کا ضیاع اور کمزور لوگوں کا سہارا تھی۔ عمیر اپنے دوست کی حالت کے باعث پہلے ہی پریشان تھا، زہران کی باتوں سے مزید الجھ گیا۔ وہ سوچ رہا تھا کہ کیا واقعی بھائی اتنے بے حس ہو سکتے ہیں؟

ہاسپیٹل پہنچ کر، جب زہران نے عمیر کے دوست کو زندگی اور موت کی کشمکش میں دیکھا، تو اس کے چہرے کے تاثرات بدل گئے۔ اس نے پہلی بار کسی شخص کی آنکھوں میں موت کا خوف دیکھا تھا۔ یہ منظر زہران کے لیے ایک انوکھا تجربہ تھا۔ وہ اب بھی محبت پر یقین نہیں رکھتا تھا، لیکن اس نے یہ ضرور سمجھ لیا تھا کہ محبت کسی شخص کو کس قدر کمزور اور بے بس کر سکتی ہے۔

عمیر کے دوست کی خودکشی کی کوشش کی خبر سن کر نایاب اور حیات بھی پریشان ہو گئیں۔ جس لڑکے نے خودکشی کی کوشش کی تھی، اس کی بہن حیات اور نایاب کی دوست تھی۔

ہسپتال پہنچ کر، انہیں معلوم ہوتا ہے کہ لڑکے کی حالت نازک ہے۔ وہ آئی سی یو میں داخل ہے۔ حیات اور نایاب، عمیر کے ساتھ مل کر، لڑکے کی بہن انابیہ کو تسلی دیتی ہیں۔

اسی دوران، رحیم بھی وہاں موجود تھا۔ اس کا سامنا حیات سے ہوا۔ رحیم حیات کو دیکھ کر غصے سے لال ہو گیا۔

"تم یہاں کیا کر رہی ہو؟ کیا تمہیں سکون نہیں ملا؟" رحیم نے غصّے بھرے انداز میں کہا۔

"آپ کون ہے مسٹر؟ اور کس لہجے میں مجھ سے بات کر رہے ہیں۔"

"میں رحیم شاہ ہوں جسے تم نے بدنام کرنے میں کوئی کسر نہیں چھوڑی۔"

"اوہ! تو تم ہو وہ قاتل۔ خیر...... تمہاری جانکاری کے لیے بتا دوں، میں یہاں اپنے دوست کو دیکھنے آئی ہوں۔" حیات نے پر سکون لہجے میں کہا۔

"اوہ! تو تم اب دوستوں کی ہمدردی بھی کرنے لگیَ ہو؟ مجھے لگا تھا تم صرف دشمنی کرنا جانتی ہو۔" اُس نے طنز کیا۔

"تم بدتمیزی کر رہے ہو۔" حیات غصّہ ہوئی۔

"میں جو چاہوں کر سکتا ہوں۔ تم میرا کچھ نہیں بگاڑ سکتی۔" وہ مسکرایا۔

"تم ایک دن اپنی بدتمیزی کی سزا پاؤ گے۔" حیات نے اُسے گھورتے ہوئے کہا۔

"مجھے انتظار رہے گا۔ اور تم نے میری پریس کانفرنس میں جو کچھ کیا، میں اسے کبھی نہیں بھولوں گا۔ تم نے میری عزت خاک میں ملا دی۔"

"عزت اُن کی خاک میں ملتی ہے۔ جن کی کوئی عزت ہو۔ اور میں نے صرف سچ کہا تھا۔ تم نے جو جرم کیا ہے، اس کی سزا تمہیں ملنی چاہیے۔"

" تم مجھے سزا دو گی؟ تم جانتی بھی ہو کہ میں کون ہوں؟" رحیم نے غصّے میں حیات کو گھورتے ہوئے کہا۔

" ہاں، میں جانتی ہوں۔ تم ایک مجرم ہو۔ اور تمہارا باپ ایک مجرم کو بچانے کی کوشش کر رہا ہے۔ تم باپ اور بیٹے بہت ہی گھٹیا انسان ہے۔" حیات نے طنزیہ لہجے میں جواب دیا۔

"بس بہت ہو گیا!" وہ چلایا۔

اُس نے حیات کی طرف ہاتھ بڑھایا ہی تھا کہ زہران اچانک اُس کے اور حیات کے درمیان آ کھڑا ہوا۔ اب حیات کا چہرہ زہران کے

کندھے کے اوپر سے صاف دکھائی دے رہا تھا۔۔۔خاموش، سہما ہوا، مگر پُرعزم۔
زہران نے اُس کا ہاتھ سختی سے پکڑ لیا۔
"تم اس پر ہاتھ اٹھانے کی جرأت کیسے کر سکتے ہو؟" اُس کی آواز میں سرد غصہ تھا۔
"ہٹ جاؤ میرے راستے سے، ورنہ انجام اچھا نہیں ہوگا۔" وہ دانت پیستے ہوئے بولا۔
زہران نے لمحہ ضائع کیے بغیر ایک زوردار تھپڑ رسید کیا۔
"یہ رہا تمہارا انجام۔"
وہ تھپڑ کی شدت سے پیچھے لڑکھڑا گیا۔ چند لمحوں تک ساکت کھڑا زہران کو گھورتا رہا، جیسے یقین نہ آیا ہو۔
"تم نے مجھے تھپڑ مارا؟ جانتے بھی ہو کس سے پنگا لیا ہے؟"
زہران نے ایک ہلکی مسکراہٹ کے ساتھ جواب دیا،
"ہاں، ایک بزدل سے۔"
وہ غصے سے زہران کی طرف لپکا، مگر اس سے پہلے کہ وہ حملہ کرتا، عمیر نے فوراً بیچ میں آ کر اُسے روک لیا۔
"یہ اسپتال ہے، یہاں لڑائی کی اجازت نہیں۔" عمیر کی گرفت مضبوط تھی۔
گرد و پیش کے لوگ جمع ہو چکے تھے۔ چند نے آگے بڑھ کر اُسے سمجھایا۔ وہ بےچینی اور تذلیل کے ساتھ پلٹا اور وہاں سے چلا گیا۔
رحیم کے جاتے ہی ماحول میں جیسے ایک لمحاتی سکوت چھا گیا۔
زہران کی سانسیں ابھی تک تیز تھیں، اور اپنے کندھے پر اُسے حیات کی تیز سانس کی تپش صاف محسوس ہو رہی تھی۔
اُس نے آہستہ سے اپنی گردن موڑی۔
"تم ٹھیک ہو؟" اُس کی آواز اب پہلے سے کہیں زیادہ نرم تھی۔
حیات نے پلکیں جھپکائیں، جیسے کسی گہرے خواب سے جاگی ہو۔
زہران کے کندھے کے پیچھے سے اُس نے آہستہ سے سر ہلایا۔
زہران نے ایک لمحے کو نظریں جھکائیں، جیسے وہ اُس لمحے کی شدت کو خود پر قابو پانے کے لیے سمیٹ رہا ہو۔ پھر اُس نے ایک قدم پیچھے ہٹ کر حیات کے لیے راستہ بنایا۔
سب وہاں موجود تھے سوائے نایاب کے۔

......*

"بھائی، آج تو آپ نے کمال کر دیا۔ رحیم کو ایسا تھپڑ رسید کیا کہ وہ زندگی بھر یاد رکھے گا۔" عمیر کمرے میں داخل ہوتے بولا۔

"مجھے کیا پڑی تھی اسے مارنے کی؟ وہ حیات پر ہاتھ اٹھا رہا تھا بس اسی لیے۔" اُس نے صوفے پر بیٹھتے ہوئے کہا۔

"آپ کو حیات کی اتنی فکر ہے؟" اُس نے حیات نام پر زور دیا۔

"فکر وکر کچھ نہیں ہے۔ وہ احسن انکل کی بیٹی ہے۔ اس لیے مدد کردی ۔" زہران نے اپنا کندھا اچکایا۔

"اچھا، تو یہ بات ہے۔ میں تو کچھ اور ہی سمجھ رہا تھا۔"

"تم ہمیشہ الٹی سیدھی باتیں کرتے ہو۔" زہران نے اُسے گھورتے ہوئے کہا۔

"معاف کیجیے گا۔ ویسے، تھپڑ تو آپ نے زبردست مارا۔" عمیر قہقہہ لگا کر ہنس پڑا۔

"ہاں، ہاتھ صاف ہو گیا۔" زہران نے اپنا ہاتھ دیکھتے ہوئے کہا۔

"ہاتھ صاف ہو گیا؟ یا غصّہ نکل گیا؟"

"تم پھر شروع ہو گئے۔" اُس نے عمیر کو ایک بار پھر گھورا۔

"اچھا بابا، خاموش ہو جاتا ہوں۔ ویسے، آپ نے حیات کی آنکھوں میں وہ شکر گزاری دیکھی؟"

"میں نے کچھ نہیں دیکھا۔" اُس نے بے اعتنائی سے کہا۔

"آپ کو کچھ نظر ہی نہیں آتا۔ آپ اتنے مغرور جو ہیں۔" عمیر نے مزاق اڑانے والے انداز میں کہا۔

"تم پھر شروع ہو گئے۔ اور تم بھی اُس لڑکی کی طرح مجھے مغرور کہہ رہے ہو۔"

"بس بس، معاف کیجیے۔ ویسے، آپ کب تک حیات سے یوں ہی لڑتے رہیں گے؟"

"جب تک وہ اپنی حرکتوں سے باز نہیں آتی۔ اور مجھے بدتمیز کہنا بند نہیں کرتی۔" اُس نے کندھا اچکاتے ہوئے جواب دیا۔

"اور اگر وہ باز آ گئی تو؟"

"تم بہت سوال پوچھتے ہو۔"

"معاف کیجیے۔ میں بس آپ کی فکر کرتا ہوں۔ اُس نے ہنستے ہوئے کہا۔

"میری فکر کرنے کی ضرورت نہیں ہے۔ میں اپنا خیال خود رکھ سکتا ہوں۔"

"ہاں، وہ تو نظر آ رہا ہے۔ ویسے مغرور اور بدتمیز انسان ہمیشہ یہی کہتے ہیں۔" ایک بار عمیر پھر ہنس پڑا ۔

"تم نکلو میرے کمرے سے۔" زہران نے عمیر کا بازو پکڑ کر اُسے کمرے نکال کر دروازہ بند کر دیا۔

"ویسے بھائی وہ اچھی لڑکی ہے۔" عمیر دروازے کے باہر سے چلایا۔

"عمیر عزت سے چلے جاؤ۔" وہ مسکراتے ہوئے کمرے کے اندر سے چلایا۔

✱ . . . ✱ . . . ✱

حادثے کے بعد حیات شدید ذہنی دباؤ کا شکار تھی۔ اس نے کمرے میں داخل ہوتے ہی دروازہ بند کیا اور لائٹ بند کر دی۔ اندھیرے میں وہ اپنے بستر پر گر گئی اور آنکھیں بند کر لیں۔ اس کی آنکھوں میں ابھی تک حادثے کے مناظر گردش کر رہے تھے۔

رات گہری ہوتی گئی، لیکن حیات کو نیند نہیں آرہی تھی۔ اس کا دل بے چین تھا اور دماغ میں خیالات کا طوفان برپا تھا۔ اسے لگ رہا تھا جیسے کوئی اس کا گلا گھونٹ رہا ہو۔ وہ بے بسی سے کروٹیں بدلتی رہی۔ کچھ دیر میں اُس کی آنکھ لگ گئی ۔ پھر اُس کی آنکھ کھلی اور اچانک سے اس کی نظر گھڑی پر پڑی۔ تہجد کا وقت ہو رہا تھا۔ اس کے دل میں ایک سکون سا اترا۔ اس نے ہمت جمع کی اور بستر سے اٹھ گئی۔ اس نے ٹھنڈے پانی سے وضو کیا، ہر عضو کو اچھی طرح دھویا۔ وضو کرتے ہوئے اسے محسوس ہوا جیسے اس کے گناہ دھل رہے ہیں۔

اس نے جائے نماز بچھائی اور اللہ کے حضور کھڑی ہو گئی۔ تاریکی میں اس کی آواز گونج رہی تھی۔ اس نے خشوع و خضوع سے نماز ادا کی، ہر رکوع اور سجدے میں اس کا دل اللہ کے حضور جھک رہا تھا۔

نماز کے بعد اس نے ہاتھ اٹھا کر دعا کی۔ اس نے اللہ سے معافی مانگی، اپنے گناہوں کی توبہ کی۔ اس نے اپنے والدین کے لیے دعا کی، ان کی صحت اور سلامتی کے لیے۔ پھر اس نے اپنے لیے دعا

کی۔ اس نے اللہ سے صبر اور ہمت مانگی، تاکہ وہ اس مشکل وقت میں ثابت قدم رہ سکے۔
دعا کرتے ہوئے اس کی آنکھوں سے آنسو بہہ رہے تھے۔ یہ آنسو پچھتاوے کے تھے، امید کے تھے، اور اللہ سے محبت کے تھے۔ اسے محسوس ہوا جیسے اس کا دل ہلکا ہو گیا ہے۔ اس نے اللہ پر توکل کیا اور یقین کیا کہ وہ اس کی مدد ضرور کرے گا۔
دعا کے بعد وہ بستر پر لیٹ گئی۔ اس کا دل اب پرسکون تھا۔

......*

"حیات جو کچھ اُس دن ہوا، اس کے بارے میں سوچ کر مجھے اب بھی ڈر لگ رہا ہے۔ اگر زہران نہ آتا تو کیا ہوتا؟"
"اگر زہران نہ آتا، اور وہ تھپڑ مجھے لگ جاتا، تو میں اپنی پستول نکال کر اسی وقت اسے گولی مار دیتی۔ اور سیلف ڈیفنس میں بیچارے کو گولی لگ جاتی۔" حیات نے غصّے بھرے انداز میں کہا۔
پستول؟ تم پستول رکھتی ہو؟" نایاب نے حیرت سے پوچھا۔
"ہاں، میں اپنی حفاظت کے لیے پستول رکھتی ہوں۔ اور میں اسے استعمال کرنے سے بھی نہیں ہچکچاتی۔" اُس نے سرد لہجے میں جواب دیا۔
"حیات، تم اتنی غصے والی کیوں ہو؟"
"میں غصے والی نہیں ہوں۔ میں صرف اپنی حفاظت کرنا جانتی ہوں۔ اور میں کسی کو بھی اپنے اوپر ہاتھ اٹھانے کی اجازت نہیں دوں گی۔" حیات نے تلخ لہجے میں کہا۔
"لیکن حیات، پستول استعمال کرنا بہت خطرناک ہے۔"
"مجھے معلوم ہے۔ لیکن خود کے حفاظت کے لیے کبھی کبھی خطرناک چیزوں سے کھیلنا پڑتا ہے۔ خیر.....تم یہ سب نہیں سمجھوگی۔ کیوں کہ جو کچھ میں نے اپنی آنکھوں سے دیکھا ہے۔ اور برداشت کیا ہے۔ وہ سب کچھ تم نے نہیں دیکھا۔ اور میں دعا کرتی ہے کبھی کسی کو وہ سب نا دیکھنا پڑے۔"
نایاب کچھ دیر خاموش ہو گئی ۔ اور حیات نے لمبی سانس لی۔
"تمہیں زہران کا شکریہ ادا کرنا چاہیے۔ اس نے تمہاری مدد کی ہے۔" نایاب نے خاموشی توڑتے ہوئے کہا۔

"مدد کی؟ وہ صرف ہیرو بننا چاہتا تھا۔"
"تم ہمیشہ ایسی ہی رہو گی۔"
"کیوں کہ مجھے ایسا رہنا پسند ہے" حیات نے مسکراتے ہوئے کہا۔
"ویسے تمھارے پاس پستول آئی کہاں سے؟" نایاب نے تجسّس بھرے انداز میں پوچھا ۔
"میرے دادا جان کی ہے۔"
"دادا جان؟"
"جب میں چھوٹی تھی، تب انہوں نے وعدہ کیا تھا کہ جب میں بڑی ہو جاؤں گی، تو وہ مجھے اپنی پستول دیں گے۔"
"لیکن حیات، یہ تو بہت خطرناک ہے۔"
"زندگی خود ایک خطرناک کھیل ہے۔" اُس نے بے نیازی سے جواب دیا۔
"ویسے تم نے پستول چلانا کیسے سیکھا؟"
"میں نے کورس کیا ہے شوٹنگ کا۔"
ایک بار نایاب پھر خاموش ہو گئی۔ حیات نے نایاب کو دیکھا جو خاموشی کے ساتھ کسی سوچ میں کھوئی ہوئی تھی۔
"کیا سوچ رہی ہو؟" حیات نے نایاب کی آنکھوں کے سامنے ہاتھ ہلاتے ہوئے پوچھا۔
"یہی کی تم اتنی بہادر کیسے ہو۔ تمھارے بابا کسی سے غصّے سے بات بھی نہیں کرتے۔ عارض اپنی زندگی میں مست رہتا ہے ۔ نا کسی سے جھگڑا نا دشمنی ۔ لیکن تم تو سب سے الگ ہو یار! تمہیں مرنے سے ڈر نہیں لگتا ؟ "
"مرنے سے ڈر انہیں لگتا ہے جنہیں جینے کی خواہش ہو۔ اور میری ایسی کوئی خواہش نہیں ہے۔"
"تو کیا تم مرنا چاہتی ہو؟" نایاب نے حیرت سے پوچھا۔
"نہیں، میں نے ایسا کب کہا کہ میں مرنا چاہتی ہوں؟ ۔ بس مجھے جینے کی خواہش نہیں ہے۔"
"تو اس کہ یہی مطلب ہوا کہ تم مرنا چاہتی ہو۔"
"نہیں، اس ایک یہ مطلب ہوا کہ میں خود کے لیے نہیں جینا چاہتی۔ میں اُن لوگوں کے لیے جینا چاہتی ہُوں جنہیں میری مدد کی ضرورت ہے۔ جنہیں انصاف کی تلاش ہے۔"
"تمہاری باتیں مجھے سمجھ نہیں آتی۔"

"کیوں کہ تم سمجھنے کی کوشش نہیں کرتی ۔"
یا اللہ! ویسے تمہاری باتیں بہت الجھی ہوئی ہوتی ہیں۔ بلکل تمہاری طرح ۔" نایاب نے اپنا سر پکڑ لیا۔
"اُلجھے ہوئے لوگوں کی باتیں بھی الجھی ہوئی ہوتی ہیں ۔"
"ویسے حیات ایک بات پوچھوں؟ سچ سچ بتاؤ گی؟"
"ایک نہیں دو پوچھو۔ اور تم سے میں ہمیشہ سچ ہی بولتی ہُوں۔"
"میں نے ایک بار امی ابّو کو بات کرتے سنا تھا۔ کہ تمھارے دادا کا قتل ہوا تھا۔ کیا یہ بات سچ ہے؟"
"ہاں سچ ہے۔"
"کیوں ہوا تھا اُن کا قتل؟" نایاب نے تجسّس بھرے انداز میں پوچھا۔
"پتا نہیں۔"
"قتل کس نے کیا تھا؟" نایاب نے ایک بار پھر سوال کیا۔
"یہ بھی نہیں پتا ۔ میں نے امی سے کئ بار پوچھا مگر اُنہوں کہا کہ قاتل کا پتا نہیں چلا۔"
"تمھارے بابا نے کبھی پتا چلا نے کی کوشش بھی نہیں کی؟"
"نہیں۔"حیات نے ایک لفظہ جواب دیا۔
"مگر کیوں؟"
"کیوں کہ بابا اپنی زندگی سکون سے جینا چاہتے ہیں۔ اور یہ بھی کہتے ہیں کہ بدلہ لینے سے مرے ہوئے لوگ واپس نہیں آ جاتے۔ لیکن میں ایسا نہیں سوچتی جب مارنے والا رحم نا کرے۔ تو ہم کیوں رحم کریں۔ اور ویسے بھی خون کے بدلے خون۔"
"اور ایک دن میں اس بات کا پتا لگا لوں گی ۔ کہ میرے دادا کا قاتل کون تھا۔ اور انہیں کیوں قتل کیا گیا؟"
"جب تمھارے دادا کا انتقال ہوا تھا، تب تمھاری عمر کیا تھی؟"
"سات سال کی تھی میں۔ جب اُنہوں نے میری آنکھوں کے سامنے اپنی آخری سانس لی تھی۔" حیات کے ہاتھ پیر کانپتے لگے اور وہ وہاں سے اٹھ کے کمرے میں چلی گئی۔
جب حیات کو Leukophobia کا مرض ہوا تھا، تب بھی اُس کی عمر سات سال تھی ۔ کیا حیات کے دادا کا قتل اور حیات کی بیماری کا آپس میں کوئی تعلق ہے؟ یا یہ صرف ایک اتفاق ہے ۔

✱・・・✱・・・✱

"علشبہ! تم یہاں کیا کر رہی ہو؟ جاؤ زہران کو ناشتہ دو۔"
"گھر میں ملازم ہیں جو اُسے ناشتہ دے سکتے ہیں۔"
" ملازم کی بات الگ ہوتی ہے بیٹا، تُمہاری بات الگ ہے۔"
"بلکل سہی کہا آپ نے، ملازم کی بات الگ ہوتی ہے۔ وہ ملازموں سے تھوڑی بہت عزت سے بات بھی کر لیتا ہے ۔ لیکن مجھ سے اُسے جیسے خدا واسطے کا بیر ہو۔ ہر وقت انگارے چباتا رہتا ہے۔ کبھی سیدھے منھ بات نہیں کرتا ۔ کبھی سوالوں کے سیدھے جواب نہیں دیتا۔ ہر وقت بےعزت کرتا ہے ۔ نا موقع دیکھتا ہے، نا ماحول۔"
وہ غصّے سے کہہ رہی تھی۔
"یہ سب باتیں چھوڑو۔ اور جاؤ اُسے ناشتہ دو۔" انیسہ بیگم نے اُس کا ہاتھ پکڑ کر اُسے جانے کا کہا۔
"میں کہیں نہیں جا رہی پھوپھو۔ مجھے شوق نہیں ہر وقت اپنی بےعزتی کروانے کا۔" اُس نے اپنا ہاتھ چھڑاتے ہوئے تلخی سے کہا۔
"بیٹا! کبھی کبھی کچھ پانے کے لیے کچھ کھونا پڑتا ہے۔"
"زہران کو پانے کے لیے، میں اپنا سب کچھ کھونے کو تیار ہوں ۔ مگر عزتِ نفس نہیں۔"
"بیٹا! بات کو سمجھو، وہ صرف اوپر سے سخت ہے۔ مگر اُس کا دل موم سے بھی زیادہ نرم ہے۔ ایک دن وہ تمہارے جذبات ضرور سمجھے گا ۔ بس تم اُس سے نرمی سے پیش آؤ ۔"
"اب کتنی نرمی سے پیش آؤں میں۔ اتنی نرمی اور محبت سے پیش آنے کے بعد بھی مجھے وہ ہمیشہ ذلیل کرتا ہے۔ کہتا ہے کہ اُس سے دنیا میں سیکڑوں لڑکیاں پسند کرتی ہے تو کیا میں اُن سب سے شادی کرلوں۔؟ اسے ایسا لگتا ہے جیسے اُس کے لیے آسمان سے کوئی حور اُترے گی جس سے وہ شادی کرے گا۔"
"بیٹا! تم کیوں میرے اتنے سالوں کی محنت ضائع کرنا چاہتی ہو؟" اُنہوں نے علشبہ کے پاس بیٹھتے ہوئے کہا۔
"میں کہاں کچھ کر رہی ہوں ۔ میں نے اپنی پوری کوشش کی مگر میں ناکام ہو گئی ہوں پھوپھو۔ میں خود سے نظریں ملانے کے قابل بھی نہیں رہی ۔ پلیز! اب آپ مجھے مزید میری ہی نظروں میں مت گرائیں۔" علشبہ نے ہاتھ جوڑتے ہوئے کہا۔

"اگر وہ تم سے شادی نہیں کرے گا، تو اپنی جان سے جائے گا۔ کیوں کہ اب اُس نے میرے پاس اور کوئی راستہ ہے نہیں چھوڑا ۔"
"آپ پاگل تو نہیں ہو گئی ہیں۔ کچھ بھی بولے جا رہی ہیں۔ اگر گھر میں سے کسی کو بھی یہ پتا چلا تو جان سے زہران نہیں بلکہ آپ جائیں گی۔ ماہرا اور عمیر اُس سے بہت محبت کرتے ہیں۔ اگر انہیں پتا چل گیا تو وہ زندگی بھر آپ کی شکل نہیں دیکھے گے۔"
"میں یہ سب اُن دونوں کے لیے ہی تو کر رہی ہوں۔ آدھی جائیداد علی نے زہران کے نام کر دی۔ جب کہ وہ آدھی جائیداد کا مالک نہیں تھا۔" اُنہوں نے غصّے بھرے انداز میں کہا ۔
"انکل نے آدھی جائیداد اپنی پہلی بیوی کے نام کی تھی۔ اور آدھی آپ کے نام۔"
"پہلی بیوی میں ہوں ۔ وہ نہیں" وہ چلائیں ۔ اُن کے لہجے میں درد اور نفرت دونوں تھی۔"
"زہران بڑا ہے تو زہران کی امی انکل کی پہلی بیوی ہوئی نا؟"علشبہ نے تجسّس بھرے انداز میں پوچھا۔
"کون بڑا تھا اور کون چھوٹا اس سے فرق نہیں پڑتا۔ بس میں چاہتی ہوں جتنا زہران کو جائیداد میں حصہ ملا ہے۔ اتنا ہی میری اولاد کو بھی ملے بس۔" اس بار اُنہوں نے سنجیدگی سے کہا۔
"تو اب کیا ہوگا؟ " علشبہ نے اُن کی طرف دیکھتے ہوئے پوچھا۔
"اب جو ہوگا پورا زمانہ دیکھے گا۔"
"اور اگر زہران کو آپ کی سازشوں کا پتا چلا ، تو وہ جو آپ کے ساتھ کرے گا۔ پوری دنیا دیکھے گی۔" علشبہ نے طنز کرتے ہوئے کہا۔
"اُسے کون بتائے گا؟ میں یا تم؟" اُنہوں نے علشبہ کی طرف غصّے سے بھری نظروں سے دیکھا۔
"کوئی نہیں ۔ میں.....میں کیوں بتاؤں گی؟ مجھے کیا فائدہ ہو گا..... یہ سب زہران کو بتا کر۔" علشبہ نے حقلاتے ہوئے کہا۔
انسان اپنے مفاد کے لیے ہر حد پار سکتا ہے۔

✷ • • • ✷ • • • ✷

زہران باتھ روم سے تولیہ لپیٹے باہر نکلا تو اس نے دیکھا عمیر اس کے فون پر کان لگائے، کسی سے سرگوشی کر رہا تھا۔ زہران نے بھنویں اچکائیں اور دبے پاؤں اس کی طرف بڑھا۔
"کس سے اتنی راز و نیاز ہو رہی ہے، میاں؟"زہران نے اُس کے کان کے پاس منہ لے جا کر کہا۔
"اوہ، زہران بھائی! آپ... آپ کب آئے؟"عمیر نے چونک کر کہا، اُس کے ہاتھ سے فون گرتے گرتے بچا۔
"جب تم میری 'ملائیشین حسینہ' سے فلرٹ کر رہے تھے۔"
"ملائیشین حسینہ؟ اوہ، آپ ٹینا کی بات کر رہے ہیں؟" عمیر نے ہنستے ہوئے کہا۔
"ہاں، وہی جو ہر پانچ منٹ بعد مجھے کال کرکے پوچھتی ہے۔ کب آؤگے۔She's really clingy (وہ بہت چپکو لڑکی ہے) ۔ "
"مگر وہ تو آپ کی گرلفرینڈ ہے نا؟"
"نہیں گرلفرینڈ تو نہیں ہے۔ لیکن اُس سے کم بھی نہیں ہے۔" زہران نے ہنستے ہوئے کہا۔
"کیا مطلب؟ آپ اُس کے ساتھ سیریس نہیں ہیں؟" عمیر نے حیرانی سے پوچھا۔
"میں اُس کے ساتھ ہی نہیں ہوں ۔ سیریس تو دور کی بات ہے۔"
"کیا آپ اُس سے محبت نہیں کرتے؟"
"محبت! مائی فٹ " اُس نے حقارت سے کہا۔
"مگر بھائی یہ تو غلط بات ہے۔ وہ آپ سے محبت کرتی ہے ۔ آپ کو اُس کی قدر کرنی چاہیے۔"
"میں اُس کی قدر کروں گا جس سے مجھے محبت ہوگی ۔" اُس نے شرٹ کی بٹن بند کرتے ہوئے کہا ۔
جب اُس نے شرٹ کی بٹن بند کر کے خود کو آئینہ میں دیکھا تو اوپر کی تین بٹن کھلی ہوئی تھی ۔ اُسے فوراً حیات کی کہی ہوئی بات یاد آ گئی۔
(صرف ہم عورتوں کو غیر مردوں سے پردہ کرنے کا حکم نہیں ہے۔ بلکہ مردوں کو بھی غیر عورتوں سے پردہ کرنا چاہیے، مطلب کوشش کرنی چاہیے اُن کے جسم پر غیر محرم عورت کی نظر نا پڑے ۔)
اور اُس نے اپنی شرٹ کے اوپر کی دو بٹن بھی بند کر لی۔

"عمیر زہران کو دیکھتا رہا اور اُس نے یہ بھی دیکھا کہ زہران نے اپنی شرٹ کے اوپر کی بٹن بند کر لی ہے ۔ کچھ دیر تک اُسے دیکھنے کے بعد اُس نے اپنی شرٹ کے اوپر کی تین بٹن کھول دی ۔ زہران نے اُسے بٹن کھولتے ہوئے دیکھا۔
"تم نے اپنی شرٹ کی بٹن کیوں کھول دی؟" زہران نے حیرانی سے پوچھا ۔
"آپ نے بند کر لی تھی۔ تو میں نے سوچا کہ میں کھول لوں۔" عمیر نے خود کو آئینے میں دیکھتے ہوئے جواب دیا۔
"تو میں نے کسی وجہ سے بند کی ہے۔"
"کس وجہ سے؟" عمیر نے سوال کیا۔
"ہے کوئی وجہ۔ اور ہر سوال کے جواب نہیں ہوتے۔"
"مگر اس سوال کا جواب ضرور ہوگا۔ وہ الگ بات ہے کہ آپ دینا نہیں چاہتے۔" اُس نے خفا ہوتے ہوئے کہا۔
"ارے اب خفا مت ہونا ۔ وقت آنے پر سب بتا دوں گا۔ "
" کب آئے گا وقت؟" عمیر نے پھر سوال کیا۔
"وقت آنے پر وقت آئے گا۔ اور جب وقت آئے گا تب بتا دوں گا۔"
"آپ اور آپ کی باتیں! اللہ رحم کرے۔" اُس نے ہنستے ہوئے کہا ۔ پھر وہ کمرے سے چلا گیا ۔

زہران کو یہ بات سمجھ نہیں آئی کہ آخر اُس نے شرٹ کی بٹن بند کیوں کی؟ آخر حیات کی باتوں کا اثر اُس پر کیوں ہوا؟ پھر وہ صوفے پر جا کر بیٹھ گیا ۔ "اُس کی باتوں کا مجھ اور اثر کیوں ہوا؟ وہ اس قابل تو نہیں کہ اُس کی بات مانی جائے۔ اُس نے مجھے بیچ سڑک پر تھپڑ مارا تھا۔ مگر میں اُسے تھپڑ پڑتے ہوئے کیوں نہیں دیکھ سکتا؟ اگر اُسے اُس دِن رحیم تھپڑ مار دیتا تو میرا بدلہ پورا ہو جاتا۔ مگر میں نے رحیم کو کیوں روکا؟ کیوں میں یہ برداشت نہیں کر سکا، کہ اُسے کوئی تکلیف پہنچائے۔ کیوں میں ریسٹورنٹ والی بات پر پریشان ہو کر، اُس رات اُس کے گھر گیا؟ کیوں میں نے اُس کے ایک بار کہنے پر اُس کے منگیتر کو اغوا کیا؟ وہ اس قابل تو نہیں، کہ میں اُس کی مدد کروں۔ مگر پھر بھی میں اُس کی مدد کے لیے، کیوں ہمیشہ چلا جاتا ہوں؟ وہ ہمیشہ مجھ سے بدتمیزی کرتی ہے، مجھ سے روڈلی بات کرتی ہے۔ مجھے بدتمیز کہتی ہے۔ اور تو اور کبھی بھی میرے سوالوں کا سیدھا جواب نہیں دیتی ۔ مگر پھر بھی میں اُس سے بات

کرتا ہوں، آخر کیوں؟ مجھے ان سارے سوالوں کے جواب چاہیے۔"
اُس نے سوچا پھر اگلے ہی لمحے خود کو جھڑکا۔
"فار گاڈ سیک زہران۔ دفع کرو اُسے ۔ تم بھی کن فضول کی سوچوں میں پڑ گئے ہو۔ وہ اس قابل نہیں کہ اُسے سوچا جائے۔ مگر مجھ پر اُس کی باتوں کا اثر کیوں ہوا؟" اُس نے ایک بار پھر خود کو جھڑکا مگر اُس کا تجسّس ختم نہیں ہوا۔ نا چاہتے ہوئے بھی اُسے اُن سوالوں کے جواب چاہیے تھے۔ جو اُس کے ذہن میں دوڑ رہیں تھے۔ وہ نا چاہتے ہوئے بھی حیات کے بارے میں مسلسل سوچ رہا تھا۔

......*

منور شاہ اپنے دفتر میں بیٹھے، سگار کے کش لے رہے تھے۔ دھواں ان کے چہرے پر پھیل رہا تھا، جیسے ان کے ارادوں کی دھند ہو۔
رحیم، ان کے سامنے کھڑا۔
"پاپا! میں آپ سے بات کرنا چاہتا ہوں۔" اُس نے سرد لہجے میں کہا۔
"ہاں.... کہو، کیا بات ہے؟" اُنہوں نے سگار بجھاتے ہوئے پوچھا۔
"مجھے بھائی کے پاس کینیڈا جانا ہے۔"
"Have you lost your mind"!? وہ چلائے۔
"ہاں ہو گیا ہوں میں پاگل ۔ اور اگر کچھ دن اور یہاں رہا تو پاگل کھانے بھیجنا پڑے گا مجھے۔"
"کیوں بکواس کر رہے ہو؟ میں نے کہا ہے نا، سب ٹھیک ہو جائے گا۔ کیا تمہیں اپنے باپ پر بھروسہ نہیں ہے؟" اُنہوں نے اکھڑے ہوئے لہجے میں کہا۔
"بھروسہ تو مجھے اب خود پر نہیں ہے۔ تو کسی اور پر کیسے کروں؟" اُس نے جواباً کہا۔
"بھروسہ کرنے کے علاوہ تم کچھ کر بھی نہیں سکتے۔"
"پاپا! اگر مجھے جیل ہی جانا ہے، تو حیات کو جان سے مار کر چلا جاتا ہوں۔ میری روح کو سکون مل جائے گا۔" اُس کی آنکھوں میں خون اُترا ہوا تھا۔ اور وہ بلکل پاگلوں کی طرح بات کر رہا تھا۔ جیسے سچ میں وہ کوئی نفسیاتی مریض ہو۔
"تم کیوں ایسی باتیں کر رہے ہو؟ اور خبردار! اگر تم نے اُس لڑکی کو نقصان پہچانے کی کوشش کی ۔ پوری دنیا جانتی ہے کہ ہمارے سوا

اُس کا کوئی دشمن نہیں ہے۔ اپنے لیے مزید مشکلات پیدا مت کرو۔ میں بہت جلد سب ٹھیک کر دوں گا۔" اُنہوں نے رحیم کو سمجھانے کی کوشش کی مگر وہ اُن کی بات سننے کو تیار نہیں تھا۔
"پاپا! وہ لڑکی مجھے پاگل کر رہی ہے۔ وہ ذرا بھی نہیں ڈر رہی، میں نے اُسے ہاسپیٹل میں ڈرانے کی کوشش کی مگر وہ پھر بھی نہیں ڈری۔ آج پولیس اسٹیشن سے فون آیا تھا۔ حیات نے انہیں تاکید کی ہے کہ جلد از جلد پولیس میرے خلاف ثبوت ڈھونڈے۔"
"اُس کے پر بہت جلد کٹنے والے ہیں ۔ پھر دیکھتا ہوں، بنا پر کے چڑیا کیسے اڑتی ہے۔" اُنہوں نے اپنا ہاتھ اپنی داڑھی پر پھیرتے ہوئے کہا۔
منوّرشاہ اب اپنی کرسی کو گول گول گھما رہے تھے۔ رحیم اب ایک مشکل میں پھنس چکا تھا۔ حیات کی وجہ سے رحیم کے جیل جانے کا خطرہ تھا۔
"یہ حیات... ایک مصیبت بن گئی ہے،" منور شاہ بڑبڑائے۔
"تمہیں بچانے کے لیے اسے راستے سے ہٹانا ضروری ہے۔"
منور شاہ نے سگار کو پھر جلایا اور اُس کا ایک لمبا کش لیا اور دھواں ہوا میں چھوڑ دیا۔
"میں اپنے بیٹے کو کوئی تکلیف نہیں ہونے دوں گا " انہوں نے سوچا۔
"میں اسے کسی بھی قیمت پر جیل نہیں جانے دوں گا۔"
ان کی آنکھوں میں ایک سرد چمک آئی۔
"میں حیات کو ایسا سبق سکھاؤں گا کہ وہ زندگی بھر یاد رکھے گی،" انہوں نے غصّے سے کہا۔ "اور پھر رحیم کی طرف دیکھا جو اب خاموش بیٹھا تھا۔
منور شاہ نے فون اٹھایا اور کسی کو کال کی۔
"مجھے حیات کے بارے میں تازہ ترین معلومات چاہیے،"
انہوں نے فون بند کر دیا اور مسکرائے۔
"حیات، تم نہیں جانتی کہ تم نے کس سے پنگا لیا ہے،میں تمہیں دکھاؤں گا کہ باپ ہونے کا فرض کیسے نبھایا جاتا ہے۔"
پھر وہ رحیم کو اپنے ساتھ گھر لے آئے۔
منور شاہ اپنے گھر پر کھانے کی میز پر بیٹھے تھے۔ ان کے سامنے طرح طرح کے کھانے رکھے ہوئے تھے۔ لیکن وہ اچھے سے کھانا نہیں کھا رہے تھے۔ رحیم ان کے سامنے بیٹھا تھا اور غصے سے

کھانا کھا رہا تھا۔ اس کا چہرہ لال پیلا ہو رہا تھا اور اس کی آنکھوں میں انتقام کی آگ بھڑک رہی تھی۔

"پاپا! میں اس لڑکے کو نہیں چھوڑوں گا۔ اس نے میری بے عزتی کی ہے۔" رحیم نے غصے سے کہا۔

"بیٹا، غصہ مت کرو۔ غصے سے کچھ حاصل نہیں ہوتا۔"

"پاپا آپ کو نہیں پتہ اس نے میرے ساتھ کیا کیا ہے؟ اس نے مجھے سب کے سامنے ذلیل کیا۔"

"میں جانتا ہوں بیٹا۔ لیکن ہمیں عقل سے کام لینا چاہیے۔" اُنہوں نے تحمّل سے کہا اور پھر کھانا کھانے لگے۔

"آپ مجھے روک رہے ہیں؟ آپ چاہتے ہیں کہ میں اس کی بے عزتی برداشت کر لوں؟"

"نہیں بیٹا۔ میں تمہیں نہیں روک رہا۔ لیکن میں چاہتا ہوں کہ تم صحیح وقت کا انتظار کرو۔ ہمیں ایسا کچھ نہیں کرنا چاہیے جس سے ہمیں نقصان ہو۔"

"جو اُس نے میری بے عزتی کی ہے۔ میں برداشت نہیں کر سکتا۔" وہ غصّے میں چلایا۔

"میں سمجھتا ہوں رحیم، لیکن ہمیں صبر سے کام لینا چاہیے۔ اور تم علی فاروق خان کو نہیں جانتے۔ وہ جتنا شریف انسان ہے۔ اتنا ہی طاقتور بھی ہے۔ اور اُس کا بیٹا! اوپر والا ہی بچائے ایسے لوگوں سے۔"

✷ • • • ✷ • • • ✷

حیات اپنی کالی چادر اوڑھے ہوئے نایاب کے پاس آئی۔ نایاب نے لیپٹاپ کی اسکرین سے نظریں ہٹا کر حیات کی طرف دیکھا۔ جو اپنی کالی چادر میں ملبوس کہیں جانے کی تیاری میں تھی۔

"کہاں جا رہی ہو۔" اُس نے حیات کو اپنی طرف مخاطب کیا۔

"رحیم کے خلاف ثبوت جمع کرنے۔ بہت جلد وہ سلاخوں کے پیچھے ہوگا۔" اُس نے اپنا بیگ کھول کر اپنی پسٹل نکالی پھر اُس کی گولیاں چیک کی ۔ اور پھر دوبارہ اپنے بیگ میں رکھ لی۔

نایاب سب دیکھ رہی تھی ۔ پھر حیات آئینے کے پاس گئی اور خود کو آئینے میں دیکھا۔ پھر نایاب کی طرف متوجہ ہوئی۔

"نایاب! میری آنکھوں کے نیچے ہلکے ہو گئے ہیں کیا؟"
"تمہیں ہلکوں کی پڑی ہے - یہاں تمہاری زندگی خطرے میں ہے۔" اُس نے سنجیدگی سے کہا۔
"ارے یار! کچھ نہیں ہوتا مجھے۔ فکر مت کرو۔ میں بہت ڈھیٹ جان ہوں۔ جب تک اپنی زندگی کا مقصد پورا نہیں کر لیتی نہیں مروں گی۔" اُس نے مسکراتے ہوئے کہا۔
"رحیم کا پیچھا چھوڑ دو۔ وہ اچھا انسان نہیں ہے - وہ تمہیں نقصان پہچان سکتا ہے۔ اور تم نے ہاسپٹل میں دیکھا تھا نا کس طرح اُس نے تم پر ہاتھ اٹھانے کی کوشش کی تھی۔ "
"ہاتھ اٹھانے سے یاد آیا۔ جب وہ مجھ سے بحث کر رہا تھا تب تم کہاں غائب ہو گئی تھی؟"
"وہ.....وہ میں واشروم چلی گئی تھی - جب سب ختم ہو گیا تب میں واشروم سے آئی -" اُس نے ہچکچاتے ہوئے کہا۔
"اگر تم واشروم گئی تھی، تو تمہیں کیسے پتا چلا کہ اُس نے مجھ پر ہاتھ اٹھانے کی کوشش کی۔" حیات نے اُسے مشکوک نظروں سے دیکھتے ہوئے پوچھا۔
"ہاں....تب تک میں باہر آ گئی تھی۔ " نایاب نے جواب دیا۔
"لیکن جب زہران نے اُس پر ہاتھ اٹھایا تب سب وہاں موجود تھے، سوائے تمہارے۔ تم تب کہاں تھی؟"
"میں انابیہ کے ساتھ تھی۔"
"جھوٹ مت بولو نایاب! اُس وقت انابیہ میرے پیچھے کھڑی تھی۔ اور میں نے اُس سے کہا بھی تھا، کہ وہ تمہیں ڈھونڈے - تم آخر جھوٹ کیوں بول رہی ہو نایاب؟" حیات نے ناراضگی ظاہر کرتے ہوئے کہا۔
"میں کہاں تھی؟ کہاں نہیں....اس بات سے کیا فرق پڑتا ہے؟ اور تم مجھے مجرم سمجھ کر تفتیش کیوں کر رہی ہو؟" اُس نے قدرے ناراضی کے ساتھ تبصرہ کیا۔
"سہی کہہ رہی ہو تم مجھے اس طرح تم سے تفتیش نہیں کرنی چاہیے تھی۔ مجھے پتا نہیں کیا ہو گیا ہے؟ میں ہر کسی کو شک کی نگاہ سے دیکھنے لگی ہوں۔ جیسے ہر کوئی مجھ سے کوئی نا کوئی راز چھپا رہا ہے - امی سے جب بھی میں دادا کے قتل کے بارے میں پوچھتی، تو وہ ہمیشہ کوئی نا کوئی بہانہ کرکے چلی جاتی۔ بابا سے کچھ بھی

پوچھتی تو وہ خاموش ہو جاتیں۔ خیر......! I'm sorry میرا ارادہ تمہیں ہرٹ کرنے کا نہیں تھا۔"

"کوئی بات نہیں یار! مجھے پتا ہے تم آج کل بہت پریشان ہو۔ اور میں بلکل ہرٹ نہیں ہوئی ہوں ۔ ہاں.... یہ سارے سوالات کسی اور نے مجھ سے کیے ہوتے تو ضرور ہرٹ ہوتی ۔" نایاب نے مسکراتے ہوئے کہا۔

"اچھا... اب میں چلتی ہوں، ورنہ بہت دیر ہو جائے گی۔ اور مجھے اپنی پسٹل سروِس کے لیے دینی ہے۔" اُس نے کمرے سے نکلتے ہوئے کہا۔

"حیات رُکو"....نایاب نے آواز لگائی۔

اُس نے اپنے قدم روک دیے اور فوراً نایاب کے کمرے کی طرف چل پڑی۔

ہاں بولو...... کیوں آواز لگائی۔ اُس نے کمرے کے باہر سے دروازے پر کھڑے ہو کر پوچھا۔

"آیتَ الکُرسی......پڑھ لینا۔ اللہ ہر آفت بلا سے محفوظ رکھے گا۔" نایاب نے ہمدردانہ لہجے میں کہا ۔

"ارے میری جانِ جگر! .... آج تم نے امّی کی یاد دلا دی۔"

پھر وہ گھر سے نکل گئی ۔ اُس نے گھر سے نکلتے ہی اپنے گھر کی طرف نظریں اُٹھا کر دیکھا۔ اُس کی آنکھوں میں آنسوں آ گئے ۔ اُس نے اپنے آنسوں کو صاف کیا ۔ پھر کچھ قدم چلی، اُس کے بعد اُس نے ایک بار پھر اپنے گھر کی طرف دیکھا ۔ اس بار اُس کی والدہ چھت پر کھڑی تھی۔ جیسے ہی اُس نے چاہا کہ وہ اُن سے کچھ کہے تبھی احسن صاحب بھی چھت پر آ گئے۔ حیات نے اُن کو دیکھا ۔ وہ حیات کو دیکھتے اس سے پہلے حیات وہاں سے برق رفتاری کے ساتھ چلی گئی۔

وہ چاہ کر بھی اپنے والدین سے بات نہیں کر سکتی تھی۔ اُس کا دل اُس وقت خون کے آنسوں رو رہا تھا ۔ والدین اور انصاف میں سے اُس نے انصاف کا انتخاب کیا تھا۔ مگر اُسے کبھی بھی اپنے انتخاب پر پچھتاوا نہیں ہوا ۔ وہ کبھی بھی اپنے والدین سے دور نہیں رہی تھی۔ مگر آج وہ اُن سے دور ہو گئی تھی ۔

حیات گھر سے نکلی تو اس کا دل دھڑک رہا تھا۔ رحیم کے خلاف ثبوت ڈھونڈنا آسان نہیں تھا، لیکن وہ ہمت نہیں ہارنا چاہتی تھی۔

آج وہ اپنی پستول بھی سروس کرانے کے لیے لے جا رہی تھی، کیونکہ اسے معلوم تھا کہ خطرہ کبھی بھی آ سکتا ہے۔

اس نے گلی میں قدم رکھا تو اسے محسوس ہوا جیسے کوئی اس کا پیچھا کر رہا ہے۔ اس نے مڑ کر دیکھا، لیکن کوئی نظر نہیں آیا۔ اس نے اپنے دل کو تسلی دی کہ یہ اس کا وہم ہے۔ مگر اسے یہ بھی معلوم تھا کہ اس کا وہم سچ بھی ہو سکتا ہے۔

وہ ایک گن شاپ پر پہنچی اور اپنی پستول سروس کے لیے دی۔ دکاندار نے اسے یقین دلایا کہ پستول جلد ہی تیار ہو جائے گی۔ حیات نے دکان سے نکل کر گلی میں قدم رکھا، تو اسے پھر وہی احساس ہوا۔ کوئی اس کا پیچھا کر رہا تھا۔

اس نے تیز قدموں سے چلنا شروع کر دیا۔ وہ ایک تنگ گلی میں داخل ہوئی، جہاں اندھیرا چھایا ہوا تھا۔ اسے محسوس ہوا جیسے کوئی اس کے بالکل قریب ہے۔ اس کی سانس تیز ہو گئی۔

اس نے گلی کے کونے پر مڑ کر پیچھے دیکھا۔ وہ سانس لینے کے لیے رکی اور پھر وہ تیز قدموں سے بھاگنے لگی۔ اسے احساس ہوا کہ پیچھا کرنے والا اب بھی اس کے پیچھے ہے۔ اس نے ایک بار پھر مڑ کر دیکھا، لیکن کوئی نظر نہیں آیا۔

وہ ایک پارک میں داخل ہوئی اور ایک درخت کے نیچے بیٹھ گئی۔ کچھ دیر بعد، اسے قدموں کی چاپ سنائی دی۔ لیکن پیچھا کرنے والا نظر نہیں آیا۔

پھر اسے احساس ہوا کہ وہ اب بھی خطرے میں ہے ۔ وہ تیز قدموں سے گھر کی طرف چلنے لگی۔ اسے معلوم تھا کہ اسے اب زیادہ محتاط رہنا ہوگا۔

✷ . . . ✷ . . . ✷

حیات گھر کے باہر پہنچی تو اس کا دل دھڑک رہا تھا۔ گلی سنسان تھی اور شام کا دھندلا پن چاروں طرف چھا رہا تھا۔ اسے اب بھی وہ احساس ہو رہا تھا کہ کوئی اس کا پیچھا کر رہا ہے۔ اس نے مڑ کر دیکھا، لیکن اندھیرے میں کوئی نظر نہیں آیا۔

اس نے جلدی سے دروازہ کھولا اور اندر داخل ہو گئی۔ دروازہ بند کرتے ہی اس نے ایک گہری سانس لی۔ اسے لگا جیسے وہ کسی شکاری کے چنگل سے بچ نکلی ہو۔
وہ سیدھی اپنے کمرے میں گئی اور دروازہ بند کر لیا۔ اس کا دل اب بھی تیز دھڑک رہا تھا۔
کچھ دیر بعد، نایاب کمرے میں آئی۔
"حیات، کیا ہوا؟ تم اتنی گھبرائی ہوئی کیوں ہو؟" نایاب نے تشویش بھرے انداز میں پوچھا ۔
حیات نے نایاب کو ساری بات بتائی۔ وہ اب بھی گھبرائی ہوئی تھی ۔ اس لیے نہیں کہ اس کی جان کو خطرہ تھا بلکہ اس لیے کیوں کہ ابھی وہ اپنے دادا کے قاتلوں سے بدلہ لینا چاہتی تھی۔ اور اُس سے پہلے وہ مرنا نہیں چاہتی تھی۔
"یہ تو بہت خطرناک بات ہے۔ تمہیں پولیس کو بتانا چاہیے۔" نایاب نے اُسے مشورہ دیا ۔
"نہیں یار! میں ایسا کچھ نہیں کروں گی۔ اور مجھے پتا ہے یہ سب منوّر شاہ نے مجھے ڈرانے کے لیے کیا ہے۔ ورنہ جو میرا پیچھا کر رہا تھا، وہ مجھ پر اٹیک بھی کر سکتا تھا ۔ مگر اُس نے ایسا کچھ نہیں کیا۔ کیوں کہ منوّر شاہ جانتا ہے اگر اُس نے مجھ پر حملہ کروایا ، تو پورا الزام اُس کے سر آئے گا۔"
"حیات تمھارے پاس اتنا دماغ آتا کہاں سے ہے؟" نایاب نے اُسے بے یقینی سے دیکھتے ہوئے کہا۔
"بس اوپر والے کی مہربانی ہے۔"
"میں کھانا لگا رہی ہوں ۔ تم فریش ہو کر آ جاؤ۔"
"ٹھیک ہے" پھر حیات واشروم کی طرف چلی گئی ۔
دونوں نے ساتھ کھانا کھایا اور پھر سونے کے لئے اپنے کمرے میں آگئی ۔ آج حیات بہت تھکی ہوئی تھی ۔
رات گہری ہو رہی تھی اور کمرے میں خاموشی چھائی ہوئی تھی۔ حیات اپنے بستر پر لیٹی چھت کو گھور رہی تھی۔ آج جو کچھ ہوا تھا وہ اس کے ذہن میں بار بار گھوم رہا تھا۔ اسے اب بھی وہ احساس ہو رہا تھا کہ کوئی اس کا پیچھا کر رہا تھا۔

اس نے کروٹ بدلی اور آنکھیں بند کر لیں۔ لیکن اسے نیند نہیں آرہی تھی۔ اسے لگ رہا تھا جیسے کوئی اسے دیکھ رہا ہے۔ اس نے دوبارہ آنکھیں کھولیں اور کمرے میں نظر دوڑائی۔ ہر طرف اندھیرا تھا۔
اچانک اسے کھڑکی سے باہر ایک سایہ نظر آیا۔ اس کا دل زور سے دھڑکنے لگا۔ اس نے آہستہ سے اٹھ کر کھڑکی کی طرف دیکھا۔ سایہ غائب ہو چکا تھا۔
حیات نے سوچا کہ یہ اس کا وہم ہے۔ لیکن پھر اسے قدموں کی چاپ سنائی دی۔
قدموں کی چاپ قریب آتی گئی۔ پھر دروازہ آہستہ سے کھلا۔ حیات نے اپنی سانس روک لی۔ اسے لگ رہا تھا جیسے اس کا دل پھٹ جائے گا۔
ایک سایہ کمرے میں داخل ہوا۔ حیات نے خوف سے آنکھیں بند کر لیں۔ اسے لگ رہا تھا جیسے کوئی اس کے بالکل قریب ہے۔
سایہ اس کے بستر کے پاس رکا۔ حیات نے اپنی آنکھیں کھولیں اور آہستہ سے اوپر دیکھا۔ سایہ اس پر جھکا ہوا تھا۔
حیات نے چیخنے کی کوشش کی، لیکن اس کی آواز حلق میں پھنس گئی۔ سایہ اس کے قریب آیا اور اس کے کان میں سرگوشی کی۔
"تم نہیں جانتی کہ تم نے کس سے پنگا لیا ہے۔"
حیات نے خوف سے آنکھیں بند کر لیں۔
پھر کمرے میں خاموشی چھا گئی۔ حیات نے آہستہ سے آنکھیں کھولیں اور دیکھا۔ سایہ غائب ہو چکا تھا۔
وہ بستر سے نکلی اور کمرے کا دروازہ بند کر دیا۔ اس نے لائٹ جلائی اور کمرے میں نظر دوڑائی۔ ہر طرف سکون تھا۔
اچانک حیات نے چیخ ماری اور اٹھ بیٹھی۔ اس کے ماتھے پر پسینہ تھا۔ اس کی سانس پھول رہی تھی۔ اس نے کمرے میں نظر دوڑائی۔ نایاب اس کے پاس ہی سو رہی تھی۔
"حیات، کیا ہوا؟ تم ٹھیک ہو؟" نایاب نے گھبرا کر پوچھا ۔
"میں نے ایک ڈراؤنا خواب دیکھا۔" حیات نے اپنے ماتھے سے پسینہ پوچھتے ہوئے کہا۔
"کوئی بات نہیں، حیات۔ وہ صرف ایک خواب تھا۔" نایاب نے اُسے تسلّی دی۔

"نہیں، یہ صرف ایک خواب نہیں تھا۔ لیکن میں اتنی بزدل تو نہیں کہ ایک خواب سے ڈر جاؤں۔" اُس نے بے چینی کے عالم میں اِدھرادھر دیکھا پھر خاموش ہو گئی۔
"حیات، تم خود کو پریشان کر رہی ہو۔ تمہیں تھوڑا آرام کرنا چاہیے۔"
"نہیں! میں آرام نہیں کر سکتی۔ مجھے حمید کو انصاف دلانا ہے۔ مجھے اپنا وعدہ پورا کرنا ہے۔"
"میں تمہارے ساتھ ہوں۔ ابھی تم سو جاؤ ۔ ہم اس بارے میں صبح بات کریں گے۔"
حیات نے نایاب کو دیکھا۔ اسے نایاب کے ساتھ ہونے سے ہمت ملی۔ مگر وہ خواب اُسے بلکل حقیقت لگ رہا تھا۔

......*

گیٹ پر پولیس نے دستک دی۔ گارڈ نے گیٹ کھولا۔ پولیس اندر داخل ہوئی ۔ گارڈ نے انہیں روکنے کی بہت کوشش کی ، مگر وہ نہیں رکے اور گھر میں داخل ہو گئے۔
رحیم اپنے گھر میں بیٹھا ہوا ہے، پریشان اور خوفزدہ۔ اسے معلوم تھا کہ پولیس کسی بھی وقت اسے گرفتار کر سکتی ہے۔ کیوں کہ یہ ثابت ہو گیا ہے کہ جس گاڑی سے حمید کا ایکسڈنٹ ہوا ۔ وہ گاڑی رحیم شاہ کے نام پر رجسٹر ہے۔ اور رحیم شاہ اُس وقت گاڑی میں موجود تھا۔ مگر منوّر شاہ نے اپنے دماغ کا پورا استعمال کیا ۔ اور پورا قصور ڈرائیور پر ڈال دیا۔ اس لیے جب تک یہ ثابت نہیں ہو جاتا کہ ڈرائیور سچ میں ڈرائیو کر رہا تھا یا نہیں رحیم شاہ کو پولیس کسٹڈی میں رکھا جائے گا۔ اور تین مہینے بعد عدالت فیصلہ سنائے گی ۔
اچانک، دروازے پر دستک ہوتی ہے۔ رحیم اٹھ کر دروازہ کھولتا ہے۔ سامنے پولیس اہلکار کھڑے ہیں۔
"رحیم شاہ، تمہیں حمید کے قتل کے الزام میں گرفتار کیا جاتا ہے۔"
"یہ کیا بکواس ہے؟ میں نے کسی کو قتل نہیں کیا۔" اُس نے گھبرا کر کہا۔
"ہمارے پاس تمہارے خلاف ثبوت ہیں کہ، ایکسڈنٹ تمہاری گاڑی سے ہوا تھا۔ تم ہمارے ساتھ چلو۔"

پولیس رحیم کو پکڑ کر لے جاتے ہیں۔ رحیم مزاحمت کرتا ہے، لیکن وہ بے سود ہے۔
"میں بے گناہ ہوں! مجھے چھوڑ دو!" وہ چھیکھتا ہے۔ مگر کوئی اُس کی بات نہیں سنتا۔
پولیس اہلکار رحیم کو پولیس وین میں ڈالتے ہیں۔ رحیم وین کی کھڑکی سے باہر دیکھتا ہے۔ اسے اپنا مستقبل تاریک نظر آتا ہے۔
پولیس وین تھانے کی طرف روانہ ہوتی ہے۔ رحیم وین میں بیٹھا ہوا ہے، پریشان اور خوفزدہ۔ اسے یقین نہیں آتا کہ وہ گرفتار ہو گیا ہے۔
تھانے میں، رحیم سے تفتیش کی جاتی ہے۔ پولیس اہلکار اس سے سوالات پوچھتے ہیں۔ رحیم انکار کرتا ہے۔ اس نے قتل نہیں کیا ہے۔
"ہمارے پاس تمہارے خلاف مضبوط ثبوت ہیں۔ بہتر ہوگا کہ تم سچ بول دو۔"
"میں سچ کہہ رہا ہوں۔ میں نے کسی کو قتل نہیں کیا۔" وہ بار بار بس ایک ہو بات دہرا رہا تھا ۔
"ٹھیک ہے، اگر تم سچ نہیں بولو گے، تو تمہیں عدالت میں پیش کیا جائے گا۔" پولیس نے رحیم سے کہا۔
رحیم کو ایک سیل میں ڈالا جاتا ہے۔ سیل چھوٹا اور گندا تھا۔ رحیم بستر پر بیٹھ کر رونے لگتا ہے۔ اسے یقین نہیں آتا کہ وہ جیل میں ہے۔
"یہ سب کیسے ہو گیا؟ میں یہاں کیسے پہنچ گیا؟" وہ خود میں بڑبڑایا۔
رحیم کو اپنی غلطیوں کا احساس ہوا۔ "میں نے بہت بڑی غلطی کی۔ مجھے ایسا نہیں کرنا چاہیے تھا۔ اگر میں وقت پر اُس لڑکے کو ہسپتال لے جاتا تو شاید اُس کی جان بچ جاتی۔" اسے پہلی بار اپنی غلطی کا احساس ہوا تھا ۔ مگر اب احساس ہونا کا کوئی فائدہ نہیں تھا ۔ شاید اب بہت دیر ہو چکی تھی۔
اُس وقت منوّر شاہ گھر پر موجود نہیں تھے ۔ وہ کسی ضروری کام سے شہر سے باہر گئے ہوئے تھے۔ جب انہیں رحیم لے اریسٹ ہونے کی خبر ملی تو وہ تو فوراً لکھنؤ آ گئے۔ اور اُنہوں نے بہت کوشش کی کہ وہ رحیم کی ضمانت کرا لیں۔ مگر یہ ممکن نہیں تھا جب تک عدالت میں رحیم کی پیشی نہیں ہو جاتی ۔ اور جرم ثابت نہیں ہو جاتا ۔

......*

"حیات تم نے خبر سنی رحیم شاہ اریسٹ ہو گیا ہے۔" نایاب نے اپنا بیگ ٹیبل پر رکھتے ہوئی کہا ۔
"ہاں..... معلوم ہے یار!" اُس نے قدرے مایوسی سے جواب دیا۔
"تو تم کیوں اُداس ہو؟ اُداس تو مجھے ہونا چاہیے۔" نایاب کی منہ سے بے اختیار نکلا ۔
'تمہیں کیوں اُداس ہونا چاہیے۔" حیات نے اُسے قدرے حیرانی سے دیکھا۔
"وہ.......وہ اب تم اپنے گھر چلی جاؤ گی نا ، اسلئے۔"
"ہمم....."حیات اپنا سر پکڑ کر بیٹھی تھی۔ اُسے اِس بات کے غم تھا کہ اُس کی وجہ سے ایک ماں کی اولاد اُس سے دور ہو گئی ۔ اور حمید کو انصاف ملنے پر وہ خوش بھی تھی۔
"ویسے یہ سب کیسے کیا تم نے؟"
"اللہ جب کسی کی مدد کرنا چاہتا ہے، تو وہ ایسی جگہ سے مدد بھیجتا ہے جہاں سے اُمّید بھی نہیں ہوتی۔"
"مطلب؟
"جس دکاندار نے مجھے بتایا تھا کہ حمید کا ایکسڈنٹ رحیم نے کیا تھا۔ اُسے بوڑھے آدمی نے مجھے رحیم کے خلاف ثبوت دیا ہے۔ جس سے یہ صاف ظاہر ہوتا ہے کہ جس گاڑی سے حمید کا ایکسڈنٹ ہوا وہ رحیم شاہ کی گاڑی تھی۔ اُس آدمی نے مجھے اپنے دکان کی سی سی ٹی وی فوٹیج دی تھی۔ جس میں رحیم کے خلاف ثبوت تھے۔ اور یہ راز کسی کو پتا نہیں چلنا چاہیے۔ کیونکہ میں نے اُن سے وعدہ کیا ہے کہ اُن کا نام کہیں نہیں آئے گا۔"
"اوہ! تو یہ بات ہے" نایاب نے لمبی سانس لیے ہوئے کہا۔
اور حیات وہاں سے اٹھی اور کمرے کی طرف چلی گئی ۔ کمرے میں داخل ہو کر اُس نے دروازہ بند کر لیا اور کھڑکی کا پردہ برابر کر کے وہ بیڈ پر بیٹھ گئی ۔ کچھ دیر تک وہ اسی طرح بیٹھی رہی ۔ پھر اُس نے اپنا فون چالو کیا۔ ہر جگہ رحیم شاہ کے گرفتار ہونے کی خبریں چل رہی تھی ۔ اُس نے فون کو بیڈ پر پھینک دیا ۔ اور پھر بیڈ پر لیٹ گئی۔
نایاب باہر اُداس بیٹھی تھی ۔ اُس نے حیات کو اس طرح اٹھتے جاتے دیکھا۔ تو وہ اور پریشان ہو گئی۔

"حیات بھی کتنی عجیب ہے ۔ ابھی تک رحیم کو سزا دلانے کے لئے اپنی جان تک دینے کو تیار تھی ۔ آج جب وہ اریسٹ ہو گیا ہے تو اُداس ہو گئی ہے۔" اُس نے من ہی من سوچا۔

انسان بھی کتنی عجیب چیز ہے، خود کو سمجھ نہیں پاتا اور دوسروں کو سمجھنے کا دعویٰ کرتا ہے۔

باب:۳

لائبریری میں خاموشی چھائی ہوئی تھی، کتابوں کی خوشبو اور کاغذوں کی سرسراہٹ کے سوا کچھ سنائی نہیں دے رہا تھا۔
حیات ایک ریک سے دوسری ریک تک جاتی ہوئی، اپنی مطلوبہ کتاب تلاش کر رہی تھی۔ اچانک، ایک مانوس سی آواز نے اس کی توجہ اپنی جانب مبذول کرائی۔
"السلام علیکم، کیا آپ کو کسی مدد کی ضرورت ہے؟"
حیات نے مڑ کر دیکھا، ایک لڑکا اس کے پیچھے کھڑا تھا۔ اس کی آنکھوں میں احترام تھا، مگر حیات کو اس کی موجودگی ناگوار گزری۔ وہ اس سے بات نہیں کرنا چاہتی تھی۔
"نہیں، شکریہ۔ میں خود دیکھ لوں گی۔" حیات نے مختصر جواب دیا اور اپنی توجہ کتابوں پر مرکوز کرنے کی کوشش کی۔
اُس لڑکے نے محسوس کیا کہ حیات اس سے بات نہیں کرنا چاہتی۔ اس نے احتراماً خاموشی اختیار کی اور ایک قدم پیچھے ہٹ گیا۔
حیات نے کتاب نکالی اور پلٹنے لگی۔ اُس لڑکے نے ایک بار پھر کوشش کی ۔
"یہ کتاب بہت اچھی ہے۔ میں نے بھی پڑھی ہے۔"
حیات نے کتاب بند کی اور اُس لڑکے کی طرف دیکھے بغیر کہا، "آپ کو غلط فہمی ہوئی ہے۔ مجھے آپ سے بات کرنے میں کوئی دلچسپی نہیں ہے۔"
اُس لڑکے نے حیات کی بات سنی اور خاموشی سے وہاں سے چلا گیا۔ حیات نے اطمینان کا سانس لیا اور کتاب پڑھنے میں مصروف ہو گئی۔
"حیات تم یہاں ہو؟ میں تمہیں پوری یونیورسٹی میں ڈھونڈ رہی ہوں۔" انابیہ نے بک شیلف میں سے ایک بک نکالتے ہوئے کہا۔

"میرا دل کر رہا تھا بک پڑھنے کا، اسلئے لائبریری آ گئی۔" حیات نے بک سے نظریں ہٹاتے ہوئے کہا۔ اور ایک بار پھر بک پر اپنی نظریں دوڑائی۔

"یار یہ بک میں نے بھی پڑھی ہے ۔ بہت اچھی ہے ۔" انابیہ حیات کی پاس موجود ایک کرسی پر بیٹھ گئی۔

"نایاب کہاں ہے؟" اُس نے انابیہ سے پوچھا ۔

"پروفیسر جابر کا لیکچر چل رہا ۔ آئی تھینک وہیں ہوگی" اُس نے اندازاً کہا۔

"مجھے بھی پروفیسر جابر کا لیکچر اٹینڈ کرنا چاہیے۔ میں چلتی ہوں۔" حیات نے بک کو بک شیلف میں رکھا اور برق رفتاری کے ساتھ اپنی کچھ بکس ہاتھ میں لیے تیزی سے لائبریری سے نکل گئی ۔

وہ لڑکا جو اُسے لائبریری میں ملا تھا ۔ وہ اُس کے بارے میں سوچ ہی رہی تھی کہ سامنے سے ایک شخص اُس سے بے اختیار ٹکرا گیا۔

"اندھے ہو دکھتا نہیں ہے کیا؟" حیات نے غصّے بھرے انداز میں اکھڑے ہوئے لہجے میں کہا ۔

"مس! میں اندھا نہیں ہو بلکہ آپ کی آنکھوں سے دکھائی نہیں دیتا, آپ ہی آگے اچانک سے آ گئی, آپ کو کسی اچھے آئی اسپیشلسٹ کی سخت ضرورت ہے۔"

حیات کو فوراً بارش والی رات یاد آ گئی ۔ وہی انداز وہی لہجہ۔

حیات نے نظریں اٹھا کر اُسے دیکھا وہ لائبریری والا لڑکا تھا جس سے ابھی حیات نے بدتمیزی کی تھی۔

حیات نے اپنی کتابیں اٹھائی اور پھر اُس لڑکے کو آواز دی۔

"ہیلو مسٹر! میری بات سنیے۔"

حیات اُس کے پیچھے پیچھے بھاگتی چلی گئی اور وہ شخص اپنے کانوں میں ایئربڈز لگاتا ہوا اپنے فون میں میوزک چلا دی ۔ حیات اُس کے پیچھے پیچھے ابھی بھی بھاگ رہی تھی ۔ وہ لڑکا یونیورسٹی سے باہر نکل گیا۔ اور ایک گاڑی میں بیٹھا اور فل اسپیڈ میں گاڑی کو بھگایا۔ کچھ ہی پل میں وہ حیات کی نظروں سے انجھل ہو گیا۔

✷...✷...✷

حیات نے نایاب کے کمرے میں قدم رکھا۔ کمرے میں مدھم روشنی پھیلی ہوئی تھی، صرف ایک ٹیبل لیمپ روشن تھا جو نایاب کے لیپ

ٹاپ پر پڑ رہا تھا۔ کمرے میں ہلکی سی خوشبو تھی، شاید نایاب کے پسندیدہ موئسچرائزر کی۔ دیواروں پر کچھ فیشن میگزینز کے پوسٹر لگے تھے، اور ایک کونے میں کپڑوں کا ایک چھوٹی سی الماری رکھی ہوئی تھی۔ نایاب اپنے لیپ ٹاپ پر مصروف تھی، اس کی بھنویں ہلکی سی سکڑی ہوئی تھیں، جیسے وہ کسی پیچیدہ مسئلے کو حل کرنے کی کوشش کر رہی ہو۔

حیات نے آج ایک ڈھیلا ڈھالا سے کرتا پہنا ہوا تھا۔ اس کے بال بے ترتیبی سے بندھے ہوئے تھے، اور اس کے چہرے پر تھکن کے آثار نمایاں تھے۔ اس کی آنکھوں میں بے چینی تھی، جیسے وہ کسی اہم بات پر غور کر رہی ہو۔

"نایاب، کیا میں تھوڑی دیر بات کر سکتی ہوں؟" حیات نے دھیمی آواز میں کہا۔

نایاب نے لیپ ٹاپ سے نظریں ہٹائیں اور حیات کو دیکھا۔ "ہاں حیات، بالکل۔ آؤ بیٹھو۔ کیا بات ہے؟"

"مجھے اس لائبریری والے لڑکے کے بارے میں کچھ پتا چلا ہے۔" اُس نے کرسی پر بیٹھتے ہوئے کہا۔

"اچھا؟ کیا پتا چلا؟" نایاب نے تجسّس سے پوچھا۔

"مجھے لگتا ہے کہ وہ بارش کی رات والا لڑکا تھا۔"

"کیا؟ تم اتنے یقین سے کیسے کہہ سکتی ہو؟" نایاب نے اُسے بے یقینی سے دیکھا۔ پھر حیرت سے کہا۔

"اُس لڑکے کے بات کرنے کا اسٹائل بلکل اُس لڑکے کے جیسا تھا۔ جس نے مجھے چھتری دی تھی۔ اور اُس نے وہی الفاظ دہرائے تھے۔ جو الفاظ بارش والی رات اُس لڑکے نے کہے تھے۔ اور تو اور وہ مجھ سے لائبریری میں بات کرنے کی کوشش بھی کر رہا تھا۔"

اس بار نایاب نے اپنا لیپ ٹاپ بند کر دیا اور پوری توجہ کے ساتھ حیات کی بات سننے لگی۔ پھر بولی۔

"یہ تو عجیب بات ہے۔ لیکن تم اتنی یقین سے کیسے کہہ سکتی ہو؟"

"مجھے نہیں معلوم، نایاب۔ بس ایک احساس ہے۔ جیسے وہ مجھے جانتا ہے۔ جیسے اس نے مجھے پہچان لیا ہو۔"

"تم شاید زیادہ سوچ رہی ہو۔ اتنے لوگوں میں سے بہت لوگوں کے بات کرنے کا اسٹائل ایک جیسا ہوتا ہے۔"

"ہمم.....میرا دماغ بار بار کہہ رہا ہے کہ وہ وہی تھا۔ لیکن میرا دل نہیں کہتا ہے کہ وہ وہی تھا۔" اس بار وہ بہت پریشان لگ رہی تھی۔
"اچھا، تو اب تم کیا کرنا چاہتی ہو؟" نایاب نے اُس سے پوچھا۔
"میں اس سے دوبارہ ملنا چاہتی ہوں۔ میں اس سے بات کرنا چاہتی ہوں۔ میں جاننا چاہتی ہوں کہ وہ کون ہے؟"
"تم پاگل ہو گئی ہو؟ تم اسے جانتی بھی نہیں ہو۔ یہ خطرناک ہو سکتا ہے۔ ویسے بھی تمھارے کم دشمن نہیں ہیں۔" نایاب نے حیات کو سمجھانے کی کوشش کی۔
"میں جانتی ہوں، لیکن مجھے سچائی جاننی ہے۔" اس بار اُس کے لہجے میں کچھ بہت خاص تھا۔
"حیات، یہ سب بہت خطرناک ہے۔ تمہیں احتیاط سے کام لینا ہوگا۔"
"شاید تم ٹھیک کہہ رہی ہو۔ میں کچھ زیادہ ہی سوچ رہی ہوں، اُس کے بارے میں۔"
لیکن حیات سچ میں پتا لگانا چاہتی تھی کہ کیا وہ وہی انسان تھا ۔ جس نے بارش والی رات اُس کی مدد کی ، یا وہ کوئی اور تھا۔
بات ختم ہونے کے بعد، نایاب تھکن سے چور ہو کر اپنے بستر پر لیٹ گئی۔ وہ حیات کی باتوں سے پریشان تھی، لیکن اسے نیند بھی بہت آ رہی تھی۔ حیات نے نایاب کو گڈ نائٹ کہا اور صوفے پر بیٹھ گئی۔ پھر کچھ دیر بعد وہ بالکونی میں آ کر کھڑی ہوئی۔ رات میں آسمان تاروں سے جگمگا رہا تھا۔ ہلکی ہلکی ہوا چل رہی تھی، جو اس کے بالوں کو اڑا رہی تھی۔ حیات نے گہری سانس لی اور آسمان کی طرف دیکھنے لگی۔
اس کے ذہن میں وہی لڑکا گھوم رہا تھا۔ وہ اس سے دوبارہ ملنا چاہتی تھی، اس سے بات کرنا چاہتی تھی۔ وہ جاننا چاہتی تھی کہ وہ کون ہے؟۔

......*

لکھنؤ یونیورسٹی کا وسیع صحن آج صبح طالبات سے کھچا کھچ بھرا ہوا تھا۔ اچانک سب کی نظریں یونیورسٹی کے گیٹ پر پڑیں۔ ایک شاندار گاڑی اندر آئی۔ گاڑی سے ایک نوجوان اترا، جو بہت پرکشش لگ رہا تھا۔

پانچ فٹ گیارہ انچ لمبا قد، مضبوط جسم، اور چہرے پر ہلکی داڑھی، اس کی شخصیت کو اور بھی دلکش بنا رہی تھی۔ اس نے گہرے نیلے رنگ کا سوٹ پہنا ہوا تھا، جو اس پر بہت اچھا لگ رہا تھا۔ اس کے بال اسٹائل سے بنے ہوئے تھے، اور اس کی آنکھوں میں ایک خاص چمک تھی۔

ماہرہ نے سرخ رنگ کا لباس پہنا ہوا تھا ۔ وہ اپنے بھائی کے ساتھ چل رہی تھی اور بہت خوش دکھائی دے رہی تھی۔ اسٹوڈنٹ زہران کو دیکھ کر سرگوشیاں کر رہی تھیں، ان کی آنکھوں میں تعریف تھی۔

زہران نے ماہرہ کو یونیورسٹی کے گیٹ پر چھوڑا۔ "اپنا خیال رکھنا، ماہرہ۔ اور کلاس میں دھیان دینا،" اس نے مسکراتے ہوئے کہا۔

ماہرہ نے سر ہلایا اور یونیورسٹی کے اندر چلی گئی۔ زہران نے اسے جاتے ہوئے دیکھا، پھر مڑ کر اپنی گاڑی کی طرف بڑھا۔

اسی وقت، اس کی نظر غیر ارادی طور پر حیات پر پڑی۔ حیات ایک بینچ پر بیٹھی کتاب پڑھ رہی تھی۔ اس نے زہران کو دیکھا، اور اس کی آنکھوں میں ایک طنز بھری مسکراہٹ آئی۔

اُس نے بھی حیات کی طرف دیکھا،حیات نے اپنی کتاب بند کی اور زہران کی طرف دیکھتے ہوئے کہا، "کسی کو اتنا بھی ہیرو نہیں بننا چاہیے کہ دوسروں کو کمتر محسوس ہو۔"

"اور کسی کو اتنا بھی حسد نہیں کرنا چاہیے کہ دوسروں کی خوشی برداشت نہ ہو۔" زہران نے طنز سے جواب دیا۔

"میں حسد نہیں کر رہی۔ میں صرف یہ کہہ رہی ہوں کہ تمہاری ہیرو والی انٹری تھوڑی زیادہ تھی۔" حیات نے مسکراتے ہوئے کہا۔

زہران نے کندھے اچکائے اور اپنی گاڑی کی طرف بڑھ گیا۔ حیات نے اسے جاتے ہوئے دیکھا، پھر اپنی کتاب کھول لی۔ اس کے چہرے پر ایک سوچ بھری مسکراہٹ تھی۔

زہران گاڑی میں بیٹھا، اس کے چہرہ پر اب بھی حیات کی باتوں کا اثر دکھائی دے رہا تھا۔ وہ مسلسل مسکرا رہا تھا ۔ اس نے گاڑی اسٹارٹ کی اور تیزی سے یونیورسٹی سے باہر نکلا۔ اس کی ڈرائیونگ میں ایک بے چینی تھی، جیسے وہ کسی سوچ میں گم ہو۔ وہ تیزی سے گاڑی چلاتا ہوا شہر کی سڑکوں سے گزرا، اس کی نظریں سڑک پر مرکوز تھیں، لیکن اس کا ذہن حیات کی باتوں میں الجھا ہوا تھا۔

گھر پہنچ کر، زہران نے گاڑی گیراج میں پارک کی اور تیزی سے گھر کے اندر داخل ہوا۔ اس کے چہرے پر اب بھی حیات کی باتوں کے آثار نمایاں تھے۔
وہ اپنے کمرے میں داخل ہوا۔ اس نے نوکروں میں سے ایک کو بلایا اور کہا۔
"میں کچھ دیر آرام کرنا چاہتا ہوں۔ کوئی مجھے پریشان نہ کرے۔ اور ہاں، دروازہ بند کر دو۔"
نوکر نے سر ہلایا اور دروازہ بند کر کے چلا گیا۔ زہران نے اپنے کوٹ کا بٹن کھولا اور بیڈ پر بیٹھ گیا۔ اس کی نظریں کمرے کی چھت پر جم گئیں۔ وہ حیات کی باتیں سوچ رہا تھا۔ "اس لڑکی میں کچھ تو ہے ۔ جو مجھے اُس کی طرف متوجہ کر دیتا ہے۔" وہ بڑبڑا یا۔
"کسی کو اتنا بھی ہیرو نہیں بننا چاہیے کہ دوسروں کو کمتر محسوس ہو۔" حیات کے الفاظ اُس کے کانوں میں گونج رہے تھے۔ اسے حیات کی بات میں ایک تلخی محسوس ہوئی۔ لیکن ساتھ ہی، اسے یہ بھی محسوس ہوا کہ حیات کی بات میں کچھ سچائی تھی۔
زہران نے مسکرانے کی کوشش کی۔ حیات نے اس کی ہیرو والی انٹری پر طنز کیا تھا۔ زہران کو حیات کی بات پر تھوڑی ہنسی بھی آئی۔
اُس نے اپنی آنکھیں بند کر لیں۔ اسے حیات کی مسکراہٹ یاد آ رہی تھی۔ وہ مسکراہٹ، جو طنز سے بھری ہوئی تھی۔

......*

کھانے کی میز پر سب لوگ خاموشی سے کھانا کھا رہے تھے۔ زہران کا دھیان کہیں اور تھا۔ وہ حیات کے بارے میں سوچ رہا تھا، اس کی وہ طنزیہ مسکراہٹ، اس کی بے باک باتیں، سب کچھ اس کے ذہن میں گھوم رہا تھا۔ انیسہ بیگم مسلسل اسے گھور رہی تھیں۔ انہیں زہران کا یوں کھویا کھویا رہنا بالکل پسند نہیں تھا۔
عمیر خاموشی سے کھانا کھا رہا تھا، لیکن اس کی نظریں بار بار زہران پر پڑ رہی تھیں۔ علشبہ اس کی طرف دیکھ رہی تھی، لیکن زہران کی توجہ اس کی طرف بالکل نہیں تھی۔ علی صاحب بھی

خاموشی سے کھانا کھا رہے تھے۔ اور وہ اپنے بزنس سے متعلق کچھ سوچ رہے تھے ۔

"زہران، تم کھانا کھا رہے ہو یا خواب دیکھ رہے ہو؟" انیسہ بیگم زہران سے مخاطب ہوئیں۔

"نہیں میں کھانا ہی کھا رہا ہوں۔" زہران نے چونک کر اور ترش لہجے میں جواب دیا۔

"تمہارا دھیان کہیں اور ہے۔" انیسہ بیگم نے طنزیہ لہجے میں کہا۔

زہران نے خاموشی اختیار کر لی۔

علی صاحب کو یہ بات ناگوار گزری انہیں یہ بلکل پسند نہیں تھا کہ کوئی زہران سے طنزیہ لہجے میں بات کرے۔

"انیسہ، زہران تھکا ہوا ہے۔" اُنہوں نے غصّے سے کہا۔

علشبہ نے زہران کی طرف دیکھ کر مسکرانے کی کوشش کی، لیکن زہران نے اس کی طرف نہیں دیکھا۔ وہ اب بھی حیات کے بارے میں سوچ رہا تھا۔ اسے سمجھ نہیں آ رہا تھا کہ وہ اس لڑکی کے بارے میں اتنا کیوں سوچ رہا ہے۔

کھانے کے بعد انیسہ بیگم اور علی صاحب کمرے میں چلے گئیں۔

علی صاحب اخبار پڑھ رہے تھے۔ انیسہ بیگم نے کرسی کھینچی اور ان کے سامنے بیٹھ گئیں۔

"علی، مجھے زہران اور علشبہ کی شادی کے بارے میں بات کرنی ہے۔"

"ہاں، بولو۔" اُنہوں نے اخبار سے نظریں ہٹائے بغیر کہا۔

"مجھے لگتا ہے کہ اب ان دونوں کی شادی کر دینی چاہیے۔ علشبہ بہت اچھی لڑکی ہے۔ اور وہ زہران کو بھی پسند کرتی ہے۔"

"انیسہ، میں زہران سے پوچھے بغیر کوئی فیصلہ نہیں کروں گا۔" اُنہوں نے اخبار بند کرتے ہوئے کہا۔

"کیا مطلب؟" انیسہ بیگم نے حیرانی سے کہا۔ "اور وہ علشبہ سے شادی کیوں نہیں کرے گا؟ وہ دونوں ایک دوسرے کے لیے بنے ہیں۔"

"انیسہ، زہران اب بچہ نہیں ہے۔ اسے اپنی زندگی کے فیصلے خود لینے کا حق ہے۔" اُنہوں نے سنجیدگی سے جواب دیا۔

"آپ ہمیشہ زہران کا ساتھ دیتے ہیں۔ آپ کو علشبہ کی کوئی فکر نہیں ہے۔" اُنہوں نے تلخ لہجے میں کہا۔

"انیسہ، علشبہ بھی میری بیٹی جیسی ہے۔ میں اس کی خوشی چاہتا ہوں۔ لیکن میں زہران پر کوئی فیصلہ مسلط نہیں کر سکتا۔" اُنہوں نے انیسہ بیگم کو نرمی سے سمجھایا۔ مگر لالچ کا بھوت اُن پر ایسا سوار تھا کہ انہیں نا تو کسی کی خوشی دکھ رہی تھی، اور نا ہی ناراضگی۔
"آپ کبھی نہیں بدلیں گے۔"
انیسہ بیگم غصے سے کمرے سے باہر چلی گئیں۔ علی صاحب نے گہری سانس لی اور دوبارہ اخبار کھول لیا۔ وہ جانتے تھے کہ انیسہ بیگم آسانی سے ہار نہیں مانیں گی۔ اور انہیں اس بات کا بھی علم تھا کہ وہ علشبہ کی شادی زہران سے کس مقصد کی وجہ سے کرنا چاہتی ہیں۔

......*

حیات کی زندگی میں آنے والے مسائل میں کچھ کمی نہیں ہو رہی تھی۔ اُس نے حمید کو انصاف تو دلا دیا تھا۔ مگر پھر بھی اُسے خوشی محسوس نہیں ہو رہی تھی۔ اب وہ لائبریری والے لڑکے کے بارے میں سوچ رہی تھی۔ اور وہ یہ جاننا چاہتی تھی کہ کیا وہ بارش والی رات والا ہی لڑکا ہے؟ اور اُسے اپنے دادا کے قتل کے بارے میں بھی پتا لگانا تھا کہ آخر اُن کا قتل کس نے کیا۔ اُسے اس بات کا علم تھا کہ اُس کے دادا کا قتل انصاف کے راستے پر چلتے ہوئے ہوا تھا۔ مگر وہ یہ نہیں جانتی تھی کہ آخر کس وجہ سے اُن کا قتل ہوا اور کس نے اُن کا قتل کیا؟ وہ یہ پتا لگانا چاہتی تھی۔ مگر اُسے سمجھ نہیں آ رہا تھا۔ کہ وہ شروعات کیسے کرے۔ پھر اُس نے اپنے پرانے گھر جانے کا فیصلہ کیا۔ جو پندرہ سالوں سے بند تھا۔
"حیات! ہم کل کہیں باہر چلے گیں۔ تم اچھا فیل کروگی۔"
"نہیں! میرا کہیں جانے کا دل نہیں کر رہا، تم چلی جانا۔ اور ویسے بھی مجھے کل اپنے پرانے گھر جانا ہے۔"
"مگر کیوں؟" نایاب نے حیرانی سے پوچھا۔
"کچھ کام ہے۔"
"تب میں بھی تمہارے ساتھ چلوں گی۔ میرا تمہارا گھر دیکھنے کا دل کر رہا ہے۔"

"ٹھیک ہے تب کل یونیورسٹی کے بعد چلیں گے۔" یہ سنتے ہی نایاب نے اپنا لیپ ٹاپ بند کر دیا۔ اور اثبات میں سر ہلایا۔
"نایاب! میں امی کے پاس جا رہی ہُوں۔ ابھی کچھ دیر میں آجاؤں گی۔" وہ جانے کے لیے کھڑی ہوئی۔
"اچھا سنو! جلدی آ جانا ۔" نایاب نے ایک بار پھر اپنا لیپ ٹاپ کھولا اور اس پر اپنی نظریں دوبارہ دوڑائی۔
حیات نایاب کے گھر کے اس کمرے سے نکلی جہاں وہ دونوں بیٹھی باتیں کر رہی تھیں۔ کمرہ مدھم روشنی میں ڈوبا ہوا تھا اور نایاب اپنے لیپ ٹاپ پر کچھ کام کر رہی تھی۔ حیات نے دروازہ آہستہ سے بند کیا اور راہداری میں قدم رکھا۔ اور پھر باہر جانے کے لیے دروازہ کھولا۔
وہ تھوڑی پریشان تھی، اس کے ذہن میں لائبریری والے لڑکے اور اس کے دادا کے قتل سے متعلق سوالات گھوم رہے تھے۔ اس نے دروازہ پر دستک دی۔ اسماء بیگم نے دروازہ کھولا۔ وہ اپنے گھر میں داخل ہوئی۔ گھر میں خاموشی چھائی ہوئی تھی، ہر طرف مدھم روشنی پھیلی ہوئی تھی۔ اُنہوں نے دروازہ بند کیا اور حیات کے پیچھے چلنے لگیں۔
"کیسے آج ماں کی یاد آگئی؟" اُنہوں نے طنزیہ لہجے میں حیات کے پیچھے چلتے ہوئے کہا۔
"امی! آج میں بہت پریشان ہوں، اسلئے پلیز! آپ آج تو مجھے طنز نا کریں۔"
"اچھا ٹھیک ہے نہیں کرتی۔ چایے بنا دوں؟"
"نہیں! مجھے چایے نہیں پینی۔ مجھے آپ سے ضروری بات کرنی ہے۔"
"کیا بات ہے بولو؟" اُنہوں نے حیات کو دیکھا۔ جس کی چہرے سے یہ صاف پتا لگ رہا تھا کہ وہ بہت پریشان ہے۔
"امی! دادا جان کا قتل کیوں ہوا تھا؟" اسماء بیگم کو جیسے ایک کرنٹ لگا۔ اُنہوں نے کبھی یہ سوچا بھی نہیں تھا کہ حیات اُن سے یہ سوال کرے گی۔
"کس نے کہا تم سے؟ کہ تمھارے دادا کا قتل ہوا تھا۔" اُنہوں نے بات کو سنبھالنے کی کوشش کی ۔
"امی! شاید آپ بھول رہی ہیں کہ میں اُس وقت وہاں موجود تھی۔" حیات نے انہیں یاد دلاتے ہوئے کہا۔

"اُن کی کسی سے ذاتی دشمنی رہی ہوگی؟ مجھے نہیں پتا ہے کہ اُن کا قتل کیوں ہوا اور کس نے کیا؟" اس بار وہ بہت گھبرائی ہوئی لگ رہی تھیں۔ حیات کو یہ اندازہ ہو گیا تھا کہ وہ اُس سے جھوٹ بول رہی ہیں۔

حیات اُن کی گود میں اپنا سر رکھ کر لیٹ گئی۔ اُنہوں نے حیات کے سر پر اپنا ہاتھ پھیرتے ہوئے کہا۔ "بیٹا! یہ زندگی ہمیں ایک بار ملتی ہے۔ اور ہمیں اس کی قدر کرنی چاہیے۔"

حیات نے نظریں اٹھا کر انہیں دیکھا۔ پھر نظریں نیچے کر لیں۔ وہ سمجھ گئی تھی کہ وہ اُسے کچھ نہیں بتائیں گی۔ کچھ دیر کمرے میں خاموشی رہی۔ پھر حیات نے کہا۔

" امی! میں کل اپنے پرانے گھر جاؤں گی۔"

" تم پاگل ہو گئی ہو؟" اُنہوں نے غصّے سے کہا۔ "اور شاید تمہیں یاد نہیں کہ تمہاری وجہ سے ہم نے وہ گھر چھوڑا تھا۔"

"مجھے سب یاد ہے اور میں تھک چکی ہوں۔ اپنے ڈر سے بھاگتے بھاگتے۔ آپ میری کیفیت نہیں سمجھ رہیں۔ مجھے رات کو نیند نہیں آتی۔ صبح کو چین نہیں ملتا۔ میں خود سے ہی پریشان ہو گئی ہوں۔ مجھے سمجھ نہیں آرہا آخر میں چاہتی کیا ہوں؟ نا میرا جینے کا دل کر رہا ہے اور نا مرنے کا۔"

اب حیات کی باتیں انہیں اور پریشان کر رہی تھیں۔ اُنہوں نے حیات کو دیکھا پھر کہا۔

"بیٹا میں چاہتی ہوں تم پھر سے وہی حیات بن جاؤ، جو پہلے تھی۔ میری آنکھیں ترس گئی ہیں اپنی پرانی حیات کو دیکھنے کے لیے۔ میرے کان ترس گئے ہیں تُمہاری الٹی سیدھی باتیں سننے کے لیے۔ میں نے کبھی چاہا ہی نہیں تھا کہ تم اتنی سمجھدار ہو جاؤ کہ خاموش ہو جاؤ۔ مجھے میری وہی حیات واپس چاہیے۔ جو بائیس سال کی ہونے کے باوجود بھی پانچ سال کے بچوں کی طرح زندگی گزارتی تھی۔" وہ رونے لگیں، اُن کی آنکھوں سے آنسوں بے اختیار بہہ رہے تھیں اور حیات کے رخسار پر گر رہے تھے۔ اُس نے ایک بار پھر نظریں اٹھا کر دیکھا تو اسماء بیگم رو رہی تھیں۔

"امی! آپ رونا بند کریں۔ میں ایسا کچھ بھی نہیں کروں گی جس سے آپ کو تکلیف ہو۔ بس کچھ ادھورے کام ہیں جو مجھے پورے کرنے ہیں۔ اُس کے بعد میں وہ ساری باتیں مانوں گی جو آپ کہیں گی۔"

حیات نے اُن کا چہرہ دیکھتے ہوئے وعدہ کیا۔ "اور آپ تو جانتی ہیں، حیات اپنی جان دے سکتی ہے مگر وعدہ خلافی نہیں کر سکتی۔"
حیات کی باتوں سے اُنہیں کچھ ہمّت ملی اور اُنھوں نے اپنا آنسوں صاف کرتے ہوئے کہا۔
"بیٹا! تم مجھے سب سے زیادہ عزیز ہو۔ اور میں تمہیں کھونا نہیں چاہتی۔ اور اب میں نے تمہاری شادی کرنے کا فیصلہ کیا ہے۔" یہ سنتے ہی حیات کو جیسے جھٹکا لگا وہ جیسے کچھ پل کے لیے سانس لینا بھول گئی۔
"امی! آپ کو پھر میری شادی کا بھوت سوار ہو گیا۔" اُس نے غصّے سے کہا اور پھر اٹھ کر جانے لگی۔
"کہاں جا رہی ہو؟" اُنہوں نے اُس کے پیچھے آتے ہوئے پوچھا۔
"کہیں بھی جاؤ لیکن لوٹ کر یہیں آنا ہے۔ اور اگر آپ نے میری شادی کی بات دوبارہ کی، تو میں کبھی لوٹ کر نہیں آؤں گی۔"
"اچھا ٹھیک ہے نہیں کروں گی اب تُمہاری شادی کی بات۔ اور کب تک تم نایاب کے گھر رہو گی۔ اب اپنے گھر واپس آجاؤ۔"
"جب نایاب کے پیرینٹس واپس آجائیں گے، تب میں بھی واپس آجاؤں گی۔ اور تب تک کے لیے پلیز! مجھے سکون سے جینے دیں۔"
حیات نایاب کے گھر واپس آئی تو اس کا دل بہت بوجھل تھا۔ اور اس کی پریشانیاں کم ہونے کے بجائے بڑھ گئی تھیں۔
اُس نے کمرے کا دروازہ دھیرے سے کھولا اور کمرے میں داخل ہو گئی۔ نایاب بیڈ پر بےخبر سو رہی تھی۔ وہ بھی دبے پاؤں صوفے پر آکر بیٹھ گئی۔ کچھ دیر تک وہ ایسے ہی بیٹھی رہی۔ پھر وہ وضو کرنے کے لیے واشروم گئی۔ اور اُس نے اچھے سے وضو کیا اور نماز پڑھنے کے لیے کھڑی ہو گئی۔ جب ہمارے دل کو سکون نا ملے تو ہمیں اپنے رب سے سکون کی طلب کرنا چاہیے۔ بیشک وہ ہی سکون دینے والا ہے۔

کیوں دل میں چھائی ہے یہ اداسی کی گھٹا؟
کیوں ہر سانس لگتی ہے جیسے کوئی سزا؟
کیوں وقت سے شکایت، کیوں تقدیر سے جنگ؟
کیوں روح ہے زنجیروں میں، کیوں ہے دل تنگ؟

کیا رب کی رحمت پہ تیرا یقین نہیں رہا؟

کیا اُس کے کرم کا تُو نے کبھی ذکر نہ سُنا؟
وہی تو ہے جو تھام لے پل بھر میں ہاتھ،
جو کر دے اندھیروں میں بھی روشنی کی بات۔

وہ کہہ دے "ہو جا"، تو کائنات بدل جائے،
جو تقدیر کے پنّوں کو لمحے میں پلٹائے۔
تو پھر کیوں گرتا ہے، کیوں اتنا تھک گیا؟
وہی تو ہے جو تیرے درد میں بھی چھپ گیا۔
(فلک آسیہ)

✷ • • • ✷ • • • ✷

حیات اپنی پرانی یادوں میں کھوئی ہوئی تھی، اس کا دل اس گھر کی طرف کھینچا چلا جا رہا تھا جہاں اس نے اپنا بچپن گزارا تھا۔ پندرہ سال سے بند پڑا وہ گھر اُسے آج بھی بہت یاد آتا تھا۔ اس نے فیصلہ کیا کہ وہ آج وہاں ضرور جائے گی۔

گاڑی سے اتر کر اس نے گھر کے بند دروازے پر نظر ڈالی۔ زنگ آلود تالا اور گرد آلود کھڑکیاں ماضی کی خاموش گواہی دے رہی تھیں۔ اس نے تالے کو چُھوا، اس کی انگلیاں ماضی کی دھول میں ڈوب گئیں۔

دروازہ کھول کر وہ اندر داخل ہوئی۔ گھر کے اندر سکوت طاری تھا، جیسے وقت وہیں تھم گیا ہو۔ فرنیچر پر جمی گرد اور مکڑیوں کے جالے ویرانی کی داستان سنا رہے تھے۔ حیات نے کمرے کمرے میں گھوم کر اپنے بچپن کی یادوں کو تازہ کیا۔

وہ اس کمرے میں گئی جہاں وہ بیٹھ کر پڑھائی کیا کرتی تھی۔ اس نے اس کھڑکی کو دیکھا جہاں سے وہ چاند کو دیکھا کرتی تھی۔ وہ اس باغ میں گئی جہاں اس نے اپنے دادا کے ساتھ کھیلا تھا۔ ہر چیز اسے اپنے ماضی کی طرف لے جا رہی تھی۔

اچانک اس کی نظر ایک پرانی تصویر پر پڑی۔ تصویر میں وہ اپنے والدین اور دادا کے ساتھ کھڑی تھی۔ اس کی آنکھوں میں آنسو آ گئے۔ اس نے تصویر کو سینے سے لگایا اور پھوٹ پھوٹ کر رونے لگی۔

نایاب اُس کے پاس کھڑی اُسے دیکھ رہی تھی۔ وہ سمجھ سکتی تھی کہ حیات کس تکلیف سے گزر رہی ہے۔
وہ اپنے دادا کے کمرے میں گئی۔ اُس کمرے میں جہاں سے اُس کی بہت ہی دردناک یادیں جڑی تھیں۔
اس رات حیات صرف سات سال کی تھی اور اپنے دادا کے کمرے میں سو رہی تھی، لیکن وہ گہری نیند میں نہیں تھی۔ اس نے اپنے دادا کو سفید کرتا پہنے ہوئے دیکھا، اور پھر جو کچھ ہوا، وہ اس کے معصوم ذہن پر ایک گہرا زخم چھوڑ گیا۔
رات کے سناٹے میں، حیات نے کچھ عجیب آوازیں سنیں۔ وہ ڈر گئی، اس نے دیکھا کہ کچھ لوگ کمرے میں داخل ہوئے، اور پھر اندھیرے میں کچھ چمکتا ہوا نظر آیا۔ اس سے پہلے کہ وہ کچھ سمجھ پاتی، اس نے اپنے دادا کے کرتہ پر خون دیکھا۔ سفید کرتہ خون سے سرخ ہو گیا تھا۔
یہ منظر اتنا خوفناک تھا کہ حیات کی چیخ نکل گئی۔ وہ اپنے دادا کے قریب بھاگی، لیکن تب تک بہت دیر ہو چکی تھی۔ اس کے دادا زمین پر گرے ہوئے تھے، اور ان کے کرتے پر خون کے دھبّے تھے۔
حیات اس منظر کو کبھی نہیں بھول سکی۔ سفید کرتہ پر خون کے دھبے اس کی آنکھوں کے سامنے ہمیشہ رہتے تھے۔
اس رات کے بعد، حیات کو Leukophobia (سفید رنگ سے خوف) کا مرض لاحق ہو گیا۔ وہ سفید رنگ سے ڈرنے لگی۔ سفید کرتہ، سفید دیواریں، سفید چادریں، ہر سفید چیز اسے اس رات کی یاد دلاتی تھی۔ وہ رات اس کے لیے ایک ڈراؤنا خواب بن گئی تھی، جس سے وہ کبھی نہیں جاگ سکتی تھی۔
حیات کے والد نے اسے ڈاکٹر کے پاس لے جانے کی بہت کوشش کی، لیکن کوئی فائدہ نہیں ہوا۔ حیات کا خوف اس کے دل میں گہرا ہو گیا تھا۔ وہ جانتی تھی کہ وہ اس وقت تک ٹھیک نہیں ہو سکتی جب تک کہ وہ اپنے دادا کے قاتلوں کو بے نقاب نہ کرے۔
اس رات کے خوفناک منظر نے حیات کو ایک مضبوط اور باہمت لڑکی بنا دیا۔ ہماری کمزوری اور ہماری طاقت دونوں کا ماضی سے گہرا تعلق ہوتا ہے۔

اُس کے ہاتھ پیر کانپ رہے تھے۔ وہ منظر اُس کی آنکھوں کے سامنے ایک بار پھر رقص کر رہے تھے۔ اُس نے اپنی آنکھیں بند کی اور خیال کو جھڑکا اور پھر اُس کمرے سے باہر چلی گئی۔
اُس نے ایک الماری دیکھی، اور اُسے یہ سوچ کر کھولا کہ شاید اُسے کچھ کام کی چیز مل جائے جو اُسے اُس کے دادا کے قاتلوں تک پہنچنے میں مدد کرے۔ اُسے ایک میڈیکل رپورٹ ملی۔ اور اُس نے اُسے کھول کے دیکھا تو اُس میں مریض کا نام رضیہ صدیقی تھا۔ جب کہ اُس نے اپنی خاندان میں کبھی کسی کا نام رضیہ سنا ہی نہیں تھا۔ اُس نے رپورٹ کو اپنے بیگ میں ڈالا اور پھر گھر سے نکلنے کے لئے تیار ہوئی۔
"نایاب! اب ہم چلتے ہیں۔ بہت دیر ہو گئی ہے۔" اُس نے نایاب سے کہا۔ اور پھر زنگ آلود تالے کو اٹھایا اور اُسے بند کر دیا۔ اب بھی اُس کے دماغ میں ایک ہی بات تھی کہ آخر رضیہ صدیقی کون ہیں؟ اور اُس کے گھر والوں نے اُسے کیوں اُن کے بارے میں کچھ نہیں بتایا۔
"حیات! کن خیالوں میں کھوئی ہوئی ہو۔" نایاب نے اُس سے پوچھا۔
"کچھ نہیں یار بس ایسے ہی۔"
"چلو رائل کیفے چلتے ہیں۔ میرا کافی پینے کا دل کر رہا ہے۔"
"نہیں یار! گھر چلتے ہے مجھے کچھ اچھا نہیں لگ رہا۔"
"حیات پلیز! چلو نا۔ نایاب کے اصرار کرنے پر وہ کیفے جانے کے لیے تیار ہو گئی۔
رائل کیفے کا ماحول ہمیشہ کی طرح پُرسکون اور نفیس تھا۔ در و دیوار پر کلاسیکل آرٹ کے فریم، لکڑی کی خوشبو اور لیمپ کی مدھم روشنی ایک عجیب سا سحر بکھیر رہی تھی۔ ہلکی ہلکی موسیقی فضاء میں تیر رہی تھی۔ جیسے ہی حیات اور نایاب کیفے کے اندر داخل ہوئیں، باہر کی دنیا کی ساری الجھنیں کچھ لمحوں کے لیے کہیں پیچھے رہ گئیں۔
"یہاں آ کر دل کو سکون سا ملتا ہے، ہے نا؟" نایاب نے مسکرا کر کہا۔
"شاید..." حیات نے دھیمے لہجے میں جواب دیا۔
اُن دونوں نے ایک میز پر بیٹھ کر کافی کا آرڈر دیا۔ وہ باتیں کر رہی تھیں کہ اچانک حیات کی نظر غیر اِرادی طور پر ایک میز پر پڑی جہاں زہران بیٹھا ہوا تھا۔

زہران اکیلا بیٹھا کافی پی رہا تھا اور اس کے چہرے پر گہری سوچ کے آثار تھے۔ حیات نے اسے دیکھا۔ وہ زہران کو دیکھ کر تھوڑی پریشان ہوگئی۔ کیوں کہ اسے اُس کی موجودگی بہت ناگوار گزرتی تھی۔
نایاب نے حیات کو پریشان دیکھ کر پوچھا، "کیا ہوا حیات؟ تم پریشان کیوں ہو؟"
"پریشان نہیں ہوں۔ بس کسی کو دیکھ کر موڈ خراب ہو گیا۔" اُس نے زہران کی طرف اشارہ کرتے ہوئے کہا۔
"اوہ! تو زہران بھی یہاں ہے۔ مجھے لگتا ہے ہمیں اُسے بھی کمپنی دینی چاہیے۔"
"مجھے نہیں لگتا کہ ہمیں اس سے بات کرنی چاہیے۔"حیات نے تیز لہجے میں کہا۔
"کیوں نہیں؟ وہ ایک اچھا لڑکا ہے اور میرا کزن بھی ہے۔"
"مجھے اس سے بات کرنے میں کوئی دلچسپی نہیں ہے۔" حیات نے لاپرواہی سے کہا۔
نایاب نے حیات کو سمجھانے کی کوشش کی، لیکن حیات اپنی بات پر قائم رہی۔ وہ زہران سے بات نہیں کرنا چاہتی تھی۔
کچھ دیر بعد، زہران کی نظر بھی اُن دونوں پر پڑی ۔ لیکن اُس نے انہیں اگنور کرنے کی کوشش کی کیوں کہ وہ پچھلے کچھ دنوں سے حیات کے بارے میں جو کچھ محسوس کر رہا تھا۔ وہ نہیں چاہتا تھا کہ ایسا کچھ ہو۔ وہ دونوں بلکل ایک انجان شخص کی طرح ایک دوسرے کو اگنور کر رہے تھے۔
وہ دونوں کافی پینے میں مصروف تھیں۔ تبھی حیات کی نظر لائبریری والے لڑکے پر پڑی۔ حیات نے اُس لڑکے سے بات کرنے کی کوشش کی، جیسے ہی وہ اُس لڑکے کے کچھ قریب گئی۔ وہ لڑکا کیفے سے باہر جانے لگا۔
"ہیلو مسٹر!" حیات نے آواز دی ۔ اُس کی آواز پر وہ لڑکا پلٹا۔ اُس نے اپنے سن گلاسیز اُتار کر حیات کو دیکھا۔ حیات نے خود کو ایک کالے رنگ کی بڑی سی چادر میں ڈھانپا ہوا تھا۔
"جی بولئے کیا کام ہے آپ کو۔" اُس نے حیات کی طرف دیکھتے ہوئے کہا۔

"ہم لائبریری میں ملے تھے۔ آپ کو یاد ہوگا؟" حیات نے اُسے یاد دلانے کی کوشش کی۔

"جی مجھے یاد ہے۔ اور آپ نے بری طرح میری تھوڑا بے عزتی بھی کی تھی۔" اُس نے حیات کو شرمندہ کرنے کے انداز میں کہا۔

"میں لائبریری والی بات پر آپ سے معذرت کرنا چاہتی تھی۔ مجھے آپ سے اس طرح بات نہیں کرنی چاہیے تھی۔"

"It's okay میں نے مائنڈ نہیں کیا۔ اور اب مجھے چلنا چاہیے۔ میرے فرینڈز میرا انتظار کر رہے ہیں۔" اُس نے سن گلاسیز لگایا اور کیفے سے باہر نکل گیا۔ زہران بیٹھا سب کچھ دیکھ رہا تھا۔ وہ اپنے کافی کے کپ کو گھور رہا تھا، لیکن اس کی نظریں حیات اور اس لڑکے پر مرکوز تھیں۔

"کہیں یہی تو حیات کا بوائے فرینڈ نہیں؟ مگر حلیہ دیکھ کر تو نہیں لگ رہا تھا کہ وہ ایک چھوٹے سے گھر میں رہتا ہوگا۔ اور کہیں حیات اور اس لڑکے کا آپس میں کوئی سین تو آن نہیں ہے۔" اُس نے سوچا پھر اپنے خیال کو جھڑکا۔ "نہیں، نہیں، یہ نہیں ہو سکتا!" زہران نے اپنے دانت پیستے ہوئے سوچا۔

اس نے اپنی کافی کا کپ زور سے ٹیبل پر رکھا اور اٹھ کھڑا ہوا۔

"مجھے حیات سے بات کرنی چاہیے۔" وہ زیر لب بڑبڑآیا۔

لیکن پھر اسے احساس ہوا کہ وہ کیا کر رہا ہے۔ وہ ایک کیفے میں تھا، اور وہ ایک لڑکی کے لیے پاگلوں کی طرح برتاؤ کر رہا تھا۔ اس نے اپنے آپ کو شرمندہ محسوس کیا۔

"میں جیلس ہو رہا ہوں؟ وہ بھی ایک لڑکی کے لئے؟ نعوذ باالله۔" وہ خود بڑبڑایا۔

"میں تو صرف یہ دیکھ رہا تھا کہ حیات کس قسم کے لوگوں سے ملتی ہے۔ اور ویسے بھی، وہ لڑکا تو حیات سے اجنبیوں کی طرح بات کر رہا تھا"

حیات آکر پھر نایاب کے پاس بیٹھ گئی۔ اُس کے چہرے پر ایک کشش تھی جو کوئی بھی دیکھ سکتا تھا۔ اُس کی آنکھوں میں ایک الگ ہی چمک تھی جو ہر کسی کو دکھ سکتی تھی۔ آج بہت دنوں کے بعد وہ خوش نظر آئی تھی۔ نایاب اُس کو دیکھے جا رہی تھی اور حیات مسکرائے جا رہی تھی۔ اور زہران جلے جا رہا تھا۔

✱・・・✱・・・✱

وہ غصّے میں اسماء بیگم کے کمرے میں کرسی پر آ کر بیٹھ گئی۔ اُس کے پیر ہلکے سے ہل رہے تھے۔ اُس کی پریشانی اور بے چینی کو ظاہر کر رہے تھے۔ وہ اپنے بیڈ پر بیٹھی کپڑے سمیٹ رہی تھیں۔
"امی! رضیہ صدیقی کون ہے؟" حیات نے سوالیہ لہجے میں پوچھا۔
"یہ تم نئی نئی خبریں کہاں سے لے کر آجاتی ہو۔" اُنہوں نے دفاعی لہجے میں جواب دیا۔
"نئی نئی خبریں نہیں۔ بلکہ ایک اور سچ جو آپ لوگ مجھ سے چھپا رہے ہیں۔"
"ہم تم سے کچھ نہیں چھپا رہیں۔" اُنہوں نے نظریں چراتے ہوئے کہا۔
"جب آپ کچھ چھپا نہیں رہیں ، تو نظریں کیوں چرا رہی ہیں۔ اب بھی میرا سوال وہی ہے۔ اور میں جواب لیے بنا یہاں سے نہیں جاؤں گی۔"
"اس سوال کا جواب تمہیں تمہارے بابا دیں گے۔" اس بار وہ اٹھ کر وارڈ روب کی طرف چلی گئیں۔
"مجھے آپ سے اس سوال کا جواب چاہیئے۔" اُس نے اپنی گردن کو ہلکا سا موڑ کر انہیں دیکھا۔
"میرے پاس تمہارے سوالوں کا جواب نہیں ہے۔" اس بار اُنہوں نے خفا ہونے کے انداز میں کہا۔
آپ کے پاس میرے سارے سوالوں کے جواب ہیں۔ یہ الگ بات ہے کہ آپ دینا نہیں چاہتی۔" اُس نے انہیں کے انداز میں جواب دیا۔
"میں تمہارے سوالوں کے جواب دینا چاہتی ہوں مگر دے نہیں سکتی۔" وہ بیڈ پر آکر بیٹھ گئیں۔
"ایسی بھی کیا مجبوری امی، جو آپ سچ بولنے سے گھبرا رہی ہیں۔ اور میں آپ کو ایک سچ بات بتاؤں۔ مجھے تو اب ایسا لگتا ہے کہ آپ لوگ میرے والدین ہے ہی نہیں۔ یہ بھی ایک سچ ہوگا جو آپ لوگوں نے مجھ سے بائیس سال سے چھپایا ہوگا۔" حیات نے طنزیہ لہجے نے کہا۔
"کیا بکواس کر رہی ہو۔ ہم نہیں ہیں تمہارے والدین تو اور کون ہے؟" اُنہوں نے اکھڑے ہوئے لہجے میں کہا۔
"مجھے یقین نہیں آتا کہ میں آپ کی اور بابا کی بیٹی ہوں۔ اسلئے آپ لوگ ہمیشہ مجھ سے کوئی نا کوئی بات چھپاتے ہیں۔ آخر کیوں؟ کیوں

نہیں بتاتے آپ لوگ مجھے سچ ، یہاں ہر کوئی اپنے سینے میں ہزار راز چھپائے بیٹھا ہے۔ گھٹن نہیں ہوتی امی آپ کو۔ سانس لینے میں پروبلم بھی نہیں ہوتی۔" حیات نے حقارت کہا اور پھر جانے کے لئے پلٹی۔

اسماء بیگم نے اُس کا ہاتھ پکڑ لیا، کیوں کہ انہیں یہ احساس ہو رہا تھا کہ اب وہ سچ چھپانے کی وجہ سے اپنی بیٹی سے دور ہو رہیں ہیں۔

"تمہاری پھوپھی کا نام رضیہ صدیقی ہے۔"

"کیا پھوپھی؟" اُس نے یقین نا آنے والے انداز میں کہا۔

"ہاں..... تُمہاری پھوپھی کا نام ہے۔" اُنہوں نے ایک بار اپنی بات پھر دہرائی۔

"اس وقت وہ کہاں ہیں؟"

"کیا مطلب کہاں ہیں۔ اُن کی موت ہو گئی ہے۔" اس بات پر حیات کو شک ہوا۔ اور اُس نے اُن سے پھر سوال کیا۔

"اُن کی موت کب ہوئی ؟"

"جب وہ بارہ سال کی تھی۔" اُن کے اس جواب پر حیات نے انہیں بے یقینی سے دیکھا۔ اور اپنے ہاتھ کو اپنے چہرے پر پھیرا۔

"وہ چوبیس سال کی عمر میں کیا قبر میں بیمار ہو گئی تھیں۔" حیات نے طنز کیا۔

"کیا مطلب ہے تمھارا" اُنہوں نے غصّے سے کہا۔

"مطلب صاف ہے وہ چوبیس سال کی عمر میں ہاسپٹل میں ایڈمٹ تھیں۔ اور اُن کا پورے ایک مہینے تک علاج چلا تھا۔ تو آپ مجھ سے جھوٹ کیوں بول رہی ہیں؟"

"اب میں تمہیں کچھ نہیں بتاؤں گی۔ اب اگر کچھ اور جاننا ہے تو اپنے باپ سے جا کر پوچھ لو۔"

"امی آپ لوگ مجھ سے سچ کیوں چھپاتے ہیں۔ کیا ملتا ہے آپ لوگوں کو مجھ سے جھوٹ بول کر۔ اور جہاں تک رہی بات پھوپھی کے بارے میں پتا لگانے کہ تو میں پتا لگا ہی لوں گی۔ آخر سچ کب تک چھپ سکتا ہے۔ وہ غصّے میں تیزی سے کمرے سے باہر نکل گئی۔

لباسِ بناوٹ میں کردار چھپاتے ہیں،
خوشبو نہ ہو، تو عطر چھڑکاتے ہیں۔
کہیں سچ بول دیا تو مجرم بن گئے،

یہاں جھوٹ ہی سب کو بادشاہ بناتے ہیں۔

(فلک آسیہ)

✷۔۔۔✷۔۔۔✷

چند دن پہلے کیفے میں حیات کو اس لڑکے سے بات کرتے دیکھ کر زہران کے اندر ایک عجیب سی بے چینی پیدا ہو گئی۔ اسے سمجھ نہیں آ رہا تھا کہ وہ اتنا بے چین کیوں ہو رہا ہے؟

وہ لان میں بیٹھا کتاب پڑھ رہا تھا۔ اچانک اُسے کیفے والا سین یاد آیا۔ وہ غصے سے بھرا ہوا اپنے کمرے میں چلا گیا اور دروازہ زور سے بند کر دیا۔ اس نے کمرے میں ادھر ادھر ٹہلنا شروع کر دیا، اس کا چہرہ غصے سے تمتما رہا تھا۔

"یہ حیات کو کیا ہو گیا ہے؟" وہ خود سے بڑبڑایا۔ "وہ اس لڑکے سے اتنی بے تکلفی سے کیسے بات کر سکتی ہے؟"

اس نے اپنی مُٹھی بھینچ لی اور دیوار پر زور سے مُکا مارا۔ "مجھے اس لڑکے کے بارے میں سب کچھ جاننا ہوگا۔ وہ کون ہے؟ حیات سے اس کا کیا تعلق ہے؟"

اس نے کمرے میں ادھر ادھر دیکھا۔ اس کا دل غصے اور حسد سے جل رہا تھا۔

"مجھے سمجھ نہیں آ رہا کہ مجھے اتنا غصہ کیوں آ رہا ہے؟ وہ اس قابل تو نہیں ہے کہ اُس کے بارے میں سوچا جائے۔ یا اُس کے لیے خود کو تکلیف پہنچائی جائے۔ اُس نے اپنے ہاتھ پر لگے زخم کو دیکھا۔

"میں نا چاہتے ہوئے بھی کیوں اُس کے بارے میں سوچ رہا ہوں۔ وہ اس قابل نہیں ہے۔"

"فار گاڈ سیک زہران! اُس کے بارے میں سوچنا چھوڑ دو" وہ چلّایا۔ اور اپنے ہاتھوں سے اپنے بالوں کو کھینچنے لگا۔

"اب مجھے سمجھ آیا میں کیوں اُس کے بارے میں اتنا سوچ رہا ہوں؟ میں تو بس اُس کی حفاظت کرنا چاہتا ہوں۔ اور میں نہیں چاہتا کہ کوئی اسے نقصان پہنچائے۔ کیوں کہ اگر اُسے نقصان پہنچے گا تو احسن انکل کو تکلیف ہوگی۔ اور اگر احسن انکل کو تکلیف ہوگی تو بابا کو تکلیف ہوگی کیوں کہ وہ بابا کے جگری یار ہیں۔ اور اگر بابا

کو تکلیف ہوگی تو مجھے تکلیف ہوگی۔ واؤ زہران....یو آر جینئس (you are genius)۔" وہ زیر لب بڑبڑایا۔
اچانک، اس نے اپنے کمرے کا دروازہ کھلنے کی آواز سنی۔ اس نے دیکھا کہ ماہرا کمرے میں داخل ہو رہی ہے۔
ماہرا نے زہران کو غصے میں دیکھتے ہی پوچھا۔
"بھائی، کیا ہوا؟ آپ اتنے غصے میں کیوں ہیں؟"
زہران نے ماہرا کو دیکھا اور اس کے چہرے پر ایک ہلکی سی مسکراہٹ آئی۔ "کچھ نہیں ، تم بتاؤ کیا کام ہے؟"
"آپ کو بابا ڈرائنگ روم میں بلا رہے ہیں۔"
"تم چلو ...میں آتا ہوں۔"
زہران کو علی صاحب نے ڈرائنگ روم میں بلایا۔ علی صاحب کچھ دنوں سے زہران سے بزنس کے معاملات پر بات کرنا چاہتے تھے، لیکن زہران کی عدم دلچسپی کی وجہ سے وہ بات نہیں کر پا رہے تھے۔ آج انہوں نے زہران کو سختی سے بلایا۔
زہران ڈرائنگ روم میں داخل ہوا تو علی صاحب صوفے پر بیٹھے کچھ کاغذات دیکھ رہے تھے۔ انہوں نے زہران کو دیکھا اور اسے بیٹھنے کا اشارہ کیا۔ زہران خاموشی سے کرسی پر بیٹھ گیا۔
علی صاحب نے کاغذات کو ایک طرف رکھا اور زہران سے کہا،
"زہران، مجھے تم سے کچھ ضروری بات کرنی ہے۔"
"جی بابا بولئے۔"
"میں دیکھ رہا ہوں کہ تم بزنس میں بالکل بھی دلچسپی نہیں لے رہے ہو۔ تم جانتے ہو کہ یہ خاندانی کاروبار ہے اور ایک دن تمہیں اسے سنبھالنا ہے۔"
زہران نے خاموشی اختیار کر لی۔ وہ جانتا تھا کہ علی صاحب کیا کہنا چاہتے ہیں۔
"تمہاری عمر اب ذمہ داری لینے کی ہے۔ مجھے امید ہے کہ تم میری بات سمجھو گے۔"اُنہوں نے تحمّل سے کہا۔
زہران نے اثبات میں سر ہلایا۔
علی صاحب نے زہران کے ہاتھ پر چوٹ کے نشان کو دیکھا۔
"یہ کیا ہے؟" اُنہوں نے قدرے تشویش سے پوچھا۔
"وہ.......وہ اصل میں دروازہ بند کرتے وقت چوٹ لگ گئی۔"

دروازہ بند کرتے وقت تو ایسی چوٹ نہیں لگتی۔ خیر.....میں نے جو کہا ہے اُس پر غور کرنا۔ اور ہاں...وقت پر چوٹ پہ مرہم لگ جائے تو بہتر ہوتا ہے۔ ورنہ ہلکی سی چوٹ بھی ناسور بن جاتی ہے۔"
"اوکے بابا" اُس نے سر جھکاتے ہوئے مختصر سا جواب دیا۔ اور پھر تیزی سے کمرے سے نکل گیا۔ اُس کے انداز سے یہ ظاہر تھا کہ وہ گفتگو کو جلد ختم کرنا چاہتا تھا۔

......*

باہر یخ بستہ ہوا کھڑکی سے ٹکرا رہی تھی۔ کمرے میں ہیٹر کی مدھم روشنی پھیلے دھندلے سائے بنا رہی تھی۔ زہران کی نظریں دیوار پر پڑیں، جہاں ایک دھندلی پرچھائی لرز رہی تھی۔
یہ پرچھائی اسے کسی مانوس وجود کی یاد دلا رہی تھی۔ ایک چھوٹی سی بچی، جس کی چمکتی آنکھیں اور معصوم مسکراہٹ تھی۔ زہران نے آنکھیں میچ لیں، یادوں کے مناظر اس کی آنکھوں کے سامنے رقص کرنے لگے۔
ایک چھوٹا سا ہاتھ، جو اس کے برف جیسے ٹھنڈے ہاتھ کو تھامے ہوئے تھا۔ ایک میٹھی آواز، جو اس کے کانوں میں رس گھول رہی تھی۔ ایک ننھی سی پرچھائی، جو اُسے دیکھ رہی تھی۔
آگ کی لپٹیں، دھوئیں کی گھٹا، اور ایک چیخ... زہران نے آنکھیں کھول دیں، اور وہ نیند سے جاگ گیا اس کا دل تیزی سے دھڑک رہا تھا۔ وہ خواب اب ٹوٹ گیا مگر وہ پرچھائی اب بھی دیوار پر لرز رہی تھی، جیسے اسے بلا رہی ہو۔
اس نے آنکھیں بند کر لیں، اور وہ مناظر ایک بار پھر اس کی آنکھوں کے سامنے رقص کرنے لگے۔ ایک چھوٹی سی بچی، جو اس کی طرف دیکھ کر مسکرا رہی تھی۔
"بھائی..." اس نے سرگوشی کی۔
زہران نے ایک بار پھر آنکھیں کھول دیں، اس کی آنکھوں میں آنسو تھے۔ وہ جانتا تھا کہ وہ پرچھائی کون تھی؟
باہر تیز ہواؤں کی سرسراہٹ اور خاموشی چھائی ہوئی تھی۔ اس کا دل اب بھی دھڑک رہا تھا اور اس کے ماتھے پر پسینے کی بوندیں تھیں۔

اس نے کمرے میں ادھر ادھر دیکھا۔ دیوار پر پڑنے والی پرچھائی اب غائب ہو چکی تھی۔ زہران نے اٹھ کر کھڑکی کھولی، اور اُس نے باہر دیکھا، گلی میں صرف برف اور دھند تھی۔
برفیلے ہوا کے جھونکے نے کمرے میں پھیلے دھندلے سایوں کو مزید گہرا کر دیا۔ اوس کی بوندیں کھڑکی سے ٹکرا رہی تھیں۔
باہر اوس سے ڈھکی ہوئی سڑکیں اور درخت نظر آ رہے تھے۔ رات کی خنکی اور اوس نے منظر کو اور بھی پر اسرار بنا دیا تھا۔ سڑکوں پر مدھم روشنی پھیل رہی تھی، جو اوس کی وجہ سے مزید دھندلی ہو گئی تھی۔ درختوں کی شاخوں پر اوس کی بوندیں موتیوں کی طرح چمک رہی تھیں۔
اس نے گہری سانس لی اور اپنے آپ کو پرسکون کرنے کی کوشش کی۔ نیند سے بیزار ہونے کے بعد وہ کچن کی طرف چلا گیا۔
کچن میں داخل ہوتے ہی اسے کافی کی خوشبو آئی، جو اس کے دماغ کو تروتازہ کر رہی تھی۔ اس نے کافی بنانے والی مشین میں پانی ڈالا اور کافی پاؤڈر شامل کیا۔ مشین کا بٹن دبا کر وہ کچن کے کاؤنٹر پر ٹیک لگا کر کھڑا ہو گیا۔ باہر اوس سے ڈھکی ہوئی سڑکیں اور درخت نظر آ رہے تھے، اور صبح کی مدھم روشنی کچن میں پھیل رہی تھی۔
کافی پینے کے بعد زہران نے سوچا کہ وہ آج کچھ وقت اپنی پسندیدہ کتابوں کے ساتھ گزارے گا۔ اسے کتابوں سے ایک خاص لگاؤ تھا، وہ انہیں صرف الفاظ کا مجموعہ نہیں بلکہ ایک الگ دنیا سمجھتا تھا۔ اس کے لیے کتابیں صرف معلومات کا ذریعہ نہیں تھیں، بلکہ وہ اس کے لیے سکون اور تنہائی کا بہترین ساتھی تھیں۔
وہ کچن سے نکل کر اپنے اسٹڈی روم میں داخل ہوا۔ یہ کمرہ اس کے گھر کا سب سے پرسکون اور پسندیدہ حصہ تھا۔ چاروں طرف اونچی اونچی کتابوں کی الماریاں تھیں، جن میں ہر موضوع کی کتابیں سلیقے سے رکھی ہوئی تھیں۔ کمرے کے وسط میں ایک بڑی سی لکڑی کی میز تھی، جس پر کچھ کتابیں اور کاغذات پھیلے ہوئے تھے۔ کمرے میں مدھم روشنی پھیلی ہوئی تھی، جو پڑھنے کے لیے بالکل مناسب تھی۔
زہران نے ایک الماری سے اپنی پسندیدہ ناول نکالی۔ اس نے کتاب کو پیار سے چھوا اور میز پر بیٹھ گیا۔ اس نے کتاب کھولی اور پڑھنا شروع کر دیا۔

کتاب پڑھتے ہوئے زہران ایک الگ ہی دنیا میں کھو گیا۔ اسے محسوس ہوا جیسے وہ کتاب کے کرداروں کے ساتھ سفر کر رہا ہے۔ وہ ان کے دکھ سکھ میں شریک ہو رہا تھا۔ کتاب کے الفاظ اس کے ذہن میں تصویروں کی طرح چلنے لگے۔

کتاب پڑھتے ہوئے زہران کبھی کبھار خود سے بھی باتیں کرتا۔ اسے اپنی کتابوں کے کرداروں سے باتیں کرنے کی عادت تھی، وہ ان سے سوال پوچھتا، ان کے جوابات کا اندازہ لگاتا اور ان کے ساتھ اپنی رائے کا اظہار کرتا۔

"یہ کردار اتنا بے وقوف کیوں ہے؟" وہ کتاب کے ایک کردار کے بارے میں بڑبڑایا۔ "اسے معلوم ہونا چاہیے کہ وہ غلط کر رہا ہے۔"

پھر وہ مسکرایا اور بولا، "لیکن شاید یہی انسانی فطرت ہے۔ ہم سب غلطیاں کرتے ہیں۔"

اس نے کتاب کا صفحہ پلٹا اور پڑھنا شروع کیا۔ تھوڑی دیر بعد، اس نے پھر بولا، "یہ رائٹر کتنا ذہین ہے۔ اس نے اس کردار کو کتنی خوبصورتی سے پیش کیا ہے۔"

وہ کتاب کے ایک جملے پر رکا اور اسے دہرایا، "واہ، کیا الفاظ ہیں۔ یہ جملہ تو دل کو چھو گیا۔"

زہران کتاب پڑھتے ہوئے اپنی دنیا میں مگن تھا۔ اسے محسوس ہوا جیسے وہ کتاب کے کرداروں کے ساتھ بات چیت کر رہا ہے۔ وہ ان سے سیکھ رہا تھا، ان سے متاثر ہو رہا تھا اور ان کے ساتھ ہنس رہا تھا۔

کچھ دیر بعد، اس نے کتاب بند کی اور کھڑکی سے باہر دیکھا۔ باہر اوس سے ڈھکی ہوئی سڑکیں اور درخت نظر آ رہے تھے۔ اس نے گہری سانس لی اور مسکرایا۔ کتابیں اس کے لیے ایک بہترین فرار تھیں۔ وہ اسے حقیقی دنیا کی پریشانیوں سے دور لے جاتی ہیں۔ اسے معلوم تھا کہ کتابیں اسے سکون دیتی ہیں۔

کاغذ کی مہک، روشن لفظوں کا جمال،
یہ سب خواب سا لگتا ہے، دھندلا خیال۔
صدیوں کے بعد شاید کوئی پھر سے کہے،
کتابوں سے عشق تھا، وہ کتنا کمال!

(فلک آسیہ)

✷ . . . ✷ . . . ✷

حیات کئی دنوں سے اُس لڑکے کے بارے میں معلومات حاصل کرنا چاہتی تھی۔ وہ کیفے میں اُس سے بات کرنا چاہتی تھی مگر اُن کی بات نہیں ہو پائی۔
حیات نے جیسے ہی لائبریری میں قدم رکھا، اس کی نگاہیں خود بخود اس لڑکے کو ڈھونڈنے لگیں۔ وہ ایک کونے میں میز پر جھکا کتاب پڑھ رہا تھا۔ حیات نے دل میں ایک گہری سانس لی اور اس کی طرف بڑھی۔ جیسے ہی وہ اس کے قریب پہنچی، لڑکے نے نظریں اٹھا کر اسے دیکھا۔
حیات نے اس کے سامنے والی کرسی پر بیٹھتے ہوئے ہلکی سی مسکراہٹ دی، "ہیلو۔"
لڑکے نے جواب میں ایک دھیمی مسکراہٹ دی اور پھر اس کی آنکھوں میں گہری نظروں سے دیکھنے لگا۔ حیات کو اس کی نظروں میں ایک عجیب سی چمک محسوس ہوئی، جیسے وہ اس کے اندر جھانک رہا ہو۔ اس کی نظروں میں ایک سوال تھا، ایک تجسس، جو حیات کے دل کو چھو رہا تھا۔
حیات نے محسوس کیا کہ اس کے دل کی دھڑکن تیز ہو رہی ہے۔ اس نے لڑکے کی آنکھوں میں دیکھا، اور اسے لگا جیسے وہ کسی گہرے سمندر میں ڈوب رہی ہے۔
"تم یہاں؟" لڑکے نے ہلکی سی مسکراہٹ کے ساتھ کہا۔
"ہاں، کچھ کتابیں دیکھنے آئی تھی۔" حیات نے اپنی نظریں ہٹاتے ہوئے جواب دیا۔
لیکن اس کا دھیان کتابوں پر نہیں تھا۔ وہ لڑکے کی طرف دیکھ رہی تھی، اس کی ہر حرکت کو محسوس کر رہی تھی۔ اس کے دل میں ایک عجیب سی بے چینی تھی، ایک ایسی کیفیت جو اس نے پہلے کبھی محسوس نہیں کی تھی۔
"تم پریشان لگ رہی ہو۔" لڑکے نے پھر اس کی طرف دیکھتے ہوئے کہا۔
"مجھے کچھ بات کرنی ہے آپ سے۔"

لڑکے نے اپنی کتاب بند کی اور حیات کی طرف متوجہ ہوا۔ "میں سن رہا ہوں۔"

"آپ کا کیا نام ہے؟"

"فراز۔" اُس نے ایک لفظہ جواب دیا۔ "اور آپ کا" اُس نے جواب کے فوراً بعد پوچھا۔

"حیات۔" کچھ دیر دونوں خاموش رہیں۔

آپ یہاں اکثر آتے ہیں؟" حیات نے ہلکی سی مسکراہٹ کے ساتھ کہا۔

"ہاں، جب بھی وقت ملتا ہے، آ جاتا ہوں؟" مگر آپ یہ سوال کیوں پوچھ رہی ہیں؟"

"پہلے آپ کو کبھی دیکھا نہیں اس لیے۔"

"اوہ! دراصل میں ابھی کچھ دنوں پہلے ہی کینیڈا سے آیا ہوں۔ اور مجھے کتابیں پڑھنا پسند ہے۔ اس لیے میں یہاں آ جاتا ہوں۔ میرا ایک دوست ہے جو اسی یورنیورسٹی میں پڑھتا ہے۔ اس لیے میں نے اس یونیورسٹی کا انتخاب کیا۔ ویسے کیا آپ کو بھی کتابیں پڑھنا پسند ہے؟" اُس نے کتابیں سے نظریں ہٹا کر حیات کو دیکھا۔

"میں بھی کبھی کبھار لائبریری آ جاتی ہوں۔ خاص طور پر جب کوئی دلچسپ کتاب پڑھنی ہو۔"

"آپ کو بھی کتابیں پڑھنے کا شوق ہے؟"

"شوق تو خیر... بس وقت گزارنے کا بہانہ ہے۔" حیات نے ہلکی ہنسی کے ساتھ جواب دیا۔

آپ کو کون سی کتابیں پسند ہیں؟" فراز نے تجسّس سے پوچھا۔

"مجھے سسپنس اور تھرلر پسند ہیں۔ اور آپ کو؟"

"مجھے فکشن اور فلسفہ پسند ہے۔" فراز نے جواب دیا۔

حیات نے تھوڑی دیر خاموش رہ کر کہا۔ "وہ جو بارش والی رات ..."

فراز نے اُس کی بات کاٹتے ہوئے "ہاں ...... ہاں اُس رات تو بہت بارش ہو رہی تھی۔

"کیا آپ نے ہی مجھے چھتری دی تھی؟" حیات نے تجسّس سے پوچھا۔ "ہاں، میں نے ہی دیا تھا۔ آپ بھیگ رہی تھیں۔" اُس نے اپنی نظریں کتابوں پر مرکوز کر لی۔

حیات کو جیسے اپنے کانوں پر یقین نہیں آ رہا تھا کہ جو کچھ اُس نے سنا کیا وہ سچ ہے۔ اُسے جس شخص کی تلاش اتنے عرصے سے تھی وہ اُس کی آنکھوں کے سامنے بیٹھا ہے۔
"سوری اینڈ تھینک یو! (sorry and thank you!) اُس نے ایک ہی سانس میں کہہ ڈالا۔
"سوری اینڈ تھینک یو! مگر کیوں؟" اُس نے نظریں اٹھا کر حیات کو دیکھا۔
"اُس رات میں نے آپ سے بدتمیزی کی تھی اس لیے سوری۔ اور آپ نے میری مدد کی اس لیے تھینک یو!"
"اٹس اوکے! میں نے آپ کی باتوں کو مائنڈ نہیں کیا تھا۔ اور آپ کو تھینک یو بولنے کی ضرورت نہیں ہے۔ یہ میرا فرض ہے اور اگر آپ کی جگہ کوئی اور ہوتا تب بھی میں اُس کی مدد کرتا۔"
"میں نے جیسا آپ کو سوچا تھا۔ آپ اُس سے کئی زیادہ اچھے انسان ہیں۔ اور آج کے دور میں کہاں ایسے انسان ملتے ہیں۔" حیات کی آنکھوں میں اُس کے لیے تعریف تھی۔
"ہم اتنے اچھے ہوتے نہیں ہیں۔ جتنا لوگوں کی اچھی نظریں ہمیں بنا دیتی ہیں۔"
اُس کی باتیں پر حیات اُسے بے اختیار دیکھتی رہی اور وہ پھر سے اپنی کتابوں کو پڑھنے میں مصروف ہو گیا۔ حیات اُس کے پاس کتاب لے کر بیٹھی رہی اور کتاب کا ورق پلٹتے ہوئے وہ اُسے دیکھ رہی تھی۔ فراز نے نظر اُٹھا کر اُسے دیکھا وہ اب بھی اُسے دیکھ رہی تھی جیسے ہی اُس کی نظر فراز کی آنکھیں پر پڑی اُس نے اپنی نظریں جھکا لیں۔ اُس نے اپنی آنکھیں بند کر کے تین مرتبہ لاحول پڑھا اور پھر وہ وہاں سے اٹھ کر جانے کے لیے کھڑی ہوئی۔
"کچھ دیر اور بیٹھ جائیے۔" فراز نے اُس سے اصرار کیا۔ وہ اُس کے اصرار کرنے پر وہاں بیٹھ گئی۔ وہ دونوں ایک دوسرے سے باتیں کرنے لگے۔ فراز نے ایک بار پھر نظریں اٹھا کے اُسے دیکھا۔ فراز کا اُسے اس طرح دیکھنا اُسے پسند نہیں آیا۔ جب کی وہ اُس سے پہلے دن سے ہی محبت کرتی تھی۔ مگر اُس وقت اُسے اُس کی نظروں نے پریشان کیا۔

اتنی دیر میں وہ دونوں ایک دوسرے کے بارے میں بہت کچھ جان چکے تھے۔ حیات کے لیے آج بہت خوشی کا دن تھا۔ کیوں کہ اُسے اتنے عرصے سے جس شخص کی تلاش تھی وہ آج اُسے مل گیا تھا۔
اتنی لمبی گفتگو کے بعد حیات کو جیسے احساس ہوا کہ اُس کا انتخاب غلط نہیں۔ اُس نے جیسا اُس شخص کے بارے میں سوچا تھا وہ اُس سے کئی گنا زیادہ اچھا تھا۔
اُس میں وہ ساری خوبیاں تھی جو اسے ایک انسان میں چاہئے تھی۔
کچھ دیر کی گفتگو کے بعد فراز نے کہا۔
"میں اب چلتا ہوں کیوں کہ ظہر کی نماز کا وقت ہو گیا ہے اور میں مسجد میں وقت سے پہلے جانا پسند کرتا ہوں۔" اُس کی ان باتوں نے حیات کے دل میں موجود تھوڑے سے خدشے کو بھی ختم کر دیا۔ وہ اپنے اس فیصلے کو لے کر اب پرسکون ہو گئی۔ "کم از کم یہ سلیم جیسا دھوکے باز تو نہیں۔" اُس نے اپنے من میں سوچا۔
فراز وہاں سے اٹھ کر جا چکا تھا۔ مگر حیات اب بھی وہاں بیٹھی اُسی کے بارے میں سوچ رہی تھی۔

......*

"نایاب میں بارش والے لڑکے سے ملی۔ اُس کا نام فراز ہے۔"
"کیا سچ میں وہ بارش والا لڑکا تھا؟" اُس نے حیرت سے چایے کا کپ ٹیبل پر رکھتے ہوئے پوچھا۔
"ہاں....." اُس نے نایاب کی طرف دیکھا اور ایک ہلکی سے مسکراہٹ کے ساتھ جواب دیا۔
"تو کیسا لڑکا ہے وہ؟"
"میری اور تُمہاری سوچ سے کئی گنا زیادہ اچھا ہے۔ اور تو اور نماز کا پابند بھی ہے۔ کوئی بری عادت بھی نہیں ہے۔ جیسا منہ پر ہے ویسا ہی پیٹ پیچھے بھی ہے۔ اور مجھے پسند ہے۔"
"اتنا سب کچھ جان گئی ایک ہی ملاقات میں۔ مجھے تو سہی نہیں لگ رہا۔" اُس نے چایے میں پھونک مارتے ہوئے کہا۔
"بعض دفعہ کسی کو جاننے کے لیے پوری عمر بھی کم پڑ جاتی ہے۔ اور کبھی کبھی ایک لمحہ بھی کافی ہوتا ہے۔"
"تمہاری یہ کتابی باتیں مجھے سمجھ نہیں آتی۔ خیر.....تو اب تم نے کیا فیصلہ کیا ہے۔"

میں نے ابھی کوئی فیصلہ نہیں کیا ہے۔
تو کیا تم اُس سے محبت نہیں کرتی؟ نایاب نے چایے کا ایک سپ لیتے ہوئے کہا۔
"کرتی ہوں یار! اس میں کوئی شک نہیں ہے۔"
"میں وہی پوچھ رہی ہوں حیات۔ تم نے اب آگے کیا سوچا ہے؟"
"مطلب میں کچھ سمجھی نہیں"
"میرا مطلب ہے کہ تم نے شادی کے بارے میں کیا سوچا ہے؟"
"شادی" حیات نے حیرت سے کہا۔
"ہاں شادی۔"
"تم پاگل ہو گئی ہو کیا۔ میں ابھی شادی نہیں کرنا چاہتی اور ویسے بھی میں وکیل بننے کے بعد ہی شادی کے بارے میں سوچوں گی۔ اور میری فراز سے اس بارے میں کوئی بات نہیں ہوئی ہے۔" اُس نے سنجیدگی سے کہا۔
تم نے فراز سے پوچھا کہیں وہ کسی اور سے....." حیات نے اُس کی بات کاٹ دی۔
"نہیں یار! مجھے نہیں لگتا کہ ایسا کچھ ہوگا کیوں کہ وہ کچھ دن پہلے ہی کینیڈا سے اپنی پڑھائی مکمل کر کے آیا ہے۔ اور اگر ایسا کچھ ہوا تو میں خود ہی پیچھے ہٹ جاؤں گی۔" اس بار وہ سنجیدہ ہو گئی۔ "تمھارے گھر والے تو تمہاری شادی کرنا چاہتے ہیں۔ تمہیں یاد ہے کس طرح تمھارے بابا نے تمھاری شادی سلیم کے ساتھ طے کردی تھی۔ پھر کتنی مشکل سے تمھاری جان اُس سے چھوٹی۔"
"ہاں..یار ..... یاد ہے۔ اور تمہیں پتا ہے اُس دن جب میں گھر گئی تب بھی امی میری شادی کی بات کر رہی تھیں۔ فلحال تو میں نے غصّہ دکھا کر اُنہیں خاموش کر دیا۔ مگر وہ زیادہ وقت تک خاموش نہیں رہیں گی۔" اب وہ صوفے سے اٹھ کر بیڈ پر جا کر بیٹھ گئی۔
نایاب بھی اُس کے پیچھے چلی آئی اور اُس نے بیڈ پر پیر لٹکا کر بیٹھتے ہوئے کہا۔ "تو اب کیا کرنا ہے؟"
"فلحال مجھے یہ بتاؤ جو رپورٹ میں نے تمہیں دی تھی۔ اُس سے کچھ پتا چلا۔"
"ہاں.....وہ رپورٹ بہت پرانی ہے اور میں نے اُس ہاسپٹل میں پتا کیا ہے۔ جہاں کی رپورٹ ہے۔ وہ کہہ رہے ہیں کہ پتا لگانا مشکل ہے مگر وہ کوشش کریں گے۔ اور ویسے بھی ہاسپٹل میں مریض کی

پوری جانکاری لے کر ہی ایڈمٹ کرتے ہیں۔ تو کچھ نا کچھ پتا چل ہی جائے گا۔ "

"ویسے اگلے ہفتے انکل آنٹی آ رہے ہیں نا؟" اُس نے سوالیہ لہجے میں پوچھا۔

"ہاں..... آ رہے ہیں۔ مگر میں تمہیں جانے نہیں دوں گی۔"

"مجھے اب جانا ہوگا کیوں کہ بہت دن ہو گیا گھر چھوڑے۔ اور تمہارا بہت شکریہ تم نے میرے مشکل وقت میں میرا ساتھ دیا۔"

دوست اسی لیے ہوتے ہے کہ وہ مشکل وقت میں اپنے دوست کے کام آ سکے۔ اور جو مشکل وقت میں کام نا آئے پھر وہ دوست کہلانے کا حق کھو دیتے ہیں۔"

"اچھے دوست خدا کی خاص نعمت ہوتے ہیں۔ اُس نے بستر پر لیٹتے ہوئے کہا اور پھر آنکھیں بند کر لی۔

"ویسے حیات آنٹی کو کب بتاؤ گی فراز کے بارے میں ۔ نایاب کی اس بات پر حیات نے آنکھیں کھول کر اُسے دیکھا۔

"کیا ہوا ایسے کیوں دیکھ رہی ہو۔" نایاب نے حیرت سے پوچھا۔

"یہی دیکھ رہی ہوں کہ تم کتنی جلدی جلدی آگے بڑھ رہی ہو۔ ابھی میں امی کو کچھ نہیں بتاؤں گی۔ پہلے فراز کی طرف سے بات صاف ہو جائے پھر کچھ سوچوں گی کہ امی کو کیسے بتاؤں۔ ابھی صرف تمہیں بتایا ہے اور کسی کو نہیں۔" اُن سے سنجیدگی سے کہا۔

"اوہ! چلو اب دیکھتے ہیں کہ آگے کیا ہوتا ہے؟"

"تمہارے یا میرے چاہنے سے کیا ہوگا۔ ہوگا وہی جو منظورِ خدا ہوگا۔" اُس نے ہاتھ بڑھا کر سائڈ ٹیبل پر رکھا لیمپ بند کر دیا۔ اور اپنی آنکھوں پر اپنا بازوں رکھ لیا۔

نایاب بھی اُس کے پاس لیٹ گئی۔ اور کمبل سے چہرے کو ڈھک لیا۔

"نایاب" اُس نے ہاتھ سے نایاب کو اٹھایا۔

"ہاں بولو" نایاب نے اپنے چہرے سے کمبل ہٹا کر کہا۔

"آیت الکرسی پڑھ کر سونا فرشتے حفاظت کریں گے۔" اُس نے ایک بار پھر اپنا بازو اپنی آنکھ پر رکھ لیا۔

"اوکے بوس۔" پھر نایاب نے آیت الکرسی پڑھی اور اپنے چاروں طرف پھونک ماری اور پھر کمبل اوڑھ لیا۔

......*

حیات نایاب کے ساتھ کتابوں کی دکان میں داخل ہوئی۔ حیات کی نظر زہران پر پڑی۔ وہ دکان کے ایک کونے میں کھڑا کتابوں کی شیلف کا جائزہ لے رہا تھا۔ حیات نے اسے دیکھا، اور اس نے بھی حیات کو دیکھا، لیکن فوراً نظریں پھیر لیں۔
زہران نے جان بوجھ کر حیات کو نظر انداز کیا، جیسے وہ اسے دیکھنا ہی نہیں چاہتا تھا۔ حیات کو اس کی یہ حرکت بالکل پسند نہیں آئی، لیکن اس نے دکھاوا کیا کہ اسے کوئی فرق نہیں پڑتا۔
"چلو، اس شیلف پر دیکھتے ہیں۔ شاید ہمیں کچھ اچھی کتابیں مل جائیں۔" نایاب نے حیات سے کہا۔
حیات نے ہاں میں سر ہلایا۔ اور نایاب کے ساتھ شیلف کی طرف چل پڑی۔ جیسے ہی وہ زہران کے قریب سے گزریں، نایاب نے زہران کو آواز دی۔
"ارے زہران، تم بھی یہاں ہو؟" نایاب نے خوشگوار لہجے میں کہا۔
زہران نے پلٹ کر نایاب کو دیکھا اور مسکرایا۔ "ہاں، میں کچھ کتابیں دیکھنے آیا تھا۔"
نایاب نے حیات کی طرف اشارہ کرتے ہوئے کہا " حیات بھی میرے ساتھ ہے۔"
زہران نے حیات کو دیکھا، لیکن اس کی نظروں میں کوئی گرمجوشی نہیں تھی۔
"چلو، ہم سب مل کر کتابیں دیکھتے ہیں۔" نایاب خواہش ظاہر کی۔
تینوں مل کر کتابوں کی شیلف کا جائزہ لینے لگے۔ زہران نایاب سے باتیں کرتا رہا، لیکن اس نے حیات کو بالکل نظر انداز کیا۔ حیات کو اس کی یہ حرکت مزید ناگوار گزری، لیکن اس نے خاموش رہنا ہی مناسب سمجھا۔
کتابوں کی دکان میں ماحول خاموش تھا، سوائے شیلفوں پر سرسراتی کتابوں کے اور کبھی کبھار کسی کے قدموں کی آہٹ کے۔ حیات اور زہران ایک دوسرے کے قریب سے گزرے، لیکن ان کے درمیان کوئی بات نہیں ہوئی۔ ان کی نظریں ضرور ایک دوسرے سے ٹکرائیں، لیکن ان میں کوئی گرمجوشی نہیں تھی۔
حیات زہران کو دیکھ کر دل ہی دل میں سوچ رہی تھی، "یہ کتنا مغرور اور بدتمیز ہے۔ اسے لگتا ہے کہ یہ دنیا کی سب سے ہینڈسم

مرد ہے۔" اسے زہران کی ہر حرکت ناگوار گزر رہی تھی۔ اس کی نظروں میں زہران ایک برا انسان تھا۔
زہران بھی حیات کو دیکھ کر سوچ رہا تھا، "یہ کتنی ضدی اور انا پرست ہے۔ اسے لگتا ہے کہ یہ سب سے بہتر ہے۔" اسے حیات کی ہر بات بری لگ رہی تھی۔ اس کی نظروں میں حیات ایک ناقابل برداشت شخصیت تھی۔
ان دونوں کے درمیان کوئی خاص بات نہیں ہوئی، لیکن ان کی خاموش نگاہیں بہت کچھ کہہ رہی تھیں۔ وہ ایک دوسرے کو دیکھ رہے تھے، لیکن ان کی نظروں میں نفرت اور ناپسندیدگی تھی۔ وہ ایک دوسرے کو برا انسان سمجھ رہے تھے، اور ان کے درمیان کسی دوستانہ گفتگو کی کوئی امید نہیں تھی۔
کچھ دیر بعد، حیات نے ایک کتاب اٹھائی اور اسے دیکھنے لگی۔ زہران بھی ایک کتاب اٹھا کر پڑھنے لگا۔ وہ دونوں ایک دوسرے کو نظر انداز کرنے کی کوشش کر رہے تھے، لیکن ان کی نظریں بار بار ایک دوسرے سے ٹکرا رہی تھیں۔
کتابوں کی دکان میں ہلکی ہلکی خوشبو پھیلی ہوئی تھی، پرانی جلدوں کی مہک اور نئے چھپے کاغذ کی تازگی۔ شیلفوں پر کتابوں کی قطاریں کسی خاموش فوج کی طرح کھڑی تھیں، ہر کتاب ایک الگ دنیا، ایک الگ کہانی۔ حیات، نایاب اور زہران، تینوں مختلف سمتوں میں بکھرے ہوئے تھے، ہر کوئی اپنی پسند کی کتابوں میں مگن۔
حیات ایک اونچی شیلف کے سامنے کھڑی تھی، اس کی نظریں سب سے اوپر رکھی ایک جلد پر جمی ہوئی تھیں۔ وہ پیروں کی انگلیوں پر کھڑی ہو کر کتاب تک پہنچنے کی کوشش کر رہی تھی، لیکن کتاب اس کی پہنچ سے ذرا دور تھی۔ اس نے ایک لمبی سانس لی اور ایک بار پھر کوشش کی، لیکن اس بار بھی ناکام رہی۔
"تھوڑی مدد چاہیے؟" زہران کی آواز اس کے کانوں میں گونجی۔
حیات نے چونک کر پلٹ کر دیکھا۔ زہران اس کے پیچھے کھڑا مسکرا رہا تھا۔
"نہیں، شکریہ،" حیات نے جھنجھلا کر کہا۔ "میں خود کر لوں گی۔"
اس نے پھر سے کتاب تک پہنچنے کی کوشش کی، اپنے پیر کی انگلیوں پر زور دیتے ہوئے اُس نے کتابوں تک پہچنے کی دوبارہ کوشش کی۔ لیکن اس بار اس کا ہاتھ پھسل گیا اور شیلف پر رکھی

کچھ کتابیں لڑکھڑانے لگیں۔ حیات نے گھبرا کر اپنی آنکھیں بند کر لیں۔

زہران نے فوراً حرکت میں آتے ہوئے حیات کی طرف ہاتھ بڑھایا اور لڑکھڑاتی کتابوں کو گرنے سے بچا لیا۔ اس نے ایک لمحے کے لیے حیات کی آنکھوں میں دیکھا۔ حیات کی آنکھوں میں خوف اور حیرت کے ملے جلے تاثرات تھے۔

"آر یو اوکے؟" زہران نے پوچھا، اس کی آواز میں ہلکی سی تشویش تھی۔

حیات نے ایک گہری سانس لی اور کہا، "ہاں، شکریہ۔"

اسی لمحے نایاب بھی وہاں آ گئی۔ اور اُس نے حیات سے چلنے کو کہا۔

حیات نے نایاب کی طرف دیکھا۔ اس کے دل میں ایک عجیب سی بے چینی تھی، ایک ایسا احساس جس کی وضاحت کرنا مشکل تھا۔

تینوں کتابوں کی دکان سے باہر نکلے۔ "میں تم دونوں کو گھر چھوڑ دیتا ہوں۔" زہران نے نایاب کی طرف دیکھتے ہوئے کہا اور پھر کچھ قدم آگے بڑھا۔

"ہاں، چلو۔" نایاب نے خوشی ظاہر کی۔

"نہیں، شکریہ۔ میں خود چلی جاؤں گی۔"

زہران نے مڑ کر پیچھے دیکھا اور حیات سے مخاطب ہوا "کیوں؟"

"مجھے کچھ کام ہے۔" حیات نے جواب دیا۔

"کیا کام ہے آپ کو محترمہ ؟"

"تمہیں جاننے کی ضرورت نہیں ہے۔" حیات نے اکھڑے لہجے میں کہا۔

"تم ہمیشہ ضد کیوں کرتی ہو۔ آخر تمھارے ساتھ پروبلم کیا ہے۔" زہران نے غصّے سے کہا۔

"کیونکہ میں ضدی ہوں۔ اور میں تمہیں جواب دہ نہیں ہوں۔"

حیات کا جواب سن کر زہران غصّے سے آگے بڑھ گیا۔ اور اُس نے اپنا سنگلاسیز نکال کر لگا لیا۔ اور ڈرائیونگ سیٹ پر جا کر بیٹھ گیا۔

نایاب وہاں کھڑی دونوں کی بحث سن رہی تھی۔

"پلیز یار! ضد چھوڑ دو۔ اور میرے ساتھ گھر چلو۔ اگر وہ ہمیں گھر ڈراپ کر دے گا تو کون سا قیامت آ جائے گی۔ تمہیں خدا کا واسطہ ہے میرے ساتھ گھر چلو۔" نایاب نے التجانہ لہجے میں کہا۔

حیات نے نایاب کو دیکھا اور اُس کے ساتھ آگے بڑھ گئی۔
دونوں زہران کی گاڑی میں بیٹھ گئیں۔
زہران نے مسکراتے ہوئے پیچھے مڑ کر حیات کو دیکھا۔ پھر ڈرائیو کرنے لگا۔
وہ سب گھر کی طرف روانہ ہو گئے۔ راستے میں، نایاب اور زہران باتیں کرتے رہے، جبکہ حیات خاموش بیٹھی رہی۔ وہ کھڑکی سے باہر دیکھ رہی تھی۔
زہران گاڑی ڈرائیو کر رہا تھا، نایاب اگلی سیٹ پر بیٹھی فون میں مصروف تھی۔ اور حیات پچھلی سیٹ پر بیٹھی ابھی بھی خاموشی سے باہر دیکھ رہی تھی۔ اس کی نظریں سڑک کے کنارے پر ٹکی ہوئی تھیں، جہاں ایک بوڑھی عورت ایک بڑی، چمکدار گاڑی کے قریب جا رہی تھی۔ عورت کے کپڑے میلے کچیلے تھے، اور اس کے چہرے پر غربت کی جھلک تھی۔ وہ بھیک مانگنے کی کوشش کر رہی تھی، لیکن گاڑی کا مالک، جو فون پر بات کر رہا تھا، اس کی طرف کوئی توجہ نہیں دے رہا تھا۔
بوڑھی عورت نے اس آدمی کو آواز دی، اور وہ غصے سے فون بند کر کے گاڑی سے باہر نکلا۔ اس نے بوڑھی عورت کو بری طرح ڈانٹا، گالیاں دیں اور پھر اسے زور سے اپنی گاڑی سے دور کرنے کے لیے دھکا دے دیا۔ بوڑھی عورت لڑکھڑا کر زمین پر گر پڑی۔ اُس آدمی کی نیت اُس عورت کو دھکا دینے کی نہیں تھی۔ وہ بس اُس عورت کو اپنی گاڑی کے پاس سے ہٹانے کی کوشش کر رہا تھا۔
حیات سب کچھ دیکھ رہی جب اُس نے اُس عورت کو زمین پر گرتے دیکھا تو اُس کا خون کھول اٹھا۔ اس نے زہران سے کہا، "گاڑی روکو، فوراً!" اس کی آواز میں غصہ اور تشویش تھی۔
"کیا ہوا؟" زہران نے حیرت سے پوچھا۔
حیات نے کچھ نہیں بتایا، بس کہتی رہی، "گاڑی روکو!" اس کی نظریں اس آدمی پر جمی ہوئی تھیں، جو ابھی تک بوڑھی عورت کو گالیاں دے رہا تھا۔
زہران نے بغیر سوال کیے گاڑی روک دی۔ حیات فوراً گاڑی سے اتری، دروازہ زور سے بند کیا اور بوڑھی عورت کی طرف دوڑی۔ وہ زمین پر بے بسی سے پڑی ہوئی تھی، اس کے چہرے پر درد اور خوف کے آثار تھے۔

حیات نے بوڑھی عورت کے پاس جا کر اسے سہارا دیا اور اٹھایا۔
"آپ ٹھیک ہیں؟" حیات نے پریشانی سے پوچھا۔
"ہاں، بیٹی، میں ٹھیک ہوں۔" بوڑھی عورت نے روتے ہوئے کہا۔
حیات نے غصے سے اس آدمی کی طرف دیکھا جو ابھی تک وہاں کھڑا تھا۔ "تمہیں شرم نہیں آتی؟ ایک بوڑھی عورت کے ساتھ ایسے سلوک کرتے ہوئے؟" حیات کی آواز غصے سے کانپ رہی تھی۔
"یہ لوگ اسی سلوک کے قابل ہیں۔" آدمی نے حقارت سے کہا۔
"تم ایک گھٹیا انسان ہو۔" اس نے اپنی آواز میں تمام تر نفرت ڈال دی۔
تبھی زہران اور نایاب بھی وہاں پہنچ گئے۔ زہران نے صورتحال کا جائزہ لیا۔ اس نے دیکھا کہ حیات بہت غصے میں ہے۔ اور بوڑھی عورت خوفزدہ ہے۔ وہ حیات کے سامنے آ کر کھڑا ہو گیا۔ نایاب نے بوڑھی عورت کو پانی پلایا اور اسے تسلی دی۔
"تمہیں معافی مانگنی چاہیے۔" زہران نے اس آدمی سے کہا۔ اس کی آواز پرسکون تھی، لیکن اس میں ایک مضبوط ارادہ تھا۔
"معافی؟ میں ان لوگوں سے معافی نہیں مانگتا۔" آدمی نے ہنس کر کہا اور پھر اس نے زہران کو حقارت سے دیکھا۔
"تمہیں مانگنی پڑے گی۔" حیات نے غصے سے کہا۔ اس کی آواز میں ایک دھمکی تھی۔
زہران نے حیات کو روکا اور خود آگے بڑھا۔ "دیکھو،" اس نے نرمی سے کہا، "یہ کوئی طریقہ نہیں ہے۔ تم نے غلط کیا ہے۔ تمہیں معافی مانگنی چاہیے۔" اس کی آواز میں دلیل اور ہمدردی تھی۔
آدمی نے زہران کو دیکھا اور پھر بوڑھی عورت کو۔ اس نے محسوس کیا کہ وہ گھرا ہوا ہے۔
"ٹھیک ہے،" "مجھے افسوس ہے۔" اس نے بے دلی سے کہا۔
بوڑھی عورت نے معاف کر دیا۔ حیات نے اسے تسلی دی اور کچھ پیسے دیے۔ پھر وہ زہران اور نایاب کے ساتھ گاڑی میں بیٹھ کر چلی گئی۔ گاڑی سڑک پر سرپٹ دوڑ رہی تھی، شام کی مدھم روشنی میں سڑک کے کنارے لگے درختوں کے سائے لمبے ہوتے جا رہے تھے۔
گاڑی میں خاموشی تھی۔ حیات کھڑکی سے باہر دیکھ رہی تھی، اس کا چہرہ اب بھی غصے اور تشویش سے تنا ہوا تھا۔
اس کا دل اس آدمی کی حرکت پر اب بھی جل رہا تھا۔ "کتنا بدتمیز اور بے حس انسان تھا،" وہ دل ہی دل میں سوچ رہی تھی۔ "ایک بوڑھی

عورت کے ساتھ ایسا سلوک کرنا... یہ لوگ انسانیت کو کیا سمجھتے ہیں؟"

اس نے زہران کی طرف دیکھا، جو گاڑی چلا رہا تھا۔ اس کا چہرہ پرسکون تھا، لیکن اس کی آنکھوں میں ایک گہری سوچ تھی۔ حیات نے سوچا، "زہران نے بالکل صحیح کیا۔ اگر وہ نہ ہوتا، تو شاید میں اس آدمی سے لڑ پڑتی۔"

حیات کو زہران کی نرمی اور سمجھداری پر حیرت ہوئی۔ وہ ہمیشہ اسے مغرور اور ضدی سمجھتی تھی، لیکن آج اس نے اس کا ایک مختلف روپ دیکھا تھا۔ "شاید میں زہران کو غلط سمجھتی تھی،" اس نے سوچا۔ "لیکن میں اسے کبھی سمجھ ہی نہیں سکی، شاید میں اس وقت اُس کے بارے میں غلط سوچ رہی ہوں" اُس نے اپنے خیالوں کو جھڑکا۔ اور پھر کھڑکی سے باہر دیکھنے لگی۔ "

اس نے حیات کی طرف دیکھا، جو کھڑکی سے باہر دیکھ رہی تھی۔ اس کا چہرہ اب بھی تنا ہوا تھا۔

اس نے گاڑی کی رفتار کم کی اور حیات سے پوچھا، "تم ٹھیک ہو؟"

حیات نے چونک کر زہران کی طرف دیکھا۔ "ہاں، میں ٹھیک ہوں۔"

"وہ آدمی واقعی بدتمیز تھا۔" نایاب بیچ میں بول پڑی۔

"ہاں، بہت بدتمیز۔" حیات نے غصّے سے کہا۔

"تم نے بالکل صحیح کیا۔ یہ امیر لوگ پتا نہیں خود کو سمجھتے کیا ہے۔ ان کی آنکھوں کے سامنے غریب تو جیسے کوئی بہت حقیر چیز ہے۔

نایاب کی اس بات پر حیات نے زہران کو دیکھا۔ زہران گاڑی کے بیک ویو مرر(Back View Mirror) میں حیات کو دیکھ رہا تھا۔ جب اُس نے دیکھا کہ نایاب کی اس بات پر حیات اُسے دیکھ رہی ہے۔ تو اُس نے حیرت سے حیات سے پوچھا۔"تم مجھے کیوں دیکھ رہی ہو۔ میں اُن لوگوں میں سے بلکل نہیں ہوں۔"

"میں تو بس...... ایسے ہی تمہیں دیکھ رہی تھی۔ حیات نے اپنی نظریں ہٹا لیں اور پھر باہر دیکھنے لگی۔

گاڑی خاموشی سے چلتی رہی۔ حیات اور زہران دونوں اپنے خیالات میں گم تھے۔ راستے میں آئس کریم کا ایک اسٹال لگا ہوا تھا زہران نے گاڑی روکی۔

"تم دونوں کو آئس کریم کھانی ہے۔" اُس نے نایاب کو دیکھتے ہوئے پوچھا۔
"ہاں ....میرے لیے پستا آئس کریم اور حیات کے چاکلیٹ آئس کریم۔" نایاب نے کہا۔
"نہیں! مجھے نہیں کھانا ہے۔ گھر چلو۔" حیات نے التجانہ لہجے میں کہا۔
"اچھا ٹھیک ہے یار گھر چلو، بعد نے کبھی۔" نایاب نے حیات کی بات پر کہا اور پھر اپنے فون میں مصروف ہو گئی۔
گاڑی نایاب کے گھر کے سامنے رکی۔ حیات اور نایاب گاڑی سے اُتری نایاب نے زہران کو شکریہ کہا۔ جب کہ حیات زہران کی طرف دیکھے بغیر ہی گھر میں داخل ہوگئی۔
زہران نے گاڑی اسٹارٹ کی اور اپنے گھر کی طرف روانہ ہوا۔
"کیسی عجیب لڑکی ہے؟ تھینک یو بولنا آتا ہی نہیں۔"
"خیر مجھے کیا۔ لیکن آج اُس نے مجھ سے جھگڑا نہیں کیا تو مجھے اچھا ہی نہیں لگ رہا۔ جیسے مجھے اس کے جھگڑے کی عادت ہو گئی ہے۔ فار گاڈ سیک زہران، تم بھی کس کے بارے میں سوچ رہے ہو۔ اُس کے بارے میں سوچنا چھوڑ دو ورنہ وہ تمہیں پاگل خانے پہنچا دے گی۔" اُس کے چہرے پر ایک مسکراہٹ نمودار ہوئی۔

......*

نایاب کے والدین گھر آگئیں تھے۔ اور حیات بھی اپنے گھر چلی گئی تھی۔ وہ اپنے کمرے میں بے خبر سو رہی تھی جب اُس کے فون کی گھنٹی بجی، حیات نے اپنا فون اٹھایا اور دیکھا کہ ایک انجان نمبر سے کال آرہی ہے۔ اس نے سوچا کہ شاید کوئی ضروری کال ہو گی، اس لیے اس نے کال اٹھا لی۔
"ہیلو، کون؟"
"حیات، میں فراز بول رہا ہوں۔"
"فراز؟ تم؟ تمہیں میرا نمبر کہاں سے ملا؟" اُس نے حیرت سے پوچھا۔
"وہ چھوڑو، میں بس تمہیں کال کرنا چاہتا تھا۔"
ٹھیک ہے، کہو کیا بات ہے؟" حیات نے تھوڑی دیر خاموش رہ کر کہا۔
"حیات، میرے والد نے میری شادی کا فیصلہ کیا ہے۔"

"کیا؟" حیات نے حیرت سے کہا۔
"ہاں، حیات۔ انہوں نے مجھ سے کہا ہے کہ اگر میں اپنی پسند کی لڑکی کا انتخاب کرتا ہوں تو ٹھیک ہے، ورنہ وہ اپنی پسند کی لڑکی سے میری شادی کر دیں گے۔"
"تو میں کیا کر سکتی ہوں؟"
"میں تم سے شادی کرنا چاہتا ہوں۔"
"کیا؟ لیکن میں ابھی شادی کے لیے تیار نہیں ہوں۔ میں اپنی پڑھائی پوری کرنا چاہتی ہوں۔"
"میں سمجھتا ہوں، حیات.....لیکن مجھے نہیں معلوم کہ میں اپنے والد کو کیسے سمجھاؤں۔ اور جہاں تک رہی بات تمھاری پڑھائی کی تو شادی بعد بھی تم اپنی پڑھائی کر سکتی ہو۔ میں تمہیں پورا سپورٹ کروں گا۔ دیکھو اگر تم شادی کے لیے ہاں نہیں کرو گی تو میرے والد میری شادی کہیں اور کر دیں گے۔ اور میں کہیں اور شادی نہیں کرنا چاہتا کیوں کہ میں تمہیں پسند کرتا ہوں۔ پلیز حیات! میری بات سمجھو۔ دیکھو ہم نکاح کر لیتے ہیں۔ اور اُس کے بعد جب تم کہو گی تب ہم رخصتی کر لیں گے ایک سال بعد یا دو سال یا تین سال بعد۔"
"میں اتنی جلدی یہ فیصلہ نہیں لے سکتی کیوں کہ ابھی ہمیں ملے صرف ایک مہینہ ہی ہوا ہے۔ اور اتنی جلدی شادی کا فیصلہ ٹھیک نہیں ہے۔"
"مجھے پتہ ہے۔ لیکن پھر بھی تم اپنے گھر والوں سے بات کرو۔ دیکھو وہ کیا کہتے ہیں۔ پھر مجھے جواب دو۔" اُس نے فون کٹ کر دیا۔
حیات فوراً بیڈ سے اُتری اور اسماء بیگم کے کمرے کی طرف چلی گئی۔
دروازے پر دستک دے کر وہ کمرے میں داخل ہوئی۔
"امی مجھے آپ سے بات کرنی ہے۔" اُس نے صوفے پر بیٹھتے ہوئے کہا۔
"ہاں بولو..کیا بات ہے؟"
"آپ لوگ ہمیشہ میری شادی کی بات کیوں کرتے ہیں؟"
"بیٹا آج کل تو ہم نے تمہاری شادی کی بات نہیں کی ہے۔ اور ویسے بھی ہر والدین کی خواہش ہوتی ہے کہ اُن کی زندگی میں وہ اپنی بیٹیوں کی شادی کر دیں۔"

"تو اگر آج کل میں آپ کے پاس کوئی اچھا رشتہ آئے گا تو آپ لوگ میری شادی کر دیں گے؟" اُس نے تجسّس سے پوچھا۔

"ہاں...تُمہارے بابا مجھ سے یہی کہہ رہے تھے۔"

"امی میں آپ کو کچھ بتانا چاہتی ہوں۔"

"بتاؤ کیا بات ہے۔" اُنہوں نے حیات کے پاس صوفے پر بیٹھتے ہوئے کہا۔

"امی میں ایک لڑکے کو پسند کرتی ہوں۔" اُس نے تھوڑا ڈرتے ہوئے بتایا، اُسے ڈر تھا کہ کہیں اُس کی بات اُنہیں بری نا لگے۔

"کیا سچ میں؟" اُنہوں نے حیرت سے کہا۔ اُن کے چہرے پر خوشی صاف ظاہر ہو رہی تھی۔ حیات نے اُن کی طرف دیکھا، اُسے اُن کے اس رویّے پر حیرت ہوئی۔

"امی کیا سچ میں آپ اس بات سے خوش ہیں؟" اُس نے حیرت سے پوچھا۔

"خوش نہیں بہت خوش ہوں کہ تمہیں کم از کم کوئی تو پسند آ گیا۔"

"امی یہ کتنی عجیب بات ہے کہ آپ خوش ہو رہی ہیں۔ ایسی باتوں پر خوش نہیں ہوا جاتا۔" اُس نے ناراضگی ظاہر کرتے ہوئے کہا۔

"تمہیں کوئی پسند ہے یہ خوشی کی بات ہے بیٹا۔ ورنہ مجھے تم سے کبھی یہ اُمّید نہیں تھی کہ تم اپنے بارے میں بھی سوچو گی۔ مجھے تو لگا کہ تمہاری پوری زندگی بس لوگوں کی مدد کرنے میں ہی گزر جائے گی۔ اور اسلام بھی ہمیں پسند کی شادی کی اجازت دیتا ہے۔ اور میں اس میں تمہارا پورا ساتھ دوں گی۔"

"کچھ دیر کمرے میں خاموشی رہی۔ حیات کو اسماء بیگم کے اس رویے پر حیرت ہوئی کیونکہ اُسے اُن سے اِس قسم کے رویّے کی توقع نہیں تھی۔

"ویسے کیا نام ہے اُس لڑکے کا؟" اُنہوں نے حیات کی طرف دیکھتے ہوئے کہا۔

"فراز!" اُس نے بے اختیار کہا۔

"کہاں رہتا ہے کیا کرتا ہے؟" اُنہوں نے اُس سے مزید سوال کئے۔

"وہ اور اُس کی پوری فیملی کینیڈا میں رہتے ہیں۔ اُس کے بابا یہاں لکھنؤ میں ہیں۔ اور وہ اُس کی شادی کرنا چاہتے ہیں جلد از جلد۔ اور اُنہوں نے فراز سے کہا ہے کہ اگر وہ اپنی پسند کی لڑکی کا انتخاب

کرتا ہے تو ٹھیک ہے ورنہ وہ اپنی پسند سے اُس کی شادی کہیں بھی کر دیں گے۔"

اسماء بیگم اُس کی ساری باتیں غور سے سن رہی تھیں۔ "تو تم نے کیا کہا اُس سے۔"

"میں نے کہہ دیا ہے کہ میں ابھی شادی نہیں کرنا چاہتی۔"

"تم پاگل ہو گئی ہو۔" وہ خفا ہوئیں۔

وہ کچھ دیر خاموش رہی۔

"امی! میں سچ میں ابھی شادی نہیں کرنا چاہتی۔"

"مگر کیوں؟"

"کیوں کہ مجھے ابھی وکیل بننا ہے۔ ابھی بہت کچھ کرنا ہے مگر شادی نہیں کرنی۔"

"حیات! اگر تم فراز سے شادی کے لیے ہاں نہیں کروگی تو تمھارے بابا تُمھاری شادی کہیں اور کر دیں گے۔ ابھی کچھ دن پہلے ہی اُن کے پاس تمہارا ایک رشتہ آیا ہے۔ اور وہ جلد ہی اس رِشتے کے لیے رضامندی دے دیں گے۔"

"تو آپ نے مجھے یہ پہلے کیوں نہیں بتایا؟" اُس نے اکھڑے ہوئے لہجے میں کہا۔

"مجھے پتا تھا تم ناراض ہو جاؤگی۔"

"امی آپ بھی حد کرتی ہیں۔" وہ سرخ چہرے کے ساتھ کمرے سے نکل گئی۔

اور اپنے کمرے میں بیڈ پر اوندھیں منھ لیٹ گئی۔ "ان لوگوں کو ہو کیا گیا ہے کوئی میری بات سننے کو تیار ہی نہیں ہے۔" وہ خود سے کہہ رہی تھی۔ دروازے پر دستک کی آواز سن کر اُس نے اپنی گردن موڑ کر دروازے کی طرف دیکھا۔

"میں اندر آسکتی ہوں ؟" نایاب اُس سے مخاطب ہوئی۔

"اجازت لینے کی ضرورت نہیں ہے۔ آ جاؤ۔"

"کیا ہوا تم غصّے میں لگ رہی ہو؟" نایاب نے بیڈ پر بیٹھتے ہوئے پوچھا۔

"غصّہ نا کروں تو اور کیا کروں؟ سب لوگوں نے میرا جینا حرام کر دیا ہے۔"

"اُف یار! مجھے تو تمہاری پریشانیاں سمجھ نہیں آتی۔ ایک جاتی ہے تو دوسری آجاتی ہے۔ اچھا یہ بتاؤ کہ اب کیا ہو گیا؟"

"فراز نے آج مجھ سے شادی کی بات کی ہے۔ اُس کے والد اُس کی شادی کرنا چاہتے ہیں۔ اُنہوں نے کہا ہے کہ وہ اپنی پسند کی لڑکی کا انتخاب کرے ورنہ وہ اپنی پسند سے اُس کی شادی کر دیں گے۔"
"یہ تو اچھی بات ہے۔ تم اُس سے کہہ دو۔ وہ اپنے والد سے تمہارا ذکر کرے۔"
"خاک اچھی بات ہے۔ مجھے ابھی شادی نہیں کرنی۔ اور تو اور بابا نے بھی امی سے کہا ہے کہ اب کوئی بھی رشتہ اگر میرے لیے آئے گا وہ فوراً ہاں کردیں گے۔"
"تو تم فراز کو شادی کے لیے ہاں کر دو ورنہ اُس کے والد اُس کی شادی دوسری جگہ کردیں گے۔ اور انکل تمھاری دوسری جگہ۔"
وہ دونوں باتیں کر رہی تھیں کہ نایاب کے فون کی رنگ بجی۔
"کس کا فون ہے؟" حیات نے پوچھا۔
"زہران کا" نایاب نے فون کی اسکرین پر نظریں جمائے ہوئے کہا۔
"ہاں...اُس سرمئی آنکھوں والے بندر کو پتا چل گیا ہوگا کہ میں تم سے بات کر رہی ہوں ۔ تو مجھے پریشان کرنے کے لئے کال کر رہا ہے۔ ویسے وہ تمہیں کال کر کیوں رہا ہے؟"
"یہ کیا بات ہوئی کزن ہے وہ میرا۔ خیریت کے لیے کال کر رہا ہوگا۔ میں بات کرکے آتی ہوں۔"
وہ کمرے سے نکل گئی۔
"ہیلو،السلام وعلیکم"
"کیسی ہو؟" دوسری طرف سے آواز آئی۔
"ٹھیک الحمداللہ۔"
"اور سب کیسے ہیں؟"
"ٹھیک ہیں۔ تم کیسے ہو؟" نایاب نے پوچھا۔
"میں بھی ٹھیک ہوں۔ اور وہ تمھاری دوست کیسی ہے؟"
"وہ بھی ٹھیک ہے۔ اُس کے والد کو پھر اُس کی شادی کا بھوت سوار ہو گیا ہے۔ اُنہوں نے کہا ہے کہ اب اگر کہیں سے بھی رشتہ آئے گا وہ اُس کی شادی کر دیں گے۔" نایاب نے ساری بات تفصیل نے بتائی۔ مگر اُس نے فراز کے بارے میں زہران کو کچھ نہیں بتایا کیوں کہ وہ جانتی تھی کہ حیات کو یہ بات پسند نہیں آئے گی۔"
"اچھا......چلو دیکھو اب کیا ہوتا ہے؟" زہران نے لمبی سانس لیتے ہوئے کہا۔ اور پھر فون بند کر دیا۔

نایاب واپس کمرے میں آگئی۔
"کیا کہہ رہا تھا وہ؟" نایاب کے کمرے میں داخل ہوتے ہی حیات نے پوچھا۔
"کچھ خاص نہیں، بس ایسے ہی خیریت لینے کے لیے۔ اور تمھارے بارے میں بھی پوچھ رہا تھا۔"
تو تم نے کیا کہا؟" اُس نے تجسّس سے پوچھا۔
"میں نے بتا دیا تمھارے بابا پھر تُمہاری شادی کرنا چاہ رہے ہیں۔"
"تم نے کیوں بتایا؟"
"میں نے سوچا ہو سکتا ہے ایک بار پھر تمہیں اُس کی مدد کی ضرورت پڑے اس لیے بتا دیا۔ اور اس سے پہلے اُس نے ہی تُمہاری جان اُس سلیم سے چھڑوائی تھی۔" اُس نے ہنستے ہوئے کہا۔
"ہاں یاد ہے اب احسان جتانے کی ضرورت نہیں ہے۔ اور ویسے بھی اُسے بہت شوق ہے ہیرو بننے کا، تو میں نے موقع دے دیا ہیرو پنتی دکھانے کا۔"
"بہت ہی ناشکری ہو تم۔"
"صرف اُس بندر کے معاملے میں۔"

✷ . . . ✷ . . . ✷

زہران اپنے کمرے میں صوفے پر بیٹھا کتاب پڑھ رہا تھا۔ اُس کی نظریں کتاب پر تھی مگر اُس کے دماغ میں ابھی بھی نایاب کی بات گھوم رہی تھی۔
"یہ لڑکی اپنے گھر والوں کو اپنے بوائے فرینڈ کے بارے نے بتا کیوں بھی دیتی۔" اُس نے سوچا۔
"ایک کام کرتا ہوں، میں اُس کے بوائے فرینڈ سے کہتا ہوں کہ وہ اپنے گھر والوں سے بات کرے۔ مگر میرے پاس اُس کا نمبر نہیں ہے۔ کوئی بات نہیں اُس کے گھر ہی چلا جاتا ہوں۔ فیس ٹو فیس بات کر لوں گا تو معاملہ اور جلدی ختم ہو جائے گا۔ مگر میں کیوں اُس کے لیے کچھ بھی کروں؟ مگر وہ بھی تو بنا مقصد لوگوں کی مدد کرتی ہے، تو میں بھی اُس کی مدد کر دیتا ہوں۔ آخر وہ میرے بابا کے جگری یار کی بیٹی ہے۔"

اُس نے کتاب کو ٹیبل پر رکھا اور گاڑی کی چابھی سائڈ ٹیبل سے اٹھا کر وہ حمید کے گھر کے لیے روانہ ہو گیا۔
دروازے پر دستک دینے کے کچھ دیر بعد حمید کی والدہ نے دروازہ کھولا۔
"ہیلو آنٹی" زہران نے اُن کے دروازہ کھولنے کے فوراً بعد کہا۔
"آپ کون بیٹا؟" اُس عورت نے پوچھا۔
"میں حیات کا کزن ہوں۔" اُسے اُس وقت کچھ سمجھ نہیں آیا کہ وہ کیا بولے اس لیے اُس نے حیات کا نام لے لیا۔
"اچھا تم حیات کے کزن ہو۔ آؤ اندر آؤ بیٹا، باہر کیوں کھڑے ہو۔" اُس عورت نے خوشی ظاہر کرتے ہوئے کہا۔
"کیا بات ہے حیات کا نام سنتے ہی گھر میں بلا لیا۔ بڑی مان جان ہے حیات کی اپنی ہونے والی سسرال میں۔" اُس نے سوچا اور پھر گھر میں داخل ہو گیا۔ وہ نظریں گھما گھما کر پورے گھر کو دیکھ رہا تھا۔ وہ بہت ہی پرانا گھر تھا جگہ جگہ اُس کی دیواروں پر درار آ گئی تھی۔
"ویسے آپ کے گھر میں کون کون رہتا ہے؟" اُس نے صوفے پر بیٹھتے ہوئے پوچھا۔
"میں اور میری بیٹی۔" اُنہوں نے سامنے رکھی کرسی پر بیٹھتے ہوئے کہا۔
"آپ کا بیٹا کہاں رہتا ہے؟"
"وہ اب اس دنیا میں نہیں رہا۔" اُن کی آواز بھرّا گئی۔
یہ سنتے ہی جیسے زہران کو کرنٹ لگا۔ "کیا؟ کب؟" اُس کی حلق سے بے اختیار نکلا۔
"کچھ مہینے پہلے ہی، اب تو سال ہونے کو آ گئے ہیں۔"
"مگر میں نے تو کچھ مہینے پہلے ہی حیات کو آپ کے گھر آتے دیکھا تھا۔" اُس نے حیرت سے کہا۔
"ہاں...میرے بیٹے کی موت کے بعد تو حیات یہاں آنے جانے لگی۔ ورنہ میں تو اُسے جانتی بھی نہیں تھی۔"
زہران کچھ دیر خاموش رہا اُسے کچھ سمجھ نہیں آ رہا تھا۔ کچھ دیر کی خاموشی کے بعد اُس نے کہا۔
"کیسے موت ہوئی آپ کے بیٹے کی؟"

"منوّر شاہ کے بیٹے کی گاڑی سے ایکسیڈنٹ ہوا تھا میرے بیٹے کا۔ اور اُس کے دوسرے دن ہی انتقال کر گیا۔"

"کیا آپ حمید کی امی ہے؟" اُس نے حیرت سے اُن کی طرف دیکھا۔

"ہاں...."

"کیا تم بھی میرے بیٹے کو جانتے تھے؟"

"نہیں....میں نے نیوز میں دیکھا تھا اور آپ کے بیٹے کے بارے میں سنا بھی تھا۔ آپ کو تو پتا ہوگا کہ رحیم شاہ کو جیل ہو گئی ہے۔"

"ہاں پتا ہے مجھے اور میں حیات کی بہت شکرگزار ہوں کہ اُس نے میرے بیٹے کو انصاف دلایا۔"

تبھی کچن سے کچھ ٹوٹنے کی آواز آئی اور حمید کی والدہ کچن کی طرف دوڑی چلی گئی۔

زہران بھی اُن کے پیچھے چلا گیا۔ دعا پانی پینے کے لیے گلاس اُتار رہی تھی۔ اور اُس کے ہاتھ سے گلاس پھسل کر فرش پر گر کر ٹوٹ گیا تھا۔

"تو یہ ہے آپ کی بیٹی؟" زہران نے دعا کی طرف دیکھتے ہوئے کہا۔

"ہاں.... اُنہوں نے فرش سے گلاس کے ٹکڑوں کو اٹھاتے ہوئے جواب دیا۔

"کس اسکول میں پڑھتی ہو؟" وہ دعا سے مخاطب ہوا۔

"میں اسکول نہیں جاتی۔" اُس نے ہچکچاتے ہوئے کہا۔

اُس نے حیرت سے حمید کی والدہ کی طرف دیکھا جو کانچ کے ٹکڑوں کو ڈسبین میں ڈال رہی تھی۔

"یہ اسکول کیوں نہیں جاتی؟" اُس نے حیرت سے پوچھا۔

"بیٹا! ہمارا پیٹ بہت مشکل سے بھرتا ہے تو میں اسے اسکول کیسے بھیجوں؟"

اُن کی آواز میں بہت ہی درد اور تکلیف چھپی ہوئی تھی۔ اُن کی بات سن کر زہران کو اُن کی تکلیف کا اندازہ ہو گیا تھا۔

"کوئی بات نہیں آنٹی، دعا کل سے اسکول جائے گی۔ اور آپ کو اس کی فیس کی ٹینشن لینے کی ضرورت نہیں ہے۔ وہ سب میں دیکھ لوں گا۔"

"شکریہ بیٹا! لیکن میں کچھ نا کچھ کر لوں گی۔ تم پریشان مت ہو۔"

"آنٹی اس میں پریشانی کی کیا بات ہے۔ دعا میری بہن جیسی ہے اور آپ نے حیات کو اپنی مدد کرنے سے تو نہیں روکا۔ تو مجھے کیوں منع کر رہی ہیں؟" اُس نے تحمّل سے کہا۔

"بیٹا! میں لوگوں کا احسان نہیں لینا چاہتی۔"

"آنٹی یہ احسان نہیں بلکہ میرا فرض ہے۔ اور آپ مجھے میرا فرض پورا کرنے دیں۔ اور آپ کل سے دعا کو اسکول بھیجے۔ کل اسکول بس دعا کو لینے آئے گی۔"

پھر وہ گھر سے نکلا اور اپنی گاڑی میں جا کر بیٹھ گیا۔ اُس عورت نے زہران کو گاڑی میں بیٹھتے دیکھا اور پھر دروازہ بند کر کے گھر کے اندر چلی گئی۔

آج اُس نے پہلی بار کسی کی مدد کی اور اُسے اپنی زندگی میں پہلی بار ایسا کر کے اچھا لگا۔

یقیناً، اللہ تعالیٰ جب چاہے، جسے چاہے اور جہاں چاہے ہدایت دے۔ مگر ہدایت کا نور اُسی دل میں اُترتا ہے جو سچائی کی طلب رکھتا ہو۔ بے شک، وہی رب ہے جو دلوں کو راہ دکھاتا ہے اور اندھیروں میں اجالا کرتا ہے۔

✷ . . . ✷ . . . ✷

زہران اپنے والد کے کمرے میں داخل ہوا، جہاں وہ اپنی میز پر بیٹھے کچھ کاغذات پر دستخط کر رہے تھے۔ زہران نے کمرے میں داخل ہو کر دروازہ بند کیا اور اپنے والد کے سامنے کرسی پر بیٹھ گیا۔

"بابا، مجھے آپ سے ایک ضروری بات کرنی ہے۔" اُس نے سنجیدگی سے کہا۔

اعلی صاحب نے کاغذات سے نظریں ہٹائیں اور اُس کی طرف دیکھا۔

"ہاں، بولو زہران، کیا بات ہے؟"

"بابا، میں شادی کرنا چاہتا ہوں،"

علی صاحب نے حیرت سے زہران کی طرف دیکھا۔ "شادی؟ لیکن تم تو ابھی تک تیار نہیں تھے شادی کے لیے؟"

"بابا، میں ایک لڑکی کو پسند کرتا ہوں، اور میں اس سے شادی کرنا چاہتا ہوں۔"

"اچھا، تو بتاؤ کون ہے وہ خوش نصیب؟" اُنہوں نے مسکراتے ہوئے پوچھا۔
"بابا میں حیات کو پسند کرتا ہوں۔"
" یہ تو اچھی بات ہے مگر"...... وہ خاموش ہو گئے۔
"کیا مگر بابا؟" اُس نے اُن کی طرف دیکھتے ہوئے کہا۔
"زہران جیسی تُمہاری حرکتیں ہیں۔ رات رات بھر گھر سے باہر رہنا۔ دوستوں کے ساتھ پارٹیاں کرنا۔ یہ سب احسن کو پسند نہیں ہے اور وہ شاید اس رشتے کے لیے نا مانے۔" اُنہوں نے تحمّل سے کہا۔
"کیا میں اتنا برا ہوں کہ کوئی باپ مجھے اپنی بیٹی نہیں دے گا؟" اُس نے اکھڑے ہوئے لہجے میں کہا۔
"نہیں ایسی بات نہیں ہے بیٹا! میں جانتا ہوں کہ تم اتنے برے نہیں ہو جتنا لوگ تمہیں سمجھتے ہیں۔ تم فکر مت کرو میں احسن سے بات کروں گا۔"
"بابا! اب بات میری پسند سے آگے بڑھ گئی ہے۔ اب وہ میری پسند نہیں بلکہ ضد بن گئی ہے۔ اور آپ تو جانتے ہیں میں اپنی ضد کا کتنا پکا ہوں۔"
وہ غصّے سے کھڑا ہوا اور کمرے سے باہر چلا گیا۔
"زہران کیا باتیں کرنے آیا تھا" انیسہ بیگم نے کمرے میں داخل ہوتے ہوئے علی صاحب سے پوچھا۔
"کچھ خاص نہیں بس ایسے ہی۔"
"تو اتنے غصّے میں کیوں گیا ہے یہاں سے؟"
"تم خود جا کر پوچھ لو مجھے پریشان مت کرو۔" اُنہوں نے فائلز ٹیبل پر رکھتے ہوئے کہا۔
"آپ ہمیشہ مجھ سے باتیں کیوں چھپاتے ہیں؟" انیسہ بیگم نے خفا ہوتے ہوئے کہا۔
"کیوں کہ تم میرے بیٹے کی دشمن ہو۔"
"آپ کا دماغ تو خراب نہیں ہو گیا۔ کیا بکواس کر رہے ہیں آپ؟" اُنہوں نے اکھڑے ہوئے لہجے میں کہا۔
"دماغ تو اُسی دن ٹھیک ہو گیا جب تم نے میرے دونوں بچوں کو آگ میں جلانا چاہا تھا۔" علی صاحب نے انہیں یاد دلانے کی کوشش کی۔
"مگر خوش قسمتی سے میرا بیٹا بچ گیا۔ مگر مجھے اب بھی اپنی ایک اولاد کھونے کا دکھ ہے۔"

"آپ جانتے ہیں میں نے ایسا کچھ نہیں کیا تھا۔ آپ کو غلط فہمی ہوئی ہے۔" اُنہوں نے اٹکتے ہوئے کہا۔ اُن کا جسم پسینے سے تر ہو گیا۔
"میں سب جانتا ہوں اور یہ بھی جانتا ہوں کہ تم میری اولاد کی ماں ہو۔ اس لیے تم آج تک میرے گھر میں ہو۔ ورنہ آج تم کہیں اور ہوتی۔"
"وہ بس ایک حادثہ تھا اور آپ مجھے اُس حادثے کا ذمےدار ٹھہرا رہے ہیں۔"
"بس کر دو جھوٹ بولنا۔ وہ چلائے اُن کی آواز بیٹھ گئی اور وہ فرش پر گر گئے۔
انیسہ بیگم نے زور زور سب کو آواز لگائی۔ انیسہ بیگم کی چیخ و پکار سے گھر میں کہرام مچ گیا۔ زہران اور باقی گھر والے دوڑ کر کمرے میں پہنچے۔ علی صاحب فرش پر بے ہوش پڑے تھے۔ انیسہ بیگم رو رہی تھیں اور ان کا ہاتھ پکڑ کر انہیں ہوش میں لانے کی کوشش کر رہی تھیں۔
عمیر نے فوراً ایمبولینس کو کال کی اور علی صاحب کو ہاسپٹل لے جایا گیا۔ ہاسپٹل پہنچ کر ڈاکٹروں نے فوری طور پر علی صاحب کا معائنہ کیا اور انہیں ایمرجنسی وارڈ میں داخل کر لیا۔
زہران اور عمیر ہاسپٹل کے ویٹنگ روم میں بیٹھے ہوئے تھے، دونوں کی آنکھوں میں آنسو تھے۔
کچھ دیر بعد، ڈاکٹر ایمرجنسی وارڈ سے باہر آئے۔ زہران اور عمیر کو اپنے دفتر میں بلایا۔
"آپ کے والد کو دل کا دورہ پڑا ہے۔ ہم نے انہیں فوری طور پر علاج فراہم کیا ہے، اور اب ان کی حالت مستحکم ہے۔"
زہران اور عمیر نے سکون کا سانس لیا۔
"ان کی حالت ابھی بھی نازک ہے۔ انہیں کچھ دن ہاسپٹل میں رہنا پڑے گا۔"
کچھ دیر بعد وہ دونوں اُن سے ملنے کے لیے ایمرجنسی وارڈ میں گئے۔ علی صاحب بستر پر لیٹے ہوئے تھے، ان کا چہرہ پیلا پڑا ہوا تھا۔
علی صاحب نے کمزوری سے مسکرانے کی کوشش کی۔
"میں ٹھیک ہوں،" انہوں نے دھیمی آواز میں کہا۔ "تم لوگ پریشان نہ ہو۔"

اگلے کچھ دن ہاسپٹل میں گزر گئے۔ زہران اور عمیر ہر وقت علی صاحب کے ساتھ رہتے تھے۔ علی صاحب کی حالت دھیرے دھیرے بہتر ہو رہی تھی، لیکن وہ ابھی بھی کمزور تھے۔

علی صاحب نے زہران کو اپنے پاس بلایا۔

"زہران، مجھے تم سے ایک ضروری بات کرنی ہے،"

زہران نے اُن کے پاس بیٹھ کر ان کا ہاتھ تھاما۔

"زہران، میں جانتا ہوں کہ تم حیات سے شادی کرنا چاہتے ہو،"

زہران نے حیرت سے اُن کی طرف دیکھا۔

"تمہیں اس کا انتظار کرنا چاہیے۔ اگر وہ تمہاری قسمت میں ہے، تو وہ ضرور تمہاری ہوگی۔"

اُس نے اُن کی بات سنی اور اثبات میں سر ہلایا۔

علی صاحب کی حالت میں بہتری آئی اور انہیں ہاسپٹل سے چھٹی مل گئی۔ وہ دونوں اُنہیں گھر واپس لائے۔

✷ . . . ✷ . . . ✷

احسن صاحب جب زہران کے گھر سے واپس آئے تو ان کے چہرے پر پریشانی کے آثار نمایاں تھے۔ اسماء بیگم نے جب انہیں پریشان دیکھا تو وہ بھی پریشان ہو گئیں۔

"کیا ہوا، احسن؟ سب خیریت تو ہے؟" اُنہوں نے پوچھا۔

احسن صاحب نے گہری سانس لی اور صوفے پر بیٹھ گئے۔ "علی زہران کی شادی حیات سے کرنا چاہتا ہے۔"

"حیات سے؟ لیکن وہ تو ابھی شادی نہیں کرنا چاہتی اور اپنی پڑھائی پوری کرنا چاہتی ہے۔"

"میں نے علی سے کچھ کہا نہیں کیوں کہ اُس کی طبیعت پہلے سے ہی خراب ہے۔"

"لیکن حیات اس رشتے کے لیے کبھی نہیں مانے گی۔"

"میں جانتا ہوں، میں حیات سے بات کروں گا اور اس کی رائے لوں گا۔" اُنہوں نے کہا اور پھر حیات کو آواز دی۔ حیات کمرے میں داخل ہوئی۔

"بیٹا، مجھے تم سے ایک اہم بات کرنی ہے۔"

حیات نے اُن کی طرف دیکھا، "جی بابا، کہیے۔"

احسن صاحب نے زہران کی شادی کی تجویز کے بارے میں حیات کو بتایا۔ حیات یہ سن کر حیران رہ گئی۔
"بابا، میں ابھی شادی نہیں کرنا چاہتی۔ اور زہران سے تو ہرگز نہیں"
"بیٹا، میں تمہاری بات سمجھتا ہوں۔ لیکن زہران ایک اچھا لڑکا ہے۔ وہ تمہارا خیال رکھے گا، اور تم اس کے ساتھ خوش رہو گی۔"
حیات نے سوچا، زہران؟ وہ مغرور اور بدتمیز لڑکا؟ بابا اسے اچھا کیسے سمجھ سکتے ہیں؟ "بابا، زہران اچھا لڑکا نہیں ہے۔ وہ بہت مغرور اور بدتمیز ہے۔"
"بیٹا، تم زہران کے بارے میں ایسا کیوں سوچتی ہو؟"
"بابا، میں نے اسے کئی بار دیکھا ہے۔ وہ ہمیشہ لوگوں سے بدتمیزی سے بات کرتا ہے۔ اسے لگتا ہے کہ وہ سب سے بہتر ہے۔ وہ ایک مغرور اور ڈھیٹ انسان ہے۔"
"حیات، تم اُسے غلط سمجھ رہی ہو۔ وہ ایک اچھا لڑکا ہے۔ وہ باہر ملک سے آیا ہے اس لیے تھوڑا الگ مزاج کا ہے۔ دھیرے دھیرے وہ یہاں کے ماحول میں ڈھل جائے گا۔"
"بابا، میں زہران سے شادی نہیں کرنا چاہتی۔"حیات نے ایک بار پھر اپنی بات دہرائی۔
"ٹھیک ہے پھر میں علی کو اس رشتے سے انکار کر دوں گا۔ مگر اس کے بعد میں جہاں کہوں گا تمہیں وہاں شادی کرنی ہوگی۔"
"بابا میں کہیں شادی نہیں کرنا چاہتی۔"
"مگر کیوں؟ کیا تم کسی اور میں دلچسپی رکھتی ہو۔"
"ہاں" اُس نے ایک لفظہ جواب دیا۔
حیات کا اعتراف سن کر احسن صاحب نے حیرانی سے اُسے دیکھا۔ جو نظریں جھکائے فرش کو گھور رہی تھی۔ اُنہوں نے یہ بات محض اتفاقاً کہہ دی تھی اور انہیں یہ اندازہ نہیں تھا کہ وہ بات حقیقت بن جائے گی۔
"کون ہے وہ لڑکا۔" اُنہوں نے سخت لہجے میں پوچھا۔
"اُس کا نام فراز ہے۔" حیات نے کانپتے لبوں کے ساتھ کہا۔
"وہ چاہے جتنا اچھا کیوں نا ہو۔ میں اپنے دوست کا دل دُکھا کر اُس لڑکے سے تُمہاری شادی نہیں کروں گا۔"

"بابا، آپ بس ایک بار اُس سے مل لیں۔ وہ بہت اچھا انسان ہے اُس میں کوئی بری عادت نہیں ہے۔ وہ پانچ وقت کا نمازی بھی ہے۔" حیات نے التجانہ لہجے میں کہا۔
"ٹھیک ہے اُسے کل میرے آفس بھیج دو۔"
وہ خاموشی کے ساتھ کمرے سے نکلی تو اسماء بیگم دروازے کے باہر کھڑی اُس کا انتظار کر رہی تھیں۔ اُس نے اُن کی طرف دیکھا اور پھر آگے بڑھ گئی۔ وہ بھی اُس کے پیچھے پیچھے اُس کے کمرے کی طرف چلی گئیں۔
"کیا کہا تُمہارے بابا نے؟" اُنھوں نے تجسّس سے پوچھا۔
"فراز سے ملنا چاہ رہے ہیں۔ اور زہران سے میری شادی کرنا چاہ رہے ہیں۔ "I can't believe it" آخر علی انکل نے زہران کے لیے میرا رشتہ مانگا ہی کیوں؟ اُن کا بیٹا اس قابل ہے کہ وہ مجھ سے شادی کرے۔" وہ غصّے سے کمرے میں ٹہل رہی تھی۔
"بیٹا، مجھے نہیں لگتا کہ تمہارے بابا فراز کے لیے مانے گے۔ یہ سب اتنا آسان نہیں ہے۔" اُنہوں نے سنجیدگی سے کہا۔
"زندگی ایک سفر ہے، اور اس سفر میں ہر قدم پر مشکلات آتی ہیں،اور ان سے سیکھ کر ہی ہم آگے بڑھتے ہیں۔ اور آپ فکر مت کریں آپ کی بیٹی اتنی کمزور نہیں جو اپنی زندگی اپنی آنکھوں کے سامنے برباد ہوتی دیکھے اور خاموش رہے۔"
"میں جانتی ہوں، مگر تُمہارے بابا....." اُس نے اُن کی بات کاٹ دی۔
"بابا، کوئی غلط فیصلہ نہیں کریں گے۔ میں اُن کی سوتیلی اولاد تو ہوں نہیں۔ ویسے آپ کی پریشانی دیکھ کر مجھے اپنے شک پر یقین آ رہا ہے۔" اُس نے اسماء بیگم کے چہرے کو غور سے دیکھتے ہوئے کہا۔
"پاگل ہو کیا ایسی کوئی بات نہیں ہے۔"
"میں مزاق کر رہی تھی، آپ تو سچ میں سنجیدہ ہو گئیں۔"
"بیٹا یہ زندگی ہے۔ کسی کو کھونا پڑتا ہے کسی کا ہونا پڑتا ہے۔"
"لیکن میں کچھ کھونا نہیں چاہتی اور ہاں کوئی میری مرضی کے خلاف میری شادی نہیں کر سکتا۔ بابا بھی نہیں....۔"
"تم پاگل ہو گئی ہو۔ اپنے باپ کے خلاف جاؤگی۔"
"میں نے تو نہیں کہا میں بابا کے خلاف جاؤں گی۔ بلکہ میں اُسے راستے سے ہٹاوں گی جو میرے اور فراز کے درمیان آ رہا ہے۔"

وہ کھڑکی کے پاس جا کر کھڑی ہو گئی۔ اور کھڑکی سے باہر دیکھتی رہی۔
"بعض دفعہ زندگی ہمیں ایسے مقام پر لا کھڑا کرتی ہے، جہاں ہمیں اپنے آپ کو دوبارہ دریافت کرنا پڑتا ہے۔"

......*

فراز جب احسن صاحب سے ملنے ان کے دفتر پہنچا، تو وہ تھوڑا گھبرایا ہوا تھا۔
اس نے دفتر میں داخل ہو کر ریسیپشنسٹ سے احسن صاحب سے ملاقات کا وقت مانگا۔ ریسیپشنسٹ نے اسے بتایا کہ احسن صاحب میٹنگ میں ہیں، لیکن وہ کچھ دیر میں فارغ ہو جائیں گے۔ فراز ویٹنگ ایریا میں بیٹھ گیا اور احسن صاحب کا انتظار کرنے لگا۔
کچھ دیر بعد، احسن صاحب میٹنگ سے فارغ ہوئے اور فراز کو اپنے دفتر میں بلایا۔ فراز نے احسن صاحب کو سلام کیا اور ان کے سامنے کرسی پر بیٹھ گیا۔
"مجھے خوشی ہے کہ تم یہاں آئے،" احسن صاحب نے مسکرا کر کہا۔
"میں حیات کے بارے میں تم سے بات کرنا چاہتا تھا۔"
"جی انکل"
احسن صاحب نے فراز کو غور سے دیکھا۔ وہ فراز کی شخصیت سے متاثر ہوئے تھے۔ وہ ایک شائستہ، مہذب اور پر اعتماد نوجوان تھا۔
"کیا کرتے ہو؟"
"میرا فیملی بزنس ہے۔ اور میری پوری فیملی کینیڈا میں رہتی ہے۔ میرے بابا یہاں لکھنؤ میں اپنا بزنس کرتے ہیں۔"
"کتنا پڑھے ہو۔"
"جی میں......بی بی اے گریجویٹ ہوں۔"
"کتنے بھائی بہن ہو؟"
"بس دو بھائی"
"دیکھو میری بیٹی بہت ضدی ہے۔ اور اُس کے کہنے پر میں تم سے ملنا چاہتا تھا۔ مگر مجھے تم سے کچھ خاص اُمّید نہیں تھی۔ لیکن تم سے مل کر میں بہت متاثر ہوا ہوں۔ تم اپنے گھر والوں کو میری طرف بھیجو، آگے کی بات ہم ساتھ بیٹھ کر کریں گے۔"

"جی انکل جیسی آپ کی مرضی۔ اب آپ مجھے اجازت دیں، نماز کا وقت ہو گیا ہے۔ اور میں مسجد میں وقت سے پہلے جانا پسند کرتا ہوں۔"
اُس نے کھڑے ہوتے ہوئے کہا۔ اور پھر اُن سے مصافحہ کر کے وہ آفس سے باہر نکل گیا۔

✷...✷...✷

جب فراز اپنے والد کے کمرے میں داخل ہوا تو وہ فون پر کسی سے بات کر رہے تھے۔ اُس نے دروازے پر دستک دی۔
دستک کی آواز سن کر وہ پلٹے اور فراز کو اندر آنے کا اشارہ کیا۔ فراز کمرے میں داخل ہوا۔ اُنہوں نے فون بند کیا اور ٹیبل پر رکھتے ہوئے کہا۔
"کیا بات ہے پریشان لگ رہے ہو؟"
"پاپا،مجھے آپ سے بہت ضروری بات کرنی ہے۔" اُس نے سنجیدگی سے کہا۔
"کہو کیا بات ہے؟"
"پاپا،میں حیات سے شادی کرنا چاہتا ہوں"
"تمہیں پہلے بھی منع کیا تھا اُس لڑکی کا نام آئندہ مت لینا۔" اُنہوں نے غصّے سے کہا۔
"پاپا، آپ میری بات نہیں سمجھ رہے۔"
"میں سب سمجھ رہا ہوں۔ مجھے تو یقین نہیں آرہا تم اُس لڑکی سے شادی کرنا چاہتے ہو۔ جس نے تمہارے بھائی کو جیل پہنچا دیا۔" اُنہوں نے آپے سے اکھڑتے ہوئے کہا۔
"میں یہ سب اپنے بھائی کے لیے ہی کر رہا ہوں۔ پلیز پاپا! آپ میری بات کو سمجھنے کی کوشش کریں۔" فراز نے تحمّل سے اُنہیں سمجھانے کی کوشش کی۔
"میں کچھ نہیں سمجھنا چاہتا۔ جو اُس نے جو میرے بیٹے کے ساتھ کیا ہے اُس کا بدلہ میں ضرور لوں گا۔" اُن کے غصّے میں مزید اضافہ ہو گیا۔
"اپنے بھائی کی اس حالت کا بدلہ اور آپ کی بے عزتی کا بدلہ میں سوت سمیت لوں گا۔ بس آپ مجھ پر یقین رکھیں۔"

"کیا وہ جانتی ہے کہ تم میرے بیٹے ہو؟" منوّر شاہ نے تجسّس سے پوچھا۔
"نہیں" اُس نے ایک لفظہ جواب دیا۔
"جب اُسے اس بات کا علم ہوگا کہ تم میرے بیٹے ہو، تو وہ تم سے کبھی شادی نہیں کرے گی۔" اُنہوں نے مسکراتے ہوئے کہا۔
"پاپا، میں آپ کا بیٹا ہوں اور آپ تو جانتے ہیں کہ میں کس طرح لوگوں کا برین واش کرتا ہوں۔ ویسے محبت بہت ہی بدبخت چیز ہے وہ انسان سے وہ سب کچھ کروا دیتی ہے۔ جو انسان کبھی نہیں کرنا چاہتا۔ اور حیات کے ساتھ بھی ایسا ہی ہوگا۔ میں جیسا چاہتا ہوں وہ ویسا ہی کرے گی۔ اور اگر میں نے اُسے زمانے بھر میں ذلیل و رسوا نا کیا تو میرا نام بھی فراز ...منوّر ...شاہ نہیں۔"
"کیا کرنا چاہتے ہو تم؟" اُنہوں نے فراز کی طرف دیکھتے ہوئے کہا۔
"میں جو کروں گا وہ پورا زمانہ دیکھے گا۔" پھر وہ کمرے سے نکلنے کے لیے دروازے کی طرف بڑھا۔
"کہاں جا رہے ہو؟" اُنہوں نے فراز سے پوچھا۔
"میں اپنے فرینڈ کی طرف جا رہا ہوں۔ آنے میں رات ہو جائے گی۔"

چہرے تو سب نے چھپا رکھے ہیں نقابوں میں،
سچ چھپتے ہیں لفظوں کے حسابوں میں۔
جو دکھتے ہیں، وہ اکثر ہوتے نہیں،
یہ دنیا بسی ہے دھوکے کے خوابوں میں۔
(فلک آسیہ)

......*

نایاب ایک ریسٹورنٹ کے پاس سے گزر رہی تھی۔ اُس نے فراز کو انابیہ کے ساتھ دیکھا۔ انابیہ کے ساتھ اُس کا بھائی بھی موجود تھا۔ اُس نے فراز کو دیکھتے ہی پہچان لیا۔ کیوں کہ نایاب نے اُسے کیفے میں دیکھا تھا جب وہ حیات کے ساتھ کافی پینے کیفے گئی تھی۔
اس سے پہلے کی وہ انابیہ سے کچھ بات کرتی وہ لوگ ریسٹورنٹ سے نکل کر گاڑی میں بیٹھ گئے۔ نایاب گھر واپس آئی۔

"حیات، میرا یقین کرو۔ میں نے اپنی ان گنہگار آنکھوں سے فراز اور انابیہ کو ساتھ دیکھا ہے۔ انابیہ کا بھائی بھی اُس کے ساتھ تھا۔" اُس نے کمرے میں ٹہلتے ہوئے کہا۔
"ہو سکتا ہے وہ انہیں راستے میں مل گئے ہو۔ اور اُس نے اُن دونوں کو لفٹ دے دی ہو۔" حیات نے اُسے قائل کرنے کی کوشش کی۔
"وہ لوگ ریسٹورنٹ سے نکل رہے تھے۔ میری بات کو سمجھو۔"
"تو ہو سکتا ہے فراز پہلے سے انابیہ کو جانتا ہو۔" اُس سے اندازاً کہا۔
"ہاں بلکل..... میں بھی تمہیں یہی بات سمجھانے کی کوشش کر رہی ہوں۔ وہ دونوں ایک دوسرے کو پہلے سے ہی جانتے ہیں۔" ابھی بھی نایاب فرش پر ٹہل رہی تھی۔
"کیا فرش پر ٹہل ٹہل کر فرش گھس دو گی۔ آکر میرے پاس بیٹھ جاؤ۔" حیات نے اُسے دیکھتے ہوئے کہا۔
"حیات، اگر انابیہ فراز کو جانتی ہے تو اُس نے کبھی تمہیں کچھ بتایا کیوں نہیں؟ کیا فراز نے تمہیں انابیہ کے بارے میں کچھ بتایا؟" اُس نے سنجیدگی سے پوچھا۔
"ارے یار! تم بھی فالتو میں ٹینشن لے رہی ہو۔ اگر وہ دونوں مطلب تینوں ریسٹورنٹ سے نکلے تھے تو کیا ہو گیا۔ اور ویسے بھی میں نے فراز سے کبھی انابیہ کو ملوایا ہی نہیں۔ اور میری موجودگی میں اُن دونوں کا آمنا سامنا بھی نہیں ہوا ہے۔"
اب بھی نایاب فرش اور ٹہل رہی تھی۔ اُسے فراز کا انابیہ سے ملنا کچھ مشکوک لگا۔ کچھ دیر کمرے میں خاموشی رہی۔ حیات خاموشی سے اپنے فون میں کچھ کرنے لگی۔
"نایاب، میری پھُوپھی کی رپورٹ کے بارے میں کچھ پتا چلا۔"
"ہاں یار بتانے والی تھی مگر دماغ سے نکل گیا۔ رپورٹ کے مطابق تمھاری پھُوپھی کا علاج پہلے گجرات میں چل رہا تھا۔ مگر انہیں وہاں سے شفا نا ملنے کی وجہ سے لکھنؤ لایا گیا۔ یہاں اُن کا پورے ایک مہینے علاج چلا۔ اور وہ شادی شدہ تھیں۔"
"گجرات تو ہماری کوئی رشتے داری نہیں ہے۔" اُس نے حیرت سے کہا۔
" گجرات تمہاری رشتےداری ہے یا نہیں اس بات کا جواب تو تُمہاری امی ہی دے سکتی ہیں۔ اور میں نے اپنے پیرنٹس سے بھی پوچھا تھا۔ مگر انہیں تُمہاری پھُوپھی کے بارے میں کچھ نہیں پتا۔ کیوں کہ جب

تم لوگ یہاں شفٹ ہوئے تھے اُس کے بعد سے یہاں تُمہاری پھُوپھی نہیں آئی۔"
"یہی تو پریشانی ہے۔ میری امی مجھے کچھ نہیں بتا رہی ہیں۔ اور بابا سے اگر میں نے پوچھا تو وہ مجھے زندہ ہی دفن کر دیں گے۔ ایک کام کرو تم وہ رپورٹ مجھے دے دو۔ میں عارض سے کہہ کر پتا لگاتی ہوں ۔ ہو سکتا ہے ہمیں کچھ اور بھی پتا لگ جائے۔"
"تم فکر نا کرو۔ ہم پتا لگا لیں گے۔ پہلے فراز والا مسئلہ تو ہل ہو جائے۔"
"فراز کا مسئلہ نہیں ہے، زہران کا مسئلہ ہے۔ علی انکل نے زہران کے لیے میرا رشتہ مانگا ہے۔"
"کیا!" اُس نے حیرانی سے کہا۔
"ہاں یار! میں پریشان ہوں اب کروں تو کیا کروں؟ اور اُس سرمئی آنکھ والے بندر کی ہمت کیسے ہوئی میرے گھر رشتہ بھیجنے کی۔" اُس نے تلخ لہجے میں کہا۔
"جیسا بھی ہے فراز سے زیادہ ہینڈسم ہے۔ اور بندر تو بلکل بھی نہیں ہے۔ کئی لڑکیوں کا کرش ہے۔" نایاب نے مسکراتے ہوئے کہا۔
"ہاں.....تو تم ہی اُس سے شادی کر لو۔ جب اتنا ہی ہینڈسم ہے۔" حیات نے طنز کیا۔
"میں دل کے معاملوں میں زبردستی کی قائل نہیں ہوں۔"
"دل کا کوئی معاملہ نہیں ہے۔ وہ بس مجھ سے اپنے تھپڑ کا بدلہ لینا چاہتا ہے۔ مگر وہ بھول گیا ہے جو لڑکی اُسے بیچ سڑک پر تھپڑ مار سکتی ہے وہ کچھ بھی کر سکتی ہے۔"
"ہو سکتا ہے تم غلط سمجھ رہی ہو۔" نایاب نے حیات کے پاس بیٹھتے ہوئے کہا۔
"میں بلکل سہی سمجھ رہی ہوں۔ اور تمہیں اُس کی وکالت کرنے کی ضرورت نہیں ہے۔" وہ اور خفا ہوئی۔

......*

منور شاہ کی گاڑی جب حیات کے گھر کے باہر پہنچی، تو ان کے چہرے پر ایک سرد اور حساب کتاب سے بھری مسکراہٹ تھی۔

گاڑی سے اترتے ہی انہوں نے اپنے ڈرائیور کو تاکید کی کہ وہ گاڑی کو مناسب جگہ پر پارک کرے اور خود دروازے کی طرف بڑھے۔

گھر کے باہر کھڑے ہو کر انہوں نے ایک لمحے کے لیے گھر کا جائزہ لیا۔ یہ ایک عام سا گھر تھا، ان کے اپنے عالیشان بنگلے کے مقابلے میں کچھ بھی نہیں۔ ان کے چہرے پر ایک خفیف سی ناگواری کا تاثر ابھرا، لیکن انہوں نے فوراً اسے چھپا لیا۔

اور اُنہوں نے دروازے پر دستک دی۔ عارض نے جیسے ہی دروازہ کھولا، اس کے سامنے ایک قدآور، باوقار شخص کھڑا تھا۔ وہ شخص مہنگے سوٹ میں ملبوس تھا اور اس کے چہرے پر ایک سرد اور سنجیدہ تاثر تھا۔ عارض نے اس شخص کو پہلے کبھی نہیں دیکھا تھا۔

"جی، فرمائیے؟" عارض نے کہا۔

"کیا احسن صاحب گھر پر ہیں؟"

"جی، وہ اندر ہیں۔ آپ کون ہیں؟"

"مجھے ان سے ضروری بات کرنی ہے۔" اُنہوں نے کہا۔

عارض نے اُن کو اندر آنے کا اشارہ کیا اور انہیں ڈرائنگ روم میں بٹھایا۔ پھر وہ احسن صاحب کو بلانے چلا گیا۔

حیات ڈرائنگ روم کے پاس سے گزر رہی تھی۔ اُس کی نظر صوفے پر بیٹھے شخص پر پڑی۔ اُسے اپنی آنکھوں پر یقین نہیں آیا، اُس نے اپنے ہاتھ سے اپنی آنکھ کو رگڑا اور پھر حیرانی کے ساتھ ڈرائنگ روم میں داخل ہوئی۔

"آپ کی ہمت کیسے ہوئی میرے گھر میں قدم رکھنے کی؟" اُس نے غصّے سے کہا۔

منوّر شاہ اٹھ کھڑے ہوئے۔

"میں آپ سے کچھ پوچھ رہی ہوں؟"

"اپنے بیٹے کے کہنے پر آگیا۔ ورنہ مجھے کوئی شوق نہیں ہے، تم جیسی بدتمیز لڑکی کی شکل دیکھنے کا۔"

"اوہ! تو آپ کے بیٹے نے آپ کو یہاں مجھ سے معافی مانگنے کے لیے بھیجا ہے۔" اُس نے طنزیہ مسکراہٹ کے ساتھ کہا۔

"نہیں! رحیم نے مجھے یہاں نہیں بھیجا۔" اُنہوں نے سنجیدگی سے جواب دیا۔ آواز میں ایک عجیب ٹھہراؤ تھا، جیسے ہر لفظ کے پیچھے کوئی بھاری حقیقت چھپی ہو۔

"تو پھر کس کی وجہ سے آپ یہاں آئے ہیں؟" حیات نے قدرے بےچینی سے پوچھا، اُس کی پیشانی پر بل پڑ گئے۔

"میری۔"

ایک نئی آواز مدھم مگر واضح سُنائی دی۔

حیات نے چونک کر پلٹ کر دیکھا۔ فراز سنجیدہ چہرے کے ساتھ، بالکل سکون سے اُس کے پیچھے کھڑا تھا۔

"تم... تم انہیں کیسے جانتے ہو؟" حیات کی آواز لرز گئی۔

"پاپا ہیں میرے۔" اُس نے اُسی سنجیدگی سے جواب دیا، جیسے حقیقت کو لفظوں میں سموتے وقت بھی جذبات کا گزر نہ ہو۔

یہ سن کر حیات کے قدموں تلے زمین کھسک گئی اُس کے جسم سے جان نکلتی محسوس ہوئی۔ وہ لڑکھڑا گئی، آنکھوں میں صدمہ، کانوں میں گونجتی ہوئی آوازیں، جیسے ساری دنیا تھم گئی ہو۔ اُس نے تیزی سے قریب پڑی میز کا سہارا لیا، اور بغیر کسی اور بات کا جواب دیے، خاموشی سے کمرے سے نکلنے کے لیے مڑی۔

دروازے کے قریب، احسن صاحب اور عارض کھڑے تھے۔ اُن کے چہروں پر الجھن کے آثار تھے، جیسے یہ منظر اُن کی سمجھ سے باہر ہو۔ لیکن جیسے ہی احسن صاحب کی نظر اُس شخص پر پڑی، منوّر شاہ پر۔ اُن کی آنکھوں میں ایک چونک اُبھری، پہچان کا لمحہ چپ چاپ گزر گیا۔

"اب آپ لوگ جا سکتے ہیں" عارض نے احترام سے کہا اور پھر حیات کے پیچھے چلا گیا۔

"انکل پلیز! آپ میری بات سمجھنے کی کوشش کریں۔ مجھے ان سارے معاملاتوں کے بارے میں کوئی علم نہیں تھا۔ مجھے اس بات کا بھی علم نہیں تھا کہ حیات میرے پاپا کو پہلے سے ہی جانتی ہے۔" اُس نے احسن صاحب کو یقین دلانے کی کوشش کی۔

منوّر شاہ نے اُس کا بازو پکڑا اور اُسے اپنے ساتھ چلنے کا اشارہ کیا۔ مگر فراز وہاں سے ہلنے کو تیار ہی نہیں تھا۔ وہ اُسے تقریباً وہاں سے کھینچتے ہوئے اپنے ساتھ لے گئے۔

عارض حیات کے کمرے کا دروازہ زور زور سے بجا رہا تھا۔ مگر وہ نا تو اپنا کمرا کھول رہی تھی اور نا ہی کوئی جواب دے رہی تھی۔

"حیات، دروازہ کھولو۔" یہ لفظ وہ تقریباً بیس منٹ سے مسلسل کہہ رہا تھا۔

حیات نے دروازہ کھولا اور سیدھا بیڈ پر جا کر بیٹھ گئی۔ عارض بھی کمرے میں آیا اور صوفے اور بیٹھ گیا۔
"تو اب کیا فیصلہ کیا ہے تم نے؟" عارض نے سنجیدگی سے پوچھا۔
"اب میں نے اپنا فیصلہ خدا پر چھوڑ دیا ہے۔ بیشک وہ بہتر فیصلہ کرنے والا ہے۔"
"ویسے تُمہاری پسند اچھی ہے۔ آج مجھے احساس ہوا۔ مگر تم ہمیشہ مشکل راستے کا انتخاب کیوں کرتی ہو۔"
حیات نے اُسے گھورا وہ خاموش ہو گیا۔
"منوّر شاہ کو گھر میں کس نے آنے دیا۔" حیات نے سرد لہجے میں پوچھا۔
"میں نے۔" عارض نے جواب دیا۔
"مگر کیوں؟"
"کیوں کہ مجھے نہیں پتا تھا کہ وہ کون ہیں؟" اُس نے سنجیدگی سے کہا۔
"کیا؟ تمہیں اس بات کا علم نہیں تھا کہ وہ کون ہیں؟" حیات نے حیرانی سے اُس کی طرف دیکھا۔
"سچ میں نہیں جانتا تھا کہ وہ منوّر شاہ ہے۔ کیوں کہ میں نے بس اُن کا نام سنا تھا کبھی اُنہیں دیکھا نہیں تھا۔" اُس نے حیات کو یقین دلانے کی کوشش کی۔
"کیا تم نے اُن کی پریس کانفرنس بھی نہیں دیکھی تھی؟ جس کی وجہ سے بابا نے مجھے گھر سے نکال دیا تھا۔" حیات نے تشویش سے کہا۔
"نہیں" اُس نے ایک لفظہ جواب دیا۔
"مجھے یقین نہیں آتا کہ تم نے کبھی اپنی بہن کے اتنے بڑے دشمن کو نہیں دیکھا۔"
"کیا تمہیں بھی اس بات کا علم نہیں تھا کہ فراز اُن کا بیٹا ہے۔" اُس نے حیات سے پوچھا۔
"اگر مجھے اس بات کا علم ہوتا، تو میں کبھی بھی اُس سے شادی کے لیے رضامند نہیں ہوتی۔ اور تم بھی اس بات کو جانتے ہو، کہ میں منوّر شاہ سے کتنی نفرت کرتی ہوں۔" اُس نے تلخی سے کہا۔
"ہاں یار! جانتا ہوں، مگر اب تمہیں یہ نفرت ختم کر دینی چاہیے۔ آخر تم اور فراز ایک دوسرے کو پسند کرتے ہو۔ اور نفرت کتنی ہی گہری

کیوں نا ہو محبت نفرت پر غالب آ جاتی ہے۔ اور تم بھی تو فراز سے محبت کرتی ہو نا اس لیے یہ دشمنی ختم کر دو۔"

"میں تو دشمنی ختم کر دوں۔ مگر شاید فراز یہ دشمنی ختم نا کرے۔ کیوں کہ میں نے اُس کے بھائی کو جیل بھیجا ہے۔ اور یہ کوئی چھوٹی بات نہیں ہے۔"

"یہ کوئی اتنی بڑی بات بھی نہیں ہے۔ اور ویسے بھی بدلہ لینے اور دشمنی نبھانے سے زیادہ، لوگوں کو معاف کر دینا آسان ہوتا ہے۔ اور اگر وہ تم سے سچی محبت کرتا ہوگا، تو وہ اتنی چھوٹی سی بات پر وہ تم سے رشتہ ختم نہیں کرے گا۔"

"تمہیں کیا لگتا ہے عارض، وہ مجھے معاف کر دے گا۔ وہ مجھے سمجھے گا کہ میں نے جو کچھ اُس کے بھائی کے ساتھ کیا وہ غلط نہیں تھا۔" اب وہ بیڈ سے اتر کر صوفے کے پاس عارض کے پیر کے قریب فرش پر بیٹھی تھی۔

"ہاں! وہ تمہیں ضرور سمجھے گا۔ اور تمہارا ساتھ بھی دے گا۔" عارض نے اُسے تسلّی دیتے ہوئے کہا۔

✷ • • • ✷ • • • ✷

وہ اُسے اس طرح گھور رہے تھے جیسے ابھی اُسے نگل جائیں گے۔

"تم نے زندگی میں بہت سی غلطیاں کی ہے۔ مگر اس حماقت کی مجھے تم سے توقع نہیں تھی۔" وہ غصّے سے کہہ رہے تھے۔

وہ خاموشی کے ساتھ کھڑی رہی۔ "اب کچھ بولو گی۔ یا بت کی طرح بس کھڑی رہو گی۔" وہ چلائے۔

اب بھی وہ خاموش تھی۔

"میں نے تمھارا رشتہ زہران سے طے کر دیا ہے۔" اُنہوں نے سنجیدگی سے کہا۔

"مگر بابا!" اُنہوں نے اُس کی بات کاٹ دی۔

"اگر مگر کچھ نہیں۔ رشتہ طے ہو گیا مطلب طے ہو گیا۔"

اُسے اس وقت ایسا محسوس ہو رہا تھا جیسے ایک قیدی کو پھانسی کی سزا سنائی گئی ہے۔

اُس کی آنکھوں میں آنسوں تھے۔ وہ سرخ چہرے کے ساتھ کمرے سے نکل گئی۔

کمرے کے باہر عارض کھڑا اُس کا انتظار کر رہا تھا۔ اُس نے اُسے کمرے سے نکلتے دیکھا۔
"یہ زہران بھائی کے رشتے کا کیا سین ہے؟" اُس نے اُس کے پیچھے آتے ہوئے پوچھا۔
وہ خاموشی کے ساتھ کمرے میں آ گئی۔
"میں کچھ پوچھ رہا ہوں۔ تم نے مجھے زہران کے بارے میں کیوں نہیں بتایا؟" اُس نے ناراضگی سے کہا۔
"کیوں کہ وہ میرے لیے اتنا اہم نہیں تھا کہ میں تمہیں اُس کے بارے میں کچھ بھی بتاتی۔"
"مگر پھر بھی تمہیں بتانا چاہیے تھا۔"
"آخر ہم اُسے ڈسکس ہی کیوں کر رہے ہیں۔ اُس کا ذکر اور اُس کی موجودگی مجھے اتنی ناگوار گزرتی ہے کہ میں زہر پینا پسند کروں گی۔ مگر اُس کا ذکر نہیں۔" اُس نے لاپرواہی سے کہا۔
"وہ اتنا بھی برا نہیں ہے جتنا تم اُسے برا کہہ رہی ہو۔ خیر....." اُس نے لمبی سانس لی۔
حیات کی آنکھوں میں آنسوں تھے۔
"تم اگر رونا چاہو تو رو سکتی ہو۔ میں کسی کو نہیں بتاؤں گا کہ حیات احسن روتی بھی ہے۔" عارض نے اُس کی طرف دیکھتے ہوئے معصومیت سے کہا۔
"آنسوں بھی ساتھ چھوڑ جاتے ہیں ، جب درد حد سے زیادہ ہو۔"
اُس کی خاموشی بھی اُس کے درد کی شدت کو بیان کر رہی تھی۔
"حالات ہمیشہ ہمارے مطابق نہیں ہوتے۔ کبھی کبھی ہمیں خود کو حالات کے مطابق ڈھالنا ہوتا ہے۔" عارض نے کہا۔
"تم مجھ سے ایک سال چھوٹے ہو۔ اور باتیں مجھ سے بھی زیادہ بڑی کر رہے ہو۔" وہ مسکرائی۔ "اچھا سنو میں تمہیں ایک رپورٹ دے رہی ہوں۔ اُس کے بارے میں پتا لگا کر مجھے بتاؤ۔ پھر اُس نے الماری میں سے ایک فائل نکال کر عارض کے ہاتھ میں پکڑا دی۔ اور پورا معاملہ اُسے تفصیل میں بتایا۔
"ٹھیک ہے میں پتا لگا لوں گا....ویسے ایک بات بولوں؟"
"ہاں بولو۔" حیات نے اُس کی طرف دیکھتے ہوئے کہا۔

"زہران بھائی فراز سے لاکھ گنا اچھے ہیں۔ ہینڈسم بھی ہے۔ اور اُن کی سرمئی آنکھیں اُف....بندہ فدا ہو جائے۔ اگر میں تمھاری جگہ ہوتا تو کبھی بھی اس رشتے سے انکار بھی کرتا۔"

حیات اُسے گھور رہی تھی۔

عارض نے اُس کی طرف دیکھا اور مسکرانے کی کوشش کی۔

" میں جا رہا ہوں...اور اگر تم مجھے یوں مسلسل گھورتی رہی تو میں تمہارا کوئی کام نہیں کروں گا۔"

حیات اب بھی خاموشی سے اُسے گھور رہی تھی۔

"مزاق کر رہا ہوں...میری چڑیل بہن!"

"ویسے زہران بھائی کے بارے میں سوچنا.... چنگا مُنڈا ہے۔" کہتے ہوئے وہ کمرے سے چلا گیا۔

✱ . . . ✱ . . . ✱

رات گہری ہو گئی تھی۔ اور وہ اپنے کمرے میں بے خبر سو رہی تھی۔ سائڈ ٹیبل پر رکھا فون مسلسل بج رہا تھا۔

نیند کی حالت میں اُس نے اپنا ہاتھ بڑھا کر سائڈ ٹیبل پر رکھے فون کو اٹھایا۔

"ہیلو۔" اُس نے نیند کی حالت میں کہا۔

"حیات میں بات کر رہا ہوں۔" دوسری طرف سے آواز آئی۔

وہ جھٹ سے اٹھ بیٹھی۔ اور فون کو اپنے کان کے پاس سے ہٹا کر اُس نے فون کی اسکرین پر دیکھا۔

"ہاں بولو..... کیا بات ہے؟" ایک بار پھر اُس نے فون کان میں لگا لیا۔

"حیات مجھے اس بات کا علم نہیں تھا کہ، تم نے رحیم کو جیل بھیجا ہے۔ اور میں یہ بھی نہیں جانتا تھا، کہ میرے پاپا تمہیں پہلے سے جانتے ہیں۔" اُس نے حیات کو یقین دلانے کی کوشش کی۔

"میں سمجھ رہی ہوں مگر اب نا تو تُمہارے پاپا اس رشتے کے لئے رضامند ہوں گے اور نا میرے بابا۔"

"میرے پاپا اس رشتے کے لیے رضامند تھے۔ مگر تُمہارے گھر سے آنے کے بعد اُن کا فیصلہ بدل گیا ہے۔" اس نے سنجیدگی سے کہا۔

دوسری طرف خاموشی چھا گئی۔

"ہیلو!" کی آواز حیات کے کان میں گونجی۔
"آئی نو...میری وجہ سے تمہارے پاپا نے اپنا فیصلہ بدل لیا۔ مگر سچ میں مجھے اس بات کا علم نہیں تھا کہ وہ تمہارے پاپا ہے۔ ورنہ میں اُن سے بدتمیزی نہیں کرتی۔ اور تم نے بھی تو مجھے نہیں بتایا تھا کہ تم میرے گھر آ رہے ؟" حیات نے ناراضگی ظاہر کی۔
"پاپا نے مجھے بتایا ہی نہیں تھا کہ ہم تُمہارے گھر جا رہے ہیں۔ شاید وہ مجھے سرپرائز دینا چاہتے تھے۔"
"تم مجھ سے خفا نہیں ہو نا؟" حیات نے پوچھا۔
"نہیں! میں تم سے خفا نہیں ہوں۔ اور ویسے بھی جو تم نے رحیم کے ساتھ کیا وہ غلط نہیں تھا۔ اُس نے قتل کیا تھا اور قتل کی معافی نہیں ہوتی۔ جو کچھ اُس کے ساتھ ہوا اُس کا ذمےدار وہ خود ہے۔"
"شکریہ مجھے سمجھنے کے لیے۔ مگر میں مجبور ہوں کیوں کہ "میرے بابا نے میرا رشتہ کہیں اور طے کر دیا ہے۔ اور وہ جلد ہی میری شادی بھی کر دیں گے۔" اُس نے سارا مسئلہ تفصیل میں بیان کیا۔
فراز خاموشی سے اُس کی باتیں سنتا رہا۔ کچھ دیر خاموش رہنے کے بعد اُس نے اپنی خاموشی تھوڑی۔
"ہم کوٹ میریج کر لیتے ہیں۔ بعد میں اپنے پیرنٹس کو منا لیں گے۔" اُس نے سنجیدگی سے کہا۔
"نہیں میں ایسا ہرگز نہیں کر سکتی۔ میری خوشیاں میرے والدین کی عزت سے بڑھ کر نہیں ہیں۔" حیات نے قدرے ناراضگی سے کہا۔
"حیات تم بات کو سمجھو۔ اس فضول سی دشمنی میں ہماری خوشیاں قربان ہو جائیں گی۔ اور ہم کچھ نہیں کر سکے گے۔" فراز نے اُسے سمجھانے کی کوشش کی۔
"یہ دشمنی بھی میری وجہ سے ہے۔ اور میرے پیرنٹس میری بھلائی کے لیے ہی میری شادی تم سے نہیں کرنا چاہتے۔ تو میں اُن کی اس محبت کا سلہ اُنہیں نفرت سے نہیں دے سکتی۔" اُس نے تحمّل سے اُسے سمجھانے کی کوشش کی۔ اُسے یقین تھا کہ فراز اُس کی بات سمجھے گا۔
"دیکھو حیات، میں تم سے وعدہ کرتا ہوں۔ میں تمہارے پیرنٹس کو شادی کے بعد منا لوں گا۔ اور رہی بات لوگوں کی، تو اُن کا کام ہی

ہے دوسروں کے عیبوں کو تلاش کرکے اُنہیں طعنہ دینا۔" وہ اُسے قائل کرنے کی کوشش کر رہا تھا۔

"محبت قربانی مانگتی ہے۔ محبت جان بھی مانگے، تو بنا سوچے دے دینا چاہیے۔ لیکن محبت اگر عزت کا سودا کرکے حاصل ہو، تو یہ سودا گھاٹے کا ہوتا ہے۔ کیوں کہ محبت عزت دینے کا نام ہے۔ عزت چھیننے کا نہیں۔ اور محبت کے بنا تو زندگی بسر ہو سکتی ہے۔ مگر عزت کے بنا نہیں۔"

حیات نے فون بند کرکے بیڈ پر پھینک دے دیا۔

✷...✷...✷

"حیات تیار ہو جاؤ بیٹا!" اُنہوں نے اُس کی الماری سے ایک اچھا سا سوٹ نکال کر بیڈ پر پھینکتے ہوئے کہا۔

"کس لیے تیار ہو جاؤں؟" اُس نے قدرے حیرانی سے پوچھا۔

"ہم علی بھائی کے گھر جا رہے ہیں۔ اُن کی عیادت کے لیے"

"مجھے کہیں نہیں جانا۔ اور اُن کے گھر تو بلکل نہیں۔" اُس نے اپنی آنکھوں پر اپنا بازو رکھتے ہوئے کہا۔

"کیا مطلب نہیں جانا ہے......تمھارے بابا نے کہا ہے کہ تمہیں ضرور چلنا ہے ہمارے ساتھ......"

"امی! مجھے نہیں جانا تو مطلب نہیں جانا۔ آپ بابا سے کہہ دیں میری طبیعت ٹھیک نہیں ہے۔" اُس نے آنکھ سے بازو ہٹائے بغیر ہی کہا۔

"مگر تمھاری طبیعت تو بلکل ٹھیک لگ رہی ہے۔"

"امی پلیز! آپ کوئی بھی بہانہ بنا دیں۔"

"میں کوئی بہانہ نہیں بنانے والی۔ تم ہمارے ساتھ چل رہی ہو مطلب چل رہی ہو۔" وہ تیز لہجے میں کہتی ہوئی کمرے سے باہر نکل گئی۔

کچھ دیر بعد حیات اپنے والدین کے ساتھ علی صاحب کے گھر عیادت کے لیے پہنچ گئی۔ کچھ دیر ڈرائنگ روم میں بیٹھنے کے بعد وہ ماہرا سے ملنے کے لیے ڈرائنگ روم سے باہر نکلی۔

"بی بی جی آپ کو کسی چیز کی ضرورت ہے؟" ملازمہ نے اُس سے پوچھا۔

"جی......مجھے ماہرا کے کمرے میں جانا ہے۔" حیات نے اپنی چادر ٹھیک کرتے ہوئے کہا۔

"سیڑھیوں سے چڑھتے ہوئے پہلا کمرا ماہرا بی بی کا ہے۔ اور......" حیات نے اُس کی بات کاٹ دی۔

"کیا ماہرا اپنے روم میں ہے؟"

"جی۔"

"ٹھیک ہے شکریہ۔"

وہ سیڑھیاں چڑھنے لگی۔ ملازمہ کی جانکاری کے مطابق وہ پہلے کمرے میں داخل ہوئی۔

دیوار پر سفید رنگ کے لمبے لمبے پردے لگے ہوئے تھے۔

کمرے کے ایک کونے میں ایک ڈریسنگ ٹیبل تھا، جس پر مختلف قسم کے قیمتی پرفیومز اور کچھ سامان رکھا ہوا تھا۔ ڈریسنگ ٹیبل کے سامنے ایک بڑا سا آئینہ تھا، جس میں کمرے کا عکس نظر آ رہا تھا۔

کمرے کے دوسرے کونے میں ایک کتابوں کی بڑی الماری تھی، جس میں مختلف موضوعات پر کتابیں رکھی ہوئی تھیں۔ الماری کے ساتھ ہی ایک آرام دہ کرسی رکھی ہوئی تھی، جس پر ایک کتاب کھلی پڑی تھی۔

کمرے کی چھت پر ایک بڑا سا فانوس لٹکا ہوا تھا، جس میں رنگ برنگی کرسٹل لگے ہوئے تھے۔ فانوس کی روشنی کمرے میں ایک دلکش ماحول پیدا کر رہی تھی۔

دیواروں پر مختلف قسم کی تصاویر لگی ہوئی تھیں، جن میں زیادہ تر تجریدی آرٹ کے نمونے تھے۔ تصاویر پر مختلف قسم کے رنگوں کا استعمال کیا گیا تھا، جو کمرے کے سفید رنگ کے پس منظر میں بہت نمایاں نظر آ رہے تھے۔ ایک تصویر میں ایک تنہا درخت دکھایا گیا تھا، جو ایک ویران میدان میں کھڑا تھا۔

دوسری تصویر میں ایک سمندر دکھایا گیا تھا، جس کی لہریں آسمان کو چھو رہی تھیں۔

تیسری تصویر میں ایک شہر دکھایا گیا تھا، جس کی روشنیاں رات کے اندھیرے میں چمک رہی تھیں۔

حیات کمرے کو بہت ہی غور سے دیکھ رہی تھی۔ تبھی اُس کی نظریں ایک بار پھر دیوار پر لٹکے سفید پردوں پر پڑی۔ جس پر خون کے داغ تھے۔

اُس کا دل تیزی سے دھڑکنے لگا۔ اُسے کمرے میں ہر سفید رنگ کی چیز پر خون کے دھبے دکھنے لگے۔

زہران ابھی ابھی اپنی گاڑی گیراج میں پارک کر کے گھر میں داخل ہوا تھا۔ شام کے سائے گہرے ہونے لگے تھے اور گھر میں مدھم روشنی پھیلی ہوئی تھی۔ اس نے دروازہ کھولا اور اندر قدم رکھا۔ گھر میں خاموشی چھائی ہوئی تھی، سوائے کچن سے آنے والی برتنوں کی ہلکی کھنک کے۔ زہران تھکا ہوا تھا اور سیدھا اپنے کمرے میں جانا چاہتا تھا، لیکن جیسے ہی اس نے پہلا قدم اٹھایا، اسے اوپر کی منزل سے ایک تیز چیخ سنائی دی۔

چیخ کی آواز اتنی تیز تھی کہ زہران چونک گیا۔ اور اس نے بے اختیار اوپر کی طرف دیکھا۔ اسے حیات کی آواز پہچاننے میں دیر نہیں لگی۔

زہران نے دو قدم پیچھے ہٹ کر دروازہ بند کیا اور تیزی سے سیڑھیوں کی طرف بڑھا۔ وہ دو دو سیڑھیاں پھلانگتے ہوئے اوپر پہنچا، جہاں اسے حیات اُس کے کمرے کے دروازے کی چوکھٹ پر کھڑی کانپتی ہوئی ملی۔ حیات کا چہرہ خوف سے سفید پڑ چکا تھا اور اس کی آنکھوں میں آنسو تھے۔ اس نے اپنے دونوں ہاتھوں سے اپنا منہ ڈھانپ رکھا تھا اور بری طرح سے سسک رہی تھی۔

"Are you okay?" اُس نے گھبرا کر پوچھا۔

حیات کی طرف سے کوئی جواب نہیں آیا۔

زہران نے اپنا ہاتھ تیزی سے حیات کی طرف بڑھایا اُسے حیات کا تھپڑ یاد آ گیا۔ اور اُس کی آنکھوں میں ایک لمحے کے لیے خوف کی لہر دوڑ گئی۔ اسے لگا جیسے حیات کا ہاتھ اس کے گال پر پڑنے والا ہے۔ اس نے دوگنی تیزی سے اپنا ہاتھ پیچھے کھینچ لیا۔

"سنئے محترمہ!"

حیات نے نم آنکھوں سے اُس کی طرف دیکھا۔

"تم ٹھیک ہو؟" وہ حیات کی طرف بڑھا۔

حیات کی چیخ سن کر سب اوپر آ گئے۔ وہ ابھی بھی کانپ رہی۔

"کیا ہوا حیات؟" احسن صاحب نے پوچھا۔

"خ......خون....." اُس نے کانپتی انگلیوں سے پردوں کی طرف اشارہ کرتے ہوئے کہا۔

اُس کی آواز بھی کانپ رہی تھی۔ پھر وہ خاموش ہو گئی۔ اپنی چادر سے بے ترتیب انداز میں آنسو پونچھتے ہوئے حیات نے زہران کی طرف دیکھا۔ اور پھر تیزی سے سیڑھیاں اترنے لگی۔ جیسے اُس جگہ سے بھاگنا چاہتی ہو ... اُس لمحے سے ... اُس خوف سے۔
زہران بس اُسے جاتا ہوا دیکھتا رہ گیا۔ بے یقینی کے عالم میں۔ پھر اچانک عمیر کی بات اُس کے ذہن میں گونجی۔
"حیات کو Leukophobia ہے۔"
اور وہاں موجود ہر کسی کو حیات کی بیماری کے بارے میں معلوم تھا۔

......*

"کمرے کے سارے پردے نکال دو، ایسا لگ رہا ہے، جیسے کفن لٹکا ہوا ہے۔" اُس نے ملازم سے کہا۔
اُس کے حکم کے مطابق کمرے کے سارے پردے نکال دئے گئے۔
ملازم ابھی وہ پردے بغل میں دبا کر کمرے سے نکل ہی رہا تھا کہ عمیر بڑے انداز سے اندر داخل ہوا۔
"اوہ! واہ واہ، تو آخرکار حیات کے لیے پردے بدل ہی دیے!" عمیر نے شرارتی مسکراہٹ کے ساتھ کہا۔
"ارے نہیں یار، ایسی کوئی فلمی بات نہیں ہے،" اُس نے ناک چڑھا کر جواب دیا۔ "یہ پردے دیکھ کے ایسا لگ رہا تھا جیسے کمرے میں کفن لٹک رہے ہوں۔ بندہ سوئے تو ڈر کر اٹھ جائے!"
عمیر قہقہہ لگا کر ہنس دیا، "بس یہی حسِ جمالیات چاہیے زندگی میں!"
" ویسے آج آپ کو یقین آیا۔ یا ابھی بھی آپ کو میں جھوٹا لگ رہا ہوں" عمیر نے طنزیہ لہجے میں کہا۔
"ہاں یار! تم سچ کہہ رہے تھے۔ آج میں تو اُس کی حالت دیکھ کر ڈر ہی گیا تھا۔ انی وے! وہ میرے کمرے تک کیسے پہنچ گئی۔"
"ملازمہ ماہرا سے بتا رہی تھی کہ حیات اُس کے کمرے میں جانا چاہتی تھی۔ مگر غلطی سے آپ کے کمرے میں آ گئی۔ ملازمہ نے کہا کہ سیڑھیوں سے پہلا کمرا۔ وہ آگے بتاتی کی دائیں طرف۔ اُس نے

ملازمہ کی بات نہیں سنی۔ عمیر نے اُسے پورا معاملہ تفصیل میں بتایا۔

"اوہ! تو ایسی بات تھی۔ ویسے بھی وہ آدھی ادھوری بات ہی سنتی ہے۔ خیر مجھے کیا؟ مجھے اُس لڑکی میں کوئی انٹریسٹ نہیں ہے۔"

"انٹریسٹ بھی نہیں ہے۔ اور شادی کے لیے رشتہ بھی بھیج دیا۔ اور تو اور جن پردوں کی وجہ سے وہ ڈری تھی وہ پردے بھی نکال دیے۔" عمیر نے طنزیہ مسکراہٹ کے ساتھ کہا۔

"میں تو بس علشبہ سے جان چھڑانے کے لیے یہ سب کر رہا ہوں۔ اور ویسے بھی جب علشبہ میری جان چھوڑ دے گی۔ میں اُس کی جان چھوڑ دوں گا۔" اُس نے پہلی بات کا جواب دے کر دوسری بات رد کر دی۔

"مطلب ایک مُصیبت سے چھٹکارا پانے کے لیے آپ دوسری مُصیبت گلے میں ڈال رہے ہیں۔ واہ بھائی! آپ تو بہت عقلمند ہیں۔" اُس نے تالیاں بجاتے ہوئے کہا۔

"اچھا چلو بکواس نا کرو۔ جاؤ میرے لیے کافی لے کر آؤ۔ میرے سر میں بہت درد ہو رہا تھا۔" اُس نے عمیر سے کہا اور پھر صوفے پر بیٹھ گیا۔

"آخر یہ ہے کیا چیز، اور اسے یہ بیماری کب سے ہے اور کیوں ہے؟" وہ صوفے پر بیٹھا سوچ رہا تھا۔

"اچھا ہوا آج میرا اور اُس کا سامنا نہیں ہوا ورنہ پتا نہیں رشتے والی بات پر اُس کا کیا ریکشن ہوتا۔" وہ بڑبڑایا۔

"آخر کیا سوچ کر میں نے بابا سے اُس کے رشتے کی بات کی۔ مجھے ایسا نہیں کرنا چاہیے تھا۔ مگر اب میں بھی پیچھے نہیں ہٹنے والا۔ کیوں کہ زبران خان اپنی ضد کا بہت پکا ہے۔" وہ صوفے سے کھڑا ہوا اور ڈریسنگ ٹیبل کے پاس آئینے کے سامنے کھڑا ہو گیا۔ اور خود کو آئینے میں بہت غور سے دیکھتا رہا۔

"ویسے میں تو بہت ہینڈسم ہوں۔ اور کوئی لڑکی مجھے انکار نہیں کر سکتی۔" وہ اپنے بالوں میں ہاتھ پھیرتے ہوئے مسکرایا۔

اُس کے چہرے پر ایک مغرور مسکراہٹ تھی۔ پھر اُس کی نظر اپنے گال پر پڑی۔ اور اُسے حیات کا مارا ہوا تھپڑ یاد آگیا۔ اور اُس کے چہرے سے وہ مسکراہٹ غائب ہو گئی۔ اُس نے اُس تھپڑ کے جھٹکے کو ایک بار پھر محسوس کیا۔ اور تیزی سے اپنا ہاتھ اپنے گال پر رکھ

لیا۔ اور آئینے کی طرف سے پلٹ گیا۔ اب آئینے میں اُس کی پشت نظر آ رہی تھی۔
"اتنی نازک سے لڑکی کے اتنے ہیوی ہاتھ.....توبہ توبہ....مگر نازک تو نہیں ہے۔ کیوں کہ محترمہ پستول کو انگلیوں میں ایسے نچا رہی تھی جیسے گاڑی کی چابھی ہو" وہ ایک بار پھر بڑبڑایا۔

......*

دروازے پر دستک کی آواز آئی۔ اُس نے دروازہ کھولا۔
"تم یہاں؟ وہ بھی اس وقت؟ اچھا اندر آجاؤ۔" اُس نے کہا اور پھر پلٹی۔
وہ بھی اُس کے پیچھے گھر کے اندر چلا آیا۔
"تم ڈرائنگ روم میں بیٹھو۔"
وہ خاموشی سے ڈرائنگ روم میں رکھے صوفے پر بیٹھ گیا۔
"امی ڈرائنگ روم میں آجائیں۔" اُس نے کہا اور پھر ڈرائنگ روم کی طرف چلی گئی۔
وہ اب بھی ڈرائنگ روم میں بیٹھا تھا۔ وہ بھی اُس کے سامنے رکھے صوفے پر پرسکون بیٹھ گئی۔
"ویسے تمھاری ہمت کی داد دینی چاہیے۔ میرے گھر میرا رشتہ بھیج دیا۔ اور مجھ سے پوچھنا گوارہ بھی نہیں سمجھا؟"
"نہیں!" اُس نے ایک لفظہ جواب دیا۔
"کیا مطلب نہیں؟"
"نہیں کا مطلب نہیں۔" اُس نے بے تاثر چہرے کے ساتھ کہا۔
کچھ دیر ڈرائنگ روم میں خاموشی رہی۔ وہ اُسے گھورے جا رہی تھی۔ اور وہ نظریں جھکائے اپنے جوتے کو دیکھ رہا تھا۔ اسماء بیگم کمرے میں داخل ہوئی۔
"سوری بیٹا! میں نے تمہیں اتنی رات کو پریشان کیا۔ دراصل میں جلدی جلدی میں اپنا پرس تُمہارے گھر بھول گئی تھی۔ اور اُس میں میری ضروری دوائیاں تھیں۔" اُنھوں نے معذرت خواہانہ لہجے میں کہا۔
"کوئی بات نہیں آنٹی۔"
"تم آرام سے بیٹھو۔ احسن بس آتے ہی ہوں گے۔ اُن سے ملاقات کرکے جانا۔"

"جی آنٹی۔" اُس نے ایک بار پھر اپنی نظریں اپنے جوتے پر مرکوز کر لیں۔
اسماء بیگم کچن کی طرف چلی گئیں۔
"آج سائلینٹ موڈ پر ہو کیا؟ جب سے آئے ہو خاموش ہو۔" اُس نے طنزیہ لہجے میں کہا۔
"نہیں!"
"کیا پاگلوں کی طرح ہاں نہیں میں جواب دے رہے ہو۔ پاگل تو نہیں ہو گئے ہو؟"
"نہیں"
"لگتا ہے علی انکل نے سمجھا کر بھیجا ہے کہ سسرال میں زیادہ بات نہیں کرتے۔ ایسا ہی ہے نا؟"
"نہیں"
"دیکھو...... میں اس وقت سنجیدہ ہوں۔ اور میں چاہتی ہوں تم میرے سوالوں کے سیدھا سیدھا جواب دو۔" اُس نے سنجیدگی سے کہا۔
"نہیں"
"دیکھو آخری بار کہہ رہی ہوں۔ تم میرے سوالوں کے سیدھا سیدھا جواب دو۔"
"نہیں!" اس بار نہیں سن کر وہ غصّے سے بھڑک اٹھی۔
"مجھے پتا ہے تم ابھی تک اُس تھپڑ کو بھولے نہیں ہو جو میں نے تمہیں بیچ سڑک پر مارا تھا۔ اور تم اُسی تھپڑ کا بدلہ لینے کے لیے مجھ سے شادی کرنا چاہتے ہو۔ ایسا ہی ہے نا؟"
" اوئے پاگل لڑکی! میں کسی فلم یا ناول کا ہیرو نہیں ہوں۔ جو ایک تھپڑ کا بدلہ لینے کے لیے تم سے شادی کرلوں۔ یہ حقیقت ہے اور حقیقت کی دنیا میں کوئی کسی سے بدلہ لینے کے لیے شادی نہیں کرتا۔ infact جن سے نفرت ہو اور اُن سے بدلہ لینا ہو، تو اور بہت سے راستے ہیں جو انسان اپنا سکتا ہے۔ خیر مگر میں یہ سب کسے سمجھا رہا ہوں ایک ایسی لڑکی کو جو مجھے مغرور کہتی ہے مگر خود بھی ایک مغرور شخصیت کی ملکہ ہے۔" اس بار اُس نے پرسکون چہرے کے ساتھ سخت لہجے میں کہا۔
"میں مغرور نہیں ہُوں۔" اُس نے غصّے سے جواب دیا۔
"آئی ڈونٹ کیئر! تم کیا ہو کیا نہیں۔ اور نا ہی مجھے تم میں کوئی انٹریسٹ ہے۔ بس بابا کی ضد پر میں نے شادی کے لیے رضامندی

دے دی۔ کیوں کہ وہ اس وقت بہت بیمار ہیں۔ اور میں اُنہیں پریشان نہیں کرنا چاہتا۔" اب اُس کی نظر حیات پر تھی۔
"ٹھیک ہے۔ جیسے ہی انکل کی طبیعت کچھ بہتر ہو جائے گی۔ تم اُن سے بات کرکے اس معاملے کو ختم کر دینا۔"
"میں کیوں یہ معاملہ ختم کروں؟ جِسے زیادہ پروبلم ہے اس رشتے سے وہ یہ رشتہ ختم کرے۔" اُس نے طنزیہ مسکراہٹ کے ساتھ کہا۔
"دیکھو میں تم سے محبت نہیں کرتی۔ اور ہاں تم جیسے گھٹیا اور مغرور انسان سے شادی کرنے سے اچھا ہے۔ میں زہر کھا کر مر جاؤں۔"
"ہاں شوق سے مرو۔ اور ویسے بھی تم محبت کرو یا نا کرو مجھے فرق نہیں پڑتا ، اور جہاں تک رہی بات تم سے شادی کی۔ تو اب میں تم سے شادی کر کے رہوں گا ۔ محبت نا سہی ضد ہی سہی۔ کیوں کہ میں ایک بار جس چیز کو پانے کی ضد کر لوں اُسے حاصل کرکے ہی سانس لیتا ہوں۔ اور اب تم میری ضد ہو۔ میں تمہیں اپنی ضد کا ایک قصہ سناتا ہوں۔
میں ویکینڈ پر لندن گھومنے گیا تھا ، مجھے وہاں ایک بنگلہ پسند آ گیا ، میں نے بنگلہ کے مالک سے بات کی مگر اُس نے بنگلہ کو بیچنے سے انکار کے دیا ۔ مگر مجھے وہ بنگلہ چاہیے تھا کیونکہ وہ میری ضد تھا اور میں اپنی ضد کا پکا ہوں ۔ پھر میں نے بنگلہ کے مالک کو پیار سے سمجھایا مگر وہ نہیں سمجھا ، پھر کیا تھا میں نے بنگلے کی ڈبل قیمت دے کر اُسے خرید لیا۔ اور اب میں تمھارے ساتھ بھی یہی کروں گا۔ اگر تم پیار سے مجھے منع کرتی تو میں شاید اس رشتے سے انکار کر دیتا۔ خیر....."اُس نے لمبی سانس لی۔ وہ اب بھی حیات کو ایک ٹک دیکھ رہا تھا۔
"میں کوئی بنگلہ یا چیز نہیں ہُوں جسے تم اپنی دولت سے خرید لو۔ اور میری قیمت تمھاری اوقات سے باہر ہے۔" حیات نے تیز لہجے میں کہا۔
"اوقات کی تو تم بات مت کرو ، تمہیں حاصل کرکے اپنی اوقات کا ثبوت دوں گا۔"
"چلے جاؤ میری زندگی سے۔" حیات نے غصّے سے کہا اور پھر جانے کے لئے کچھ دقم آگے بڑھائے۔

"جس دن تمھارے زندگی سے چلا گیا۔ خدا کی قسم یہ دنیا تمہیں بے رنگ لگے گی۔"
زہران کے ان الفاظوں پر اُس نے اُسے پلٹ کر دیکھا۔ جو بہت ہی پرسکون صوفے پر بیٹھا تھا۔
"اچھا رُکو جا رہا ہوں۔ لیکن صرف گھر سے۔" اُس نے حیات کو جاتا دیکھ کر کہا۔ "مگر ایک بات یاد رکھنا میں ہمیشہ تمہیں ہر موڑ پر ملوں گا۔"
"اور میں ہر وہ راستہ بدل دوں گی۔ جہاں تم میرے منتظر رہوگے۔"
"مرضی ہے تُمہاری۔
تم اپنا لو یہ ٹھکرا دو۔ تمہیں حق فیصلے کا ہے" وہ گنگناتا ہوا کھڑا ہو گیا۔ اُس کے چہرے پر ایک طنزیہ مسکراہٹ تھی۔ جو اُس وقت حیات کو زہر لگ رہی تھی۔
"آیا بڑا Jubin Nautiyal بننے والا۔" وہ زیر لب بڑبڑاتی ہوئی ڈرائنگ روم سے نکل گئی۔
"امی آپ کا کبھی نا ہونے والا داماد اپنے گھر جانا چاہتا ہے۔ اس لیے برائے مہربانی اُسے گھر کے دروازے تک چھوڑ آئیں۔"
پھر اسماء بیگم نے زہران کو دروازے تک چھوڑا۔

✷ . . . ✷ . . . ✷

وہ دستک دے کر کمرے میں داخل ہوا۔
"پاپا، آئی وانٹ ٹو ٹاک ٹو یو!"
"ہاں، کہو بیٹا کیا بات ہے؟"
"پاپا، اُس نے کورٹ میریج کے لیے انکار کر دیا۔"
'یہ تو مجھے پہلے سے ہی پتا تھا۔ کیوں کہ میں اُس لڑکی کو اچھی طرح سے جانتا ہوں۔ وہ کبھی کورٹ میریج کے لیے راضی نہیں ہوگی۔"
"تو اب کیا کریں گے پاپا؟ ہمارے پاس زیادہ وقت نہیں ہے۔" اُس نے پریشانی سے کہا۔
"کوشش جاری رکھو۔"
"پاپا میں کوشش تو کر رہا ہوں۔ وہ تو راضی ہے مگر اُس کے پیرینٹس راضی نہیں ہیں۔"

"خیر....تمہیں زیادہ پریشان ہونے کی ضرورت نہیں ہے۔ میں کچھ کرتا ہوں۔ بس تم اُس لڑکی پر کڑی نظر رکھو۔" اُنہوں نے سنجیدگی سے کہا اور پھر بیڈ پر بیٹھ گئے۔

"مما بھی جلد آنے والی ہیں۔ اور وہ رحیم کو لے کر بہت پریشان ہیں۔"

"ہاں پتا ہے مجھے۔ اور میں نے کہا نا تم فکر نا کرو۔ میں کچھ کرتا ہوں۔ بس تم اپنی کوشش جاری رکھو۔"

......*

کھانے کی ٹیبل پر سب ساتھ بیٹھے کھانا کھا رہے تھے۔ عارض بار بار حیات کو دیکھ رہا تھا۔ جو خاموشی کے ساتھ کھانے کی پلیٹ کو گھورے جا رہی تھی۔

"حیات! کھانا کھانے کے لیے بنا ہے۔ گھورنے کے لیے نہیں۔" اُس نے مسکراتے ہوئے کہا۔

احسن صاحب نے حیات کی طرف دیکھا۔ جو اب عارض کو گھور رہی تھی۔

"کیا بات ہے حیات؟ تم کھانا نہیں کھا رہی۔"

"کچھ نہیں بابا بس بھوک نہیں ہے۔" اُس نے اُن کی طرف دیکھے بغیر جواب دیا اور پھر جانے کے لئے کھڑی ہوئی۔

"کہاں جا رہی ہو بیٹا؟ بیٹھ کر کھانا کھاؤ۔ آج کھانا بھی تمھاری پسند کا بنا ہے۔" اسماء بیگم نے اُس کا ہاتھ پکڑتے ہوئے کہا۔

"میں نے تو نہیں کہا تھا کہ آپ میری پسند کا کھانا بنائے۔ اور ویسے بھی آپ لوگوں کو میری پسند نا پسند سے کیا ہی فرق پڑتا ہے۔ آپ لوگوں کو تو بس اپنی انا اپنی ضد اور اپنی دوستی عزیز ہے۔" اُس نے طنزیہ لہجے میں احسن صاحب کی طرف دیکھتے ہوئے کہا۔

اور پھر اسماء بیگم سے اپنا ہاتھ چھڑا کر وہ تیزی سے اپنے کمرے کی طرف چلی گئی۔

"باتیں سنی تم نے کس طرح ہمیں طنز کر رہی تھی۔ جیسے ہم اس کے دشمن ہیں۔" احسن صاحب نے غصّے سے کہا۔

"بابا وہ ابھی غصّے میں ہے۔ دھیرے دھیرے ٹھیک ہو جائے گی۔ اور مجھے آپ سے ایک بات کرنی ہے۔"

"ہاں بولو.....کیا بات ہے؟" وہ عارض کی طرف مخاطب ہوئے۔

"بابا مجھے آپ کی گاڑی چاہیے۔ بس دو دن کے لیے۔ میں جلد ہی اپنا کام پورا کرکے واپس شہر آ جاؤں گا۔"
"کیا کام ہے تمہیں؟" اُنہوں نے سنجیدگی سے پوچھا۔
"اصل میں یونیورسٹی کا کچھ کام ہے۔"
"ٹھیک ہے لے جاؤ گاڑی۔ مگر ہاں.....جیسی لے جانا ویسی ہی واپس لانا۔"
"تھینک یو بابا!"
کچھ دیر بعد عارض کمرے میں داخل ہوا۔
"یہ کیا طریقہ ہے کسی کی کمرے میں آنے کا" اُس نے سخت لہجے میں کہا۔
"کسی کا کمرا نہیں ہے۔ یہ میرا بھی کمرا تھا۔ اور تم نے اس پر قبضہ کر لیا۔ اور مجھے دوسرے کمرے میں بھگا دیا۔"
"بکواس نا کرو عارض۔ بولو کیا کام ہے؟"
"بس ایسے ہی دیکھنے آیا گیا کہ تم کیا کر رہی ہو۔"
"دیکھ لیا۔"
"ہاں"
"تو اب جاؤ۔" اُس نے عارض کا بازو ہولے سے پکڑ کر اسے کمرے سے دھکا دیتے ہوئے کہا۔
"ارے رُکو یار! چلا جاؤں گا۔ پہلے یہ بتاؤ، کیا سوچا ہے؟"
"کس بارے میں؟"
"اپنے بارے میں" ع
"کچھ نہیں سوچا ہے۔ اب سب کچھ اپنے رب کے حوالے چھوڑ دیا۔"
"اچھا وہ سب چھوڑو۔ تم نے مجھے جو رپورٹ دی تھی۔ اُس کے مطابق میں نے گجرات کے ہاسپٹل میں پتا لگایا ہے۔ پھُوپھی کے گھر کا ایڈریس مل گیا ہے۔ اور کچھ انفارمیشن بھی ہاتھ لگی ہے۔ تم کل تین بجے جا کر وہ رپورٹ لے لینا۔ میں نے تمہیں لوکیشن بھیجی ہے۔"
"مگر میں کیسے جا سکتی ہوں؟ یہ لوکیشن ہمارے گھر سے بہت دور ہے۔" حیات نے فون کی اسکرین پر دیکھتے ہوئے کہا۔
"حیات، میں خود چلا جاتا۔ مگر مجھے کل یونیورسٹی کے کام سے ٹیچرز کے ساتھ شہر سے باہر جانا ہے۔ لیکن کوئی بات نہیں میں دو تین دن میں واپس آ جاؤں گا۔ پھر میں خود وہ رپورٹ لے لوں گا۔"

"نہیں، میں خود کل جا کر وہ رپورٹ لے لیتی ہوں۔ تم اپنا کام ختم کرکے آؤ۔ پھر تمہیں گجرات جانا ہے۔ اب وہاں جا کر ہی پتا لگے گا کہ آخر سچ کیا ہے۔

......*

وہ بیڈ سے اُتری اور سیدھا واشروم کی طرف چلی گئی۔ وضو کرکے اُس نے ظہر کی نماز ادا کی۔ اور پھر الماری کے لاکر سے اپنی پستول نکال کر بیگ میں ڈال لیا۔ اور اپنی کالی چادر کو اپنے اوپر ڈالتے ہوئے وہ کمرے سے نکلی۔
"کہاں جا رہی ہو بیٹا؟" اسماء بیگم نے اُس کے پیچھے آتے ہوئے پوچھا۔
"کچھ کام سے باہر جا رہی ہوں۔ جلدی ہی واپس آجاؤں گی۔"
"مگر بیٹا، باہر موسم خراب ہے۔ اور بارش بھی آ رہی ہے۔ تم کبھی اور چلی جانا۔"
حیات دروازے کے پاس رک گئی۔ "امی ضروری کام ہے۔ اسلئے جا رہی ہُوں۔ میں نے کہا نا جلدی آ جاؤں گی۔"
"ٹھیک ہے خیال سے جانا اور ہاں آیت الکرسی پڑھ لو۔ اللہ حفاظت کرے گا۔ مگر تم کیسے جاؤ گی بیٹا۔ تُمہاری اسکوٹی بھی خراب ہے۔"
"کوئی بات نہیں امی۔ میں ٹیکسی سے چلی جاؤں گی۔" پھر وہ آیت الکرسی پڑھتی ہوئی گھر سے نکل گئی۔
اسماء بیگم نے دروازہ بند کیا۔ اور گھر کے اندر آ گئیں۔
"ارے بھئی! تھوڑا جلدی چلا لیں۔ مجھے آج کی تاریخ میں پہنچنا ہے۔" حیات نے ڈرائیور سے کہا۔
"جی۔"
وہ اپنے فون میں مصروف تھی۔ کچھ دیر بعد اُس کی نظر روڈ پر پڑی۔
جو بلکل سنسان تھی۔
اُسے خدشہ ہوا۔ اُس نے کال لگائے بنا فون کو کان میں لگا لیا۔
"جی بابا، میں بلکل حفاظت سے ٹیکسی میں بیٹھ گئی ہوں۔ اور میری لائیو لوکیشن بھی چالو ہے۔ آپ فکر نا کریں، میرے پاس پستول بھی

ہے۔ میں اپنی حفاظت کر سکتی ہوں۔" وہ اونچی آواز میں کہہ رہی تھی۔
جیسے ڈرائیور کو دھمکا رہی ہو۔
پھر اُس کی نظر ایک بار پھر سڑک پر پڑی جو ابھی بھی سنسان تھی۔ اور اُس کے فون کی لوکیشن کے مطابق ٹیکسی والا اُسے غلط روڈ پر لے جا رہا تھا۔
"بھائی، کس روڈ پر لے جا رہے ہیں؟" اُس نے ڈرائور سے پوچھا۔
"اس روڈ سے جلدی پہنچ جائے گیں۔" ڈرائور نے بیک ویو مرر میں دیکھتے ہوئے کہا۔
حیات نے فوراً اپنے فون میں لوکیشن چیک کی۔ مگر اُس روڈ سے اُس کی منزل کی طرف کوئی راستہ نہیں جاتا تھا۔
اُس نے خاموشی سے اپنی لوکیشن احسن صاحب کو بھیجی۔ اور پسٹل نکال پر اُس کے سر کے پیچھے تان لی۔
ڈرائیور نے بریک لگا دی۔ "یہ کیا کر رہی ہو دی دی؟" اُس نے گھبرا کر پوچھا۔
"وہی جو ہر لڑکی کو اپنی سیفٹی کے لیے کرنا چاہیے۔ اور اگر ذرا بھی ہلے تو شوٹ کر دوں گی۔ اور کل اخبار میں بڑے بڑے لفظوں میں چھپا ہوگا۔ ایک لڑکی نے سیلف ڈفینس میں ایک ٹیکسی ڈرائیور کی جان لے لی۔"
ڈرائور کی آنکھوں میں موت کا خوف صاف نظر آرہا تھا۔
حیات نے ٹیکسی کا دروازہ کھولا اور باہر نکل گئی۔ اور اپنے فون میں ٹیکسی کے نمبر پلیٹ کا فوٹو لے لیا۔ اور فون کو بیگ میں ڈال دیا۔
"اب آپ جا سکتے ہیں۔" اُس نے پرسکون چہرے کے ساتھ مسکراتے ہوئے کہا۔
ٹیکسی ڈرائیور نے تیزی سے گاڑی بھگائی۔
وہ اب ایک سنسان سڑک پر اکیلی کھڑی تھی۔ وہاں نا تو رکشا ملتا اور نہیں ہی ٹیکسی۔ موسم خراب ہو رہا تھا۔ اُس نے اپنی نظریں آسمان کی طرف اٹھا کر دیکھا۔ کالے بادل آسمان پر چھائے ہوئے تھے۔
فون کو بیگ سے نکال کر اُس نے احسن صاحب کو کال کی۔ کچھ دیر رنگ جانے کے بعد فون اٹھا۔

"ہیلو بابا، میں یہاں ایک روڈ پر پھنس گئی ہوں۔ یہاں نا تو کوئی رکشا مل رہا ہے۔ اور نا ہی ٹیکسی۔" اُس نے پریشانی کے عالم میں کہا۔
"تم کہاں ہو؟" دوسری طرف سے آواز آئی۔
"میں نے آپ کو لوکیشن بھیجی ہے"
"ہیلو حیات، ہیلو آواز نہیں آ رہی بیٹا۔"
فون بند ہو گیا۔ پھر اُس نے کئی بار کالز کی مگر فون نہیں لگ رہا تھا۔ کیوں کہ وہ ایسا ایریا تھا۔ جہاں بلکل نیٹورک نہیں رہتا تھا۔ اور موسم بھی خراب تھا۔ آسمان میں بجلیاں کڑک رہی تھی۔ اور بارش اب دھیرے دھیرے تیز ہو رہی تھی۔
حیات ایک سائے دار پیڑ کے نیچے خاموشی سے کھڑی تھی۔ اُس نے اپنی کلائی میں بندھی گھڑی کو دیکھا۔ جو ٹھیک تین بج کر پینتیس منٹ بجا رہی تھی۔ اُسے اب گھر سے نکلے دو گھنٹے ہو گئے تھے۔
بارش کی بوندیں اب تیزی سے سڑک پر گر رہی تھیں۔ جس سے اٹھنے والے چھینٹے حیات کے اُوپر آ رہے تھے۔ وہ اب اُس پیڑ کے نیچے رکھے ایک پتھر پر اپنے سینے سے گھٹنے لگائے بیٹھ گئی۔ وہ جب سے وہاں بیٹھی تھی۔ اُس سڑک سے کوئی نہیں گزرا تھا۔
کچھ دیر بعد، حیات کو سڑک کے دوسرے کنارے ایک گاڑی کی ہیڈلائٹس نظر آئیں۔ بارش میں وہ روشنی کسی امید کی کرن جیسی لگی۔ اُس نے بھیگتی آنکھوں سے سڑک کی طرف دیکھا۔ دل میں ایک ہلکی سی خواہش جاگی۔" یا اللہ تیرا شکر ہے۔" اُس نے دھیرے سے کہا اور روڈ پر دیکھتی رہی۔
گاڑی قریب آئی اور آہستہ سے اُس کے سامنے رُک گئی۔
زہران گاڑی کی کھڑکی سے جھک کر اُس کی طرف دیکھ رہا تھا۔ اُس نے ہاتھ سے اشارہ کیا۔ آؤ، بیٹھ جاؤ۔
حیات نے اُس کی طرف ایک لمحے کو دیکھا، لیکن فوراً نظریں جھکا کر زمین کو گھورنے لگی، جیسے پانی میں اپنا ہی عکس تلاش کر رہی ہو۔
زہران نے ایک گہرا سانس لیا، گاڑی کا دروازہ کھولا اور تیز بارش میں قدم باہر رکھا۔ کپڑوں سے پانی ٹپکنے لگا، لیکن اُسے پرواہ نہ تھی۔ وہ تیزی سے پیڑ کے نیچے آ کھڑا ہوا۔
"چل کر گاڑی میں بیٹھو۔" اُس نے بلند آواز میں کہا تاکہ بارش کے شور میں اُس کی آواز دب نہ جائے۔

"مجھے تمہارے ساتھ نہیں جانا،" حیات نے زمین سے نظریں ہٹائے بغیر، سرد لہجے میں جواب دیا۔

زہران اُس کے قریب جھکا، آواز تھوڑی سخت کی، "اپنی مرضی سے چل کر گاڑی میں بیٹھتی ہو، یا میں زبردستی اُٹھا کر لے جاؤں؟"

یہ سُن کر حیات کی آنکھوں میں چنگاریاں اُبھریں۔ اُس نے تیزی سے زہران کو گھورا۔

"اگر مجھے ہاتھ لگایا، تو تمہارا ہاتھ توڑ دوں گی!"

زہران پیچھے ہٹا، دونوں ہاتھ اُٹھا دیے "اوکے! ہاتھ نہیں لگاتا...آپ کو محترمہ اب عزت سے چل کر گاڑی میں بیٹھ جائیں"

چند لمحے کی خاموشی کے بعد، حیات نے آہستہ سے سانس لیا۔ پھر وہ اچانک کھڑی ہوئی، زہران کو غصے سے گھورا اور بارش کی پرواہ کیے بغیر تیزی سے گاڑی کی طرف بھاگی۔

زہران نے اُسے دیکھتے ہوئے دروازہ کھولا۔ حیات اندر بیٹھ گئی، لیکن چہرے پر غصہ اب بھی باقی تھا۔

زہران نے دروازہ بند کیا، اور خود آکر ڈرائیونگ سیٹ پر بیٹھ گیا۔ اور بھیگے بالوں کو پیچھے کرتے ہوئے مسکرایا۔

"اتنی بارش میں بھی، تمہارا غصہ نہیں دھلتا۔" اُس نے دل ہی دل میں سوچا، مگر زبان پر کچھ نہ آیا۔

آسمان گہرے سرمئی بادلوں سے ڈھکا ہوا تھا، اور موسلا دھار بارش ہو رہی تھی۔ بارش کی تیز بوندیں گاڑی کی ونڈشیلڈ پر ٹکرا رہی تھیں، جس سے منظر دھندلا ہو گیا تھا۔ سڑک گیلی تھی اور اس پر پانی کے چھوٹے چھوٹے تالاب بنے ہوئے تھے۔ تیز ہوائیں درختوں کی شاخوں کو جھکا رہی تھیں اور پتوں کو اڑا رہی تھیں۔ بجلی کی گرج اور چمک نے ماحول کو مزید خوفناک بنا دیا تھا۔

زہران نے گاڑی اسٹارٹ کی۔ اور ونڈشیلڈ وائپر کو تیز کیا تاکہ وہ بہتر طور پر دیکھ سکے۔

"ویسے تم یہاں کیسے پہنچ گئی؟"

"ایک کمینے ٹیکسی ڈرائیور کی وجہ سے۔" اُس نے پورا واقعہ تفصیل میں بلکل بے دلی سے بیان کیا۔

وہ بے اختیار ہنسے جا رہا تھا۔

"تم کیوں پاگلوں کی طرح ہنس رہے ہو؟" حیات نے خفا ہوتے ہوئے پوچھا۔

"کچھ نہیں بس ایسے ہی۔" اب اُس کے چہرے پر ہلکی مسکراہٹ تھی۔
"مجھے لگتا ہے کہ آج اُس ٹیکسی ڈرائیور نے بہت بڑا گناہ کیا تھا۔ تبھی اللہ نے اُسے گناہ کی سزا دینے کے لیے تم سے ملا دیا۔" وہ ایک بار پھر قہقہہ مار کر ہنسنے لگا۔
"زیادہ بکواس مت کرو۔ اور ویسے بھی آج جو میں نے اُس کے ساتھ کیا ہے۔ وہ پوری زندگی یاد رکھے گا۔"
"ایسا کون سا کارنامہ تم نے آج انجام دیا ہے؟"
حیات نے سارا واقعہ بے دلی سے بیان کیا۔
"ماشاء اللہ بڑی بہادر ہو تم۔"
"اوہ!تو تم اللہ کا نام بھی لیتے ہو۔" حیات نے طنز کیا۔
"یہ کیا بات ہوئی۔ الحمداللہ مسلمان ہوں میں۔" اُس نے فخریہ انداز میں کہا۔
"اچھا تو تم مسلمان ہو۔ تو تمہیں یہ بھی پتا ہوگا کہ مسلمان کے کچھ فرائض کچھ حقوق ہوتے ہیں۔ جنہیں پورا کرنا اُن کا فرض ہوتا ہے۔"
"ہاں بلکل پتا ہے مجھے۔"
"تو بتاؤ کتنے وقت کی نماز فرض ہے ہم پر؟"
"اتنا آسان سوال۔ یہ تو کل کے پیدا ہوئے بچوں کو بھی پتا ہے۔" زہران نے ہنستے ہوئے کہا۔
"یہ میرا جواب نہیں ہے۔ مجھے اپنے سوالوں کے صحیح جواب چاہیے۔"
"ہفتے میں ایک وقت کی۔ جِسے ہم جمعہ کہتے ہیں۔ اور میرا ریکارڈ ہے میں نے کبھی بھی جمعہ کی نماز قضا نہیں کی۔" اُس بار وہ پھر فخریہ انداز میں کہہ رہا تھا۔
"ماشاء اللہ تم تو سچ میں پکّے مسلمان ہو۔ اور تمہارے لیے جہنّم میں ایک دو بنگلہ تو پکا بُک ہوگا۔" اُس نے طنزیہ لہجے میں کہا اور پھر کھڑکی سے باہر دیکھتے ہوئے مسکرائی۔
زہران کی ہنسی ایک دم تھم گئی۔
وہ حیات کی طرف دیکھ کر تھوڑا سنجیدہ ہو کر بولا۔
"نعوذ باللہ! میں جہنم میں بنگلہ لینے کی دعائیں نہیں مانگتا۔ میں تو بس اپنی چھوٹی سی نیکی پر خوش تھا۔ تمہارے لیے مذاق ہوگا، میرے لیے نہیں۔"
اُس کی آواز میں عجیب سی خفگی تھی۔

"ویسے کیا مطلب تھا تمہارا؟" زہران نے اس بار سنجیدگی سے پوچھا۔
"جب صرف جمعہ جمعہ نماز پڑھوگے۔ تو جہنّم میں ہی جاؤگے۔ کیوں کہ ہم پہ صرف جمعہ کی نماز فرض نہیں ہے۔ بلکہ ایک دن میں پانچ وقت کی نمازیں فرض ہیں۔ فجر،ظہر،عصر، مغرب، عشاء۔" اُس نے انگلیوں پر نمازوں کے نام گن کر اُسے سمجھائے۔
وہ بیچ سڑک پر گاڑی روک کر بہت غور سے اُس کی باتیں سن رہا تھا۔ اور اُس کی انگلیوں کو دیکھ رہا تھا۔
"کیا تم یہ ساری نمازیں پڑھتی ہو؟" اُس نے حیات کی طرف دیکھتے ہوئے پوچھا۔
"ہاں!
"تمہیں کس نے بتایا ان ساری نمازوں کے بارے میں؟"
"میرے والدین نے۔"
"کب بتایا؟" وہ سوال پر سوال کیے جا رہا تھا۔
"بچپن میں۔ اور کیا تمہیں سچ میں کسی نے ان ساری نمازوں کے بارے میں نہیں بتایا۔" حیات نے حیرانی سے پوچھا۔
"نہیں مجھے کسی نے نہیں بتایا۔ یا شاید میں نے جاننا ہی نہیں چاہا۔ کیوں کہ جب میں چھوٹا تھا تو میری ماں مجھے چھوڑ کر چلی گئی۔ پھر بابا نے مجھے ملائیشیا بھیج دیا نانو کے پاس۔ پھر مامو نے مجھے ہوسٹل بھیج دیا۔ میری پرورش وہیں ہوئی۔ جب میں بڑا ہوا تو میں اپنے دوستوں کے ساتھ ہوٹل میں رہنے لگا۔ کبھی کبھار نانو سے ملنے چلا جاتا۔ مگر اُس بیچ اتنا وقت نہیں رہتا تھا کہ نانو مجھے یہ سب بتاتی۔
پھر جب لکھنؤ آیا تو بابا کو کبھی کبھار دیکھتا تھا نماز پڑھتے مگر احساس ہی نہیں ہوا کہ یہ وہ نمازیں ہیں جن کا تم ابھی نام لے رہی تھی۔ اور شاید بابا کو بھی اس بات کا علم نہیں ہوگا کہ مجھے پتا ہی نہیں ہے کہ ایک دن میں ہم پر کتنے وقت کی نمازیں فرض ہیں۔"
وہ بہت ہی پرسکون ہو کر اپنی زندگی کی کہانی اُسے سنا رہا تھا اور حیات بھی خاموشی سے اُس کی باتیں سن رہی تھی۔ روڈ پر بارش کی بوندیں موتیوں کی طرح گر رہی تھیں۔ اور وہ اب بھی بیچ سڑک پر اپنی گاڑی روکے ہوئے تھا۔
اُس کی باتیں ختم ہوئی اور اُس نے اپنا سر سیٹ پر رکھ لیا۔
"اب ہمیں چلنا چاہیے۔" حیات نے کہا۔

زہران نے گاڑی اسٹارٹ کی۔ وہ اب اُس ایریا سے باہر آ گئے تھے۔
حیات نے اپنا فون نکال کر احسن صاحب کو کال کی۔ فون فوراً اٹھ گیا۔
"السّلام و علیکم بابا۔"
"وعلیکم السلام، زہران پہنچا بیٹا؟" دوسری طرف سے آواز آئی۔
"جی بابا، ہم گھر آ رہے ہیں۔"
"ٹھیک ہے۔ حفاظت سے آؤ بیٹا۔" اللہ حافظ کہتے ہوئے اُنہوں نے فون بند کر دیا۔
زہران ڈرائیونگ کرنے میں مصروف تھا۔ حیات خاموشی سے بیٹھی تھی۔
"ویسے تم مجھ سے اتنی نفرت کیوں کرتی ہو؟" اُس نے سامنے دیکھتے ہوئے پوچھا۔
"جس طرح کچھ محبتیں بلا وجہ ہوتی ہیں۔ اسی طرح کچھ نفرتیں بھی بلا وجہ ہوتی ہیں۔ مگر تم سے میری نفرت بلا وجہ نہیں ہے۔ کیوں کہ مجھے تم جیسے انسان سے سخت نفرت ہے۔ جو کبیرہ صغیرہ سارے گناہ کرتا ہے۔ اور کبھی اُس کی توبہ بھی نہیں کرتا۔ اور میں تم سے اتنی نفرت کرتی ہوں۔ جتنی کبھی کسی نے کسی سے نہیں کی ہوگی۔" وہ بے تاثر چہرے کے ساتھ کہہ رہی تھی۔
"اوہ! تو ایسی بات ہے۔ مگر ہمیں نفرت گناہ سے کرنا چاہیے۔ گنہگار سے نہیں۔"
حیات نے اُس کی طرف دیکھا۔ اُس کی نظر زہران کی شرٹ پر پڑی۔
"ویسے آج کل سدھرے ہوئے لگ رہے ہو۔ شرٹ کے اوپر کی بٹن بند ہے۔" پھر وہ کھڑکی سے باہر بارش کو دیکھنے لگی۔
"ہاں، تمہیں نے تو کہا تھا۔ اگر کسی غیر مرہم عورت کی نظر پڑی تو گناہ ملے گی۔"
حیات اُس کی بات پر ہنس پڑی۔
"کیوں ہنس رہی ہو؟" اُس نے حیرانی سے پوچھا۔
"وہ اصل میں غیر مرہم نہیں۔ غیر محرم ہوتا ہے۔"
"اوہ! تو ایسی بات ہے۔ اٹس مائی مسٹیک!"
حیات اب بھی بے اختیار ہنس رہی تھی۔
زہران نے اُس کی طرف دیکھا اور اُس کے چہرے پر ایک ہلکی سے مسکراہٹ آئی۔

"ویسے ایک شاعری سناؤ۔"
"بکو" حیات نے لا پروائی سے کہا۔
"جب ان کی ہنسی گونجی، ہم بے خود سے ہو بیٹھے،
محترمہ تو ہنستی رہیں، اور ہم ہوش گنوا بیٹھے!"
"مسٹر مغرور! آپ بعد میں اپنے ہوش گنوانا۔ پہلے مجھے میرے گھر چھوڑ دو۔"
کچھ دیر بعد وہ گھر کے باہر پہنچ گئے۔ حیات گاڑی سے اُتری اور سیدھا اپنے گھر میں داخل ہو گئی۔
زہران نے اُسے جاتے دیکھا۔ پھر اُس نے گاڑی اسٹارٹ کی اور سیدھا اپنے گھر کی طرف روانہ ہو گیا۔

......*

وہ کمرے میں داخل ہوئیں۔ علی صاحب بیڈ پر آرام کر رہے تھے۔
"آپ نے زہران کا رشتہ مجھ سے پوچھے بنا حیات سے کر دیا۔" اُنہوں نے علی صاحب کے پاس بیٹھتے ہوئے کہا۔
"زہران میرا بیٹا ہے۔ اور اُس کا رشتہ میں جہاں چاہوں وہاں کروں۔ اور ویسے بھی یہ رشتہ زہران کی مرضی سے ہوا ہے۔"
"میں نے آپ سے کہا تھا۔ میں زہران کی شادی اپنی علشبہ سے کروں گئی۔" انیسہ بیگم نے خفگی سے کہا۔
"مگر زہران علشبہ سے شادی نہیں کرنا چاہتا۔ اور میرے لیے میرے بیٹے کی خوشی سے زیادہ کچھ بھی اہم نہیں ہے۔ اور رہی بات علشبہ کی تو اُس کے لیے رشتوں کی کمی نہیں ہے۔"
وہ غصّے سے کھڑی ہو گئیں۔ اور دروازے کی طرف بڑھی۔
"زہران اور عمیر کو میرے کمرے میں بھیجو۔" علی صاحب نے انہیں جاتے دیکھ کر کہا۔
انیسہ بیگم نے مڑ کے اُنہیں دیکھا پھر خاموشی سے کمرے سے چلی گئیں۔
کچھ دیر بعد وہ دونوں کمرے میں داخل ہوئے۔
"بیٹھ جاؤ بیٹا۔" علی صاحب نے کہا۔
عمیر صوفے پر اور زہران علی صاحب کے پیر کے پاس بیڈ پر بیٹھ گیا۔

"بیٹا، تم دونوں میرے بازو ہو۔ اور میں چاہتا ہوں، تم دونوں میں ہمیشہ محبت قائم رہے۔ جس طرح تم دونوں آج ایک دوسرے کا ساتھ دیتے ہو۔ ایک دوسرے کے درد تکلیف کو سمجھتے ہو۔ اسی طرح میرے بعد بھی تم دونوں کو ایک دوسرے کا ساتھ دینا ہے۔ اور ایک بات ہمیشہ یاد رکھنا اگر رشتے کے بیچ پیسہ آجائے۔ تو رشتے کو بچا لینا اور پیسے کو جانے دینا۔ کیوں کہ دولت گئی تو دولت واپس آ جاتی ہے مگر رشتے نہیں آتے۔" اُنہوں نے سنجیدگی سے کہا۔
"جی بابا۔" وہ دونوں سنجیدگی سے اُن کی بات سن رہے تھے۔
"زہران تم میرے سب سے پیارے بیٹے ہو۔ اور اس پوری دنیا میں، میں نے سب سے زیادہ محبت تم سے کی ہے۔ اور مجھے تم سے بہت اُمّید ہے۔ اور میں جانتا ہوں۔ میرے بعد تم دونوں سب کچھ سمبھال لوگے۔"
"بابا پلیز! ایسی باتیں نا کریں۔ اور میں اتنا قابل نہیں، کہ سب کچھ سمبھال لوں۔ ابھی ہمیں آپ کے ساتھ کی ضرورت ہے۔" وہ نظریں جھکائے اُن سے کہہ رہا تھا۔
"بیٹا زندگی کا کوئی بھروسہ نہیں ہے۔ جب تک ہوں تُمہارے ساتھ ہوں۔ اور ویسے بھی اب تم چوبیس سال کے ہو گئے۔ اب تمہیں ذمےدار ہونا پڑے گا۔ اور عمیر تم بس دو سال چھوٹے ہو زہران سے۔ تم بھی ذمےداریاں سمبھال لو۔" اُنہوں نے عمیر کی طرف دیکھتے ہوئے کہا۔
"جی بابا۔"
اُن کی طبیعت دن بہ دن خراب ہوتی چلی جا رہی تھی۔ اُس وقت بھی وہ خود کو بہت کمزور محسوس کر رہے تھے۔

✷ • • • ✷ • • • ✷

وہ دستک دے کر کمرے میں داخل ہوئی۔ اور سیدھا صوفے پر بیٹھ گئی۔ احسن صاحب اخبار پڑھنے میں مصروف تھے۔
"بابا میں آپ سے بات کرنا چاہتی ہوں۔"
"ہاں کہو۔" اُنہوں نے اخبار ہٹائے بغیر کہا۔
"بابا، میں زہران سے شادی نہیں کرنا چاہتی۔"
"کیا کہا تم نے؟" اُنہوں نے چہرے سے اخبار ہٹا کر اُسے دیکھا۔

"ہاں بابا، میں زہران سے شادی نہیں کرنا چاہتی۔" اُس نے ایک بار پھر اپنی بات دہرائی۔
"تو پھر اُس دشمن کے بیٹے سے شادی کرنا چاہتی ہو۔ یا پھر ایک قاتل کے بھائی سے کرنا چاہتی ہو۔" اُنہوں نے تیز لہجے میں کہا۔
"فراز ایسا بلکل نہیں ہے۔ وہ اپنے باپ اور بھائی سے بہت مختلف ہے۔"
"مجھے بھی پتا ہے وہ بہت مختلف ہے۔ مگر خون تو خون ہوتا ہے۔ اور اپنا اصل رنگ ایک دن ضرور دکھاتا ہے۔"
"بابا، کیا یہ دشمنی ختم نہیں ہو سکتی۔ اور ویسے بھی یہ دشمنی میری وجہ سے تھی۔ اور اب میں ہی اس دشمنی کو ختم کرنا چاہتی ہوں۔ فراز کے والد بھی اس دشمنی کو ختم کرنا چاہتے ہیں۔"
"تو ٹھیک ہے، ختم کر دیتے ہیں دشمنی۔ مگر پھر بھی میں تمھاری شادی زہران کے علاوہ کسی سے نہیں کروں گا۔ کیوں کہ میں نے اپنے دوست کو زبان دی ہے۔ اور میں وعدہ خلافی نہیں کروں گا۔" اُنہوں نے اخبار کو سائڈ ٹیبل پر رکھ دیا۔
"بابا پلیز! بس کر دیں۔ آپ کو اپنے دوست کے علاوہ کوئی نظر ہی نہیں آتا۔" حیات نے ناراضگی سے کہا۔
"جس طرح تمہیں نایاب کے بنا کچھ نظر نہیں آتا۔ جس طرح تم نایاب کو تکلیف میں نہیں دیکھ سکتی۔ کیوں کہ وہ تمہاری دوست ہے۔ اسی طرح میں بھی اپنے دوست کو تکلیف میں نہیں دیکھ سکتا۔ اور ویسے بھی کون سا ابھی تُمہاری شادی ہو رہی ہے۔ ابھی تو بس رشتہ پکّا ہوا ہے۔"
"بابا میں آپ کو بتا رہی ہوں۔ میں دنیا میں کسی سے بھی شادی کر لوں گی۔ مگر زہران سے شادی نہیں کروں گی۔" اُس نے اکھڑے ہوئے لہجے میں کہا اور کمرے سے باہر نکل گئی۔
وہ ہر بار اُمّید کے ساتھ اُن کے پاس جاتی اور نا امید ہو کر لوٹتی۔

......*

"ایک ہفتے سے تم گھر میں بند ہو۔ اور ویسے بھی ہم آج انابیہ کی طرف چل رہے ہیں۔"
"مگر کیوں؟"

"کیوں کہ اُس کے گھر ہماری دعوت ہے۔" نایاب نے کہا۔
"کس چیز کی دعوت۔ ابھی تو انابیہ کے برتھ ڈے میں پورا ایک مہینہ باقی ہے۔"
"تو برتھ ڈے میں کون جا رہا ہے؟ ہم تو پارٹی میں جا رہے ہیں۔"
"میں بھی یہی جاننا چاہتی ہوں۔ کس بات کی پارٹی۔ کیسی پارٹی "
"اُف یار! تم بہت سوال کرتی ہو۔" نایاب نے خفا ہوتے ہوئے کہا۔
"اچھا ٹھیک ہے سوال نہیں کرتی۔ مگر میں نہیں جاؤں گی۔ کیوں کہ انابیہ نے مجھے انوائٹ نہیں کیا ہے۔"
"اپنا فون چیک کرو۔ اُس نے کتنے ٹیکسٹ اور کالز کی ہیں۔"
اُس نے اپنا فون بیڈ سے اٹھا کر دیکھا۔
"سوری یار! میں نے نہیں دیکھا تھا۔" حیات نے معذرت خواہانہ انداز میں کہا۔
"چلو تب ریڈی ہوتے ہیں۔ اور میں ٹھیک پانچ بجے گھر کے باہر تمہارا انتظار کروں گی۔ کیوں کہ ہم عمیر کے ساتھ جائیں گے۔"
"مگر عمیر کیوں جا رہا ہے؟" اُس نے تشویش سے پوچھا۔
"پاگل لڑکی! عمیر کیوں نہیں جائےگا۔ وہ انابیہ کے بھائی کا بیسٹ فرینڈ ہے۔"
"اوہ ہاں! مجھے یاد نہیں تھا۔"
"آج کل تمہیں کچھ یاد نہیں رہتا۔ سوائے ایک انسان کے۔" نایاب نے طنز کرتے ہوئے کہا۔
"اچھا اب بکواس مت کرو۔"
"جیسا آپ کا حکم سرکار۔" اُس نے ہنستے ہوئے کہا اور پھر کمرے سے چلی گئی۔
نایاب میں کہنے کے مطابق وہ ٹھیک پانچ بجے گھر کے باہر پہنچ گئی۔
نایاب نے گاڑی کا دروازہ کھولا اور وہ اندر بیٹھ گئی۔
اپنی چادر ٹھیک کرتے ہوئے اُس کی نظر سامنے پڑی۔ زہران ڈرائونگ سیٹ پر بیٹھا تھا۔ اور عمیر اُس کے بگل والی سیٹ پر بیٹھا اپنے فون میں مصروف تھا۔
اُس نے نایاب کی طرف دیکھا۔ وہ بھی اُسے دیکھ رہی تھی۔
زہران نے گاڑی اسٹارٹ کی۔

روڈ پر تیز رفتار سے گاڑی چل رہی تھی۔ حیات کھڑکی کے باہر دیکھ رہی تھی۔
زہران اُسے بیک ویو مرر میں دیکھے جا رہا تھا۔ اچانک آگے سے ایک گاڑی آ گئی۔ اور زہران نے پیر سے بریک لگا دی۔
گاڑی میں وقت تھم سا گیا۔
"بھائی اگلی بار شیشے میں دیکھنے کے بجائے، سڑک پر بھی نظر ڈال لینا ... ورنہ کہیں خوابوں کے ساتھ ساتھ ہم سب بھی ہمیشہ کے لیے خواب نا بن جائے۔"
زہران شرمندگی سے مسکرایا۔
وہ جلد ہی انابیہ کے گھر کے باہر پہنچ گئے۔
حیات خاموشی سے گھر کے اندر داخل ہو گئی۔ نایاب بھی اُس کے پیچھے آگئی۔
"تم نے مجھ سے جھوٹ کیوں کہا کہ عمیر ہمیں لینے آ رہا ہے؟"
حیات نے غصّے سے کہا۔
"خدا کی قسم! عمیر نے کہا تھا کہ وہ ہمیں لینے آئے گا۔ اور جب میں نے دیکھا کہ زہران بھی ساتھ ہے تو میں نے عمیر سے پوچھا۔ تو وہ کہنے لگا کہ عمّار نے زہران کو بھی انوائٹ کیا ہے۔"
حیات نے اُسے گھورا اور پھر وہاں سے چلی گئی۔
اُس پارٹی میں زیادہ لوگ نہیں تھے۔ کچھ انابیہ کی فرینڈز تھی۔ اور کچھ عمار کے دوست۔
"حیات تم یہاں اکیلے کیوں بیٹھی ہو؟" انابیہ نے حیات کے سامنے والی کرسی پر بیٹھتے ہوئے کہا۔
"بس ایسے ہی۔ تم بتاؤ کس خوشی میں پارٹی رکھی ہے۔"
"بس دل کر رہا تھا۔ تو میں نے سوچا کی فرینڈز کے ساتھ کچھ ٹائم اسپینڈ کیا جائے۔ اصل میں بہت دن ہو گئے تھے۔ ہم سب کو ساتھ بیٹھے۔" اُس نے مسکراتے ہوئے کہا۔
حیات نے بھی مسکرانے کی کوشش کی۔
"اچھا میں ابھی آتی ہوں۔" انابیہ اٹھ کر چلی گئی۔ نایاب نے اُسے جاتا دیکھا اور پھر حیات کے پاس آکر بیٹھ گئی۔
"آئی نو، تم مجھ سے ناراض ہو۔ مگر سچ میں مجھے کچھ نہیں پتا تھا یار۔"

"مجھے معلوم ہے تم جھوٹ نہیں بول رہی۔ میں بھی بس فالتو کی باتوں پر غصّہ ہو جاتی ہوں۔ آئی ایم سوری!" اُس نے معذرت خواہانہ انداز میں کہا۔

وہ دونوں لان میں بیٹھ کر باتیں کر رہی تھی۔ وہ بھی اُن کے پاس والی کرسی کھینچ کر اُس پر بیٹھ گیا۔

حیات نے اُسے گھورا اور وہ مسکرا کر اُسے دیکھ رہا تھا۔ وہ گہرے کالے رنگ کے فراک میں بہت خوبصورت لگ رہی تھی۔ اُس کے اوپر ایک بڑی سی کالی چادر تھی جو اُس کے وجود کو مکمل طور پر ڈھانپے ہوئے تھی، صرف اُس کا چہرہ نمایاں تھا — نورانی، پُرسکون۔ زہران نے اُسے دیکھا صرف اُسے ہی۔ اُس کے دل کی کیفیت لفظوں میں بیان کرنا ممکن نہیں۔

انابیہ نے دور سے نایاب کو آواز دی۔ اور وہ اٹھ کر چلی گئی۔

زہران اپنے پیر کو مسلسل ہلا رہا تھا اور مسکرا کر اُسے دیکھے جا رہا تھا۔

"پاگل ہو گئے ہو کیا؟"حیات نے سخت لہجے میں کہا۔

"یس سویٹ ہارٹ!" وہ اب بھی مسکرا کے اُسے دیکھ رہا تھا۔

وہ اپنی نظریں جھکا کر خاموشی سے بیٹھی رہی۔ پہلی بار اُس کی نظریں اُسے اتنا پریشان کر رہی تھی۔

"تم یہاں؟" اُس کے کان میں آواز گونجی۔

حیات نے نظریں اٹھا کر دیکھا۔ اُس کے سامنے فراز کھڑا تھا۔

"تم یہاں کیا کر رہے ہو؟" حیات نے اُس کے سوال کے جواب میں سوال کیا۔

"مجھے عمار نے انوائٹ کیا ہے۔ اور تمہیں؟" اُس نے تشویش سے پوچھا۔

"عمار کی بہن انابیہ میری فرینڈ ہے۔" حیات نے جواب دیا۔

زہران خاموشی سے اُن دونوں کو دیکھ رہا۔ فراز کو دیکھتے ہی وہ پہچان گیا کہ اُس نے فراز کو کیفے میں بھی دیکھا تھا۔ مگر اُسے اس وقت فراز کی بےتکلفی کھٹک رہی تھی۔ کیوں کہ جب وہ حیات سے کیفے میں ملا تھا۔ اُس وقت وہ بلکل اجنبیوں کی طرح باتیں کر رہے تھے۔

"تم یہاں کیوں بیٹھی ہو؟ میرے ساتھ اُدھر چلو۔" فراز نے زہران کی طرف دیکھتے ہوئے کہا۔

"تم جاؤ میں یہاں ٹھیک ہوں۔" حیات نے جواب دیا۔
"میں نے کہا تم میرے ساتھ چلو۔" اُس نے تھوڑا سخت لہجے میں کہا۔
زہران ابھی خاموش تھا۔ مگر فراز کا سخت لہجہ سن کر وہ اپنی کرسی پر سیدھا ہوا۔
"بہرے ہو کیا؟ سنائی نہیں دیا، یہ تمہارے ساتھ نہیں جانا چاہتی۔" زہران نے اُس کی طرف دیکھتے ہوئے دو ٹوک لہجے میں کہا۔
"تم ہوتے کون ہو ہمارے بیچ میں بولنے والے؟" فراز نے ٹیبل پر ہاتھ رکھا۔
"میں اس کا منگیتر ہوں۔ تو اس حق سے میں تمہارے بیچ میں بول رہا ہوں۔ نہیں نہیں...... ہمارے بیچ میں بول رہا ہوں۔ کیوں کہ حیات کا ہر مسئلہ میرا مسئلہ ہے۔ اب تم بتاؤ تم کس حق سے میری فیانسے کو مجھ سے دور لے جانا چاہتے ہو۔"
"منگیتر؟" اُس نے بے یقینی سے دہرایا۔
"ہاں منگیتر۔" زہران نے پرسکون لہجے میں جواب دیا۔
" فراز پلیز! تم ابھی جاؤ۔ میں تمہیں بعد میں سب بتاتی ہوں۔"
"مجھے ابھی جاننا ہے۔ یہ کون ہے؟ اور یہ خود کو تمہارا منگیتر کیوں کہہ رہا ہے؟"
زہران غصّے سے کھڑا ہو گیا۔ "آواز دھیری رکھو۔" اُس نے فراز کو انگلی دکھاتے ہوئے کہا۔
فراز میں ایک بار پھر اپنا سوال دہرایا۔ مگر دھیمے لہجے میں۔
"یہ میرا منگیتر ہے یا نہیں۔ یہ ہمارا معاملہ ہے۔ اس لیے پلیز! تم بیچ میں مت آؤ۔ اور پلیز! تم یہاں سے جاؤ۔ میں تمہارے آگے ہاتھ جوڑتی ہوں۔" حیات نے اُس سے التجا کی۔
فراز غصّے سے برق رفتاری کے ساتھ وہاں سے چلا گیا۔
"کون تھا یہ؟" زہران نے سنجیدگی سے پوچھا۔
"میں تمہیں جواب دہ نہیں ہوں"
میں نے پوچھا کون تھا یہ؟ اُس نے چلا کر کہا۔ اور اپنے دونوں ہاتھ ٹیبل پر دے مارے۔
"وہ.....وہ فراز تھا۔" حیات نے اٹکتے ہوئے کہا۔
"مجھے بھی پتا ہے۔ وہ فراز تھا۔ میں یہ جاننا چاہتا ہوں۔ تم دونوں کا آپس میں کیا رشتہ ہے؟"

"ہم دونوں ایک دوسرے کو پسند کرتے ہیں۔ اور میں اُس سے شادی کرنا چاہتی ہوں۔ مگر بابا نہیں مان رہے۔" حیات نے اُسے ساری بات تفصیل میں بتائی۔
زہران خاموشی سے پھر کرسی پر بیٹھ گیا اور اُس کی باتیں سن رہا تھا۔ پھر اُس نے خاموشی تھوڑی۔
"تمہیں پوری دنیا میں منوّر شاہ کا بیٹا ہی ملا تھا۔ اور سارے لڑکے مر گئے تھے کیا؟"اُس کا اشارہ خود کی طرف تھا۔
"کچھ چیزوں پر ہمارا اختیار نہیں ہوتا۔"
"خیر...یہ سب چھوڑو۔ اور مجھے یہ بتاؤ اب کیا کروگی؟" اُس نے تجسّس سے پوچھا۔
"پتا نہیں کیا کروں گی؟"
"کیا مجھ سے شادی کر لوگی؟"
حیات نے اُس کی طرف دیکھا۔ زہران کے چہرے پر تجسّس کے آثار نمایاں تھے۔ حیات نے اُس کے زبان سے پہلی بار شادی کا لفظ سنا تھا وہ بھی اپنے لیے۔
"نہیں! ہر گز نہیں۔ بس تُمہارے بابا کی طبیعت ٹھیک ہو جائے پھر میں بابا سے ایک بار اور بات کرتی ہوں۔"
"اگر تم مجھے یہ پہلے بتا دیتی تو شاید میں تمہارے گھر رشتہ نہیں بھیجتا۔ لیکن اب، مجھے جب یہ پتا چلا ہے کہ تم منوّر شاہ کے بیٹے کو پسند کرتی ہو۔ تو مجھے اپنے فیصلے پر خوشی ہو رہی ہے۔ کیوں کہ وہ تمہارے قابل نہیں ہے۔"
"کون میرے قابل ہے، کون نہیں۔ اس کا فیصلہ میں کروں گی۔ اور تم نے تو کہا تھا کہ علی انکل نے اپنی مرضی سے میرے گھر رشتہ بھیجا تھا۔"
"ہاں جھوٹ کہا تھا میں نے۔" اُس نے کندھے اُچکا تے ہوئے لاپرواہی سے کہا۔
"مگر تم نے ایسا کیوں کیا؟" حیات نے سنجیدگی سے پوچھا۔
"اس کیوں کا جواب میرے پاس نہیں ہے۔ جس دن مجھے اس کیوں میں جواب مل گیا۔ اُس دن تمہیں ضرور بتاؤں گا۔" اُس نے اُسی کے لہجے میں جواب دیا۔

"دیکھو، تم اور میں ایک دوسرے سے بلکل مختلف ہیں۔ اور میں تمہاری ٹائپ کی لڑکی بلکل نہیں ہوں۔ ہم دونوں کے راستے تو ایک ہو سکتے ہیں۔ مگر منزل نہیں۔" حیات نے سنجیدگی سے کہا۔
"اوہ کم آن یار! منزل کی کسے فکر ہے..... ہم تو بس آپ کے ساتھ چلنے کا شوق رکھتے ہیں محترمہ۔"لپ
زہران نے مسکراتے ہوئے کہا اور بےفکری سے ہاتھ جھاڑ کر ایک طرف دیکھا۔
"رستے خوبصورت ہوں، تو منزل کا کیا غم؟"
اُس نے آنکھوں میں شوخی لیے، ہنسنے کی کوشش کی۔
حیات نے اُسے عجیب سی نظروں سے دیکھا۔
نہ ہنس پائی، نہ رو پائی۔ بس دل میں ایک ہلکی سی کسک اُٹھی، جیسے کوئی بات کہہ کر بھی وہ مکمل نہ ہو پائی ہو۔
"ویسے تم کتنی ڈیپ باتیں کرتی ہو۔ یہ منزل، یہ راستے۔ بٹ آئی لائک اٹ۔"
"دیکھو تم رشتے سے انکار کر دو۔" حیات نے التجانہ لہجے میں کہا۔
"میں اس رشتے سے ہرگز انکار نہیں کروں گا۔ کیوں کہ میں اُس فراز سے لاکھ گنا بہتر ہوں۔ اور تم میرے جیسا لڑکا ہی "deserve" کرتی ہو۔" اُس نے پراعتمادی سے جواب دیا۔
"تم جیلس ہو رہے ہو۔ اور جہاں تک رہی بات فراز کی۔ تو میں مانتی ہوں وہ تم سے زیادہ ہینڈسم نہیں ہے۔ مگر دل کا بہت اچھا ہے۔"
"جیلس! مائی فٹ!" اُس نے پیر کو زمین پر مارتے ہوئے کہا۔ "اور ویسے بھی وہ ایک جھوٹ ہے۔ دھوکہ ہے۔ فریب ہے۔"
"ایسا بلکل نہیں ہے۔ وہ ایک نمازی انسان ہے۔ اور دل کا بہت صاف ہے۔ اور سب سے بڑی بات وہ مجھے پسند کرتا ہے۔"
"پسند!' وہ قہقہہ مار کر ہنسنے لگا۔
"ہنس کیوں رہے ہو؟" حیات نے اکھڑے ہوئے لہجے میں پوچھا۔
"Nothing"! اُس نے ہنستے ہوئے کہا۔
"دیکھو میں مزاق کے موڈ میں بلکل نہیں ہوں۔" اس بار وہ خفا ہوئی۔
"تو میں بھی مزاق کے موڈ میں نہیں ہوں۔ اور تمہیں شرم نہیں آرہی۔ اپنے ہونے والے شوہر کے سامنے تم کسی غیرمرد کی بات کر رہی ہو۔ میری غیرت جاگ سکتی ہے۔"

"او ہیلو! آئے بڑے غیرت والے، بے غیرت کہیں کے۔ اور یہ جو تمھارا خواب ہے نا میرا شوہر بننے کا۔ انشاءاللہ تم اسی حسرت کے ساتھ دنیا سے رخصت ہو جاؤ گے۔"
"نعوذباللہ.....تم تو مرنے مارنے پر اُتر آئی۔" اُس نے مسکراتے ہوئے کہا اور ایک بار پھر قہقہہ مار ہنسا۔
"پلیز! میں تمہارے آگے ہاتھ جوڑتی ہوں۔ اس رشتے سے انکار کر دو۔"
"مائی ڈیر حیات! میں ایسا نہیں کر سکتا۔"
"کیوں نہیں کر سکتے؟" اُس نے اکھڑے ہوئے لہجے میں پوچھا۔
"کیوں کہ میں تمہیں اُس فراز جیسے انسان کے ہاتھ میں نہیں دے سکتا۔" اب بھی وہ حیات کو پریشان کرنے کی کوشش کر رہا تھا۔
"اچھا....تو تمہیں میری اتنی فکر ہے" حیات نے طنز کرتے ہوئے کہا۔
"یس.....حیات ڈارلنگ"
حیات نے اُسے گھورا۔
"اگر اتنی ہی فکر ہے تو اس رشتے سے انکار کر دو۔ تب مجھے یقین آئے گا۔ کہ تمہیں سچ میں میری فکر ہے۔"
"یہ تو نہیں ہو سکتا۔ اٹس امپاسبل!" اُس نے اپنے ہونٹوں کو اپنے دانت کے نیچے دبا لیا۔
"اسی لیے میں تم سے اتنی نفرت کرتی ہوں۔ کیوں کہ تم مبحت کے قابل ہی نہیں ہو۔" اُس نے غصّے سے کہا۔
"اچھا مجھے ایک بات بتاؤ۔ اگر میں اس رشتے سے انکار کے دوں۔ تو تُمھارے دل سے میری نفرت ختم ہو جائے گی؟" اس بار اُس نے سنجیدگی سے پوچھا۔
"ہاں....ختم ہو جائے گی۔ کیوں کہ تب مجھے یہ یقین ہو جائے گا، کہ تم اپنے علاوہ کسی اور کے بارے میں بھی سوچتے ہو۔"
"نفرت ختم کرنے کی بہت بڑی قیمت مانگ رہی ہو تم۔ مگر میں چکانے کو تیار ہوں۔ اس لیے نہیں کہ تمہارے دل سے میری نفرت ختم ہو جائے۔ صرف اس لیے کہ تمہارے دل میں کوئی اور ہے۔"
حیات کو اُس کی باتوں پر یقین نہیں تھا۔ مگر پھر بھی اُسے اُمّید کی ایک کرن نظر آئی۔
بادل خاموشی سے اُترتے جا رہے تھے۔

اچانک ایک ٹھنڈی بوند آ کر حیات کے نازک ہاتھ پر گری۔
وہ چونکی، نظریں جھکائیں، اور زہران نے اُس لمحے اسے دیکھا۔ نہ بوند کو، نہ آسمان کو.....صرف اُسے۔
"بارش ہونے والی ہے... ہمیں اندر چلنا چاہیے۔"
آواز میں نرمی تھی، وہ مدھم انداز میں کھڑا ہوا، اور بنا پیچھے دیکھے چلنے لگا۔ اور حیات چپ چاپ، قدموں کی آہٹ کے بغیر، اُس کے سائے کے ساتھ ساتھ چلنے لگی۔
نہ اُس نے آواز دی، نہ اُس نے پیچھے مڑ کر دیکھا۔

......*

وہ پارٹی سے گھر واپس آیا۔ گاڑی کو پارک کرکے وہ گھر میں داخل ہوا۔ ملازم نے دروازہ بند کیا۔ اور وہ سیدھا اپنے کمرے کی طرف چلا گیا۔ کمرے میں داخل ہو کر اُس نے کمرے کا دروازہ بند کیا۔ اور بیڈ پر اوندھے منہ لیٹ گیا۔
"وہ کیسے اُس لڑکے کو پسند کر سکتی ہے؟" اُس نے بیڈ پر لیٹے ہوئے سوچا۔ اور اٹھ بیٹھا، کچھ دیر وہ ایسے ہی بیٹھا رہا۔ اور پھر سائڈ ٹیبل پر رکھے پانی کے گلاس کو اٹھا کرایک ہی سانس میں پی گیا۔
"مجھے کیا کرنا چاہیے؟ کیا خاموشی سے اُس سے شادی....نہیں نہیں میں ایسا نہیں کر سکتا۔ اور ویسے بھی اُسے میں بلکل پسند نہیں۔ اور شاید وہ سہی کہتی ہے۔ ہم دونوں ایک دوسرے سے بہت مختلف ہیں۔آئی تھینک! مجھے شادی سے انکار کر دینا چاہیے۔
اگر میں نے شادی سے انکار کردیا۔ تو شاید اُس کے دل سے میری نفرت ختم ہو جائے۔ اور میرے لیے یہ بہت ہے۔"
وہ بیڈ سے اُترا اور سیدھا کمرے سے باہر نکل گیا۔ نیچے کچن سے برتنوں کی آواز آ رہی تھی۔
وہ کچن کی طرف بڑھا۔ انیسہ بیگم پانی لینے کے لیے کچن میں آئی تھیں۔
"کیا بابا جاگ رہے ہیں؟" اُس نے اُن کی طرف دیکھتے ہوئے کہا۔
"ہاں" اُنہوں نے ایک لفظہ جواب دیا۔

وہ سیدھا اُن کے کمرے میں داخل ہوا۔ علی صاحب بیڈ پر لیٹے ہوئے تھے۔
"بابا میں آپ سے بات کرنا چاہتا ہوں۔"
"ہاں بولو بیٹا۔"
وہ اُن کے پیر کے پاس اُن کا پیر پکڑ کے بیٹھ گیا۔ اُن کو سخت بخار تھا۔ اور جسم بخار سے تپ رہا تھا۔
"بابا آپ کو تو بخار ہے!" اُس نے پریشانی کے عالم میں کہا۔
اور پھر اٹھ کر اُن کی پیشانی پر ہاتھ رکھا۔
"ٹھیک ہو جاؤں گا بیٹا، فکر نا کرو۔" کمزوری کی وجہ سے اُن کی آواز کانپ رہی تھی۔
انیسہ بیگم کمرے میں داخل ہوئی۔ اُن کے ہاتھ میں پانی سے بھرا جگ موجود تھا۔ اُنھوں نے جگ کو سائڈ ٹیبل پر رکھا۔
"آپ نے دیکھا نہیں بابا کو بخار ہے۔" زہران نے تیز لہجے میں کہا۔
"رہنے دو بیٹا، میں ٹھیک ہوں۔" زہران نے اُن کی طرف دیکھا۔
"انیسہ تم جاؤ آج زہران میرے پاس رہے گا۔"
وہ زہران کو گھورتی ہوئی کمرے سے نکل گئیں۔
زہران نے انہیں پانی کی پٹّی کی۔ اور وہ سو گئے۔ اب وہ اُن کا پیر پکڑے فرش پر بیٹھا تھا۔
رات گہری ہو گئی۔ اب بھی وہ ایسے ہی بیٹھا علی صاحب کو دیکھ رہا تھا۔
رات گزر گئی۔ اور پتا نہیں کب زہران کی آنکھ لگ گئی۔ جب صبح اُس کی آنکھ کھلی تو علی صاحب بے خبر سو رہے تھے۔ اُس نے گھڑی کی طرف دیکھا جس میں ٹھیک سات بج کر پانچ منٹ ہو رہا تھا۔ وہ اُن کے پاس جا کھڑا ہوا۔ اور آہستہ آہستہ اُنہیں آواز دے رہا تھا۔
"بابا.....بابا وہ تقریباً دس منٹ سے اُنہیں مسلسل بلائے جا رہا تھا۔ دھیرے دھیرے اُس کی آواز تیز ہو رہی تھی۔ اور ساتھ ہی اُس کی پریشانی بھی بڑھ رہی تھی۔
"بابا... اٹھیں نا..."
"بابا... مجھے دیکھیں..."
ہر لمحہ اُس کی بےچینی بڑھتی گئی۔

اُس نے لرزتے ہاتھوں سے علی صاحب کو ہلانے کی کوشش کی۔ مگر وہ جیسے پتھر ہو گئے تھے۔

زہران دروازے کی طرف دوڑا۔ دیوانہ وار۔ اور عمیر کو آواز دی۔

عمیر بھاگ کر اندر آیا۔ مگر منظر وہی تھا ، ساکت، بےحرکت، خاموش۔

سب لوگ کمرے میں جمع ہونے لگے۔

چہرے سنجیدہ ہو گئے۔ ہوا بوجھل ہو گئی۔

علی صاحب کو ہاسپٹل لے کر جایا گیا۔ مگر افسوس جس کا وقت پورا ہو جائے اسے کوئی نہیں بچا سکتا۔

"سوری! آپ کے والد اب اس دنیا میں نہیں رہے۔"

"کیا مطلب ہے آپ کا؟ آپ کو جو چاہیے جتنا پیسہ چاہیے میں آپ کو دینے کو تیار ہوں۔ بس آپ میرے بابا کو بچا لیجئے۔" وہ بلکل پاگلوں کی طرح باتیں کر رہا تھا۔

"بچانے والی ذات اوپر والے کی ہے۔ ہم تو صرف کوشش ہی کر سکتے ہیں۔" ڈاکٹر نے اُس کی پشت پر ہاتھ رکھتے ہوئے کہا۔

وہ زمین پر گھٹنوں کے بل بیٹھ گیا۔ اور اپنے ہاتھوں سے اپنے چہرے کو ڈھانپ لیا۔ مگر اُس کی آنکھوں سے ایک بھی آنسوں نہیں گرے۔ اُس کی تکلیف اتنی تھی کہ آنسوں بھی ساتھ چھوڑ گئے۔

یہ خبر زہران کے لیے نا قابلِ برداشت تھی۔ اُس نے زندگی میں اپنی سب سے قیمتی چیز کھو دی تھی۔

جب وارڈ بوائے علی صاحب کو اسٹریچر پر لٹا کر لے جانے لگے، زہران جیسے ایک دم چونک پڑا۔ اچانک اُس کے قدم بےاختیار دوڑے، بچپن کے کسی ڈرے ہوئے بچے کی طرح۔

"بابا...!"

وہ چیخا اور بھاگتا ہوا اسٹریچر کے قریب جا پہنچا۔

کانپتے ہاتھوں سے اُس نے اُن کا ہاتھ تھام لیا۔

جو ہاتھ کبھی اُس کے سر پہ محبت سے پھرتے تھے۔ اب بے جان تھے۔

زہران نے اُس ہاتھ کو اپنے دونوں ہاتھوں میں لے کر سینے سے لگا لیا۔

"بابا اُٹھو نا... دیکھیے میں آگیا ہوں۔ آپ نے کہا تھا نا میرا بیٹا کبھی اکیلا نہیں ہوگا؟

تو پھر مجھے چھوڑ کر کیوں جا رہے ہیں بابا...؟

بابا پلیز... ایک بار آنکھیں کھول لیں.....

میں وعدہ کرتا ہوں کبھی ضد نہیں کروں گا...

پلیز بابا!... واپس آجاؤ!....آپ کے سوا میرا اس دنیا میں کوئی نہیں ہے۔ آپ کے بنا آپ کا بیٹا بہت اکیلا ہو جائے گا بابا.....آپ کا زہران آپ کی جُدائی کا غم برداشت نہیں کر سکے گا۔"

وہ پاگلوں کی طرح بولے جا رہا تھا، رونے کی آواز اُس کے گلے میں اٹک رہی تھی۔ آنسو اب بےرحمی سے اُس کے گالوں پر بہہ رہے تھے۔

مگر اُن کی آنکھیں بند تھیں، چہرے پر وہی خاموشی تھی۔ جو موت اپنے ساتھ لاتی ہے۔

عمیر تیزی سے آگے بڑھا، زہران کو سنبھالنے کی کوشش کی۔

اسے بازوؤں سے پکڑا اور پیچھے کھینچنے لگا۔

مگر زہران چھوٹے بچے کی طرح اُن کا ہاتھ پکڑے رہا، چھوڑنے کو تیار نہیں تھا۔

"بھائی... چھوڑ دیں... چھوڑ دیں.... اللہ کے حوالے کر دیں اُنہیں..."

عمیر کی آواز بھرا گئی۔ وہ خود بھی رونے لگا۔

زہران کی گرفت ڈھیلی پڑتی گئی۔ جیسے اس کے اندر کی جان بھی ہاتھوں سے نکلتی جا رہی ہو۔

آخرکار وہ اُن کا ہاتھ چھوڑ کر فرش پر بیٹھ گیا، سر گھٹنوں میں چھپا لیا۔اور پہلی بار زندگی میں ایسے رویا، جیسے دل کے اندر کوئی چیز ہمیشہ کے لیے ٹوٹ گئی ہو۔ عمیر نے اُس کے قریب آ کر اُسے اپنے سینے سے لگا لیا۔ زہران کے آنسو نے عمیر کی شرٹ کو تر کر دیا۔

علی صاحب کو گھر لایا گیا۔ اور دھیرے دھیرے لوگوں کی تعداد بڑھ رہی تھی۔ جنازے کا وقت ہو گیا۔ اب لوگ اُنہیں دفن کرنے کے لیے لے جا رہے تھے۔ زہران نے ایک آخری بار اُن کو دیکھا۔ اور اُن کے چہرے کو اپنے ہاتھ سے چھوا، اُسے ایسا لگا جیسے وہ ابھی اٹھ بیٹھیں گے۔ اب بھی اُس کے دل میں اُمّید تھی۔ مگر وہ نہیں اٹھے۔ اُس کی آنکھیں نم ہو گئی۔

جنازے کا وقت قریب آیا۔ لوگوں نے علی صاحب کے جنازے کو اٹھایا۔ زہران ایک طرف کھڑا، سانس روکے اُنہیں جاتا دیکھ رہا تھا۔ پھر وہ دوڑتا ہوا آیا اور تابوت کے ایک کنارے کو پکڑ لیا۔ آنسو اُس

کی آنکھوں سے بہہ رہے تھے۔ مگر دل خون کے آنسو رو رہا تھا۔
عمیر نے زہران کی طرف دیکھا۔ اس کا دل بھی لرز گیا۔
لوگ جنازے کے ساتھ آگے بڑھ رہے تھے۔ زہران اپنے کندھے پر تابوت کے کنارا رکھے بے بسی سے چل رہا تھا۔
"با....با" ایک آخری بار اُس کی زبان سے نکلا پھر اس اُمّید کے ساتھ کہ وہ ابھی بول پڑینگے۔ مگر وہ خاموش تھے۔
زہران نے اپنی گردن پیچھے موڑ کر دیکھا۔ کوئی جواب نہیں آیا۔
قبرستان پہنچتے پہنچتے شام ہونے لگی تھی۔ سورج بھی کسی یتیم بچے کی طرح تھکا ہارا سا ڈوب رہا تھا۔
لوگوں نے قبر کھودی۔
زہران کا پیر کانپ رہا تھا، مگر وہ اپنی جگہ جما رہا۔ بس ایک آخری نظر...ایک آخری سلام...ایک آخری دعا۔
مٹّی کے پہلے پھاوڑے نے زمین کا سینہ چاک کیا، اور زہران کا دل جیسے کسی نے نوچ لیا ہو۔ ہر مٹّی کی آواز اُس کے دل پر چوٹ کرتی تھی۔ ہر پھاوڑا، ہر ہاتھ، اُسے ایک چیخ میں بدل دیتا تھا۔ جو وہ باہر نہیں نکال پا رہا تھا۔
کفن میں لپٹے علی صاحب کو نرمی سے مٹّی کی آغوش میں اُتارا۔
سب لوگ دھیرے دھیرے واپس جانے لگے۔ دعائیں پڑھ کر، فاتحہ دے کر۔ مگر زہران.....وہ وہیں کھڑا رہا۔ خالی، ٹوٹا ہوا۔
اُس میں اتنی ہمت نہیں تھی، کہ وہ ایک سنسان جگہ اپنے باپ کو اکیلا چھوڑ آئے۔
عمیر نے اُسے دور سے کھڑا دیکھا۔ اور وہ دوڑتا ہوا اُس کے پاس آیا۔
"بھائی... گھر چلیں۔" اُس کی اپنی آواز بھی کانپ رہی تھی۔
"نہیں!" زہران نے سر نفی میں ہلایا،
آنکھوں میں ضد، دل میں درد۔
"میں بابا کو اکیلا چھوڑ کر نہیں جاؤں گا...میں نہیں جاؤں گا عمیر۔"
اُس کی آواز بھیگ گئی۔ بچپنے جیسی ضد میں ڈھل گئی۔
عمیر نے اُس کے کندھوں کو تھاما۔
"بھائی... بابا اس مطلبی دنیا سے نکل کر اللہ کے پاس چلے گئے ہیں۔ جہاں صرف سکون ہے... جہاں صرف محبت ہے۔ بابا اب تنہا نہیں ہیں..."

زہران بے جان سا ہو کر کھڑا رہا۔
پھر عمیر نے اُسے آہستہ آہستہ، زبردستی تھام کر اپنے ساتھ چلانا شروع کیا۔
زہران کی نظریں پیچھے پلٹ پلٹ کر اُن کی قبر پر ٹکی تھیں۔
گھر پہنچتے ہی عمیر نے اُسے نیند کی دوا دی۔
زہران نے بغیر کوئی سوال کیے دوا لی۔ اور وہ بے خبر سو گیا۔

......*

ملازم دستک دے کر کمرے میں داخل ہوا ۔ وہ پیٹ کے بل بستر پر لیٹا تھا۔ اُس نے گردن موڑ کر ملازم کی طرف دیکھا اور پھر آنکھیں بند کر لی۔
"صاحب آپ سے کوئی ملنے آیا ہے۔" اُس نے دروازہ بند کرتے ہوئے کہا۔
"مجھے کسی سے نہیں ملنا۔" اُس نے آنکھیں کھول کر ملازم کی طرف دیکھا۔
"صاحب وہ آپ سے ملے بنا نہیں جائیں گی۔"
"میں نے کہا نا مجھے کسی سے نہیں ملنا۔" وہ سخت لہجے میں چلایا۔
ملازم خاموشی سے جانے کے لیے مڑا۔
"کون ہے وہ؟" اُس نے ملازم کو جاتے دیکھ کر پوچھا۔
"بڑے صاحب کے پرانے دوست کی بیٹی حیات بی بی ہیں۔"
وہ جھٹ سے اٹھ بیٹھا اور فرش پر پڑے سلیپر کو پہن کر وہ سیدھا ڈرائنگ روم کی طرف چلا گیا۔
حیات صوفے پر خاموشی سے بیٹھی تھی۔ وہ کمرے میں داخل ہوا اور حیات کے سامنے والے صوفے پر بیٹھ گیا۔
حیات نے اُس کی طرف دیکھا اُس کا چہرہ ایک ہفتے میں بلکل تبدیل ہو گیا تھا۔ اُس کی آنکھوں کے نیچے ہلکے پڑ گئے تھے۔ اُس کی رنگت بلکل پیلی پڑ چکی تھی۔
"کیسے ہو؟" حیات نے اُس کی طرف دیکھتے ہوئے پوچھا۔
"بس زندہ ہوں۔ تم بتاؤ تمہیں کیسے میری یاد آگئی۔" اُس نے طنز کرتے ہوئے کہا۔

"بس ایسے ہی۔ اصل میں اُس دن تم سے ملاقات نہیں ہوئی تھی۔ پھر پتا چلا تُمہاری طبیعت ٹھیک نہیں ہے، تو بس دیکھنے چلی آئی۔"
"میری طبیعت کو کیا ہونا ہے۔ میں بلکل ٹھیک ہوں۔" وہ اپنے دائیں ہاتھ کی اُس قیمتی پتھر کی انگوٹھی کو دیکھ رہا تھا جسے اُس نے اپنی کلمہ انگلی میں پہنی تھی۔
حیات نے بھی اُس کی انگوٹھی کو دیکھا جو اب بائیں ہاتھ کی جگہ دائیں ہاتھ میں تھی۔ حیات نے جب اُس کی انگوٹھی کو پہلی بار دیکھا تھا تب اُس نے اُس انگوٹھی کو بائیں ہاتھ کی کلمہ اُنگلی میں پہنا تھا۔
کچھ دیر کمرے میں خاموشی رہی۔ پھر حیات نے خاموشی توڑتے ہوئے کہا۔
"تمہارا غم بہت بڑا ہے اور میں چاہ کر بھی تُمہارے غم کو کم نہیں کر سکتی۔ مگر وہ خدا جو ساتویں آسمان پر بیٹھا ہے۔ وہ اپنے بندوں کو کبھی اُس کی برداشت سے زیادہ بڑا غم نہیں دیتا۔ اور اگر کبھی بہت بڑا غم دیتا ہے تو اپنے بندے کا ساتھ نہیں چھوڑتا اُسے اُس غم سے لڑنے کی ہمت دیتا ہے۔ اور اُسے مضبوط بناتا ہے۔"
"میں اتنا کمزور نہیں تھا۔ مگر بابا کے جانے کے غم نے مجھے اندر سے توڑ دیا۔ مگر میں ابھی بھی کمزور نہیں ہوں۔ اپنے غم سے لڑنا جانتا ہوں۔ اور لڑ بھی رہا ہوں۔" وہ پرسکون لہجے میں کہہ رہا تھا۔
حیات نے اپنا بیگ کھول کر اُس میں سے کچھ سامان نکال کر ٹیبل پر رکھ دیا۔
"یہ کیا ہے؟" زہران نے اُن چیزوں کی طرف دیکھتے ہوئے پوچھا۔
"اس میں کچھ ایسی چیزیں ہیں جو تمہیں سکون دیں گی۔ لیکن تب جب تم دل سے سکون طلب کرو گے۔" اُس نے اپنی چادر کو ٹھیک کرتے ہوئے کہا اور پھر کمرے سے باہر نکل گئی۔ پھر ایک نظر اُس نے زہران کی طرف دیکھا جو اُس کی دی ہوئی چیزوں کو بہت غور سے دیکھ رہا تھا۔
عمیر ڈرائنگ روم داخل ہوا اور اُس کی نظر ٹیبل پر رکھے سامان پر پڑی۔
زہران اب بھی ڈرائنگ میں بیٹھا اُن چیزوں کو دیکھ رہا تھا۔
"یہ کیا ہے بھائی؟" عمیر نے سامان کا پیکٹ کھولتے ہوئے پوچھا۔

"مجھے نہیں پتا کیا ہے؟ مگر شاید اس سے سکون طلب کیا جاتا ہے۔ لیکن تب جب ہم سچے دل سے سکون چاہتے ہیں۔" اُس نے سنجیدگی سے جواب دیا۔

اُس کی بات سن کر عمیر کو جیسے جھٹکا لگا۔

"شاید صدمے نے بھائی کے دماغ پر گہرا اثر کیا ہے۔" اُس نے پیکٹ کھولتے ہوئے سوچا۔

"بھائی اس میں تو کُرتا، جائنماز اور تسبیح ہے۔ مگر آپ تو کُرتا پہنتے نہیں ہیں۔ اس لیے یہ کرتا میں رکھ لیتا ہوں۔"

"نہیں! یہ کُرتا وہ میرے لیے لائی ہے۔" زہران نے اُس کے ہاتھ سے کرتا چھین لیا۔

"کوئی بات نہیں آپ ہی رکھ لیجئے۔ میں تو بس مزاق کر رہا تھا۔"

وہ ساری چیزیں لے کر اپنے کمرے کی طرف چلا گیا۔

✷ • • • ✷ • • • ✷

گاڑی گھر کے باہر رکی۔ عارض گھر میں داخل ہوا۔ اُس کے ساتھ ایک عورت اور ایک لڑکی بھی اندر آ گئیں۔

کچھ دیر بعد احسن صاحب مسجد سے واپس آئے۔ حیات نے دروازہ کھولا اور سیدھا ڈرائنگ روم کی طرف چلی گئی۔ کمرے سے گفتگو کی آواز آ رہی تھی۔ وہ بنا رکے ڈرائنگ روم کی طرف بڑھے۔ اور کمرے میں داخل ہوئے۔

کمرے میں خاموشی چھا گئی۔ اور سب احسن صاحب کی طرف ایسے دیکھ رہے تھے، جیسے وہ کسی دوسری دنیا کے مخلوق ہیں۔

وہ چہرہ جِسے اُنہوں نے پورے پندرہ سال پہلے دیکھا تھا۔ وہ چہرہ آج بھی اُن کی آنکھوں میں قید تھا۔ اُنہیں اپنی آنکھوں پر یقین نہیں آرہا تھا۔

وہ کچھ دیر حواس باختگی کے عالم میں اُس چہرے کو دیکھتے رہے۔ اور اُن کی آنکھوں میں آنسوں آ گئے۔

"میں بس اپنے بھتیجے کے کہنے پر آ گئی۔" دور سے آتی آواز اُن کے کان میں پڑی اور وہ کمرے سے باہر نکل گئے۔

"پھوپھو آپ کو اس طرح بابا سے رشتہ ختم نہیں کرنا چاہیے تھا۔" عارض نے صوفے پر بیٹھے ہوئے کہا۔ اور فریحہ اُس کے سامنے والے صوفے پر خاموشی سے بیٹھی اُسے دیکھ رہی تھی۔

"بیٹا میں نے تمھارے باپ سے رشتہ ختم نہیں کیا تھا۔ بلکہ تمھارا باپ ضد پر اڑا تھا۔ اور اُس ضد نے ہمارا رشتے خراب کر دیا۔" اُنہوں نے دفاعی لہجے میں کہا۔

حیات دروازہ پکڑے کھڑی تھی۔ اور بار بار ڈرائنگ روم سے باہر احسن صاحب کے کمرے کی طرف دیکھ رہی تھی۔ اُن کے کمرے کا دروازہ بند تھا۔

"ویسے پھوپھو ایسی بھی کیا ضد تھی کہ آپ اور بابا ایک دوسرے سے اتنے دور ہوگئے۔" حیات نے اُن کی طرف دیکھتے ہوئے کہا۔

"ضد یہ تھی بیٹا، کہ مجھے اپنے باپ کے قاتلوں کو سزا دلانا تھا۔ مگر تمہارا باپ ان سارے معاملات میں نہیں پڑنا چاہتا تھا۔ تب میں نے دو شرط رکھی۔ یا تو وہ ابّا جان کے قاتل کو سزا دیتا، یا پھر مجھ سے رشتہ ختم کر دیتا۔ اُس نے دوسری شرط کا انتخاب کیا۔ اور۔ مجھ سے رشتہ ختم کر دیا۔"

"پھوپھو، بھائی بہن کا رشتہ اتنا کمزور نہیں ہوتا، کہ ایک شرط پر ٹوٹ جائے۔" اب حیات اُن کے پاس بیٹھی یہ سب کہہ رہی تھی۔ اُنہوں نے خاموشی سے حیات کی بات سنی اور سیدھا احسن صاحب کے کمرے کی طرف چلی گئیں۔

دروازے پر دستک دے کر وہ کمرے میں داخل ہوئی۔ احسن صاحب اپنے بیڈ پر بیٹھے دوائیوں کے ڈبے سے دوا نکال رہے تھے۔ دروازے پر دستک کی آواز سن کر اُنہوں نے اپنی بہن کی طرف دیکھا۔ جو اُن کے سامنے پرسکون کھڑی تھی۔

"کیا میں بیٹھ جاؤں؟" اُنہوں نے پوچھا۔

"تمہیں اجازت لینے کی ضرورت نہیں ہے۔ احسن صاحب نے دوا کو منہ میں رکھتے ہوئے کہا اور پھر سائڈ ٹیبل پر رکھے پانی کے گلاس کی طرف بڑھے۔

رضیہ بیگم نے جھٹ سے اپنا ہاتھ بڑھا کر اُنہیں پانی کا گلاس دے دیا۔

احسن صاحب نے اُن کی طرف دیکھا اور پھر پانی کا گلاس تھام لیا۔

"بھائی میں جانتی ہوں، نا آپ غلط تھے نا میں۔ اُس وقت شاید حالات ایسے ہو گئے تھے کہ ہم دونوں نے ایک دوسرے کو غلط سمجھا۔ اور میں ہمیشہ یہی سوچتی تھی کہ آپ غلط ہیں۔ اور ہمیشہ اس بات پر یقین رکھتی تھی کہ یہ دنیا مکافاتِ عمل ہے۔ جس طرح آپ نے اپنی بہن کو اس دنیا میں خوار ہونے کے لیے اکیلا چھوڑ دیا تھا۔ اسی طرح آپ کا بیٹا بھی اپنی بہن کو اس دنیا میں اکیلا چھوڑ دے گا۔ مگر میں غلط ثابت ہوئی عارض اور حیات کے بیچ محبت دیکھ کر مجھے اُس بات کا احساس ہوا کہ شاید میں غلط تھی۔ اور مجھے آپ سے کوئی گلہ کوئی شکوہ نہیں ہے۔ میں نے آپ کو معاف کیا اور میرا اللہ آپ کو معاف کرے۔ اور اب آپ بھی مجھے معاف کر دیں۔" وہ پرسکون لہجے میں اُن سے کہہ رہی تھی۔

"میں نے بھی تمہیں معاف کیا۔ اور میں اس بات پر شرمندہ ہوں کہ میں نے تمہیں اکیلا چھوڑ دیا۔ بس تم مجھے دل سے معاف کر دو۔" اُنہوں نے التجانہ لہجے میں کہا۔

"بھائی میں نے آپ کو معاف کیا۔" اس بار اُن کی آنکھیں نم ہو گئی۔

••••••*

عارض بنا دستک دیے کمرے میں داخل ہوا۔ حیات بے خبر سو رہی تھی۔

"حیات جلدی نیچے چلو۔" اُس نے گھبراہٹ کے عالم میں کہا۔

"ارے یار! سونے دو۔" حیات نے اپنی آنکھوں پر اپنا بازو رکھ لیا۔

"بعد میں سو لینا، پہلے نیچے چلو۔"

"میں کہیں نہیں جا رہی۔ اور تم یہاں سے پلیز چلے جاؤ!" اُس نے سخت لہجے میں کہا۔

"زہران بھائی آئے ہیں۔ اور وہ تم سے بہت ضروری بات کرنا چاہتے ہیں۔"

حیات گھبرا کر اٹھ بیٹھی۔

"وہ کیوں آیا ہے؟" اُس نے حواس باختی کے عالم میں پوچھا۔

"مجھے نہیں پتا کہ وہ کیوں آئے ہیں۔ مگر یہ ضرور پتا ہے کہ وہ کسی ضروری کام سے آئے ہیں۔" عارض نے سنجیدگی سے کہا۔

"بابا کہاں ہیں؟" حیات نے پوچھا۔

"بابا، امی اور پھوپھو گھر میں نہیں ہیں۔ لیکن آتے ہی ہوں گے۔"
حیات ہینگر پر لٹکی اپنی کالی چادر اٹھا کر اپنے اوپر ڈالتی ہوئی کمرے سے نکل گئی۔
عارض بھی اُس کے پیچھے پیچھے چلا گیا۔
حیات ڈرائنگ روم میں داخل ہوئی۔ اور عارض دروازے کے باہر کھڑا رہا۔
"کیسے آنا ہوا؟" اُس نے صوفے پر بیٹھتے ہوئے کہا۔
"تم سے کچھ بات کرنی تھی۔ اسی لیے آ گیا۔"
"کیا بات ہے؟"حیات نے تجسّس سے پوچھا۔
"میں شادی سے انکار نہیں کرسکتا" اُس نے سنجیدگی سے کہا۔
"کیا مطلب! تم شادی سے انکار نہیں کر سکتے۔ اور کیوں نہیں کر سکتے ہے؟"
"کیوں کہ مجھے ایسا لگتا ہے کہ تمہارے بنا میری زندگی بہت ہی بورنگ ہو جائے گی۔"
'تمہاری زندگی بورنگ ہو جائے گی......وہ بھی میرے بنا......مگر کیوں؟" اُس نے سارے لفظوں پر زور دیتے ہوئے کہا۔
"اس کیوں کا جواب میرے پاس نہیں ہے۔"
"چلو کوئی بات نہیں۔ اگر تم اس کیوں کا جواب نہیں دینا چاہتے تو میں نہیں مانگتی۔ بس مجھ پر تھوڑا سا رحم کردو اور مجھے اس رشتے سے آزاد کر دو۔ جو رشتہ نا چاہتے ہوئے بھی تمھارے اور میرے بیچ قائم ہے۔"
"میں تمہیں اس رشتے سے آزاد نہیں کر سکتا۔"
"مگر کیوں نہیں کر سکتے؟"حیات نے سنجیدگی سے پوچھا۔
"میرے پاس تُمہارے کسی بھی کیوں کا جواب نہیں ہے۔ لیکن ہاں اتنا ضرور جانتا ہوں کہ میں تم سے رشتہ ختم نہیں کر سکتا یا شاید یہ میرے اختیار میں نہیں ہے۔"
"ہمارے اختیار میں سب کچھ ہوتا ہے۔ لیکن جب ہم کچھ کرنا نا چاہے تو ہم بے اختیاری کا راگ الاپنے لگتے ہیں۔"
"دیکھو تمھارا اور میرا فیوچر بہت روشن ہوگا۔ اگر تم دل سے اس رشتے کے لیے راضی ہو جاؤ۔"

"دل سے راضی.......یہ ممکن نہیں ہے۔ اور جب دل میں کوئی اور بسا ہو۔ اور زندگی میں کوئی اور شامل ہو جائے تو شاید محبت کرنے والے برباد ہو جاتے ہیں۔"

"لیکن میں تمہیں برباد نہیں کرنا چاہتا۔"

"تو پھر اس رشتے سے انکار کر دو۔"

"انکار بھی نہیں کر سکتا۔"

"کیوں کر رہے ہو یہ سب؟" حیات نے سختی سے کہا۔

"پتا نہیں۔ یا شاید پسند کرتا ہوں تمہیں۔"

"مطلب محبت ہو گئی ہے۔"

"پتا نہیں۔ یا شاید ہو گئی ہے۔" وہ اٹھ کھڑا ہوا اور بالکنی سے باہر دیکھنے لگا۔

"مبحت قربانی مانگتی ہے۔" حیات نے کہا۔

"محبت قربانی مانگتی ہے۔ یہ تو مجھے بھی پتا ہے۔ لیکن تم تو محبوب کی قربانی مانگ رہی ہو۔ اور محبت میں محبوب کو قربان کر دینا۔ کہاں کی عقلمندی ہے۔"

" عقلمندوں کو محبت نہیں ہوتی۔ محبت تو احمقوں کو ہوتی ہے۔ اور جو محبت میں محبوب کی خوشی کے لیے خود کی خوشیوں کو قربان کر دیں۔ وہی محبت کے اصل حقدار ہوتے ہے۔"

اب وہ اُس کے پیچھے کھڑی یہ سب کہہ رہی تھی۔

"نا تو مجھے تم سے محبت ہے۔ اور نا ہی تم میری محبت کے قابل ہو۔" اُس نے اکھڑے ہوئے لہجے میں کہا اور ڈرائنگ روم سے باہر نکلنے کے لیے کچھ قدم آگے بڑھائے۔

احسن صاحب دروازے سے اندر داخل ہوئے۔ زہران نے اُنہیں دیکھا اور اپنے قدم روک لیے۔

حیات نے احسن صاحب کی طرف دیکھا۔ اور کمرے سے باہر چلی گئی۔

"انکل میں حیات سے شادی نہیں کر سکتا۔ اور میں اس رشتے سے انکار کر رہا ہوں۔"

"مگر بیٹا، یہ رشتہ تو تُمہاری مرضی سے طے کیا گیا تھا۔" اُنہوں نے اُسے یاد دلانے کی کوشش کی۔

"انکل، اس رشتے میں میری رضامندی شامل نہیں تھی۔ یہ رشتہ بابا نے اپنی مرضی سے طے کیا تھا۔ اور اب بابا بھی نہیں رہے اور میں

ملیشیا جا رہا ہوں۔ شاید اب کبھی لوٹ کر نا آؤں۔ مجھے معاف کر دیجئے گا۔"
وہ ڈرائنگ روم سے نکلا حیات دروازے کے باہر کھڑی ساری باتیں سن رہی تھی۔ اُس کی نظر حیات پر پڑی اُس نے نظریں پھیر لیں اور وہاں سے چلا گیا۔

✷ . . . ✷ . . . ✷

وہ دستک دے کر حیات کے کمرے میں داخل ہوئے۔ اور اُس کے پاس بیڈ پر آ کر بیٹھ گئے۔
"بیٹا، میں نے جب بھی تمھارے لیے کسی کا انتخاب کیا۔ وہ غلط ثابت ہوا۔ اس لیے میں چاہتا ہوں تم اپنے ہمسفر کا انتخاب خود کرو۔ اور فراز سے بات کرکے اُن لوگوں سے کہو کی اسی جمعہ کو تُمہاری بارات لے آئیں۔ کیوں کہ میں اب اور دیر نہیں کرنا چاہتا۔ اور میں تمہیں اپنے ہاتھوں سے رخصت کرنا چاہتا ہوں۔"
"مگر بابا، اتنی جلدی یہ سب کیسے ہوگا؟" اُس نے حیرت سے کہا۔
"سب کچھ ہو جائے گا۔ کیوں کہ ہم سادگی سے جمعہ کے دن تمہارا نکاح کریں گے۔ اور اگلے مہینے دھوم دھام سے رخصتی۔"
"جی بابا"
وہ اٹھ کر چلیں گئے۔
حیات نے بیڈ پر پڑے اپنے فون کو اٹھا کر فراز کو کال ملائی۔ کچھ دیر رنگ جانے کے بعد فون اٹھا۔ حیات نے سارا واقعہ تفصیل میں بیان کیا۔
"ٹھیک ہے، میں جمعہ کو بارات لے کر آ رہا ہوں۔"

✷ . . . ✷ . . . ✷

وہ چھت پر اکیلے بیٹھا آسمان میں چمکتے چاند ستاروں کو دیکھ رہا تھا۔ علشبہ اُس کے پاس آکر بیٹھ گئی۔ اُس نے مڑ کر اُسے دیکھا۔
"کیا کرنے آئی ہو؟کیا میری بربادی کا منظر دیکھنے آئی ہو؟ یا میری حالت پر ہنسنے؟"

"نا تو منظر دیکھنے آئی ہوں۔ اور نا ہی ہنسنے۔ بس یہ دیکھنے آئی ہوں، کہ زہران خان کس طرح ایک لڑکی کے لیے تڑپ رہا ہے۔"
"میں تڑپ رہا ہوں۔ تُمھاری غلط فہمی ہے۔" اُس نے سخت لہجے میں کہا۔
"نہیں تڑپ رہے۔ مطلب میرے صبر کا مقدمہ ابھی بھی خدا کی عدالت میں چل رہا ہے۔ مگر مجھے تو لگا تھا کہ میرا مقدمہ ختم ہو گیا اور تمہیں سزا سنا دی گئی۔"
"کیسا مقدمہ اور کیسی سزا۔" اُس نے حیرت سے پوچھا۔
"صبر کرنے والوں کا مقدمہ۔ جو خدا خود لڑتا ہے۔ اور اُنہیں سزا بھی دیتا ہے۔ جو کسی کی محبت کا مزاق اڑاتے ہیں۔"
"مطلب اگر میں تم سے کہوں، کہ علشبہ تمھارا مقدمہ ختم ہو گیا۔ اور خدا کی عدالت میں مجھے سزا سنا دی گئی۔ تو تم مجھ پر ہنسوں گی۔ اور جشن مناؤ گی؟"
"نہیں میں ایسا ہرگز نہیں کروں گی۔"
"کرنا بھی نہیں چاہیے۔ کیوں کہ جب کوئی کسی کے برے وقت پر اُسے دیکھ کر ہنستا ہے اور اُس کی تکلیف کا مزاق اڑاتا ہے۔ تو وہ تب تک نہیں مرتا جب تک وہ خود اُس وقت کو نا دیکھ لے۔ اور یہ سب میں اپنے پرسنل ایکسپیرینس سے کہہ رہا ہوں۔"
"مطلب تمہیں اس بات کے احساس ہو گیا کہ تم میری محبت پر ہنسے تھے اور میرے جذبات کا مزاق اڑایا تھا۔"
وہ خاموش رہا۔
"دیکھو یہ دُنیا مکافات عمل ہے۔ اور انسان کے کیے کی سزا بعض دفعہ اُسے اس دُنیا میں ہی مل جاتی ہے۔" علشبہ نے سنجیدگی سے کہا۔
"محبت دینے والوں کو یہاں حساب نہیں، فقط آزمائشیں ملا کرتی ہیں۔" وہ کھلے آسمان کے نیچے اُس کے ساتھ بیٹھا یہ سب کہہ رہا تھا۔
"میں تمہارے درد کو سمجھ سکتی ہوں۔"
"کیسا درد؟" اُس نے حیرت سے علشبہ کی طرف دیکھا۔
"محبت میں ٹھکرائے جانے کا درد۔ کیوں کہ جس کے اوپر گزرتی ہے۔ وہی سمجھ سکتا ہے۔"
"غلط فہمی ہے تُمھاری۔ مجھے کسی سے محبت نہیں۔"

"اگر تم یہ جھوٹ مجھ سے بول رہے ہو، تو کوئی بات نہیں۔ لیکن اگر تم یہ جھوٹ خود سے بول رہے ہو، تو پریشانی کی بات ہے۔ کیوں کہ جب ہم خود سے جھوٹ بولنا شروع کر دیں۔ تو سمجھ لینا چوٹ کسی اپنے نے دی ہے۔ اور بہت گہری دی ہے۔"

"نا چوٹ لگی ہے۔ اور نا ہی درد ہو رہا ہے۔ فضول کی باتیں مت کرو۔" زہران نے اکھڑے ہوئے لہجے میں کہا۔

"خیر.....چھوڑو یہ ساری باتیں۔ میں تمہیں کچھ بہت ضروری بتانا چاہتی ہوں۔"

"کیا؟"

"پھُوپھی جان تمھاری جان کی دشمن ہیں۔ اور وہ تم سے یہ ساری پراپرٹی لینا چاہتی ہیں۔" علشبہ نے پورا واقعہ تفصیل میں سنجیدگی سے بیان کیا۔

"یہ تو مجھے پتا تھا کہ وہ مجھے پسند نہیں کرتی۔ مگر اس بات کا علم نہیں تھا کہ وہ مجھ سے اس قدر نفرت کرتی ہیں۔"

"اور وہ تمھاری شادی مجھ سے بس جائیداد کے لیے ہی کرنا چاہتی تھی۔ مگر زہران میں نے تم سے سچی محبت کی ہے۔"

وہ خاموشی سے علشبہ کی باتیں سنتا رہا اور پھر چھت سے چلا گیا۔ اُس وقت اُس کے اندر ایک طوفان برپا تھا۔

✷ . . . ✷ . . . ✷

"حیات، اٹھو ممانی جان تمہیں نیچے بلا رہی ہیں۔" فریحہ نے اُس کے پاس بیڈ پر بیٹھتے ہوئے کہا۔

"تم جاؤ میں کچھ دیر میں آتی ہوں۔"

"تم ابھی میرے ساتھ چلو۔ کیوں کہ شام میں نکاح ہے۔ اور کام بہت ہیں۔"

"میں کہیں نہیں جا رہی، مجھے تھوڑی دیر سونے دو۔" اُس نے کروٹیں بدلتے ہوئے کہا۔

"ٹھیک ہے میں کچھ دیر میں پھر آؤں گی۔ تمھاری شادی کا جوڑا لے کر۔"

حیات نے اپنی آنکھوں پر اپنا بازو رکھ لیا۔

کچھ دیر وہ ایسے ہی لیٹی رہی۔ پھر اٹھ بیٹھی۔ اور سیدھے احسن صاحب کے کمرے کی طرف چلی گئی۔

کمرے میں داخل ہوئی۔ اسماء بیگم بیڈ پر بیٹھی اُس کے شادی کے جوڑے میں لیس لگا رہی تھی۔

"امی، میرا دل بہت گھبرا رہا ہے۔ کچھ بھی اچھا نہیں لگ رہا۔" حیات نے اُن کے پاس بیٹھتے ہوئے کہا۔

اُنہوں نے حیات کی طرف دیکھا۔ وہ اُنہیں سچ میں بہت پریشان نظر آئی۔

"بیٹا، کس بات کی گھبراہٹ ہے۔ آج تو بس نکاح ہے۔ رخصتی تو ہم بعد میں کریں گے۔" اُنہوں نے شفقت سے کہا۔

"آپ کی بات تو سہی ہے۔ مگر پتا نہیں کیوں ایسا لگ رہا ہے، جیسے کچھ تو غلط ہو رہا ہے۔ جو ہمیں نظر نہیں آرہا۔"

"حیات، یہ سب صرف تمہارا وہم ہے۔ انشاء اللہ سب اچھا ہوگا۔"

"انشاء اللہ"

"جاؤ اب تم تیار ہو جاؤ۔ مغرب بعد نکاح ہے۔ زیادہ وقت نہیں بچا ہے۔" اُنہوں نے اُسے جوڑے کا دوپٹہ دیتے ہوئے کہا۔

"ٹھیک ہے امی۔" وہ کمرے سے نکل گئی۔

کچھ دیر بعد حیات نکاح کے سرخ لال جوڑے میں آئینے کے سامنے بیٹھی تھی۔

دروازے پر دستک کی آواز آئی۔

"آ جاؤ۔" اُس نے دروازے کی طرف دیکھے بغیر کہا۔

آئینے میں اُس کا عکس دیکھ کر حیات کا دل کانپ اٹھا۔

وہ آہستگی سے مڑی۔

"تم یہاں...؟" آواز میں حیرت کم، اور تھوڑا سا خوف زیادہ تھا۔

"ہاں، میں یہاں۔" زہران نے ہلکی سی مسکراہٹ کے ساتھ جواب دیا۔ مگر اُس کی آنکھیں، اُس کا لہجہ، سب ٹوٹا ٹوٹا سا تھا۔

"مگر کیوں؟"

"بس تمہیں دیکھنے کا دل کر رہا تھا۔ شاید آخری بار۔ اسی لیے چلا آیا"

"کیا پاگل ہو گئے ہو؟" حیات نے اکھڑے ہوئے لہجے میں کہا۔

"ہاں، شاید پاگل ہی ہو گیا ہوں۔" وہ کرسی پر بیٹھ گیا۔

اور اُسے دیکھتا رہا، ایسے جیسے کوئی اپنی سب سے قیمتی چیز کو آخری بار آنکھوں میں قید کر رہا ہو۔

"دیکھ لیا نا، اب چلے جاؤ۔" حیات نے ہاتھ کے اشارے سے دروازہ دکھایا۔

زہران نے سر جھکا لیا۔

"دیکھ تو لیا...مگر وہ نور کہاں ہے، جو کبھی تمہارے چہرے پر ہوتا تھا؟ وہ ہنسی کہاں ہے، جو دل تک چھو جاتی تھی؟"

اُس کی آواز بکھرتی جا رہی تھی۔

"بس اس لیے آئے تھے؟" حیات نے غصّے میں کہا اور کھڑی ہو گئی۔

"نہیں، دیکھنے آیا ہوں، کہ تم دلہن کے لباس میں کیسی دکھ رہی ہو۔"

حیات نے اپنا سر پکڑ لیا۔ اور پھر آئینے کے سامنے بیٹھ گئی۔

زہران آہستہ سے اُٹھا۔ اور کرسی کے پیچھے آ کر دونوں ہاتھ کرسی پر رکھے۔ جھک کر آہستہ سے اُس کے کان میں سرگوشی کی۔

"ویسے حسین لگ رہی ہو۔ اتنی حسین کہ دل چاہتا ہے۔ وقت کو یہیں روک دوں، تمہیں بس یوں ہی دیکھتا رہوں...کہیں جانے نہ دوں...کسی اور کی ہونے نہ دوں..."

اُس کی آواز میں ایک لرزش تھی، جیسے ہر حرف کے ساتھ اس کا دل بکھر رہا ہو۔

حیات نے آئینے میں اُس کی آنکھوں میں نمی دیکھی۔ حیات کا دل جیسے ایک لمحے کو رو پڑا۔ نا چاہتے ہوئے بھی زہران کی تکلیف وہ برداشت نا سکی۔

زہران نے تھوڑا اور قریب ہو کر آہستگی سے کہا۔

"بس افسوس یہ ہے کہ آج تم اتنی حسین لگ رہی ہو، اور میں...محض ایک تماشائی۔"

حیات اب آئینے میں خود کو اور اُسے دیکھ رہی تھی۔ وہ اُس سے تھوڑے ہی فاصلے پر کھڑا تھا۔

"چلے جاؤ زہران... ان باتیں کا کوئی فائدہ نہیں۔"

آج پہلی بار زہران نے اُس کے منہ سے اپنا نام سنا تھا۔

"اچھا، چلا جاؤں گا۔ ویسے بھی، جس کی قسمت میں دور جانا لکھا ہو، وہ زبردستی رکا نہیں کرتے۔" زہران نے درد بھری مسکراہٹ کے ساتھ کہا۔

وہ صوفے پر جا کر بیٹھ گیا۔ چپ چاپ۔
حیات اُٹھ کر کھڑی ہوئی۔ جلدی میں دوپٹہ کرسی میں الجھ کر سر سے گر گیا۔ بال کھل کر شانوں پر بکھر گئے۔ زہران نے فوراً نظریں جھکا لیں،جیسے اپنی آنکھوں کو بھی بےادبی سے روک رہا ہو۔
وہ زمین پر نظریں جمائے بیٹھا رہا۔ نہ ایک سانس، نہ ایک نظر اٹھایا۔
محبت میں بھی حد سے بڑھ کر عزت تھی اُس کی نظر میں۔
زہران نے نظریں جھکی تھیں۔
حیات نے دوپٹہ سنبھالا۔ اور پلٹ کر اُسے دیکھا۔
جو اب نظریں جھکائے بیٹھا تھا۔ حیات کے چہرے پر ایک مسکراہٹ نمودار ہوئی۔
یہ پہلی بار تھا۔ جب اُس کی نظریں احترام میں جھکی تھی۔ اور آج پہلی بار اُس نے حیات کے بالوں کی ایک جھلک دیکھی تھی۔ مگر اُس سے محبت کرنے کے باوجود بھی اُس میں اتنی ہمت نہیں تھی کہ وہ اُس کی زلفوں کو دیکھ پاتا۔
حیات نے اپنا دوپٹہ ٹھیک کیا۔ اور پھر اُس کے پاس آ کر کھڑی ہوئی۔
اُس کی نظریں ابھی بھی جھکی ہوئی تھی۔
وہ اُس کے قریب آئی۔ لیکن زہران نے سر نہیں اٹھایا۔ بس اپنی مٹھیوں کو بھینچ لیا، شاید خود کو روکے رکھنے کے لیے۔
بارش کی بوندین کھڑکی سے ٹکرا رہی تھی۔ زہران نے کھڑکی کی طرف دیکھا۔
"میرے دل سے تُمہاری نفرت ختم ہو گئی۔ اس لیے نہیں کہ تم نے شادی سے انکار کیا۔ بلکہ اس لیے، کیوں کہ تم نفرت کے قابل نہیں ہو۔"
"جو نفرت کے قابل نہیں ہوتے شاید وہ محبت کے قابل ہوتے ہیں۔ لیکن تم نے تو نا مجھے نفرت کے قابل سمجھا اور نا ہی محبت کے۔"
وہ صوفے پر بیٹھا کھڑکی پر نظریں جمائے یہ سب کہہ رہا تھا۔
حیات اُس سے کچھ فاصلے پر کھڑی سب کچھ سن رہی تھی۔ اس بار وہ لا جواب تھی۔
وقت کے ساتھ بارش تیز ہوتی چلی گئی۔
زہران کی نظریں اب بھی کھڑکی سے باہر بارش کے تیز دھارے پر جمی ہوئی تھیں۔ بوندیں شیشے پر اس طرح ٹکرا رہی تھیں جیسے کوئی بے چین روح دروازہ کھٹکھٹا رہی ہو۔ کمرے میں ایک گہرا

سکوت طاری تھا، جسے صرف باہر کی موسلا دھار بارش کی آواز ہی توڑ رہی تھی۔ حیات کی نظریں زہران کی جھکی ہوئی پشت پر مرکوز تھیں۔ اس کے چہرے پر ایک پیچیدہ کیفیت تھی، جس میں حیرت، افسوس اور ایک انجانا سا احساس شامل تھا۔

زہران نے ایک گہری سانس لی، گویا اپنے اندر کی کسی کشمکش کو باہر نکالنا چاہتا ہو۔ اس نے آہستہ سے سر اٹھایا، لیکن اس کی نظریں اب بھی فرش پر ٹکی ہوئی تھیں۔

"میں نے کبھی نہیں چاہا کہ تم مجھ سے نفرت کرو۔ میرا انداز غلط تھا، میری باتیں تلخ تھیں، لیکن میرے دل میں کبھی تمہارے لیے برائی نہیں تھی۔" اس کی آواز دھیمی تھی، لیکن اس میں ایک سچائی اور خلوص تھا۔

حیات خاموش رہی۔ وہ زہران کے الفاظ کو اپنے اندر جذب کر رہی تھی۔ یہ پہلی بار تھا جب زہران نے اتنے کھلے دل سے اپنے جذبات کا اظہار کیا تھا۔ اس کی نظریں جو ہمیشہ تکبر اور طنز سے بھری ہوتی تھیں، آج ندامت اور احترام سے جھکی ہوئی تھیں۔

بارش کی شدت اور بڑھ گئی تھی۔ کھڑکی کے شیشے پر پانی کی لکیریں دھندلی تصویریں بنا رہی تھیں۔ زہران نے آہستگی سے کھڑکی کی طرف دیکھا، جیسے بارش کی ہر بوند اس کے دل پر گر رہی ہو۔

زہران نے ایک اور لمبی سانس بھری۔

باہر بارش کا شور مسلسل جاری تھا، ان کے درمیان کی خاموشی کو اور گہرا کرتا ہوا۔ وقت گزرتا رہا، اور بارش کی شدت میں کوئی کمی نہیں آئی۔

کچھ وقفے کی خاموشی کے بعد وہ بولا۔

"وہ تمھاری قدر نہیں کرے گا۔ وہ وفادار مرد نہیں ہے۔"

"تمہیں کیسے پتا، کہ وہ وفادار نہیں ہے؟" حیات نے اُس کی طرف دیکھتے ہوئے سرد مہری سے کہا۔

"لوگوں کو ایک نظر میں پرکھنے کا ہنر رکھتا ہوں۔ اور اُس کے رویّے سے اُس کی بے وفائی پرکھ چکا ہوں میں۔"

"محبت کی کتاب میں اگر لفظِ وفا نا ہو۔ تو آخری صفحے پہ لفظِ جدائی مقدّر بن جاتی ہے۔"

یہ صرف حیات کے الفاظ نہیں بلکہ زندگی کی سچائی تھی۔

"میں نے وفا کی مگر پھر بھی میرے مقدر میں جُدائی کیوں؟" اُس نے سوچا اور پھر اپنے خیالوں کو جھڑکا۔
"دیکھو تم جو کہو گی میں کرنے کو تیار ہوں۔ بس تم اس رشتے سے انکار کر دو۔ تم اگر کہو گی انتظار کرنے کو، میں انتظار کروں گا، جب تک یہ کائنات قائم ہے۔ تب تک اگر اس دنیا میں وصل مقدر نہیں، تو روزِ حشر تک تمھاری راہ تکوں گا۔"
اُس کے الفاظ پر حیات اُسے بے اختیار دیکھتی رہی۔
" عارض کمرے میں داخل ہوا۔ اُس نے زہران کی طرف دیکھا۔
"حیات، بارات آنے والی ہے۔ تیار ہو جاؤ۔" اُس نے کہا اور پھر کمرے سے نکل گیا۔
"کوئی کسی کو تکلیف پہنچا کر خوش نہیں رہ سکتا۔"
زہران نے پر اعتمادی سے کہا اور جانے کے لیے کچھ قدم آگے بڑھائے۔
"تم مجھے بددعا دے رہے ہو۔"
حیات نے اُس کے پیچھے آتے ہوا پوچھا۔
"جن سے محبت ہو ۔ انہیں بددعا نہیں دیتے۔" اُس کے قدم تھم گئے۔
"محبت؟.....کیا مطلب ہوا اس بات کا۔" وہ اب اُس کے پیچھے کچھ فاصلے پر کھڑی تھی۔
"مطلب ہی تو نہیں پتا۔ لیکن ہاں.....جس دن مجھے اس بات کا مطلب سمجھ آیا اور میں زندہ رہا تو اُس دن تمہیں اس بات کا مطلب ضرور سمجھاؤں گا۔"
"جن سے ہم محبت کرتے ہیں۔ اگر وہ ہم سے بِچھڑ جائے تو مرا نہیں کرتے۔ بلکہ اُن کے لیے جیا جاتا ہے جو ہم سے محبت کرتے ہیں۔"
"نا ہی میں کسی سے محبت کرتا ہوں۔ اور نا ہی کوئی مجھ سے۔ اور جہاں تک رہی جینے کی، تو میں صرف خود کے لیے جیتا ہوں۔" زہران نے سرد مہری سے کہا۔
کمرے سے نکلنے کے لیے اُس نے کچھ قدم آگے بڑھائے۔ حیات کی نظریں اب اُس کی پشت پر ٹھہری ہوئی تھی۔ زہران نے بے اختیار پلٹ کر اُسے دیکھا۔
جیسے ابھی اُس کا دل پھٹ جائے گا۔
زہران نے خود کو زبردستی پلٹا۔ پیٹھ موڑی۔ مگر اُس لمحے اُس کا دل

ایسا لگا جیسے کسی نے چاک کر کے زمین پر پھینک دیا ہو...اور پھر بھی وہ مسکرا رہا تھا..... کمرے سے نکلتے ہوئے ایک آخری بار اُس نے حیات کو دیکھا صرف حیات کو۔ آنکھیں نم اور دل اُداس سانسیں بوجھل۔

اور پھر کمرے سے نکل گیا۔

اُس کا یوں پلٹ کر حیات کو دیکھنا اُسے اندر تک چیر گیا۔

اُس کی آنکھ سے آنسو کا ایک قطرہ گرا۔ اور حیات نے اُس قطرے کو انگلی پر لے کر بہت غور سے دیکھا۔ اُسے سمجھ نہیں آیا یہ آنسو اُس کی آنکھوں میں کیوں ہیں؟

نایاب دروازے کے باہر کھڑی تھی۔ اُس نے زہران کو جاتے دیکھا اور کمرے میں داخل ہو گئی۔

"زہران کیا کہہ رہا تھا؟" اُس نے دروازہ بند کرتے ہوئے پوچھا۔

"کچھ خاص نہیں۔ شاید محبت کرنے لگا ہے مجھ سے۔ یا شاید حد سے زیادہ نفرت۔ مگر اتنی نفرت وہ کبھی مجھ سے نہیں سکتا جتنی نفرت کبھی میں اُس سے کیا کرتی تھی۔" حیات نے بیڈ پر بیٹھتے ہوئے کہا۔

"کچھ دیر میں بارات آ رہی ہے۔ تیار ہو جاؤ۔"

یہ کہانی نفرت سے شروع ہوئی۔ یکطرفہ محبت پر ٹھہری اور جُدائی پر ختم ہو گئی۔

لوگ سچ کہتے ہیں۔ کچھ محبتیں ادھُوری رہ جانے کے لیے بھی ہوتی ہیں۔

✸ . . . ✸ . . . ✸

وہ گھر میں داخل ہوا، دروازہ زور سے بند کیا۔ کمرے میں آتے ہی اس نے جو ہاتھ میں آیا، پٹخنا شروع کر دیا۔ کتابیں، لیمپ، آرائشی سامان... سب فرش پر گر کر ٹوٹ گئے۔

اس کا جسم غصے اور مایوسی سے کانپ رہا تھا۔

اس نے اپنے ہاتھوں کو مٹھیوں میں بھینچ لیا، اس کے ناخن اس کی ہتھیلیوں میں گڑ گئے۔

اس نے اپنا سر اٹھایا، اس کی آنکھوں میں ایک گہرا درد تھا۔ اس نے کمرے میں بکھری ہوئی تباہی کو دیکھا، اور پھر اپنی طرف۔ وہ بھی تو اسی طرح ٹوٹ چکا تھا۔ پھر وہ تھک کر وہیں، بکھری ہوئی چیزوں کے درمیان زمین پر گھٹنوں کے بل بیٹھا رہا، اس کے جسم

میں ایک لرزش تھی، جو اس کے اندر کی بے قرار روح کی گواہی دے رہی تھی۔ باہر کی دنیا اپنی جگہ پر چل رہی تھی، لیکن اس کمرے میں، وقت تھم گیا تھا، اور صرف ایک ٹوٹا ہوا دل اپنے درد کی خاموش کہانی بیان کر رہا تھا۔

اس نے اپنے ہاتھوں سے اپنا چہرہ چھپا لیا، اور ایک گہری، تکلیف دہ سسکی اس کے سینے سے نکلی۔ اس کا جسم ہلکا ہلکا کانپ رہا تھا۔

اس کا غصہ اب آنسوؤں میں بدل رہا تھا، جو اس کی انگلیوں کے درمیان سے بہہ کر فرش پر گر رہے تھے۔

اُسے خود اس بات کا احساس نہیں تھا، کہ کیوں اس قدر بے چین ہے۔

اُس کے اندر کیوں اتنا غصّہ ہے۔

دروازے پر دستک کی آواز آئی۔ زہران نے اپنی گردن موڑ کر دیکھا۔

علشبہ دروازے پر پرسکون کھڑی تھی۔

اُس نے اپنے ہاتھوں سے اپنا چہرہ صاف کیا اور کھڑا ہو گیا۔

سوٹ کیس میں اُس نے بے ترتیبی سے کپڑے بھرنا شروع کر دیے۔

علشبہ اُسے دیکھتی رہی۔

"کدھر جا رہے ہو؟" علشبہ نے پوچھا۔

"بے وفاؤں کے شہر سے دور جہاں محبت وفا کچھ بھی نا ہو۔"

وہ خاموش رہی۔

اُس کے ہاتھ میں وہ کُرتا آیا۔ جو اُسے حیات نے دیا تھا۔ کچھ پل وہ اُسے دیکھتا رہا۔ اور پھر اُسے بھی سوٹ کیس میں ڈال دیا۔

کچھ فائلز اور کچھ ڈاکومنٹس اُس نے اپنے ساتھ رکھ لیے اور پھر سوٹ کیس لے کر وہ کمرے سے باہر نکلا۔

علشبہ اُس کے پیچھے چلی آئی۔

وہ دستک دے کر انیسہ بیگم کے کمرے میں داخل ہوا۔ وہ بیڈ پر سکون سے بیٹھی ٹی وی دیکھ رہی تھی۔ زہران نے ٹیبل پر رکھے ریموٹ کو اٹھا کر ٹیوی بند کر دی۔

اُنہوں نے زہران کی طرف دیکھا۔

"میں جا رہا ہوں۔ اور ہمیشہ کے لیے جا رہا ہوں۔ لیکن ایک بات یاد رکھیے گا۔ زہران خان کسی سے ڈر کر نہیں جا رہا۔ بلکہ اس شہر سے سکون کی تلاش میں جا رہا ہے۔ اور اب کبھی مڑ کر بھی اس گھر کی طرف نہیں دیکھوں گا۔ اور آپ کی سازشوں کا راز میرے سینے میں ہمیشہ دفن رہے گا۔

اور آپ نے تو سنا ہوگا کہ لوگ محبت میں اپنا سب کچھ وار دیتے ہیں۔ اسی طرح، آج میں بھی اپنی محبت کے سر کا صدقہ دینے آیا ہوں۔
ویسے، اگر آپ خوشی سے مانگتی تو جان بھی دے دیتا، سازشیں کرنے کی کیا ضرورت تھی؟ اور رہی بات ان جائیداد کی، تو میں ان جائیدادوں کو حیات کے سر کا صدقہ وار کر آپ کی جھولی میں ڈال رہا ہوں۔ آج سے آپ کا اور میرا کوئی تعلق نہیں ہے۔ آج سے آپ میرے لیے اور میں آپ کے لیے مر گئے۔"
اُس نے ایک فائل اُن کے ہاتھ میں پکڑا دی۔ اُنہیں اس بات کا یقین نہیں آیا، کہ جو کام وہ پچھلے چوبیس سالوں سے نہیں کر سکی۔ آج وہ اتنی آسانی سے ہو رہا ہے۔
وہ کھلے منہ اور پھٹی آنکھوں کے ساتھ اُسے دیکھتی رہی۔ زہران کمرے سے نکل گیا۔
اپنا سوٹ کیس لے کر وہ گھر سے باہر نکلا۔ اُس نے گھر کی طرف دیکھا۔ اُس میں گزارے گئے لمحے اُسے یاد آ رہے تھے۔
ملازم نے گاڑی اسٹارٹ کی۔
"بھائی آپ کہاں جا رہے ہیں؟" عمیر کی آواز اُس کے کان میں گونجی۔
"ملیشیا نانو کے پاس جا رہا ہوں۔ اُن کی طبیعت بہت خراب ہے۔" اُس نے باقاعدگی سے جھوٹ بولا۔ اور زور سے عمیر کو گلے لگا لیا۔
"مگر بھائی.......''زہران نے اُس کی بات کاٹ دی۔
"ویسے تم یہاں کیا کر رہے ہو؟ تمہیں تو احسن انکل کے گھر ہونا چاہیے تھا۔"
"میں وہی تھا۔ ابھی آیا ہوں۔ در اصل میں اپنا فون گھر بھول گیا تھا۔"
"کیسا ماحول ہے وہاں کا؟" اُس نے گاڑی میں بیٹھتے ہوئے پوچھا۔
"اچھا ہے۔ بلکہ بارات بھی آگئی ہے۔ بس نکاح بھی ہونے والا ہے۔"
اُس نے ڈرائیور سے گاڑی اسٹارٹ کرنے کو کہا۔
ڈرائیور نے گاڑی اسٹارٹ کی اور اُسے ائیرپورٹ تک چھوڑا۔

✷...✷...✷

نکاح کی جگہ پرسکون اور مقدس ماحول میں سجی تھی۔ رنگ برنگے پھولوں کی دلکش آرائش تھی، جن کی بھینی خوشبو فضا کو مہکا رہی تھی۔ ایک چھوٹی سی میز پر قرآن پاک اور نکاح نامہ رکھا تھا۔ حیات اور فراز آمنے سامنے بیٹھے تھے، ان کے درمیان پھولوں کا ایک نازک پردہ حائل تھا۔ قاضی صاحب اور گواہان قریب ہی موجود تھے، اس مبارک بندھن کے منتظر۔

قاضی صاحب نے رسمی کلمات ادا کیے: "حیات صدیقی بنت احسن صدیقی کا نکاح فراز شاہ ولد منوّر شاہ کے ساتھ آپ کو قبول ہے؟"

ایک لمحے کی خاموشی چھائی رہی، جس میں صرف حیات کے دل کی تیز دھڑکن سنائی دے رہی تھی۔ پھر، ایک دھیمی مگر واضح آواز گونجی: "قبول ہے۔" نکاح کی پہلی رضامندی مل گئی۔

قاضی صاحب نے فراز کی طرف دیکھا: "فراز شاہ ولد منوّر شاہ کا نکاح حیات صدیقی بنت احسن صدیقی کے ساتھ آپ کو قبول ہے؟"

فراز نے ایک گہری سانس لی، اس کے چہرے پر ایک عجیب سی مسکراہٹ رینگ رہی تھی۔

"مجھے یہ نکاح قبول نہیں ہے۔" اچانک، وہ اپنی جگہ پر کھڑا ہو گیا۔

وہاں موجود سب لوگ حیرت سے فراز کا چہرہ دیکھنے لگے۔

"کیا بکواس کر رہے ہو؟" احسن صاحب سے غصّے سے کہا۔

: "بکواس نہیں کر رہا بلکہ سچ کہہ رہا ہوں۔ اور ہاں... یہ نکاح اب ایک ہی صورت میں ہو سکتا ہے، اگر آپ کی بیٹی میری ایک شرط مان لے۔" فراز نے اکڑتے ہوئے کہا۔

"کیسی شرط؟" احسن صاحب نے تشویش سے پوچھا۔

حیات کے دل کی دھڑکن بے قابو ہو رہی تھی۔ اُس کا جسم پسینے سے تر ہو گیا۔ نایاب اُسے تسلّی دینے کی کوشش کر رہی تھی، اس کا ہاتھ حیات کے بازو پر تھا۔

فراز نے ایک کاغذ جیب سے نکالا اور اسے ہوا میں لہراتے ہوئے کہا۔

"اگر آپ کی بیٹی اس معافی نامے پر دستخط کر دے، تو میں اُس سے نکاح کر لوں گا۔"

احسن صاحب نے ایک لمحہ توقف کیا۔ "ٹھیک ہے۔ حیات دستخط کر دے گی۔ تم مجھے معافی نامہ دو۔"

فراز نے معافی نامہ احسن صاحب کی طرف بڑھایا۔ وہ اسے لے کر حیات کے پاس آئے۔ اُنہوں نے اُس کے سر پر شفقت سے ہاتھ پھیرا۔ اُن کی آنکھ سے ایک بے بس آنسو چھلک گیا۔ حیات نے نظریں اٹھا کر اُنہیں دیکھا۔ اُس نے کبھی بھی اپنے باپ کو اتنا مجبور اور بے بس نہیں دیکھا تھا۔ اُن کی بےبسی نے حیات کا کلیجہ چاک کر دیا۔

ایک گہری سانس کے ساتھ، حیات نے اُن کے ہاتھ سے معافی نامہ لیا۔ اور پھولوں کی نازک چادر کو اپنے ہاتھوں سے توڑ کر وہ فراز کے سامنے جا کھڑی ہوئی۔ اُس نے معافی نامے کو غصّے بھرے جھٹکوں سے ٹکڑوں میں تقسیم کر کے فراز کے منہ پر دے مارا۔ کاغذ کے ٹکڑے ہوا میں اڑتے ہوئے فراز کے چہرے اور بالوں پر جا گرے۔

"کیا بدتمیزی ہے یہ؟" فراز غصّے میں چلایا۔

"بدتمیزی تو میں نے ابھی کی نہیں ہے۔ لیکن اگر میں بدتمیزی پر آ گئی تو تم پورے شہر میں منہ چھپاتے پھرو گے۔" حیات نے پراعتماد لہجے میں جواب دیا۔

"مطلب ابھی تک تُمہاری اکڑ ختم نہیں ہوئی۔ کس مٹّی کی بنی ہوئی ہو تم؟" فراز نے حقارت سے کہا۔

"میری مٹی میں خودداری اور سچائی گندھی ہوئی ہے، جو تمہاری اکڑ کی طرح عارضی نہیں ہے،"

احسن صاحب حیات کے پاس آ کر کھڑے ہو گئے۔ ان کی آنکھوں میں فخر چمک رہا تھا۔ "تمہیں جو بات کرنی ہے مجھ سے کرو۔ میری بیٹی کو نشانہ بنانے کی ضرورت نہیں ہے۔" وہ حیات اور فراز کے بیچ ایک مضبوط ڈھال بن کر کھڑے ہو گئے۔

فراز نے ایک سرد مسکراہٹ کے ساتھ احسن صاحب کے سینے پر اپنا ہاتھ رکھا اور انہیں پیچھے کی طرف دھکا دیا۔ اُن کے قدم لڑکھڑا گئے۔

حیات نے اپنے باپ کو لڑکھڑاتے دیکھا، ان کی بے بسی اس کی رگوں میں زہر کی طرح سرایت کر گئی۔ اس کے جسم جیسے مانو کسی نے آگ لگا دی ہو۔ ایک گرجتی ہوئی آواز اس کے حلق سے نکلی: "تم... تم نے میرے بابا کو دھکا دیا؟"

فراز ابھی اپنی فتح کا نشہ محسوس ہی کر رہا تھا کہ اچانک ایک بجلی کا کڑکا اس کے گال پر محسوس ہوا۔ حیات کا ہاتھ، جو کچھ لمحے پہلے خوف سے کانپ رہا تھا، اب فولاد کی طرح سخت ہو چکا

تھا۔ اس کا تھپڑ اتنی تیزی اور قوت سے پڑا کہ فراز کا سر ایک طرف جھٹک گیا۔ اس کے گال پر ایک سرخ نشان ابھر آیا، جو حیات کے غصے کی گواہی دے رہا تھا۔

فراز چند لمحوں کے لیے سکتے میں آ گیا۔ اس نے اپنا گال پکڑا اور حیرت سے حیات کو دیکھا، جس کی آنکھوں میں غصہ صاف دکھ رہا تھا۔ فراز کے چہرے پر اب ایک طنزیہ مسکراہٹ رینگ گئی۔ اُس نے اپنے ہاتھ سے اپنے ہونٹوں کے کنارے چند خون کے قطروں کو صاف کیا۔

احسن صاحب، جو ابھی اپنے لڑکھڑاتے قدموں کو سنبھال رہے تھے،اُنہوں نے حیات کی اس اچانک حرکت پر فخر سے اپنی بیٹی کو دیکھا۔

"تم نے مجھے تھپڑ مارا... فراز شاہ کو تھپڑ مارا؟" اُس نے بے یقینی کے عالم میں کہا۔

وہاں موجود ہر انسان کی نظر اب اُن دونوں پر تھی۔ عارض نے فوراً سارے مہمانوں سے جانے کو کہا۔ ویسے وہاں زیادہ مہمان نہیں تھے۔ بس عارض اور حیات کے کچھ قریبی دوست اور بارات میں گواہ کے لیے چند آدمی۔ ماہرا اور عمیر بھی پاس میں کھڑے سب کچھ سکتے کی حالت میں دیکھ رہے تھے۔

"دیکھو حیات، میں اچھے سے کہہ رہا ہوں۔ معافی نامے پر دستخط کر دو، ورنہ میرے ساتھ نکاح کا تمہارا خواب ادھورا ہی رہ جائے گا۔"

"کچھ خواب ادھورے رہ جائیں تو بہتر ہوتا ہے۔ اور ویسے بھی ہر خواب کا پورا ہونا ضروری تو نہیں۔"

فراز نے طنزیہ ہنسی ہنسی "ٹھیک ہے۔ نکاح نہ کرو، خواب بھی پورا نہ کرو۔ لیکن معافی نامے پر دستخط کر دو۔"

"معافی نامہ تو اب رہا نہیں، تو دستخط کہاں کروں؟" حیات نے اس کے پھٹے ہوئے معافی نامے کے ٹکڑوں کو دیکھتے ہوئے کہا۔

"کوئی بات نہیں۔ دوسرا معافی نامہ بس آتا ہی ہوگا۔ تم اُس پر درخت کرو۔ اور اپنی محبت حاصل کر لو۔"

"دوسرا منگواؤ یا تیسرا، سب کا حال پہلے جیسا ہی ہوگا۔ اور تم نے مجھے محبت اور انتقام کے دوراہے پر کھڑا کیا، فراز۔ لیکن میں نے میزانِ عدل کا راستہ چنا۔ میری محبت اگر میرے اصولوں سے بڑی

ہوتی، تو میں شاید تمہاری ہو جاتی۔ مگر میرا انصاف میری ہر خواہش پر مقدم ہے۔"
کیوں کہ میزانِ عدل میرا ایمان ہے، اور میں اس ایمان پر کسی مصلحت کی گرد نہیں پڑنے دوں گی۔ حق کا ترازو میرے ہاتھ میں ہے، اور میں اسے ہر قیمت پر سیدھا رکھوں گی۔"
حیات نے پراعتماد نگاہوں سے فراز کو دیکھتے ہوئے کہا۔
فراز کے چہرے پر غصے کی لہر دوڑ گئی۔ اس کی آنکھیں سرخ ہو گئیں اور اس کی مٹھیاں بھینچ لیں۔
"تمہیں اس بدتمیزی کی قیمت چکانی پڑے گی، حیات۔ تم نے فراز شاہ کی توہین کی ہے اور اس کی سزا تمہیں بھگتنی ہوگی۔" اس کی آواز میں ایک دھمکی آمیز سختی تھی۔
احسن صاحب نے اپنی بیٹی کو اپنی پشت کے پیچھے کرتے ہوئے فراز کو گھورا۔ "تم میری بیٹی کو کوئی نقصان نہیں پہنچا سکتے۔ یہاں سے چلے جاؤ اور دوبارہ کبھی اس گھر کی طرف رخ مت کرنا۔" ان کی آواز میں ایک باپ کا مضبوط ارادہ تھا۔
اُس نے اپنی تنی ہوئی نظریں حیات پر مرکوز رکھیں۔ "یہ ختم نہیں ہوا، حیات۔ تم نے جو تھپڑ مارا ہے۔ اور میرے باپ بھائی کی بےعزتی کی ہے۔ اس کے لیے میں تمہیں کبھی معاف نہیں کروں گا۔"
"مجھے تمہاری معافی کی کوئی پرواہ نہیں، فراز شاہ۔ اور مجھے تمہاری دھمکیوں سے بھی کوئی ڈر نہیں لگتا۔ میں نے وہی کیا جو مجھے صحیح لگا اور میں اپنے فیصلے پر قائم ہوں۔"
منور شاہ، جو اب تک خاموشی سے سب کچھ دیکھ رہے تھے، اُنہوں نے ایک گہری سانس لی اور اپنی جگہ سے اٹھے۔ ان کے چہرے پر ایک ناگواری کا تاثر تھا۔ "فراز، بس کرو۔ اب مزید تماشہ کرنے کی ضرورت نہیں ہے۔"
فراز نے اپنے والد کی طرف دیکھا، اس کی آنکھوں میں اب بھی غصہ موجزن تھا۔ لیکن منور شاہ کے سخت تیور دیکھ کر وہ خاموش ہو گیا۔
منور شاہ نے احسن صاحب کی طرف دیکھا اور ایک رسمی انداز میں کہا "احسن صاحب، جو کچھ بھی ہوا، اس کے لیے میں معذرت خواہ ہوں۔ فراز نے حد سے زیادہ تجاوز کر دی ہے۔"

"آپ کی معذرت کی کوئی ضرورت نہیں، منور شاہ۔ آپ کے بیٹے نے جو کچھ کیا، وہ ناقابل معافی ہے۔ یہ رشتہ اب ختم ہو چکا ہے۔"
منور شاہ نے ایک لمحے کے لیے خاموشی اختیار کی، پھر اپنے بیٹے کی طرف مڑے۔ "فراز، چلو یہاں سے۔"
"چلے جاؤ یہاں سے۔ تمہارا اور میرا اب کوئی رشتہ نہیں رہا۔ نفرت کا بھی نہیں۔
کیوں کہ نفرت بھی ایک معیار رکھتی ہے، اور تم اس معیار سے بھی گر چکے ہو۔ اب تم اتنے بھی اہم نہیں کہ میرے دل میں تمہارے لیے نفرت کا کوئی جذبہ باقی رہے۔
اور میں نے تمہیں اور تُمہارے گناہوں کو خدا کے سپرد کیا۔ اب تو جان اور تیرا خدا جانے۔" حیات ٹوٹے دل اور ٹوٹی اُمّید سے کہہ رہی تھی۔
فراز نے حیات کو غصّے سے دیکھا۔ پھر اپنے والد کے پیچھے چل پڑا۔ ان کے جانے کے بعد، نکاح کی جگہ پر ایک گہرا سکوت چھا گیا۔ پھولوں کی خوشبو اب بھی فضا میں موجود تھی، لیکن وہ خوشی اور مبارکباد کی بجائے ایک اداسی اور تناؤ کی کیفیت طاری کر رہی تھی۔
حیات نے احسن صاحب کی طرف دیکھا۔ ان کی آنکھوں میں فخر اور محبت تھی۔ نایاب نے حیات کو تسلی دی، اور عارض نے صورتحال کو سنبھالنے کی کوشش کی۔
بارش کی آواز اب بھی باہر سنائی دے رہی تھی، لیکن اس کی شدت کم ہو گئی تھی۔ حیات نے کھڑکی کی طرف دیکھا، بارش کے قطروں کو شیشے پر پھسلتے ہوئے دیکھا، اور اس کے دل میں ایک عجیب سا سکون اتر آیا۔ اس نے صحیح فیصلہ کیا تھا، اور اسے اس پر کوئی پچھتاوا نہیں تھا۔
لیکن فراز کے انتخاب پر وہ بہت پچھتا رہی تھی۔
وہ اب اپنے کمرے میں ٹیبل کے پاس خاموشی سے کھڑی تھی۔
اُس کی آنکھوں سے بے اختیار آنسو بہہ رہے تھے۔
اُس نے ٹیبل پر رکھے واس کی طرف دیکھا۔ اور اُسے اٹھا کر اپنی پوری قوت کے ساتھ آئینے پر دے مارا۔ آئینہ کئی ٹکڑوں میں تقسیم ہو کر فرش پر گر گیا۔ وہ کھڑکی کے پاس جا کھڑی ہوئی۔ نایاب اور

عارض آئینے کے ٹوٹنے کی آواز سن کر کمرے میں داخل ہوئے۔
حیات کے پیر سے خون رس رہا تھا۔
"حیات چلو بیڈ پر بیٹھو۔" نایاب نے اُس کا بازو ہولے سے پکڑ کر اُسے چلنے کو کہا۔
"میں ٹھیک ہوں، تم لوگ جاؤ۔" اُس نے اپنے ہاتھوں سے اپنے آنسو صاف کیے۔
"تم ٹھیک نہیں ہو، تمھارے پیر سے خون نکل رہا ہے۔ تمھارے پیر پر چوٹ لگی ہے۔" عارض نے بھی اُسے سمجھانے کی کوشش کی۔
"جسم پر لگے زخم تو بھر جاتے ہیں مگر روح پر لگے زخم تا عمر نہیں بھرتے۔"
"حیات ضد مت کرو اور بیڈ پر چل کر بیٹھو۔" نایاب کے اصرار کرنے پر وہ بیڈ کی طرف مڑی۔
اُس کے قدم لڑکھڑا گئے۔ نایاب نے اُسے سہارا دینے کی کوشش کی۔
"حیات نے اُسے اپنے ہاتھ سے اشارہ کر کے روک دیا۔ اور خود بیڈ پر بیٹھ گئی۔ نایاب نے اُس کے پیر سے کانچ کے ٹکڑے نکالے اور پھر پٹّی کی۔
عارض پین کلر لے کر اُس کے پاس آیا۔ "یہ کھا لو۔ درد میں کچھ کمی ہو جائے گی۔"
حیات نے نظریں اٹھا کر اُسے دیکھا، اُس کی آنکھوں میں آنسو تھے۔
وہ اپنی بہن کو اس حالت میں دیکھ کر برداشت نہیں کر پا رہا تھا۔
حیات نے اُس کے ہاتھ سے دوا لے لی۔ عارض نے اُسے پانی سے بھرا گلاس دیا۔
پانی پینے کے بعد حیات نے گلاس ٹیبل پر رکھ دیا۔ کمرے میں خاموشی چھا گئی، جس میں صرف حیات کے وقفے وقفے سے آنے والے سسکیوں کی آوازیں سنائی دے رہی تھیں۔ نایاب اور عارض دونوں پریشانی سے اسے دیکھ رہے تھے۔
کچھ دیر اُسے اس طرح سے دیکھتے رہنے کے بعد وہ کمرے سے چلے گئے۔
جاتے وقت نایاب نے پلٹ کر حیات کو دیکھا۔ جو اب بیڈ پر لیٹی چھت کو گھور رہی تھی۔
اور اس ٹوٹے ہوئے آئینے کے کرچوں میں، حیات نے ایک نئی حقیقت دیکھی۔ یہ کہ ظاہری زخم تو بھر جاتے ہیں، مگر روح کا اصل

مرہم تو خالقِ کائنات کے حضور سجدہ ریز ہونے میں ہے۔ شاید یہی وہ لمحہ تھا جب اس نے جانا کہ دنیا کی ہر تکلیف ایک پیغام ہے، ایک پکار ہے اُس ذات کی طرف جو تمام ٹوٹے ہوئے دلوں کا سہارا ہے۔
جب انسان ٹوٹ کر بکھر جاتا ہے۔ تب اُس کے دل سے ایک آواز آتی ہے۔ یہ کسی انسان کی نہیں، بلکہ اس فطرت کی تھی جو ہر دھڑکن میں اُس ایک ہستی کی گواہی دیتی ہے جس کے حکم سے یہ کائنات قائم ہے۔ شاید یہ ٹوٹنا، یہ بکھرنا، اُسے اُس جوڑنے والے کی طرف لوٹنے کا اشارہ تھا۔
ہر انسان درد میں مبتلا ہونے کے بعد خود سے یہ سوال پوچھتا ہے۔ کیا یہ درد ہمیشہ رہے گا؟ اور پھر اس کے دل سے آواز آتی ہے۔ نہیں، کیونکہ ہر اندھیری رات کے بعد ایک صبح ضرور ہوتی ہے، اور ہر مشکل کے بعد اُس رب کی رحمت کا نزول ہوتا ہے۔ بس صبر اور یقین کی ضرورت ہے۔
ٹوٹے ہوئے شیشوں کے ٹکڑوں کی طرح انسان بھی ایسے ہی بکھر جاتا ہے۔ لیکن جس طرح یہ ذرے دوبارہ کسی کام کے نہیں رہتے، روح کو اگر اُس ذات سے نہ جوڑا جائے جس نے اسے تخلیق کیا ہے، تو وہ بھی بے قرار اور بے چین رہتی ہے۔ اصل سکون تو اللہ کی یاد میں ہے۔
سہارے کتنے بھی مضبوط کیوں نہ ہوں، ایک وقت آتا ہے جب انسان کو صرف اپنے خالق کے سہارے کی ضرورت ہوتی ہے۔ وہی ہے جو گرتے ہوؤں کو تھامتا ہے اور بھٹکے ہوؤں کو راستہ دکھاتا ہے۔ شاید یہ صدمہ اُسے اُسی ابدی سہارے کی طرف لے جانے کا ایک ذریعہ تھا۔
دیکھیے، حضرت یوسف علیہ السلام کی زندگی اس بات کا ایک روشن ثبوت ہے کہ اللہ کے برگزیدہ بندے بھی سخت ترین مصائب سے گزرتے ہیں۔ ان کے اپنے بھائیوں نے حسد کی وجہ سے انہیں کنویں میں پھینک دیا، پھر وہ غلام بنا کر بیچے گئے، اور ایک جھوٹے الزام کی پاداش میں کئی سال جیل میں گزارے۔
ان تمام پریشانیوں میں، حضرت یوسف علیہ السلام نے کبھی بھی اللہ سے اپنا تعلق نہیں توڑا۔ انہوں نے صبر کا دامن نہیں چھوڑا اور ہر

حال میں اللہ پر بھروسہ رکھا۔ کنویں کی تاریکی ہو یا قید خانے کی تنہائی، ان کا دل ہمیشہ اللہ کی یاد سے روشن رہا۔

یوسف علیہ السلام کی زندگی ہمیں یہ سکھاتی ہے کہ مصیبت جتنی بھی بڑی ہو، اگر انسان اللہ پر یقین رکھے اور صبر سے کام لے تو اللہ تعالیٰ ضرور اس کے لیے راستے کھول دیتا ہے۔ جس کنویں کو ان کے بھائیوں نے ان کی موت کا کنواں سمجھا تھا، وہی کنواں ان کی عظمت اور بلندی کا ذریعہ بنا۔ جس قید خانے کو انہوں نے سزا سمجھا تھا، وہی قید خانہ انہیں مصر کے تخت تک لے گیا۔

ان کی زندگی کا ہر واقعہ اس بات کی گواہی دیتا ہے کہ انسان جب اللہ کو اپنا واحد سہارا مان لیتا ہے، تو دنیا کی کوئی طاقت اسے نقصان نہیں پہنچا سکتی۔ پریشانیاں آتی ہیں، آزمائشیں آتی ہیں، لیکن اللہ اپنے بندوں کو کبھی تنہا نہیں چھوڑتا۔

فَصَبْرٌ جَمِيلٌ ۖ وَاللَّهُ الْمُسْتَعَانُ عَلَىٰ مَا تَصِفُونَ)

(یوسف: 18)

ترجمہ: "پس صبر ہی بہتر ہے، اور جو کچھ تم بیان کرتے ہو اس پر اللہ ہی سے مدد طلب کی جاتی ہے۔"

یہ آیت اس وقت نازل ہوئی جب حضرت یوسف علیہ السلام کے بھائی ان کے والد حضرت یعقوب علیہ السلام کے پاس ایک جھوٹی کہانی لے کر آئے کہ یوسف علیہ السلام کو بھیڑیا کھا گیا۔ حضرت یعقوب علیہ السلام، اپنے نبی ہونے کی بصیرت اور اپنے بیٹوں کے جھوٹ کو محسوس کرتے ہوئے، بے انتہا غمزدہ ہوئے، لیکن انہوں نے مایوس ہونے کے بجائے صبر کا دامن تھاما اور اللہ سے مدد طلب کی۔

......*

باب:۴

ایک روشن صبح گجرات کے احمد آباد شہر میں طلوع ہوئی۔ ہلکی دھوپ کھڑکی سے چھن کر کمرے میں داخل ہو رہی تھی، جس سے ہوا میں اڑتی ہوئی دھول کے ذرات سنہری نظر آ رہے تھے۔ حیات نے اپنی آنکھیں ملیں اور کروٹ بدل کر الارم کی طرف دیکھا۔ صبح کے سات بج رہے تھے۔ ایک لمبی جمائی لیتے ہوئے وہ بستر سے اٹھی اور کھڑکی کے پاس چلی گئی۔

چار سال گزر چکے تھے۔ وہ نکاح کا المناک دن اب ایک دھندلی یاد بن چکا تھا۔ اس واقعے کے فوراً بعد احسن صاحب نے اسے احمد آباد اپنی بہن کے گھر بھیج دیا تھا۔ تاکہ وہ لکھنؤ سے دور رہ کر اُس دردناک حادثے کو بھول سکے۔

حیات نے اپنا تمام تر دھیان اپنی پڑھائی پر مرکوز کر دیا تھا۔ گجرات لا کالج میں داخلہ لیا اور انتھک محنت سے چار سال میں قانون کی ڈگری حاصل کر لی تھی۔ آج وہ ایک وکیل بن چکی تھی، اپنے خوابوں کی تعبیر کی طرف ایک اہم قدم۔

نیچے سڑک پر زندگی اپنی روٹین میں رواں دواں تھی۔ رکشوں اور موٹر سائیکلوں کا شور، اخبار فروش کی آوازیں۔ حیات نے احمد آباد کی اس صبح میں ایک نئی توانائی محسوس کی۔

فریش ہونے کے بعد وہ کچن میں گئی، جہاں اس کی پھوپھی اور فریحہ پہلے سے ناشتہ تیار کر رہی تھیں۔

"گڈ مارننگ، وکیل صاحبہ!" فریحہ نے آملیٹ کو پلیٹ میں رکھتے ہوئے کہا۔

"گڈ مارننگ، ویسے آج مجھے پرسنلی ایک کلائنٹ سے ملنا ہے۔ کیوں میرے سینئر شہر سے باہر گئے ہوئے ہیں۔ پھوپھی، آپ کی دعائیں ساتھ رہیں تو سب اچھا ہوگا۔"

اُنہوں نے شفقت سے حیات کے سر پر ہاتھ پھیرا۔ "میری دعائیں ہمیشہ تمہارے ساتھ ہیں، بیٹا۔ تم بہت محنتی اور قابل ہو۔ مجھے یقین ہے کہ تم ضرور کامیاب ہو گی۔ لیکن بیٹا ایک بات ہمیشہ یاد رکھنا کبھی بھی پیسوں اور ترقّی کے لیے اپنا ضمیر مت بیچنا۔"

"جی پھوپھو، میں ہمیشہ انصاف کا ساتھ دوں گی۔ اور میں نے یہ ڈگری پیسے یا ترقّی کے لیے حاصل نہیں کی ہے۔ میں نے یہ ڈگری اُن مجبور اور لاچار لوگوں کے لیے حاصل کی ہے۔ جو انصاف تو چاہتے ہیں۔ مگر وکیل کی فیس اور اخراجات کی وجہ سے پیچھے ہٹ جاتے ہیں۔ میں اُن کی مدد کرنا چاہتی ہوں۔ اُنہیں انصاف دلانا چاہتی ہوں۔"

پھُوپھی مسکرائی۔

ناشتہ کرتے ہوئے تینوں نے اپنے اپنے دن کے منصوبوں کے بارے میں باتیں کیں۔

ناشتے کے بعد حیات نے اپنے کپڑے بدلے۔ حجاب پہنا اور اپنا وکالت کا بیگ اٹھایا اور اپنی پھوپھی اور فریحہ سے الوداع کہہ کر اپنے دفتر کے لیے نکل پڑی۔

حیات نے اپنی زندگی میں حجاب کو ہمیشہ ایک ذاتی اور ایمانی فریضہ سمجھا تھا۔ یہ صرف ایک کپڑے کا ٹکڑا نہیں تھا، بلکہ اس کی شناخت، اس کی اقدار اور اس کے خدا کے ساتھ اس کے تعلق کا ایک ظاہری اظہار تھا۔ جب وہ احمد آباد اپنی پھوپھی کے گھر منتقل ہوئی اور لا کالج میں داخلہ لیا، تو اس نے اپنے حجاب کو برقرار رکھنے کا فیصلہ کیا۔

کالج کے ابتدائی دنوں میں، حیات نے محسوس کیا کہ اس کا حجاب اسے کچھ لوگوں کی نظروں میں مختلف بناتا ہے۔ کچھ طالب علم تجسس سے اسے دیکھتے، کچھ سرگوشیاں کرتے، لیکن حیات نے ان باتوں پر زیادہ توجہ نہیں دی۔ اس کے لیے، اس کا حجاب اس کی اپنی مرضی اور عقیدے کا معاملہ تھا۔

جب حیات نے وکالت کی پریکٹس شروع کی، تو عدالت میں پیش ہونے کے دوران اس کے حجاب نے کبھی کبھار کچھ غیر متوقع صورتحال پیدا کیں۔ لیکن حیات نے کبھی اپنے حجاب کو اپنی کمزوری نہیں بننے دیا۔ بلکہ اُسے اپنی طاقت بنایا۔ یہ اسے اپنی اقدار پر قائم رہنے کی یاد دہانی کراتا تھا اور اسے اپنی ہر ذمہ داری کو

ایمانداری اور انصاف کے ساتھ نبھانے کی ترغیب دیتا تھا۔ اس کا حجاب اس کی خاموش طاقت اور اس کے اٹل ایمان کا اعلان تھا۔ اس نے ثابت کر دیا کہ ایک باحجاب خاتون بھی معاشرے کے ہر شعبے میں کامیابی حاصل کر سکتی ہے، اپنی شناخت اور عقیدے پر سمجھوتہ کیے بغیر۔ حیات کی کہانی ان تمام خواتین کے لیے ایک مثال تھی جو اپنی مذہبی اور ثقافتی شناخت کے ساتھ اپنے پیشہ ورانہ خوابوں کو پورا کرنا چاہتی ہیں۔

پہلے، جب حیات لکھنؤ کی سڑکوں پر چلتی تھی، تو اس کا لباس ایک بڑی سی، ڈھیلی ڈھالی کالے رنگ کی چادر پر مشتمل ہوتا تھا۔ وہ اس چادر میں اپنے آپ کو مکمل طور پر ڈھانپ لیتی تھی، اس کا مقصد صرف اپنی شناخت کو محفوظ رکھنا اور غیر ضروری توجہ سے بچنا تھا۔ اور اس کی کالی چادر اس کے لیے ایک عارضی پناہ گاہ کی مانند تھی۔

مگر اب، چار سال بعد، حیات کے لباس میں ایک واضح تبدیلی آئی تھی۔ اب وہ باقاعدگی سے حجاب کرتی تھی۔ اس کا حجاب سلیقے سے اوڑھا جاتا تھا، جو اس کے چہرے کے گرد ایک نرم فریم بناتا تھا۔

یہ تبدیلی صرف لباس تک محدود نہیں تھی۔ اب اس کی چال میں ایک وقار تھا، اس کی نظروں میں ایک عزم اور اس کی گفتگو میں ایک پختگی تھی۔ کالی چادر جہاں اسے ایک گمنام سایہ بنا دیتی تھی، وہیں حجاب اس کی شناخت کو برقرار رکھتے ہوئے اسے ایک باوقار اور قابل احترام خاتون کے طور پر پیش کرتا تھا۔ حجاب اس کے ایمان کا اظہار تو تھا ہی، لیکن اب یہ اس کی بڑھتی ہوئی خود اعتمادی اور اپنی زندگی پر اختیار کا بھی نشان تھا۔ وہ اب ماضی کے خوف سے آزاد ہو کر اپنی مرضی اور عقیدے کے ساتھ دنیا کا سامنا کر رہی تھی۔ اس کا حجاب اس کی اندرونی تبدیلی اور ایک مضبوط، خود مختار عورت کے طور پر اس کے ابھرنے کا ایک خوبصورت مظہر تھا۔

......*

احمد آباد کی گرم دوپہر کی تپش ابھی ہوا میں باقی تھی جب حیات نے اپنی گاڑی پورچ میں پارک کی۔ اس نے انجن بند کیا اور کچھ

لمحے سیٹ پر ہی آنکھیں موندھ کر بیٹھ گئی۔ تھکن اس کی رگ رگ میں سرایت کر گئی تھی۔
دروازہ کھول کر وہ آہستہ سے باہر نکلی۔ اس کی قدموں میں وہ تیزی نہیں تھی جو عام طور پر اس میں ہوا کرتی تھی۔ کندھے قدرے جھکے ہوئے تھے اور اس کی چال میں ایک تھکاوٹ نمایاں تھی۔ گھر کا گیٹ کھول کر وہ اندر داخل ہوئی، لان کی خاموشی میں بھی اسے کوئی سکون محسوس نہیں ہو رہا تھا۔
برآمدے کی سیڑھیاں چڑھتے ہوئے اس نے اپنی بھاری فائلیں ایک ہاتھ میں مضبوطی سے تھام رکھی تھیں۔ دروازہ کھول کر وہ اندر داخل ہوئی تو گھر کی مانوس خنکی نے اسے تھوڑا سا راحت بخشی۔ اس نے جوتے اتارے اور لیونگ روم کی طرف دیکھے بغیر سیدھی اپنے کمرے کی طرف بڑھ گئی۔
اس کا کمرہ ہمیشہ اس کے لیے ایک پناہ گاہ کی حیثیت رکھتا تھا۔ اس نے دروازہ کھولا اور اندر داخل ہوتے ہی اپنی فائلیں میز پر پٹخ دیں۔ ایک گہری سانس لے کر اس نے اپنا حجاب اتارا اور بیڈ پر ڈھیر ہو گئی۔ اس کی آنکھیں بند تھیں اور وہ صرف اس لمحے کی سکون کو محسوس کرنا چاہتی تھی جب وہ کسی سوچ یا کام کے بوجھ سے آزاد ہو۔
کچھ دیر اسی حالت میں لیٹی رہی، جیسے اپنی تمام توانائیاں دوبارہ جمع کر رہی ہو۔
اچانک دروازہ آہستہ سے کھلا اور فریحہ کمرے میں داخل ہوئی۔
"چلو کھانا کھا لو۔" اُس نے نرمی سے کہا اور بیڈ کے کنارے بیٹھ گئی۔
"بھوک نہیں ہے مجھے۔ تم اور پھوپھو کھا لو۔ میں بعد میں کھا لوں گی۔"
"کیوں بھوک نہیں ہے۔ طبیعت تو ٹھیک ہے نا؟"
"بس ایسے ہی۔ تم ابھی جاؤ۔ میں کچھ دیر آرام کرنا چاہتی ہوں۔"

......*

وہ اپنے کمرے کی کھڑکی پر کھڑا تھا، کوالالمپور کی رات اس کے اردگرد ایک خاموش پہرہ دے رہی تھی۔ شہر کی روشنیاں نیچے کسی

جگمگاتے ہوئے کھلونے کے شہر کی مانند نظر آ رہی تھیں۔ وہ گہری سوچ میں گم تھا، ماضی کی یادیں کسی پرانی فلم کی طرح اس کے ذہن میں چل رہی تھیں۔

اچانک دروازہ دھیرے سے کھلا اور اس کا کزن، عادل، کمرے میں داخل ہوا۔

"اوئے زہران! کیا حال ہے تمہارے؟ ابھی تک کھڑکی سے تارے گن رہے ہو یا کسی حسینہ کے خیالوں میں کھوئے ہوئے ہو؟" عادل نے مسکراتے ہوئے کہا۔

زہران نے چونک کر عادل کی طرف دیکھا اور ہلکی سی مسکراہٹ کے ساتھ بولا، "نہ تارے گن رہا ہوں، نہ کسی حسینہ کے خیالوں میں۔ بس ایسے ہی... شہر کا نظارہ کر رہا تھا۔"

"شہر کا نظارہ؟ یار چھوڑو یہ بورنگ باتیں! نیچے چلتے ہیں، لابی میں کچھ دوست جمع ہیں۔ گپ شپ کرتے ہیں۔ تھوڑا موڈ فریش ہو جائے گا۔"

"یار میرا دل نہیں کر رہا۔ تم جاؤ۔" زہران نے ہچکچاتے ہوئے کہا۔

"کیا ہوا میرے بھائی؟ پریشان ہو؟ بتاؤ تو سہی، شاید میرے پاس کوئی جادو کی چھڑی ہو جو سارے غم دور کر دے!" اُس نے زہران کے قریب آتے ہوئے اور اس کے کندھے پر ہاتھ رکھتے ہوئے کہا۔

زہران نے ایک لمبی سانس بھری۔ "اچھا kiوہ سب چھوڑو۔ تم بتاؤ، کیا چل رہا ہے نیچے؟ کون کون ہے؟"

"بس وہی پرانے کھلاڑی۔ فرید ہے، جمال ہے اور وہ نیا لڑکا، عمران، جو ہر وقت اپنے بالوں میں جیل لگاتا رہتا ہے۔ تم آ جاؤ، یار، محفل جم جائے گی۔"

"عمران اور اس کے بال؟ وہ تو الگ ہی دنیا میں رہتا ہے۔"

"بالکل! کل تو وہ لوڈو کھیلتے کھیلتے اپنے بالوں کو ٹھیک کر رہا تھا، جیسے کوئی اہم بزنس ڈیل کر رہا ہو۔" عادل نے ہنسنا شروع کر دیا۔

زہران نے اُسے دیکھ کر ایک رسمی مسکراہٹ دی۔

"اچھا یار، چلو چلتے ہیں۔ لیکن شرط یہ ہے کہ عمران کے بالوں پر کوئی تبصرہ نہیں کرے گا۔" زہران نے مسکراتے ہوئے کہا۔

"ڈیل ڈن!" عادل نے آنکھ مارتے ہوئے کہا۔ "لیکن اگر وہ خود ہی اپنے بالوں کو بار بار ٹھیک کرے تو میں ذمہ دار نہیں ہوں!"

وہ ہنستے ہوئے کمرے سے باہر نکل گیا۔ زہران بھی اُس کے پیچھے پیچھے چلا گیا۔

・・・・・・*

وہ روم میں بیٹھا ایک پرانی کتاب کے ورق الٹ رہا تھا، اور اس میں مختلف شاعروں کے اشعار درج تھے۔ وہ اکثر تنہائی میں اس کتاب کو پڑھتا تھا، اس کے اشعار میں اسے زندگی کی گہرائی اور معنی ملتے تھے۔
آج جب وہ ورق گردانی کر رہا تھا تو اس کی نظر ایک ایسے شعر پر پڑی جس نے اس کے دل کو گہرا چھوا۔
"یک طرفہ محبت کا عذاب یہ نہیں کہ وہ دور چلا گیا،
اصل اذیت یہ ہے کہ دور ہو کر بھی دل میں ویسے ہی بسا رہا۔"
یہ شعر پڑھ کر زہران کو بے اختیار حیات کی یاد آ گئی۔ چار سال گزر چکے تھے، لیکن وہ اسے بھلا نہیں پایا تھا۔ وہ اس کی یادوں کے سائے میں جی رہا تھا، ایک ایسے شخص کی طرح جس نے اپنا قیمتی سرمایہ کھو دیا ہو۔
اُس نے کتاب کو بند کرکے ٹیبل پر رکھ دیا۔ اور صوفے پر اپنے سر کو اپنے دونوں ہاتھ سے پکڑ کر بیٹھ گیا۔ اُس کی انگلیاں اُس کے بالوں کو وحشیانہ انداز میں کھینچ رہی تھی۔ گویا وہ اُس کی یاد کو جڑ سے اکھاڑ پھینکنا چاہتا تھا۔
وہ کچھ دیر اسی طرح بیٹھا رہا۔ اب اُس کے اندر کا درد آنسوں کی شکل میں باہر آ رہے تھے۔
اُس کی آنکھوں سے مسلسل آنسو بہہ رہے تھے۔ گرم اور تیز اُس کے گالوں پر جلتے ہوئے قطرے گر رہے تھے۔
اچانک وہ اٹھا اور ٹیبل پر رکھے پانی کے گلاس کو اپنی پوری قوت کے ساتھ دیوار پر دے مارا۔ کانچ کے ٹکڑے فرش پر پھیل گئے۔ اور ایک تیز اور کرخت آواز کمرے میں گونج گئی۔
"جب زندگی سے جا چکی ہو تو میرے دل سے کیوں نہیں چلی جاتی " وہ اپنے دونوں کانوں پر ہاتھ رکھ کر چیخا۔ اُس کی چیخ میں اتنا درد تھا کہ سن نے والے کا کلیجہ چیر دیتی ۔

وہ تھک کر فرش پر بیٹھ گیا، اس کی سانسیں بے ترتیب اور اس کا جسم پسینے سے شرابور تھا۔ اس کی آنکھوں سے اب بھی آنسو رواں تھے، ایک بے بس دریا کی طرح جو اپنا راستہ کھو بیٹھا ہو۔
کمرے کا دروازہ آہستہ سے کھلا اور نانو اندر داخل ہوئیں۔ ان کی نظریں فوراً فرش پر بکھرے شیشے کے ٹکڑوں اور زہران کے شکستہ وجود پر پڑیں۔ ان کے چہرے پر ایک گہرا درد اور تشویش چھا گئی۔
زہران نے اپنے ہاتھوں سے اپنا چہرہ صاف کیا، ایک بے سود کوشش کی اپنے اندر کے طوفان کو چھپا سکے۔ اس کی نظریں فرش پر بکھرے کانچ کے ٹکڑوں پر پڑیں اور وہ بے دلی سے انہیں سمیٹنے لگا۔ اس کے ہاتھ کانپ رہے تھے اور شیشے کی تیز دھاریں اس کی انگلیوں کو چھو کر گزر رہی تھیں، لیکن اسے کوئی حس محسوس نہیں ہو رہی تھی۔ جسمانی درد اس اندرونی اذیت کے سامنے ہیچ تھا۔
نانو نے آہستہ سے اس کے قریب بیٹھتے ہوئے کہا۔ "زہران بیٹا... یہ تم نے کیا حال بنا رکھا ہے؟" ان کی آواز میں وہ شفقت تھی جو ایک ماں کی اپنی اولاد کے لیے ہوتی ہے۔
زہران نے نفی میں سر ہلایا، بغیر نانو کی طرف دیکھے۔ "کچھ نہیں نانو... بس یونہی..." اس کی آواز بمشکل سنائی دے رہی تھی۔
"یونہی؟ بیٹا، میں دیکھ رہی ہوں تمہیں کب سے۔ یہ 'یونہی' نہیں ہے۔ کیا ہوا ہے؟ مجھے بتاؤ۔" نانو نے نرمی سے اس کا ہاتھ پکڑنے کی کوشش کی۔
زہران نے اپنا ہاتھ کھینچ لیا، اس کی نظریں اب بھی فرش پر جمی تھیں۔ "کوئی فائدہ نہیں نانو۔ کچھ بھی بتانے کا کوئی فائدہ نہیں ہے۔"
"بیٹا، درد بانٹنے سے کم ہوتا ہے۔ تم اپنے دل میں یہ سب کب تک چھپائے رکھو گے؟"
زہران نے ایک گہری سانس لی۔ "وہ چلی گئی نانو... ہمیشہ کے لیے چلی گئی۔ اور میں... میں اسے بھلا نہیں پا رہا ہوں۔ یہ یادیں مجھے جینے نہیں دیتیں۔" اس کی آواز ایک بار پھر بھر آئی۔
"میں جانتی ہوں بیٹا، میں سب جانتی ہوں۔ لیکن زندگی رُک نہیں جاتی۔ جانے والے چھوڑ کرچلے جاتے ہیں، لیکن ہمیں جینا ہوتا ہے۔" اُنہوں نے اس کے سر پر ہاتھ پھیرتے ہوئے کہا۔

"کیسے جینا نانو؟ جب ہر چیز میں اس کی یاد آتی ہو؟ جب ہر خوشی ادھوری لگتی ہو؟" زہران تلخی سے مسکرایا۔

"وقت ہر زخم بھر دیتا ہے بیٹا۔ تمہیں بس صبر کرنا ہوگا۔ اور اپنے دل کو بند مت کرو۔ شاید... شاید زندگی نے تمہارے لیے کچھ اور بہتر سوچ رکھا ہو۔"

زہران خاموش رہا، اس کی نظریں اب بھی فرش پر بکھرے شیشوں پر تھیں۔ وہ جانتا تھا کہ نانو ٹھیک کہہ رہی ہیں، لیکن اس وقت اس کے دل کو کوئی تسلی نہیں مل رہی تھی۔ اس کے اندر کا درد ابھی بھی تازہ تھا، اور حیات کی یادیں اس کے وجود پر ایک بھاری بوجھ کی طرح مسلط تھیں۔ وہ صرف یہی چاہتا تھا کہ یہ یادیں اسے اکیلا چھوڑ دیں، کہ وہ اسے جینے دیں۔ اُس کی زندگی میں سکون ہو۔

✱ • • • ✱ • • • ✱

دانیہ کینیڈا کے ایک مصروف کیفے میں اپنے بوائے فرینڈ، فاز، اور ایک مشترکہ دوست، سارہ، کے ساتھ بیٹھی تھی۔ باہر موسم خوشگوار تھا اور کیفے کے اندر لوگوں کی ہلکی پھلکی گفتگو اور کافی کی خوشبو فضا میں گھلی ہوئی تھی۔

سارہ، جو ایک مقامی کینیڈین لڑکی تھی، اپنے مخصوص پرجوش انداز میں کسی قصے پر بات کر رہی تھی۔ "اور یقین کرو، جب میں نے وہ ریچھ دیکھا تو میری تو ٹانگیں کانپنے لگیں! وہ اتنا بڑا تھا!"

"تمہیں تو بلی بھی ڈرا دیتی ہے سارہ، ریچھ تو بہت بڑی چیز ہے۔" فاز نے ہنستے ہوئے کہا۔

سارہ نے مذاقاً فاز کو گھورا۔ "یہ سچ نہیں ہے! میں صرف محتاط رہتی ہوں۔ ویسے دانیہ، تم نے نیا کافی بلینڈ ٹرائی کیا؟ یہ میپل سیرپ والا، بہت مزے کا ہے۔"

دانیہ نے نفی میں سر ہلایا۔ "نہیں، میں نے تو اپنی فیورٹ لیٹ ہی آرڈر کی ہے۔ لیکن اگلی بار ضرور ٹرائی کروں گی۔ تم بتاؤ فاز، تمہارا آج کا لیکچر کیسا رہا؟"

"بورنگ تھا۔ پروفیسر صاحب ہمیشہ ایک ہی طرح کی باتیں دہراتے رہتے ہیں۔ لیکن خیر ہے، اب ختم ہونے والا ہے۔ پھر چھٹیاں ہی چھٹیاں۔" فاز نے ایک لمبی سانس بھری۔

"اوہ ہاں، چھٹیاں آنے والی ہیں۔ تم لوگ کیا پلان کر رہے ہو؟ کہیں گھومنے پھرنے کا ارادہ ہے؟" سارہ نے پوچھا۔
دانیہ نے فاز کی طرف دیکھا۔ "ہم نے ابھی کچھ فائنل نہیں کیا۔ شاید ٹورنٹو جائیں کچھ دن کے لیے۔"
"ٹورنٹو؟ وہاں تو بہت کچھ دیکھنے کو ہے۔ سی این ٹاور ضرور جانا اور رائل اونٹاریو میوزیم بھی بہت اچھا ہے۔" سارہ نے مشورہ دیا۔
"ہاں، میں نے سنا ہے۔ دیکھیں کیا بنتا ہے۔ فاز تو کہتا ہے کہ کہیں گرم جگہ چلتے ہیں۔" دانیہ نے مسکرا کر کہا۔
فاز نے قہقہہ لگایا۔ "یار یہ برف دیکھ دیکھ کر اب تھک گیا ہوں۔ تھوڑی دھوپ بھی ضروری ہے۔"
"تم دونوں کی اپنی اپنی پسند ہے۔ دانیہ کو تو یہ برف اور سردی بہت پسند ہے۔" سارہ نے دانیہ کی طرف دیکھتے ہوئے کہا۔
"ہاں، مجھے یہ موسم اچھا لگتا ہے۔ لیکن تھوڑی تبدیلی بھی اچھی ہوتی ہے۔"
"ویسے فاز، تم نے سنا وہ نیا انڈین ریسٹورنٹ کھلا ہے، ڈاؤن ٹاؤن میں؟" سارہ نے موضوع بدلتے ہوئے پوچھا۔ "میں نے سنا ہے وہاں کا بٹر چکن لاجواب ہے۔"
فاز نے دلچسپی ظاہر کی۔ "انڈین؟ واہ! مجھے تو انڈین کھانا بہت پسند ہے۔ کون سا والا؟"
"ہاں، میں بھی سن کر آئی ہوں۔ نام تو ابھی یاد نہیں آ رہا، لیکن کسی نے بتایا تھا کہ وہاں کا مصالحہ بالکل اصلی جیسا ہے۔ دانیہ، تمہیں بھی انڈین کھانا پسند ہے نا؟" سارہ نے دانیہ کی طرف دیکھا۔
دانیہ نے مسکرا کر جواب دیا۔ "ہاں، مجھے بہت پسند ہے۔ خاص طور پر بریانی اور دال مکھنی۔ اگر اچھا بنا ہو تو کیا ہی بات ہے۔"
"چلو پھر ایک دن چلتے ہیں؟ ہم تینوں۔ میرا تو کافی دنوں سے انڈین کھانے کا دل چاہ رہا ہے۔" سارہ نے تجویز پیش کی۔
فاز نے فوراً حامی بھری۔ "ہاں ہاں، ضرور چلیں گے۔ کب چلنا ہے؟ ویک اینڈ پر کیسا رہے گا؟"
دانیہ نے سوچ کر کہا۔ "ویک اینڈ پر تو شاید تھوڑا رش ہو گا۔ لیکن اگر ہم پہلے سے ریزرویشن کروا لیں تو ٹھیک رہے گا۔"
"ڈیل ڈن! میں کل ہی ریزرویشن کروا لوں گی۔ تم لوگ بس تیار رہنا۔" سارہ نے پرجوش انداز میں کہا۔

کچھ دیر وہ کھانے پینے اور شہر کی دیگر باتوں پر تبادلہ خیال کرتے رہے۔ پھر سارہ نے اپنی گھڑی کی طرف دیکھا۔ "اوہ، مجھے اب نکلنا ہو گا۔ میری ایک اور دوست کا فون آ گیا تھا، وہ کہیں جانے کا کہہ رہی ہے۔"
دانیہ اور فاز نے اسے الوداع کہا اور وہ چلی گئی۔ کیفے میں اب صرف وہ دونوں رہ گئے۔
فاز نے اپنی کافی کا ایک گھونٹ بھرا اور دانیہ کی طرف دیکھ کر مسکرایا۔ "تمہیں پتہ ہے، سارہ کتنی پرجوش رہتی ہے۔ ایک منٹ بھی چین سے نہیں بیٹھتی۔"
"ہاں، وہ ایسی ہی ہے۔ لیکن اس کی وجہ سے محفل میں رونق رہتی ہے۔"
کچھ دیر خاموشی رہی، جس میں دونوں اپنی اپنی سوچوں میں گم تھے۔ باہر اب شام گہری ہو رہی تھی اور کیفے کی روشنی مزید مدھم ہو گئی تھی۔
فاز نے اپنا ہاتھ بڑھا کر دانیہ کے ہاتھ پر رکھا۔"تم ٹھیک ہو؟ آج تھوڑی خاموش لگ رہی ہو۔"
"ہاں، میں ٹھیک ہوں۔ بس تھوڑی تھکی ہوئی ہوں۔ دن بھر کام کر کے۔" دانیہ نے اس کی طرف دیکھتے ہوئے ایک ہلکی سی مسکراہٹ کے ساتھ کہا۔
"چلو پھر چلتے ہیں؟ کافی دیر ہو گئی ہے۔"
دانیہ نے اثبات میں سر ہلایا۔ وہ دونوں اٹھے اور کیفے سے باہر نکل آئے۔ باہر کی ٹھنڈی ہوا ان کے چہروں سے ٹکرائی۔ وہ خاموشی سے کچھ دور تک ساتھ چلے، پھر اپنے اپنے راستوں کی طرف مڑ گئے۔
دانیہ جب فاز اور سارہ سے مل کر اپنے اپارٹمنٹ پر پہنچی تو اس نے دروازہ کھولا اور اندر داخل ہوتے ہی ہلکی سی مسکراہٹ کے ساتھ کہا، "السلام علیکم!"
اس کی آواز سن کر اس کے والدین فوراً برآمد ہوئے۔ "تم آگئی بیٹا۔" اُس کے والد نے پیار بھری نظروں سے اسے دیکھتے ہوئے پوچھا۔ اس کی والدہ کچن سے نکل آئیں۔
"آ گئی میری بچی؟ اتنی دیر کیسے لگ گئی؟ سب خیریت تھی؟"
"جی موم ، سب خیریت تھی۔ میں فاز اور سارہ کے ساتھ کافی پینے گئی تھی۔ تھوڑی دیر لگ گئی۔ بابا کیسے ہیں آپ؟"

"میں ٹھیک ہوں بیٹا، تم آ گئی ہو تو اور بھی اچھا لگ رہا ہے۔ کیا باتیں ہو رہی تھیں تمہاری دوستوں کے ساتھ؟" اُنہوں نے مسکرا کر پوچھا۔

"بس عام باتیں تھیں پاپا۔ موسم کے بارے میں، پڑھائی کے بارے میں اور سارہ تو ایک نئے انڈین ریسٹورنٹ کے بارے میں بتا رہی تھی۔" دانیہ نے اپنا بیگ صوفے پر رکھتے ہوئے کہا۔

"انڈین ریسٹورنٹ؟ کیا تم لوگ وہاں جانے کا سوچ رہے ہو؟"

"ہاں موم سارہ نے ویک اینڈ پر جانے کا پلان بنایا ہے۔ اگر آپ اور پاپا بھی چل سکیں تو بہت اچھا لگے گا۔"

"بیٹا، میرا تو چلنا پھرنا مشکل ہے۔ تم اور تمہاری موم ہو آؤ۔" اس کے پاپا نے کچھ دیر سوچا اور پھر کہا۔

"ہاں بیٹا، تم اپنے دوستوں کے ساتھ ہو آؤ۔ میں تو گھر پر ہی ٹھیک ہوں۔ تمہارے پاپا کا خیال بھی رکھنا ہے۔"

دانیہ تھوڑی اداس ہو گئی۔ "اوہ... ٹھیک ہے موم ۔ جیسے آپ مناسب سمجھیں۔"

"بیٹا پریشان نہ ہو۔ تم جا کر آؤ، تھوڑا گھومنا پھرنا بھی ضروری ہے۔ اپنی پڑھائی کے ساتھ ساتھ تفریح بھی ضروری ہے۔" اُنہوں نے اُس کے سر پر ہاتھ رکھتے ہوئے کہا۔

"تھینک یو پاپا! آپ کتنے اچھے ہیں۔" وہ مسکرائی۔

"چلو اب ہاتھ منہ دھو لو، میں نے تمہارے لیے کھانا گرم کر دیا ہے۔" اُس کی والدہ کچن کی طرف چلی گئی۔

دانیہ نے اثبات میں سر ہلایا اور اپنا بیگ لے کر اپنے کمرے کی طرف چلی گئی۔

......*

دفتر کا ماحول رسمی اور پروقار تھا، جو اس کے مالک، باشر ملک کی شخصیت کا عکاس تھا۔ ایک بڑی سی میز کے پیچھے، فائلوں کے ایک منظم ڈھیر کے اوپر، ایک شخص بیٹھا تھا جس کی موجودگی میں ایک خاص قسم کا رعب اور اعتماد تھا۔ یہ باشر ملک تھے۔ ایک خوبصورت نوجوان جنہوں نے تیس سال کی عمر میں بہت کامیابی

حاصل کر لی تھی۔ حاشر ملک ایک ایسا نام جس کا قانون کی دنیا میں احترام کیا جاتا تھا۔
دفتر کا دروازہ آہستہ سے کھلا۔ اور حیات اندر داخل ہوئی۔
باشر سر نے اپنی نظریں اٹھائیں، ایک لمحے کے لیے حیات پر ٹھہریں۔ ان کے چہرے پر ایک ہلکی سی مسکراہٹ آئی، جو ان کی عام سنجیدہ طبیعت کے برعکس تھی۔ انہوں نے اشارے سے حیات کو بیٹھنے کو کہا۔
"مس صدیقی، خوش آمدید۔" ان کی آواز بھاری اور دھیمی تھی، جس میں ایک ایسی اتھارٹی تھی جو بغیر کسی سختی کے محسوس ہوتی تھی۔ "بیٹھیے مس صدیقی۔" اُنہوں نے کرسی کی طرف اشارہ کرتے ہوئے کہا۔
"شکریہ سر۔ کافی دن بعد آپ سے مل کر خوشی ہوئی۔" حیات نے قدرے نروس انداز میں جواب دیا اور کرسی بیٹھ گئی۔
"مجھے بھی خوشی ہوئی کہ آپ ہماری ٹیم میں شامل ہیں۔ میں نے آپ کی تعلیمی اسناد دیکھی ہیں، بہت متاثر کن ہیں۔" باشر سر نے اپنی کرسی پر تھوڑا سا آگے جھکتے ہوئے کہا۔ ان کے لہجے میں حوصلہ افزائی تھی۔
یہ باشر ملک کا پہلا تاثر تھا۔ ایک ایسا شخص جو اپنی پیشہ ورانہ مہارت اور تجربے کے ساتھ ساتھ اپنے نئے ساتھیوں کی صلاحیتوں کو بھی پہچاننے کی نظر رکھتا تھا۔ ان کی یہ گفتگو ایک ایسے رشتے کی بنیاد رکھنے والی تھی جو حیات کے کیریئر کو ایک نئی سمت دینے والا تھا۔
"دیکھیے مس صدیقی، ہمارا فرم سخت محنت اور ایمانداری پر یقین رکھتا ہے۔ وکالت صرف قانون کی کتابیں پڑھنے کا نام نہیں، بلکہ اسے عملی زندگی میں انصاف کے حصول کے لیے استعمال کرنے کا فن ہے۔"
حیات نے غور سے سنا، ان کے ہر لفظ کو اپنے ذہن میں محفوظ کر رہی تھی۔ ان کی آواز میں ایک ایسا تجربہ اور یقین تھا جو اسے متاثر کر رہا تھا۔
"آپ کو مختلف قسم کے کیسیز پر کام کرنے کا موقع ملے گا۔ کچھ آسان ہوں گے، کچھ بہت پیچیدہ۔ آپ کو تحقیق کرنی ہوگی، دستاویزات

کا مطالعہ کرنا ہوگا، اور سب سے اہم بات، سیکھنا ہوگا۔ کیا آپ اس چیلنج کے لیے تیار ہیں؟"

"جی سر، بالکل تیار ہوں۔ میں سیکھنے کے لیے ہی یہاں آئی ہوں، لیکن سر میں نے پیسے یا ترقّی کے لیے وکالت نہیں کی ہے۔ میں صرف لوگوں کی مدد کرنا چاہتی ہوں۔ اور لوگوں کو انصاف دلانا چاہتی ہوں۔"

باشر سر نے ہلکا سا سر ہلایا، گویا اُس کے جواب سے مطمئن ہوں۔

"اچھا آپ میرے ساتھ کئی عرصے سے کام کر رہی ہیں۔ کیا میں نے کبھی آپ کو کوئی ایسا کیس دیا۔ جس میں ہم نا انصافی کا ساتھ دیں؟"

"نو سر!"

"میں آپ کو براہ راست کیسیز سونپوں گا اور آپ کی پیش رفت کا جائزہ لیتا رہوں گا۔ کوئی بھی مشکل ہو تو بلا جھجھک مجھ سے پوچھ سکتی ہیں۔"

"شکریہ سر، آپ کی رہنمائی میرے لیے بہت اہمیت رکھے گی۔" حیات نے احترام سے کہا۔

"اور ایک بات یاد رکھیے گا، مس صدیقی،" باشر سر نے اپنی کرسی پر تھوڑا سا پیچھے ٹیک لگاتے ہوئے کہا، "قانون صرف حقائق اور دلائل کا کھیل نہیں ہے۔ اس میں انسانی نفسیات، ہمدردی اور انصاف کا جذبہ بھی شامل ہوتا ہے۔ ایک اچھا وکیل بننے کے لیے آپ کو ان تمام چیزوں کو سمجھنا ہوگا۔"

"میں پوری کوشش کروں گی سر کہ آپ کی توقعات پر پورا اتروں،"

باشر سر نے ایک بار پھر ہلکی سی مسکراہٹ دکھائی۔ "مجھے یقین ہے۔"

اب آپ جا سکتی ہیں۔"

"بہت شکریہ سر،" حیات نے کہا اور کھڑی ہو گئی۔

"خدا حافظ مس صدیقی،" ان کی نظریں ایک بار پھر اپنی میز پر موجود فائلوں کی طرف مرکوز ہو گئیں۔

حیات دفتر سے باہر نکلی تو اس کے دل میں ایک عجیب سا جوش و خروش تھا۔ باشر سر کا سنجیدہ لیکن حوصلہ افزا رویہ اس پر گہرا اثر چھوڑ گیا تھا۔ وہ جانتی تھی کہ یہ ایک مشکل سفر، لیکن وہ اس چیلنج کا مقابلہ کرنے کے لیے تیار تھی۔ باشر ملک جیسے تجربہ کار

وکیل کے ساتھ کام کرنا اس کے لیے ایک سنہرا موقع تھا، اور وہ اس موقع کو ہرگز ضائع نہیں کرنا چاہتی تھی۔

دفتر سے باہر نکلتے ہی، حیات کا موبائل فون بجا۔ اُس نے اسکرین پر دیکھا اور فوراً کال اٹھا لی۔

"السّلام و علیکم"

"و علیکم السلام" دوسری طرف سے آواز آئی۔

"اور کیسی ہو؟ میں گجرات کیا چلی آئی۔ تم تو مجھے بھول گئی۔" حیات نے ناراضگی سے کہا۔

"تم بھولنے والی چیز ہو۔ ویسے میں گجرات آ رہی ہوں۔ امی ابّو نے اجازت دے دی ہے۔"

"کیا سچ میں! میں جانتی تھی، انکل آنٹی مجھے کبھی منع نہیں کریں گے۔" حیات نے خوشی ظاہر کی۔

"اچھا اب زیادہ خوش ہونے کی ضرورت نہیں ہے۔ جب آ جاؤں گی، تب مل کا خوشی منائیں گے۔" دوسری طرف سے نایاب نے کہا۔

"چلو تب کل ملتے ہیں۔ انشاء اللہ"

"انشاء اللہ۔" نایاب نے فون بند کر دیا۔

✷ . . . ✷ . . . ✷

اذان کی دلنشین اور پُر اثر صدا کوالالمپور کی فضا میں گونج رہی تھی، مسجد جامع سلطان عبدالصمد کے بلند میناروں سے اٹھتی یہ پکار زہران کے کانوں میں ایک مانوس دستک کی طرح آئی۔ وہ اس وقت جاگ رہا تھا، اپنی کھڑکی سے باہر رات کے اندھیروں میں کھویا تھا۔ شہر کی بلند عمارتوں کے درمیان، اس قدیم مسجد کے گنبد اور مینار ایک روحانی جزیرے کی مانند دکھائی دے رہے تھے۔

اذان کے ہر بول اس کے دل میں اتر رہے تھے، ایک انجانی کیفیت طاری کر رہے تھے۔ 'اللہ اکبر' کی صدا اس کے اندر تک پہنچ رہی تھی، دنیا کی تمام بڑائیوں کو ایک طرف رکھ کر صرف اس ایک ہستی کی عظمت کا اعتراف۔ 'اشھد ان لا الہ الا اللہ' کے الفاظ اس کے ایمان کو تازہ کر رہے تھے، اس یقین کو پختہ کر رہے تھے کہ کوئی معبود برحق نہیں سوائے اللہ کے۔

اس نے آنکھیں بند کر لیں اور اذان کے ہر لفظ کو محسوس کرنے کی کوشش کی۔ 'اشھد ان محمدًا رسول اللہ' کی صدا نے اس کے دل میں نبی کریم صلی اللہ علیہ وسلم کی محبت اور ان کی تعلیمات کی یاد تازہ کر دی۔ 'حی علی الصلاۃ' کی پکار اسے اس فرض کی طرف بلا رہی تھی جو اس کی روح کا سکون تھا۔ 'حی علی الفلاح' کے الفاظ اسے کامیابی کی راہ دکھا رہے تھے، اس فلاح کی طرف جو صرف اللہ کی اطاعت میں ہے۔

اور پھر وہ الفاظ گونجے، جو فجر کی اذان کو ایک خاص مقام دیتے ہیں: "الصلوٰۃ خیرٌ من النوم" - نماز نیند سے بہتر ہے۔ یہ صدا زہران کے دل میں اتر گئی، اسے یاد دلاتی ہوئی کہ دنیا کی عارضی راحت کے مقابلے میں اپنے رب کے حضور کھڑا ہونا کہیں زیادہ قیمتی اور دائمی سکون کا باعث ہے۔

اذان ختم ہونے کے بعد بھی زہران کچھ دیر کھڑکی پر کھڑا رہا، اس روحانی ماحول میں ڈوبا ہوا۔ اس نے گہری سانس لی، فجر کی ٹھنڈی ہوا اس کے چہرے کو چھو کر گزری۔ 'الصلوٰۃ خیرٌ من النوم' کے الفاظ اس کے ذہن میں گونج رہے تھے، ایک ایسی دعوت جس کا انکار ممکن نہ تھا۔ ایک انجانی کشش اسے اس مسجد کی طرف کھینچ رہی تھی، ایک ایسا احساس جیسے اس پاک گھر میں اسے سکون اور رہنمائی مل سکتی ہے۔

پھر وہ وضو کرنے کے لیے مڑا، اس پکار کا جواب دینے کے لیے جو اس کی روح کی غذا تھی - نماز، جو نیند سے کہیں بہتر ہے۔

مسجد جامع سلطان عبدالصمد کا وسیع و عریض صحن فجر کی ہلکی روشنی میں نہایا ہوا تھا، جس میں نمازی سکون و اطمینان سے صفیں بنائے کھڑے تھے۔ زہران نے بھی ایک طرف جگہ بنائی اور اپنے رب کے حضور سربسجود ہونے کے لیے تیار ہو گیا۔ اس کے دل میں ایک عجیب سی کیفیت تھی، ایک طرف تو اللہ کے حضور کھڑے ہونے کا سکون تھا اور دوسری طرف اپنے ماضی کے گناہوں کا بوجھ

نماز ختم کرنے کے بعد زہران وہیں جائے نماز پر بیٹھا رہا، اس کا دل ابھی تک اس روحانی کیفیت سے سرشار تھا۔ اس نے اپنے دونوں ہاتھوں کو آسمان کی طرف اٹھایا، ہتھیلیاں اوپر کی جانب تھیں۔ اس کی آنکھیں بند تھیں اور اس کے لب آہستہ آہستہ دعا میں متحرک تھے۔

" اے اللہ، اے رحمٰن، اے رحیم..." اس نے عاجزی سے پکارا، اس کا دل اپنے گناہوں کے بوجھ سے جھکا ہوا تھا۔ "میں تیرا گنہگار بندہ ہوں، میں نے اپنی زندگی میں بہت سی نافرمانیاں کی، بہت سی غلطیاں سرزد ہوئیں۔ اے میرے رب، اپنی رحمت سے مجھے معاف فرما دے۔ میرے دل کو پاک کر دے اور مجھے سیدھے راستے پر چلنے کی توفیق عطا فرما۔" آمین

اس نے کچھ دیر خاموشی اختیار کی، اپنے ماضی کے ان لمحات کو یاد کیا جن پر اسے ندامت تھی۔ پھر اس نے دوبارہ دعا شروع کی، اس بار اس کی التجا میں ایک گہری خواہش تھی۔

"اے اللہ، میں تجھ سے سکون قلب مانگتا ہوں۔ میرے دل کی بے چینی کو دور فرما اور مجھے وہ اطمینان عطا کر جو صرف تیری یاد میں ملتا ہے۔ مجھے دنیا کی آزمائشوں میں صبر اور استقامت عطا فرما۔

"یا اللہ! مجھ پر یہ زندگی مختصر کر دے، یا پھر میری محبت مجھے واپس لوٹا دے۔ میں جانتا ہوں کہ اُس کا واپس آنا اب ممکن نہیں رہا، لیکن تُو تو ہر ناممکن کو ممکن بنانے کی قدرت رکھتا ہے۔ یا اللہ! کوئی معجزہ کر دے، بس میری محبت مجھے واپس لوٹا دے۔ میں اُسے نہیں بھول پا رہا اللہ۔"

وہ خلا جو کسی عزیز کے جانے سے پیدا ہوتا ہے، کبھی نہیں بھرتا۔ اے میرے رب، مجھے اس خالی پن کو تیری یاد سے بھرنے کی ہمت دے۔" اُس کی آنکھوں سے آنسو کا دریا بہہ رہا۔ وہ چاہ کر بھی اپنے آنسو پر قابو نہیں پا سکا۔

اس نے اپنے والدین کو یاد کیا، ان کی مغفرت اور درجات کی بلندی کے لیے دعا کی۔ اس نے ان تمام لوگوں کے لیے دعا کی جن سے اس کا کوئی تعلق تھا، اور پوری امت مسلمہ کے لیے امن اور سلامتی کی دعا کی۔

اس کی دعا میں ایک عاجزی تھی، ایک یقین تھا کہ اس کا رب اس کی پکار سن رہا ہے۔ فجر کی اس پرسکون گھڑی میں، مسجد کے خاموش ماحول میں، زہران نے اپنے دل کا بوجھ اپنے خالق کے سامنے رکھ دیا اور اس امید کے ساتھ دعا ختم کی کہ اس کی توبہ قبول ہوگی اور اس کی دعائیں ضرور سنی جائیں گی۔ اس کے دل میں ایک ہلکا سا سکون محسوس ہوا، گویا اس نے اپنے رب کے حضور اپنے آپ کو سپرد کر دیا ہو۔

ان چار سالوں میں زہران ایک بالکل مختلف انسان بن چکا تھا۔ دنیا کی رنگینیوں سے دور، اس نے اپنا رخ مکمل طور پر خالق کی طرف موڑ لیا تھا۔ حیات سے بچھڑنے کے بعد وہ ڈپریشن کا شکار ہو گیا تھا۔ اس سے جدائی کا غم اور اپنے والد کی دوری کا صدمہ اس کے لیے ناقابل برداشت تھا۔
اپنے والد سے دوری اس کے لیے ایک مسلسل اذیت تھی۔ ان کی شفقت، ان کی رہنمائی اور ان کی مضبوط شخصیت کا سایہ اس کے سر سے اٹھ گیا تھا۔ حیات کے جانے کے بعد تو جیسے اس کی زندگی میں ایک خلا پیدا ہو گیا تھا، ایک ایسی ویرانی جس میں صرف یادوں کی بازگشت سنائی دیتی تھی۔ ان دو عزیز ترین ہستیوں سے جدائی کے غم نے اسے اندر سے توڑ کر رکھ دیا تھا۔
اس کی حالت روز بروز بگڑتی چلی گئی۔ وہ لوگوں سے کترانے لگا، محفلوں سے دور بھاگتا اور اپنی ہی دنیا میں کھویا رہتا۔ اس کی صحت پر بھی اس کا برا اثر پڑا، اور آخرکار اسے علاج کے لیے لندن کے ایک معروف ہاسپیٹل The Priory Hospital, Roehampton میں داخل کرایا گیا۔ وہاں ماہر نفسیات نے اس کی تشخیص کی اور اسے گہرے افسردگی کا شکار پایا۔
ہاسپیٹل میں زہران کا علاج ایک طویل اور صبر آزما عمل تھا۔ اسے دوائیں دی گئیں، لیکن اس سے زیادہ ضروری اس کی کونسلنگ تھی، جہاں اس نے اپنے دل کا بوجھ ہلکا کیا۔ اپنے والد کی کمی کو محسوس کرنے کے کرب کو بھی زباں دی۔ اُس کا علاج پورے دو سال چلا۔ اب وہ ملیشیا آ گیا تھا۔
علاج کے دوران زہران نے مذہب کی طرف زیادہ توجہ دی۔ اس نے قرآن پاک پڑھنا شروع کیا، نماز میں باقاعدگی اختیار کی اور اللہ سے اپنے گناہوں کی معافی مانگی۔ روحانیت نے اسے ایک نئی سمت دکھائی، ایک ایسا سکون عطا کیا جو دنیا کی کسی چیز میں نہیں تھا۔ اسے محسوس ہوا کہ اللہ ہی وہ ذات ہے جو ہر دکھ اور تکلیف میں اس کا سہارا بن سکتا ہے۔
چار سال کے اس عرصے میں زہران نے اپنی زندگی کو ایک نیا مقصد دیا۔ اس نے دنیاوی خواہشات سے کنارہ کشی اختیار کر لی اور اپنی توجہ اللہ کی رضا حاصل کرنے پر مرکوز کر دی۔ وہ ایک ٹوٹے ہوئے دل کے ساتھ لندن کے ہسپتال میں داخل ہوا تھا، لیکن جب وہ

وہاں سے نکلا تو ایک بدلا ہوا انسان تھا۔ اس کے دل میں اب بھی حیات کی یاد تھی، لیکن اس یاد کے ساتھ ایک قبولیت اور صبر بھی تھا۔ اس نے اپنے غم کو اپنی طاقت بنایا اور اللہ کے قریب ہو کر ایک نئی زندگی کا آغاز کیا۔
دو سال اُس کا علاج چلا۔ پھر جب وہ واپس ملیشیا آیا تو اُس نے اپنی زندگی کا اہم فیصلہ کیا۔ اُس نے ملیشیا میں اپنا خود کا بزنس اسٹارٹ کرنے کا فیصلہ کیا۔ اور اُس نے اپنا بزنس اسٹارٹ بھی کیا۔ وہ ماضی کو پیچھے چھوڑ کر آگے بڑھنا چاہتا تھا۔ مگر اُس کا ماضی اُس کا پیچھا نہیں چھوڑ رہا۔ وہ چاہ کر بھی حیات کو نہیں بھول سکا۔

✷ . . . ✷ . . . ✷

زہران اپنے آفس کی کرسی پر بیٹھا، فائلوں میں غرق تھا۔ اس کی پیشانی پر ہلکی سی شکن تھی، جو کسی گہری سوچ کی عکاس تھی۔ دوپہر کا وقت تھا اور باہر کی دھوپ مدھم ہوتی چلی تھی۔ اچانک دروازہ کھلا اور ٹینا اندر داخل ہوئی۔ وہ ایک دلکش انداز میں مسکراتی ہوئی زہران کی میز کی طرف بڑھی۔
"ہی زہران، کیا کر رہے ہو؟" وہ زہران کی میز کے قریب آ کر کھڑی ہو گئی اور ہلکا سا جھک کر اس کے قریب آنے کی کوشش کی۔ اس کی خوشبو زہران کے حواس پر چھانے لگی۔
زہران نے اپنی نظریں فائلوں سے اٹھائیں اور ایک لمحے کے لیے ٹینا کو دیکھا۔ اس کی مسکراہٹ کا جواب دیے بغیر، اس کے چہرے پر ایک سرد تاثر چھا گیا۔ اس نے اپنی کرسی پر سیدھا ہوتے ہوئے واضح اور سخت لہجے میں کہا۔
"I apologize, but I am not interested in this. (میں معاف چاہتا ہوں، لیکن میں اس میں دلچسپی نہیں رکھتا۔)
وہ زہران کے انکار پر قدرے حیران رہ گئی۔ اس کی مسکراہٹ دھیرے دھیرے ماند پڑنے لگی اور اس کی جگہ ایک ناگواری کا احساس نے لے لیا۔ "کیا مطلب ہے تمہارا زہران؟ میں تو صرف...
nak tanya khabar sahaja (صرف خیریت پوچھنے آئی تھی)..." اُس نے ملیشین زبان میں کہا۔

زہران نے اس کی بات کاٹتے ہوئے اپنی آواز بلند کی، "تم جانتی ہو میرا کیا مطلب ہے۔ اور میں نے تمہیں پہلے بھی کئی بار کہا ہے کہ میرے قریب آنے کی کوشش مت کرو۔ میں ان سب چیزوں سے بہت آگے نکل چکا ہوں۔ Saya tidak berminat (میری کوئی دلچسپی نہیں ہے)۔" اس نے سختی اور بیزاری سے ملیشین زبان میں جواب دیا۔

"زہران آخر میں اب تمہیں کیوں پسند نہیں؟"

"تم مجھے کیوں پسند نہیں؟ ٹینا، یہ سوال تم مجھ سے پوچھ رہی ہو؟" اس نے ہلکی سی تلخی کے ساتھ کہا۔ "شاید اس لیے کہ میری آنکھوں نے ایک ایسا نور دیکھا ہے جس کے سامنے یہ ظاہری چمک ماند پڑ جاتی ہے۔ میرے دل نے ایک ایسی سادگی کو محسوس کیا ہے جس کے مقابلے میں تمہارا بناؤ سنگھار بے معنی ہے۔"

اس نے اپنی نظریں ٹینا کی طرف پھیریں، لیکن ان میں کوئی گرمی نہیں تھی۔ "شاید اس لیے کہ میں نے ایک ایسی حیا دیکھی ہے جو تمہارے بے حجاب انداز میں کہیں نظر نہیں آتی۔ میں نے ایک ایسی پاکیزگی کو جانا ہے جس کے قریب تمہاری قربت بھی ناپاک لگتی ہے۔"

"شاید اس لیے کہ میرا دل کسی اور کی یادوں سے بھرا ہوا ہے، ایک ایسی محبت سے جو اتنی گہری ہے کہ اس کے سامنے کسی اور کا خیال بھی گناہ کی طرح لگتا ہے۔ اس دل میں کسی اور کے لیے کوئی جگہ باقی نہیں بچی۔"

اس کی آواز میں ایک ایسی بے بسی تھی جو ٹینا کو بھی محسوس ہوئی۔

"کیا مطلب تم کسی سے محبت کرتے ہو؟"

"نہیں! نہیں ہے مجھے کسی سے محبت اور نا تم سے۔ اس لیے پلیز مجھے میرے حال پر چھوڑ دو!"

"مگر زہران!"

"اگر مگر کچھ نہیں۔ "وہ کچھ وقفے کے لیے خاموش ہوا۔

"تم خوبصورت ہو، شاید بہت سے لوگوں کے لیے کشش رکھتی ہو، لیکن میری پسند اب بدل چکی ہے۔ میں اس جوہر کی تلاش میں ہوں جو روح کو سکون دے، نہ کہ صرف آنکھوں کو چندھیا دے۔ اور وہ جوہر تم میں نہیں ہے۔"

"ٹینا کا چہرہ غصے سے سرخ ہو گیا۔ اس نے اپنی مٹھی بھینچ لی" تم سمجھتے کیا ہو خود کو؟ ہر لڑکی تم پر مرتی ہے اور تم یوں منہ پھیر لیتے ہو! Awak ingat awak bagus sangat ke? (تم کیا سمجھتے ہو تم بہت اچھے ہو؟) تمہیں اندازہ بھی ہے کہ تم کتنے بدتمیز ہو؟"

"بدتمیز!" زہران کے حلق سے بے اختیار نکلا۔ اور اُس کے ہونٹوں پر بے اختیار مدھم سے مسکراہٹ نمودار ہوئی۔

بدتمیز لفظ اُسے ہمیشہ حیات کی یاد دلاتا تھا۔

"آج کے بعد میں تمھارے زبان سے بدتمیز لفظ نا سنو۔ بدتمیز لفظ پر تمہارا کوئی حق نہیں ہے۔ اور نا ہی مجھ پر۔"

اُس نے ایک گہری سانس بھری اور اپنی جگہ پر سختی سے بیٹھا رہا۔ اس کی آنکھوں میں ایک سرد چمک تھی۔ "اور ہاں.....میں جانتا ہوں میں کیا ہوں۔ اور میں یہ بھی جانتا ہوں کہ مجھے کیا چاہیے۔ اب تم جا سکتی ہو۔ مجھے کام کرنا ہے۔" اس کی آواز میں کوئی لچک نہیں تھی۔

ٹینا کچھ دیر غصے سے اسے گھورتی رہی، پھر ایک تلخ نظر اس پر ڈال کر تیزی سے کمرے سے باہر نکل گئی۔ زہران نے ایک لمبی آہ بھری اور دوبارہ اپنی فائلوں میں کھو گیا، اس ناخوشگوار واقعے کے اثر کو زائل کرنے کی کوشش کرتا رہا۔

✷•••✷•••✷

حیات نے دروازے پر ہلکی سی دستک دی اور اجازت کا انتظار کیے بغیر پھوپھی کے کمرے میں داخل ہو گئی۔ اس کے قدموں کی چاپ خاموش تھی۔

پھوپھی کمرے کی کھڑکی کے پاس کھڑی تھیں، ان کی پشت دروازے کی طرف تھی۔ شام کی دھندھ کمرے میں پھیل رہی تھی اور ان کا سایا لمبا ہوتا جا رہا تھا۔

"پھوپھو" حیات نے دھیمی آواز میں پکارا۔

پھوپھی نے آہستہ سے مڑ کر دیکھا۔

"حیات؟ تم یہاں کیا کر رہی ہو؟" پھوپھی کی آواز بھاری اور لرزتی ہوئی تھی۔

حیات نے دو قدم آگے بڑھائے۔ اس کی نظریں پھوپھی کے چہرے پر گڑی ہوئی تھیں۔ "میں دادا کے بارے میں پوچھنے آئی ہوں۔ ان کا... ان کا قتل کیسے ہوا؟ مجھے سچ بتائیے، پھوپھو۔"

کمرے میں ایک لمحے کے لیے مکمل سکوت طاری ہو گیا۔ صرف باہر سے آنے والی ہوا کی سرسراہٹ سنائی دے رہی تھی۔ ان کی خاموشی حیات کے دل کی دھڑکنیں تیز کر رہی تھی۔ وہ جانتی تھی کہ اُنہیں سب معلوم ہے۔

"حیات، یہ کیسی باتیں کر رہی ہو تم؟" پھوپھی کی آواز میں گھبراہٹ نمایاں تھی۔ انہوں نے اپنی نظریں چرانے کی کوشش کی اور کمرے میں ادھر ادھر دیکھنے لگیں۔ "یہ سب پولیس کا کام ہے، بیٹا۔ ہمیں اس میں نہیں پڑنا چاہیے۔"

حیات نے اپنی جگہ پر مضبوطی سے قدم جمائے۔ اس کی نظریں پھوپھی کی نظروں کا تعاقب کر رہی تھیں۔

"نہیں پھوپھو، یہ صرف پولیس کا کام نہیں ہے۔ وہ میرے دادا تھے۔ میں جاننا چاہتی ہوں کہ ان کے ساتھ یہ سب کیوں ہوا؟ مجھے محسوس ہوتا ہے کہ کچھ ہے جو آپ مجھ سے چھپا رہی ہیں۔" اس کی آواز میں ایک التجا تھی، لیکن ایک عزم بھی جھلک رہا تھا۔

اُنہوں نے ایک لمبی آہ بھری اور اپنے ہاتھوں کو آپس میں مسلنے لگیں۔ ان کا چہرہ بے چینی سے سرخ ہو رہا تھا۔

"بیٹا، کچھ باتیں ایسی ہوتی ہیں جنہیں دفن ہی رہنے دینا بہتر ہوتا ہے۔ یہ تمہارے لیے تکلیف دہ ہوگا، بہت تکلیف دہ۔"

"تکلیف تو مجھے اب بھی ہو رہی ہے، پھوپھو، اس انجانے خوف سے جو میرے دل میں بسا ہوا ہے۔" حیات نے مضبوط لہجے میں کہا۔

"اگر آپ مجھے سچ نہیں بتائیں گی، تو میں کبھی سکون سے نہیں رہ پاؤں گی۔ مجھے دادا کی روح کو سکون دلانے کے لیے سچائی جاننی ہے۔ پلیز، پھوپھو، مجھ پر بھروسہ کریں اور مجھے بتائیں کہ دادا جان کے ساتھ یہ سب کیوں ہوا تھا؟" حیات کی آواز میں ایک ایسی التجا تھی جسے رد کرنا پھوپھی کے لیے مشکل ہو رہا تھا۔

پھوپھی نے حیات کے چہرے پر گہری نظر ڈالی۔ اس کی آنکھوں میں ایک ایسی ضد اور بے چینی تھی جسے دیکھ کر پھوپھی کا دل پسیج گیا۔ وہ جانتی تھیں کہ حیات ہار ماننے والی نہیں ہے۔ اگر وہ اُسے سچ نہیں بتاتی پھر بھی حیات کہیں نا کہیں سے سچائی کا پتا لگا لیتی۔

اُنہوں نے حیات کو اپنے کے قریب آنے کا اِشارہ کیا۔ حیات اُن کے قریب آکر کھڑی ہو گئی۔

اُنہوں نے حیات کو اپنے قریب بٹھایا اور اس کا ہاتھ اپنے لرزتے ہوئے ہاتھوں میں لے لیا۔ ان کی آواز دھیمی اور غمگین تھی، جیسے وہ ایک پرانی کہانی کو دوبارہ زندہ کر رہی ہوں۔

"یہ بات آج سے تقریباً ۱۹ سال پہلے کی ہے، حیات۔ ان دنوں میری طبیعت بہت خراب رہتی تھی۔ تمہارے دادا، میرے ابا جان، میری خبر لینے کے لیے گجرات آئے تھے۔ وہ ہمیشہ سے ہی ہم سب کا بہت خیال رکھتے تھے۔" پھوپھی کی آواز میں اپنے والد کے لیے محبت اور احترام جھلک رہا تھا۔

انہوں نے ایک لمحہ توقف کیا، گویا اس واقعے کو اپنی یادوں میں تازہ کر رہی ہوں۔ "جب وہ گجرات آ رہے تھے، راستے میں اچانک ان کے سامنے ایک عورت آ گئی۔ وہ بری طرح خوفزدہ تھی اور اپنی جان بچا کر بھاگ رہی تھی۔ ابا جان نے فوراً گاڑی روکی اور اس سے پوچھا کہ کیا ہوا ہے؟

اس عورت نے ابا جان کو بتایا کہ ایک ظالم آدمی نے زبردستی اس کی زمین پر قبضہ کر لیا ہے۔ اس کا شوہر کچھ عرصہ پہلے فوت ہو گیا تھا اور اب وہ بالکل بے سہارا ہو گئی تھی۔ اس شخص نے اسے گھر سے نکال دیا تھا۔ اس عورت کی حالت دیکھ کر ابا جان کا دل بھر آیا۔ وہ ہمیشہ سے ہی مظلوموں کی مدد کرنے والے تھے۔"

"ابّا جان نے اس عورت کو انصاف دلانے کا وعدہ کیا۔ انہوں نے فوراً اس آدمی کے خلاف ایف آئی آر درج کروائی۔ اب پولیس اپنا کام کر رہی تھی اور اس معاملے کی تفتیش جاری تھی۔ ابا جان نے سوچا کہ اب سب ٹھیک ہو جائے گا اور وہ لکھنؤ واپس چلے گئے۔"

پھوپھی کی آواز میں ایک کربناک سکوت چھا گیا۔ ان کی آنکھیں نم ہو گئیں۔ "اور جس دن وہ لکھنؤ اپنے گھر پہنچے، اسی رات ان کا قتل ہو گیا۔ اس کے بعد تو تم سب کچھ جانتی ہو، حیات۔ تم تو خود وہاں موجود تھی۔ اُس دردناک منظر کو تم نے اپنی آنکھوں سے دیکھا ہے۔اس واقعے نے ہماری پوری زندگی بدل کر رکھ دی۔" پھوپھی کی آواز لڑکھڑا رہی تھی اور ان کے آنسو اب بے قابو ہو کر گالوں پر بہنے لگے۔

پھوپھی نے اپنے آنسو پونچھے اور ایک گہری نگاہ حیات پر ڈالی۔

"ابا جان کی وفات کے بعد، جب میرا دل غم اور غصے سے بھرا ہوا تھا، تو میں نے تمہارے باپ سے انصاف کے لیے کہا۔ میں چاہتی تھی کہ وہ ابّا جان کے قاتلوں کو کیفر کردار تک پہنچائے۔ مجھے امید تھی کہ وہ ہمارے والد کی طرح حق کے لیے کھڑا ہوگا۔"

"لیکن اس نے صاف انکار کر دیا۔" پھوپھی نے تلخی سے کہا۔ "وہ کہتا تھا کہ وہ تم لوگوں کی اور میری حفاظت کرنا چاہتا ہے۔ اسے ڈر تھا کہ اگر اس نے اس معاملے کو زیادہ کھینچا تو ہم سب کی جان خطرے میں پڑ جائے گی۔ میں اس کی بات سمجھ نہیں پائی۔ میرا دل اپنے باپ کے لیے انصاف چاہتا تھا اور مجھے لگا کہ وہ بزدلی دکھا رہا ہے۔ مگر آج سمجھ آرہا ہے ، کہ شاید وہ سہی کہتا تھا۔ میں اس پر بہت ناراض ہو گئی۔ مجھے لگا کہ اس نے اپنے باپ کی قربانی کو رائیگاں کر دیا۔ اس دن کے بعد، میں نے کبھی بھی اپنے بھائی کو اپنی شکل نہیں دکھائی۔ میرا دل اس سے ٹوٹ گیا تھا۔"

ان کی آواز میں اب ایک گہرا افسوس تھا۔ "اور اسی وجہ سے تم لوگوں کو بھی نہیں معلوم تھا کہ تمہاری ایک پھوپھی بھی ہے۔ میں کبھی لکھنؤ آتی ہی نہیں تھی۔ جب سب کچھ ٹھیک تھا، تب بھی نہیں آ سکی تھی، کیونکہ میں تمہارے پھوپھا کو اکیلے چھوڑ کر نہیں آ سکتی تھی۔ ان کی صحت ٹھیک نہیں رہتی تھی۔ ابا جان اور بھائی مجھ سے ملنے چلے آتے تھے۔" پھوپھی کی آنکھوں میں آنسو دوبارہ امڈ آئے، اس تنہائی اور جدائی کا درد ان کی آواز میں صاف محسوس ہو رہا تھا۔

ان کی آواز میں اب ایک ایسی تنہائی تھی جو روح کو چھو لینے والی تھی۔ "اور پھر، کچھ سال پہلے، تمہارے پھوپھا کا بھی انتقال ہو گیا۔ وہ میری زندگی کا سہارا تھے، میرے ساتھی تھے۔ ان کے جانے کے بعد میں بالکل اکیلی ہو گئی۔ اس دنیا میں میرا کوئی نہیں بچا تھا۔"

ان کی آنکھوں میں ایک ایسا خلاء تھا جو برسوں کی تنہائی اور غم کا عکاس تھا۔

ان کی آواز مزید دھیمی ہو گئی۔ ان کے آنسو ایک بار پھر بے قابو ہو کر گالوں پر بہنے لگے، اس تنہائی کا درد جو انہیں برسوں سے کھائے جا رہا تھا۔

"پھر ایک دن، میں گھر میں اکیلی تھی، فریحہ بھی کسی کام سے باہر گئی ہوئی تھی۔ تبھی مجھے دروازے پر دستک کی آواز سنائی دی۔

میرا دل دھک سے رہ گیا۔ اتنے سالوں میں کسی نے اس طرح دروازہ نہیں کھٹکھٹایا تھا۔ میں نے ڈرتے ڈرتے کھڑکی سے باہر جھانکا... اور میری آنکھیں پھٹی کی پھٹی رہ گئیں۔ مجھے ایسا لگا جیسے میرا بھائی باہر کھڑا ہو۔ بالکل اس کی طرح... وہی قد و قامت، وہی چہرے کا نقش... وہ عارض تھا۔ تمھارا بھائی اور میرے بھائی کا عکس۔"

"اس نے مجھے بتایا کہ تم دونوں کو تو معلوم ہی نہیں تھا کہ تمہاری کوئی پھوپھی بھی ہے۔ اور پھر... پھر اس نے مجھ سے کہا کہ اب میں مزید اکیلی نہیں رہوں گی۔ وہ مجھے اپنے ساتھ لکھنؤ لے جائے گا۔ زبردستی ہی سہی، لیکن وہ مجھے میرے گھر، میرے خاندان کے پاس واپس لے جانا چاہتا تھا۔ اور میں نے اُس کی بات کا مان رکھا اور اُس کے ساتھ لکھنؤ گئی۔

حیات خاموشی سے اُن کی ساری باتیں سنتی رہی۔ اور پھر اپنی خاموشی توڑتے ہوئے کہا۔

"کون تھا وہ؟"

اُنہوں نے حیرت سے حیات کو دیکھا۔

"کوئی نہیں۔ مجھے نہیں معلوم کہ وہ کون تھا؟" اُنہوں نے لڑکھڑاتی زبان کے ساتھ کہا۔

"پھوپھو، جب سارا سچ آپ نے بتا دیا ہے تو یہ بھی بتا دیں۔"

"مجھے نہیں معلوم وہ کون تھا۔ اور تمہیں بھی پتا کرنے کی ضرورت نہیں ہے۔ ماضی کو بھول کر آگے بڑھو۔"

"ماضی سے ہمارا حال اور مستقبل جڑا ہوتا ہے۔ اُسے بھول کر میں آگے نہیں بڑھ سکتی۔"

"تو تم کیا کرو گی؟" اُنہوں نے غصّے سے کہا۔

"میں پتا لگاؤں گی۔ جس طرح میں نے یہ پتا لگایا تھا کہ میری ایک پھوپھو بھی ہے۔"

اُنہیں اب اپنے فیصلے پر پچھتاوا ہو رہا تھا کہ اُنہوں میں حیات کو حقیقت کیوں بتائی؟

✸...✸...✸

حیات اپنے کمرے میں بیٹھی لیپ ٹاپ پر معلومات تلاش کر رہی تھی۔ وہ یہ جاننا چاہتی تھی کہ تقریباً انیس سال پہلے گجرات میں کوئی زمین کا ایسا مقدمہ درج ہوا تھا جو اس کے دادا کے نام پر رجسٹرڈ

ہو۔ اس کی انگلیاں کی بورڈ پر تیزی سے حرکت کر رہی تھیں، مختلف کلیدی الفاظ ٹائپ کر رہی تھیں، اس امید کے ساتھ کہ کوئی نہ کوئی سراغ ضرور ملے گا۔ اس کے ذہن میں پھوپھی کی بتائی ہوئی کہانی گھوم رہی تھی، اس عورت کی بے بسی اور اس کے دادا کا انصاف دلانے کا وعدہ۔

اسکرین پر مختلف نتائج ظاہر ہو رہے تھے، زمین کی ملکیت کے ریکارڈ، عدالت کے فیصلے اور خبروں کے آرٹیکلز۔ حیات نے ہر لنک کو احتیاط سے کھولا اور اس میں موجود معلومات کو غور سے پڑھنے لگی۔ سالوں پہلے کے کسی زمین کے تنازعے کو تلاش کرنا ایک مشکل کام تھا، لیکن حیات ہار ماننے والی نہیں تھی۔ وہ اپنے دادا کے قتل کی اس کڑی کو جوڑنا چاہتی تھی جس کے بارے میں پھوپھی نے بتایا تھا۔

آخر کار، اسے ایک پولیس ایف آئی آر کی کاپی ملی جو انیس سال پہلے گجرات کے ایک تھانے میں درج کی گئی تھی۔ ایف آئی آر میں زمین پر زبردستی قبضہ کرنے والے شخص کا بھی ذکر تھا، لیکن اس کا نام واضح نہیں تھا۔ حیات نے اپنے دادا کا نام تلاش کیا۔ انصار صدیقی اور اسے مدعی کے طور پر درج پایا۔ اس کا دل ایک دھڑکن چھوڑ گیا۔ یہ وہی مقدمہ تھا جس کا ذکر پھوپھی نے کیا تھا۔

مدعی کے طور پر اُنہوں نے اپنا نام ڈالا تھا۔ انصار صدیقی نے اُس عورت کی حفاظت کے لیے مقدمہ خود درج کیا تھا اور اُسے لڑنے کا فیصلہ کیا تھا۔

اُس کے نیچے زمین کے مالک کا نام بھی درج تھا۔ وسیم انصاری۔ اس نام کو پڑھتے ہی اُسے اُمّید کی کرن نظر آئی۔

حیات نے اس کیس کی موجودہ صورتحال جاننے کے لیے مزید کھوج کی۔ اسے ایک عدالتی دستاویز ملی جس میں بتایا گیا تھا کہ انصار صدیقی کے انتقال کے بعد یہ کیس بند کر دیا گیا تھا۔ فائل پر 'مدعی فوت' کی مہر لگی ہوئی تھی۔ کیوں کہ اُن کے بعد کسی نے مقدمے کو دیکھا ہی نہیں۔ اور نا ہی قبضہ کرنے والوں کے خلاف کوئی ایکشن لیا۔ حیات کی امیدیں ایک لمحے کے لیے دم توڑ گئیں۔ اس کا مطلب تھا کہ اس کے دادا نے جس انصاف کے لیے کوشش کی تھی، وہ ان کے جانے کے بعد ادھورا رہ گیا تھا۔ اب اسے یہ جاننا تھا کہ اس

زمین پر قبضہ کرنے والا وہ ظالم شخص کون تھا ؟ اور کیا اس کے دادا کے قتل کا کوئی تعلق اس مقدمے سے تھا؟

......*

جب وہ حاشر سر کے دفتر پہنچی تو اس نے اپنے آپ کو ایک لمبی، سادہ سی چادر میں لپیٹ رکھا تھا، جس کا ایک سرا اس نے اپنے سر پر بھی اوڑھ لیا تھا تاکہ اس کے بال ڈھکے رہیں۔ اس کی بڑی، کالی آنکھیں صرف چادر کے کنارے سے جھانک رہی تھیں، جن میں ایک قدرے جھجک اور تجسس کا امتزاج تھا۔ دفتر کے جدید استقبالیے میں داخل ہوتے ہی اس کی نظر ایک ایسے شخص پر پڑی کہ وہ وہیں تھم سی گئی۔

حاشر سر ریسیپشن کاؤنٹر کے قریب کسی سے گفتگو کر رہے تھے۔ ان کا قد لمبا اور جسم مضبوط تھا، اور ان کے چلنے پھرنے میں ایک قدرتی رعب اور کشش تھی۔ ان کے بال سلیقے سے بنے ہوئے تھے اور ان کا مہنگا بلیک سوٹ ان کے پر اعتماد انداز کو مزید نمایاں کر رہا تھا۔ وہ انہیں دور سے ہی دیکھتی رہی، ان کی گہری آواز اس کے کانوں میں ایک غیر مانوس کی طرح گونج رہی تھی۔ وہ اس قدر محو تھی کہ اسے اپنے اردگرد کی چہل پہل کا بھی احساس نہ رہا۔

پھر ایک لمحہ آیا جب حاشر سر اپنی بات ختم کر کے مڑے۔ وہ بالکل اُس کے قریب سے گزرے، ان کا انداز ایک فلمی ہیرو کی طرح بے نیاز اور پروقار تھا۔ ان کی نظریں سیدھی تھیں، کسی خاص جانب مرکوز، اور وہ اُس کے بالکل سامنے سے گزر گئے، اس لڑکی کو دیکھے بغیر جو ایک لمبی چادر میں سمٹی، انہیں مبہوت ہو کر دیکھ رہی تھی۔ وہ ساکت کھڑی رہی، اس کے دل میں ایک عجیب سی ہلچل مچی ہوئی تھی، ایک ایسی کشش اور حیرت جس کا اس نے پہلے کبھی تجربہ نہیں کیا تھا۔

حیات تیز قدموں سے استقبالیے میں داخل ہوئی، اس کی نظریں نایاب کو ڈھونڈ رہی تھیں۔ اس نے نایاب کو ایک کونے میں کھوئی کھوئی نظروں سے کسی خالی جگہ کو تکتے ہوئے پایا تو اس کی طرف بڑھی۔ استقبالیہ اب قدرے خاموش تھا، وہ وجیہہ شخص غائب ہو چکا تھا۔

"نایاب!" حیات نے قدرے اونچی آواز میں پکارا، اس کی آواز میں ہلکی سی بے صبری تھی۔ "اوئے لڑکی! کیا کر رہی ہو یہاں؟ میں کب سے تمہارا انتظار کر رہی ہوں۔"

نایاب ایک جھٹکے سے اپنی نظریں اس خیالی شخص سے ہٹا کر حیات کی طرف مڑی۔ اس کی آنکھیں ابھی تک کسی مبہوت کیفیت میں تھیں، جیسے اس نے کوئی فلمی سین دیکھ لیا ہو۔ اس کے چہرے پر ایک گہرا تاثر تھا، جیسے ابھی کسی نے اسے بجلی کا ہلکا سا جھٹکا دیا ہو۔

"حیات! تم آ گئی؟ ہاں، میں بس... وہ... وہ یہاں تھے!" نایاب نے ہکلاتے ہوئے جواب دیا، اس کی نظریں ابھی بھی اس جگہ پر مرکوز تھیں جہاں کچھ لمحے پہلے وہ شخص کھڑا تھا۔

حیات نے نایاب کے تاثرات کو بغور دیکھا، اس کی آنکھوں میں ایک عجیب سی چمک اور بے یقینی تھی۔ "کون؟ کون تھا یہاں؟ کوئی اتنا ہینڈسم بندہ تھا کہ تمہاری بولتی بند ہو گئی؟ کوئی نیا 'ٹارزن' آیا ہے کیا اس جنگل میں؟"

نایاب نے آہستہ سے سر ہلایا، جیسے ابھی تک اس سحر سے باہر نہ آئی ہو۔ "میں... میں نہیں جانتی کون تھے۔ لیکن... وہ بالکل کسی فلم کے ہیرو کی طرح تھے! اتنے پر اعتماد... اور انہوں نے مجھے ایسے اگنور کیا جیسے میں یہاں کوئی دیوار ہوں۔" اس کے لہجے میں ایک ایسی حیرت تھی جیسے اسے یقین نہیں آ رہا تھا کہ کوئی اتنا 'کول' شخص اسے دیکھ کر بھی نہ دیکھے۔

"کہاں گیا وہ ٹارزن؟" حیات نے پوچھا۔

نایاب نے حاشر سر کی آفس کی طرف انگلیوں سے اشارہ کیا۔

"اوہ! تو تم حاشر سر کی بات کر رہی ہو۔"

"آئی ڈونٹ نو!"

حیات نے نایاب کا بازو پکڑا اور اسے اندر کی طرف کھینچ لیا۔ نایاب ابھی بھی اس اجنبی کے سحر میں کھوئی ہوئی تھی۔

"ویسے ایک بات بتاؤ۔ تم نے شادی کیوں نہیں کی؟" حیات نے اُس کی طرف دیکھتے ہوئے کہا۔

"تم نے بھی تو نہیں کی۔"

"اُس حادثے کے بعد تمہیں ایسا لگتا ہے کہ، میں شادی کے بارے میں سوچنا بھی پسند کروں گی۔" حیات نے ناراضگی سے کہا۔

"حادثے سب کے ساتھ ہوتے ہیں۔ مگر اُس کا ہرگز یہ مطلب نہیں کہ ہم اپنی زندگی برباد کر لیں۔"

"برباد کہاں کی ہے زندگی۔ اپنا خواب پورا کر لیا۔ مگر پھر بھی سکون نہیں ملتا۔" حیات اُس کے سامنے والی کرسی پر بیٹھی کہہ رہی تھی۔

"کیوں کہ تمھارا دل سکون میں نہیں ہے۔"

"شاید!"

"اللہ کرے کی فراز کو بھی محبت ہو۔ اور وہ بھی ٹھکرایا جائے۔ اُسے بھی اتنی ہی تکلیف ہو۔ جتنی تکلیف اُس نے تمہیں دی۔" نایاب غصّے میں اُسے بددعا دے رہی تھی۔

"بددعا مت دو اُسے۔ کسی نے کہا تھا۔ جن سے محبت ہو۔انہیں بددعا نہیں دیتے۔" وہ کچھ وقفے کے لیے ٹھہری۔ "کچھ وقت کے لیے ہی سہی میں نے اُس سے محبت کی تھی۔ اور میں اُس کی شکر گزار ہوں، کہ اُس نے مجھے محبت کا سہی مطلب سمجھا دیا۔"

"تمہیں اُس سے محبت نہیں تھی۔ بس ایک اٹریکشن تھا۔ نایاب نے اٹریکشن لفظ پر زور دیتے ہوئے کہا۔ "اگر محبت ہوتی، اور وہ قتل بھی کر دیتا تب بھی تم اُس سے محبت کرتی رہتی۔ کیوں کہ انسان تو مر جاتے ہیں۔ مگر محبت کبھی نہیں ختم ہوتی۔"

"اسی طرح کبھی میں بھی اٹریکشن کا شکار ہوئی تھی۔ اور اُسے محبت سمجھ بیٹھی تھی۔"

"کیسا اٹریکشن؟ تم نے تو کبھی مجھے کچھ ایسا بتایا ہی نہیں؟" حیات نے حیرت سے پوچھا۔

"ہوا تھا آج سے چند سال پہلے۔ لیکن میں نے تمہیں کبھی بتایا ہی نہیں۔ جب میں نے تمہیں بتانا چاہا تب تک سب ختم ہو چکا تھا۔ اُس کے بعد پھر حالات ایسے ہو گئے کہ میں تمہیں نہیں بتا سکی۔"

حیات اُسے حیرت سے دیکھ رہی تھی۔

"اُس کا نام نہیں جاننا چاہوگی؟"

حیات نے ہاں میں سر ہلایا۔

"رحیم منوّر شاہ"

"کیا!" حیات کی حلق سے بے اختیار نکلا۔

"ہاں.....وہ رحیم ہی تھا۔ جب تم نے مجھے بتایا تھا کہ حمید کا ایکسیڈنٹ رحیم نے کیا تھا۔ تب میں خود شاکڈ ہو گئی تھی۔

ہماری کہانی شروع ہوئی تھی۔ ایک دوست کی شادی سے۔ جہاں مجھے رحیم ملا تھا۔ اُس کے بعد بات بڑھتی گئی۔ کچھ مہینے گزر گئے۔ اور اُس نے مجھے پرپوز کیا۔ میں نے صاف لفظوں میں کہا، کہ اپنے والدین کو میرے گھر رشتہ لے کر بھیجے۔ مگر اُس کے والدین کبھی میرے گھر آئے ہی نہیں۔ اور نا ہی اُس نے پھر میری کالز اور میسیج کا جواب دیا۔ پھر اُس کے دوستوں سے پتا چلا کہ، وہ آوٹ آف کنٹری چلا گیا۔"

"تو جب ہاسپٹل میں میرا اُس سے سامنا ہوا تھا۔ اور زہران نے اُسے تھپڑ مارا تھا۔ تب تم جان بوجھ کر سامنے نہیں آئی تھی" حیات نے اُسے یاد دلانے کی کوشش کی۔

وہ خاموش رہی۔

"اُس خاندان کے خون میں ہی دھوکہ شامل ہے۔" حیات نے غصّے سے کہا۔

وہ اب بھی خاموش بیٹھی تھی۔

"دیکھو نایاب! جو کچھ تُمہارے اور میرے ساتھ ہوا۔ وہ زندگی کا ایک سبق تھا۔

اور زندگی میں ٹھوکر لگنا بھی ضروری ہوتا ہے۔ ورنہ لوگ گناہوں کے سفر میں بہت دور نکل جاتے ہیں۔ اور شاید ہمارے دل نے ہم سے وہی گناہ کروایا ہے۔"

......*

رات کی خنک ہوا میں کنکاریا جھیل کی سطح پر چمکتی ہوئی قمری روشنی ایک دلکش منظر پیش کر رہی تھی۔ جھیل کے کنارے لگے رنگ برنگے قمقمے پانی میں جھلملا رہے تھے، جس سے ایک خوابناک ماحول پیدا ہو گیا تھا۔ حیات، نایاب اور فریحہ جھیل کے کنارے بنے ایک بینچ پر خاموشی سے بیٹھی تھیں، اس خوبصورتی سے محظوظ ہو رہی تھیں۔ جھیل کا پرسکون پانی اور اس کے اردگرد سجی ہوئی روشنیاں ایک ایسا سماں باندھ رہی تھیں جو دل کو سکون بخش رہا تھا۔

نایاب نے اپنے شال کو اور مضبوطی سے اوڑھ لیا، اس کی نظریں جھیل کے وسط میں بنے جزیرے 'نگینہ واڑی' پر مرکوز تھیں، جو

روشنیوں میں نہایا ہوا ایک حسین منظر پیش کر رہا تھا۔ فریحہ اپنے موبائل میں کچھ تصاویر کھینچ رہی تھی، اس خوبصورت رات کی یادوں کو محفوظ کرنے کی کوشش میں۔
حیات کی نظریں جھیل کے پانی پر ٹکی ہوئی تھیں، لیکن اس کا ذہن کہیں اور بھٹک رہا تھا۔ اچانک، اس کی نظر ایک شخص پر پڑی جو کچھ فاصلے پر کھڑا تھا۔ اس کا قد کاٹھ بالکل زہران جیسا تھا۔ ایک لمحے کے لیے حیات کا دل زور سے دھڑک اٹھا۔ "کیا یہ وہ ہو سکتا ہے؟" یہ خیال آتے ہی وہ بے اختیار اٹھی اور اس شخص کی طرف دوڑ پڑی۔
"سنو" اُس نے دور سے آواز دی۔
وہ شخص مڑا۔ اس کا چہرہ تاریکی میں پوری طرح واضح نہیں تھا۔
"تم کون چھو؟"(تم کون ہو)۔
اس شخص کی گجراتی میں بات سن کر حیات ایک لمحے کے لیے رُک گئی۔ اس کی امیدیں ایک دم سے دم توڑنے لگیں۔ یہ وہ آواز نہیں تھی جسے وہ برسوں سے سننے کی منتظر تھی۔ جس آواز کو وہ ہزاروں آوازوں میں بھی پہچان لیتی۔ یہ لہجہ اجنبی تھا، اس شخص کا نہیں تھا۔ جسے اس کا دل پہچانتا تھا۔
اس نے قریب جا کر اس آدمی کو غور سے دیکھا۔ تاریکی کے باوجود، یہ واضح تھا کہ اس کا چہرہ زہران سے بالکل مختلف تھا۔ اس کی آنکھیں سرمئی نہیں تھی۔ اُس کی آنکھوں میں وہ چمک نہیں تھی۔ اُس کے چہرے پر وہ کشش نہیں تھی۔ اور حیات کو دیکھ کر زہران کے لبوں پر آنے والی مسکراہٹ تو دور دور تک نہیں دکھائی دے رہی تھی۔
حیات کا دل ایک گہری مایوسی سے بھر گیا۔ یہ وہ نہیں تھا۔ وہ ایک لمحے کے لیے وہیں ساکت کھڑی رہی، جیسے اس کے پاؤں میں جان نہ رہی ہو۔ اس کی پکار سنی ان سنی ہو گئی تھی، اور وہ ایک بار پھر تنہائی کے گہرے سمندر میں غرق ہو گئی تھی۔
حیات کی آنکھوں میں مایوسی اور آنسو دیکھ کر وہ اجنبی شخص قدرے پریشان ہوا۔ اس نے نرمی سے پوچھا۔
"شو تھیو بہن؟" (کیا ہوا بہن؟)
حیات نے اپنی بھیگی ہوئی پلکوں سے اس کی طرف دیکھا، اس کے دل میں ایک کسک سی اٹھی۔ اس اجنبی کی آواز میں ہمدردی تھی،

لیکن وہ زہران کی مانوسیت سے خالی تھی۔ اس نے ہچکچاتے ہوئے گجراتی میں جواب دیا۔

"کئی نھی... میں بھُول تھئی." (کچھ نہیں... میں غلطی کر گئی۔)

اس شخص نے تعجب سے اسے دیکھا۔

"تم کونے شوڈتا ہتو؟" (تم کسے ڈھونڈ رہی تھی؟)

حیات نے ایک لمبی سانس لی، اپنے آنسوؤں کو ضبط کرنے کی کوشش کرتے ہوئے کہا۔

"مارا... مارا کوئی جانو." (میرا... میرا کوئی جاننے والا۔)

اس شخص نے ہمدردی سے سر ہلایا۔

"اوہو... دُکھ تھیو تمنے." (اوہو... دکھ ہوا تمہیں.)

حیات نے ایک ادھوری مسکراہٹ کے ساتھ جواب دیا۔

"ہاں... تھوڑو." (ہاں... تھوڑا سا.)

نایاب اور فریحہ قریب آ گئیں اور حیات کے کندھے پر ہاتھ رکھا۔ فریحہ نے اس اجنبی کی طرف دیکھ کر ہلکی سی مسکراہٹ دی اور گجراتی میں کہا۔

"آو جوئیے بھائی، امنے لاگے چھے کے امنے بھُول تھئی." (آؤ دیکھیں بھائی، ہمیں لگتا ہے کہ ہمیں غلطی ہوئی ہے۔)

وہ آدمی وہاں سے چلا گیا۔

" کیا ہوا حیات؟ تم اس طرح کیوں بھاگی چلی آئی۔" نایاب نے پوچھا۔

"مجھے لگا کہ....وہ ہے۔" اُس کی آواز بھرّا گئی۔

"کون ہے؟" فریحہ نے تشویش سے پوچھا۔

وہ خاموش رہی۔ نایاب سمجھ گئی تھی کہ، حیات کس کی بات کر رہی ہے۔

✷...✷...✷

ظہر کی اذان کی آواز فضا میں گونجی تو حیات نے وضو کیا اور جلدی سے نماز ادا کی۔ اس کا دل ایک انجانے دھڑکے سے بے چین تھا اور وہ جلد از جلد گھر سے نکلنا چاہتی تھی۔ اس کے ذہن میں بس ایک ہی دھن تھی - اس سوال کا جواب ڈھونڈنا جو اسے رات بھر سونے نہیں دے رہا تھا۔

نماز ختم کرنے کے بعد حیات نے اپنا بیگ اٹھایا تو نایاب کمرے میں داخل ہوئی۔
"حیات، کہاں نکل رہی ہو اس وقت؟ فریحہ چائے بنا رہی تھی۔ تم بھی پی لیتی۔"
حیات نے ایک لمحے کے لیے رُک کر نایاب کی طرف دیکھا۔
"نایاب، شکریہ۔ لیکن مجھے ابھی ایک ضروری کام یاد آ گیا۔ بس جا کر فوراً آتی ہوں۔ تم اور فریحہ چائے پی لو،" حیات نے جلدی سے کہا، اس کی آواز میں ایک ہلکی سی گھبراہٹ تھی۔
"اتنی جلدی؟ کیا کام آ گیا اچانک؟ مجھے بھی بتاؤ نا، اگر میں کچھ مدد کر سکوں تو۔"
"نہیں نہیں، حیات نے ایک مصنوعی مسکراہٹ کے ساتھ نفی میں سر ہلایا۔ "بس ایک چھوٹا سا کام ہے۔ ایک دوست سے ملنا ہے۔ تم جانتی ہو نا... کبھی کبھار اچانک پلان بن جاتا ہے۔"
"اچھا، ٹھیک ہے۔ تو میں بھی تُمہارے ساتھ چلتی ہوں۔ اسی بہانے گجرات بھی دیکھ لوں گی۔"
"نہیں یار ضروری کام ہے بعد میں کبھی۔"
حیات نے ایک گہری سانس لی اور جلدی سے کمرے سے باہر نکل گئی۔
حیات گھر سے نکلی تو اس کا دل دھڑک رہا تھا۔ اسے نہیں معلوم تھا کہ وسیم انصاری کا گاؤں کتنا دور ہے؟ اور وہاں کا ماحول کیسا ہوگا؟ اس نے فوراً ایک ٹیکسی بک کروائی۔ کچھ دیر میں ایک پرانی سی انڈیکا کار اس کے گھر کے سامنے آ کر رکی۔
ڈرائیور ایک ادھیڑ عمر کا شخص تھا، جس کے چہرے پر تجربے کی جھُریاں تھیں۔ حیات پچھلی سیٹ پر بیٹھ گئی اور اسے وسیم انصاری کے گاؤں کا پتہ بتایا جو اس نے آن لائن تلاش کیا تھا۔ ڈرائیور نے سر ہلایا اور گاڑی اسٹارٹ کر دی۔
شہر کی گنجان سڑکوں سے نکل کر وہ ایک ہائی وے پر آ گئے۔ سورج اپنی پوری آب و تاب سے چمک رہا تھا اور سڑک کے دونوں جانب بڑی بڑی عمارتیں کھڑی تھی۔ اور درختوں کا منظر دل کو سکون بخش رہا تھا۔ حیات نے کھڑکی سے باہر دیکھا، اس کا ذہن ماضی اور مستقبل کے الجھے ہوئے دھندلکوں میں گھرا ہوا تھا۔

ہائی وے سے اتر کر ٹیکسی ایک کچی سڑک پر مڑ گئی۔ اب راستے میں دھول اڑ رہی تھی اور اردگرد چھوٹے چھوٹے گاؤں اور کھیت نظر آ رہے تھے۔ سڑک کہیں ہموار تھی تو کہیں کھردری، جس کی وجہ سے ٹیکسی آہستہ چل رہی تھی۔ حیات نے اپنے چہرے کو دھول سے بچانے کے لیے کھڑکی بند کر لی۔

راستے میں ڈرائیور نے ایک دو بار گاڑی روکی اور مقامی لوگوں سے وسیم انصاری کے گاؤں کا پتہ پوچھا۔ گاؤں کے لوگ سادہ اور مہمان نواز تھے۔ انہوں نے ڈرائیور کو صحیح راستہ بتایا۔ حیات ان کی مدد اور خلوص دیکھ کر قدرے مطمئن ہوئی۔

تنگ اور پیچیدہ راستوں سے گزرتے ہوئے آخر کار ٹیکسی اس گاؤں میں داخل ہوئی جس کی وہ تلاش میں تھی۔ گاؤں چھوٹا سا تھا۔ جس کے کچے راستے تھے۔ بچے گلیوں میں کھیل رہے تھے۔ ماحول پرسکون اور سادہ تھا۔

ڈرائیور نے ایک دکان کے پاس گاڑی روکی اور ایک بوڑھے آدمی سے وسیم انصاری کے گھر کا پتہ پوچھا۔ بوڑھے آدمی نے اسے ایک گلی کی طرف اشارہ کیا اور کہا کہ وہ پہلا ہی چھوٹا گھر ہوگا۔

ٹیکسی اس گلی میں آہستہ آہستہ چلی اور جلد ہی حیات کو وہ گھر نظر آ گیا جس کا اسے انتظار تھا۔ یہ گاؤں کے دوسرے گھروں سے چھوٹا اور بری حالت میں تھا۔ دروازے پر ایک نیم کا بڑا درخت تھا جس کی چھاؤں میں ایک چارپائی پڑی ہوئی تھی۔

ڈرائیور نے گاڑی روکی اور حیات نے کرایہ ادا کیا اور گاڑی سے اتری۔ وہ وسیم انصاری کے گھر پہنچ چکی تھی۔ اب اسے یہ دیکھنا تھا کہ اس گھر میں اس کے لیے کون سے راز چھپے ہوئے ہیں۔ اس نے دھڑکتے دل کے ساتھ دروازے کی طرف قدم بڑھایا۔

مغرب کی اذان کی مدھم آواز دور سے سنائی دے رہی تھی اور گاؤں کی خاموشی میں جھینگروں کی آوازیں گونج رہی تھیں۔ دروازے پر ایک پرانا سا لکڑی کا قفل لگا ہوا تھا اور صحن میں اکا دکا سوکھے پتے اڑ رہے تھے۔ نیم کے بڑے درخت کی چھاؤں میں ایک بوسیدہ چارپائی پڑی تھی۔

حیات کا دل ایک لمحے کے لیے ڈوب گیا۔ کیا وہ غلط جگہ پر آ گئی تھی؟ کیا یہ وسیم انصاری کا گھر نہیں تھا؟ اس نے اردگرد دیکھا، لیکن کوئی نظر نہیں آیا جس سے وہ پوچھ گچھ کر سکے۔

پھر اس کی نظر ایک چھوٹی سی کھڑکی پر پڑی جس پر پردہ پڑا ہوا تھا، لیکن اندر سے مدھم روشنی کی ایک لکیر دکھائی دے رہی تھی۔ حیات آہستہ آہستہ اس کھڑکی کی طرف بڑھی اور جھانک کر اندر دیکھنے کی کوشش کی۔ اندر ایک مدھم لالٹین جل رہی تھی اور کچھ گھریلو سامان دکھائی دے رہا تھا۔ اسے کسی کے ہونے کا گمان ہوا۔

حیات نے ہمت کر کے دروازے پر دستک دی۔ ایک بار، دو بار... خاموشی برقرار رہی۔ وہ مایوس ہونے لگی تھی کہ اچانک اندر سے کسی کے کھانسنے کی آواز آئی اور پھر دروازہ دھیرے سے کھلا۔

دروازے پر ایک عمر رسیدہ خاتون کھڑی تھیں، جن کے چہرے پر وقت نے اپنی نشانیاں چھوڑ دی تھیں اور ان کی آنکھوں میں ایک مدھم سی اداسی تھی۔ انہوں نے ایک سفید رنگ کی ڈھیلی ڈھالی شلوار قمیض پہنی ہوئی تھی اور ان کے سر پر ایک پتلا سا دوپٹہ اوڑھا ہوا تھا جو ان کے کندھوں تک ڈھلک رہا تھا۔ ان کے ہاتھوں میں تسبیح کے دانے گردش کر رہے تھے۔

"کون ہے؟ کیا کام ہے؟ اس وقت؟" خاتون نے دھیمی اور قدرے تھکی ہوئی آواز میں پوچھا۔

حیات نے نرمی سے جواب دیا، "السلام علیکم، آنٹی۔ میرا نام حیات ہے۔ میں وسیم انصاری کا گھر ڈھونڈ رہی ہوں۔ کیا یہ انہی کا گھر ہے؟"

بوڑھی خاتون نے حیات کو سر سے پاؤں تک دیکھا، ان کی نظروں میں ایک گہرا تجسس تھا۔

"وعلیکم السلام بیٹی۔ وسیم؟....... میرے شوہر کا نام وسیم ہے۔ لیکن وہ تو... وہ تو کئی سال پہلے اس دنیا سے رخصت ہو گئے۔" ان کی آواز میں ایک درد چھلک آیا۔

" سن کر افسوس ہوا۔ اللہ اُنہیں جنّتُ الفردوس میں اعلیٰ مقام عطا کرے۔"

"آمین"

"آنٹی کیا میں مغرب کی نماز ادا کر سکتی؟"

"ہاں۔ کیوں نہیں بیٹی۔ آؤ اندر آؤ۔" وہ بوڑھی عورت اُسے اندر لے گئی۔

حیات نے عصر کی قضا نماز وہیں ادا کی، اور پھر مغرب کی نماز بھی پڑھی۔ اس کا دل ایک عجیب سی بے چینی میں گھرا ہوا تھا۔ وسیم

انصاری کی بیوہ کی اداس آنکھیں اور ان کی درد بھری آواز اس کے ذہن میں گونج رہی تھی۔ دعا مانگتے ہوئے اس نے اس بوڑھی عورت کے لیے صحت اور صبر کی التجا بھی کی۔

نماز سے فارغ ہو کر حیات نے باورچی خانے میں جا کر دیکھا۔ وہاں کچھ جڑی بوٹیاں اور مصالحے رکھے ہوئے تھے۔ اس نے بوڑھی عورت سے پوچھا تو انہوں نے کھانسی کے لیے ایک دیسی نسخہ بتایا۔ حیات نے فوراً ان جڑی بوٹیوں اور مصالحوں سے ان کے لیے ایک قہوہ تیار کیا اور گرم گرم انہیں پیش کیا۔

بوڑھی عورت نے شکریہ ادا کرتے ہوئے قہوے کا ایک گھونٹ بھرا، جس سے انہیں تھوڑی راحت محسوس ہوئی۔ اب ماحول قدرے دوستانہ ہو گیا تھا۔ حیات نے آہستہ آہستہ اصل موضوع کی طرف قدم بڑھایا۔

"آنٹی، آپ نے بتایا کہ آپ کے شوہر کا انتقال کئی سال پہلے ہو گیا تھا۔ کیا آپ مجھے اس زمین کے بارے میں بتا سکتی ہیں جس پر کسی نے قبضہ کر لیا تھا؟ اور پھر انصار صدیقی نے آپ کی مدد کی تھی" حیات نے نرمی سے پوچھا۔

بوڑھی عورت کی آنکھوں میں ایک لمحے کے لیے ماضی کی تلخی لوٹ آئی۔

"ہاں بیٹی، وہ بہت برے دن تھے۔ میرے شوہر کے انتقال کے بعد تو جیسے مصیبتوں کا پہاڑ ٹوٹ پڑا تھا۔ ایک ظالم آدمی تھا... اس کا نام...اس نے زبردستی ہماری زمین پر قبضہ کر لیا تھا وہ زمین احمدآباد میں تھی۔ اور پھر ایک آدمی آئے اور انہوں نے ہماری بہت مدد کی تھی۔ انہوں نے ہی اس کے خلاف ایف آئی آر درج کروائی تھی۔" بوڑھی عورت کی آواز میں اب بھی اس ظلم کی کسک محسوس ہو رہی تھی۔

"لیکن پھر وہ ہم سے کہہ کر گئے کہ، وہ جلد ہی ہماری زمین ہمیں دلا دیں گے۔ لیکن وہ نہیں لوٹے۔"

کیوں کہ اُسی رات اُن کا قتل ہو گیا تھا۔ ۔" حیات کی آواز دھیمی لیکن واضح تھی۔

بوڑھی عورت نے حیرت اور صدمے سے حیات کو دیکھا۔ ان کی آنکھیں پھیل گئیں۔ "کیا... کیا کہہ رہی ہو تم؟ انصار صاحب... ان کا قتل ہو گیا تھا؟ کب؟ کیسے؟ ہمیں تو کسی نے نہیں بتایا۔ وہ تو ایک

نیک اور مددگار انسان تھے۔ ان کا کوئی دشمن کیسے ہو سکتا ہے؟"
ان کی آواز میں یقین اور انکار کا ملا جلا تاثر تھا۔

حیات نے افسوس سے سر ہلایا۔ "ہاں آنٹی۔ ان کا قتل لکھنؤ میں ہوا تھا۔ جس دن وہ آپ کی مدد کر کے واپس پہنچے تھے، اسی رات..."
حیات کی آواز بھی غم سے بھر آئی۔

بوڑھی عورت نے اپنے منہ پر ہاتھ رکھ لیا۔ ان کی آنکھوں سے بے اختیار آنسو بہنے لگے۔ "یا اللہ... یہ تم کیا کہہ رہی ہو؟ وہ اتنے اچھے تھے... اور ان کے ساتھ اتنا برا ہوا؟ اور ہمیں خبر تک نہیں ہوئی؟"
وہ زار و قطار رونے لگیں۔ ان کا جسم لرز رہا تھا۔

حیات نے آگے بڑھ کر ان کے کندھے پر ہاتھ رکھا اور انہیں تسلی دینے کی کوشش کی۔ "مجھے افسوس ہے آنٹی کہ آپ کو یہ خبر اتنی دیر سے مل رہی ہے۔ لیکن میں آپ کو یقین دلاتی ہوں کہ ہم ان کے قاتلوں کو ضرور ڈھونڈیں گے۔"

بوڑھی عورت نے روتے ہوئے حیات کی طرف دیکھا۔ "تم... تم کون ہو بیٹی؟ اور تم یہ سب کیسے جانتی ہو؟"

حیات نے نرمی سے جواب دیا، "میں ان کی پوتی ہوں۔ میرا نام حیات ہے۔ اور میں اپنے دادا کے لیے انصاف چاہتی ہوں۔ میں مزید جاننے کے لیے آئی ہوں۔ اس زمین کے بارے میں اور اُس انسان کے بارے میں جس نے آپ کی زمین پر قبضہ کر لیا تھا۔"

"جس شیطان نے میری زمین پر قبضہ کیا تھا۔ اُس کا نام لقمان ملک تھا۔ اور اُس نے میرے سامنے ہی تُمہارے دادا کو جان سے مارنے کی دھمکی بھی دی تھی۔"

"کیا سچ میں وہ آدمی ہی میرے دادا کا قاتل ہو سکتا ہے؟"

"شاید!"

حیات کے ذہن میں اب ایک نیا نام گردش کر رہا تھا۔ لقمان ملک۔ بوڑھی عورت کی بتائی ہوئی کہانی نے اسے ایک نیا سرا دیا تھا اور اب اس کی اگلی منزل لقمان ملک کو تلاش کرنا تھی۔ لیکن یہ اتنا آسان نہیں تھا۔ 'ملک' ایک عام سا سرنیم تھا اور صرف اس نام کی بنیاد پر کسی کو ڈھونڈنا ایک مشکل کام تھا۔

حیات نے سب سے پہلے آن لائن سرچ کرنے کی کوشش کی، مختلف سوشل میڈیا پلیٹ فارمز اور پروفیشنل نیٹ ورکنگ سائٹس پر لقمان ملک کے نام سے تلاش کیا۔ اسے کئی لوگ ملے، لیکن ان میں سے

کون اس کے مطلوبہ شخص سے تعلق رکھتا تھا، یہ جاننا مشکل تھا۔ اس کے پاس اس شخص کے بارے میں کوئی اور معلومات نہیں تھیں، نہ کوئی تصویر اور نہ ہی کوئی پتہ۔
اب اُسے لقمان ملک کی تلاش تھی۔ جو شاید اُس کے دادا کا قاتل تھا۔
"آنٹی، آپ مجھے اُس آدمی کے بارے میں کوئی ایسی نشانی بتا سکتی ہیں۔ جو باقیوں سے مختلف ہو۔"
اُنہوں نے اپنی یادداشت پر زور دیتے ہوئے آنکھیں موندھ لیں، جیسے وہ برسوں پہلے کی دھندلی تصویر کو دوبارہ دیکھنے کی کوشش کر رہی ہوں۔ کچھ دیر خاموش رہنے کے بعد انہوں نے آہستہ آہستہ کہنا شروع کیا۔
"لقمان.... ہاں، وہ بڑا مغرور اور ظالم آدمی تھا۔ مجھے اس کا چہرہ تو اب دھندلا سا یاد ہے، لیکن ایک چیز مجھے اب بھی واضح طور پر یاد ہے۔"
حیات نے امید بھری نظروں سے ان کی طرف دیکھا۔ "کیا آنٹی؟ کیا یاد ہے آپ کو؟"
بوڑھی عورت نے اپنی پیشانی پر انگلی رکھی، جیسے وہ کوئی بھولی ہوئی بات یاد کرنے کی کوشش کر رہی ہوں۔
"ہاں... ہاں! مجھے یاد آیا۔ اس کے بائیں ہاتھ کی چھوٹی انگلی تھوڑی ٹیڑھی تھی۔ بالکل سیدھی نہیں تھی۔"
اُنہوں نے اپنی یادداشت پر مزید زور دیا، ان کی بھولی ہوئی باتیں دھیرے دھیرے ایک دھندلی تصویر کی طرح واضح ہو رہی تھیں۔
"ہاں... ہاں بیٹی! مجھے اب ایک اور چیز یاد آئی۔ اس کے دائیں پاؤں میں ایک مسئلہ تھا۔"
"کیا مسئلہ تھا آنٹی؟ کیا وہ لنگڑاتا تھا یا کوئی نشان تھا؟" حیات نے فوراً پوچھا۔
بوڑھی عورت نے اپنی بھنویں سکوڑیں۔ "لنگڑاتا تو نہیں تھا... لیکن ہاں، اس کے دائیں پاؤں پر ایک بڑا سا نشان تھا۔ ایسا لگتا تھا جیسے کسی جلنے کا نشان ہو۔ وہ گول سا تھا اور اس کی جلد باقی جلد سے تھوڑی مختلف تھی مطلب کالی تھی۔ میں نے ایک دو بار دیکھا تھا جب وہ بیٹھا کرتا تھا اور اس کا پائینچہ اوپر ہو جاتا تھا۔ وہ اسے چھپانے کی کوشش کرتا تھا، لیکن وہ واضح طور پر نظر آتا تھا۔ دائیں پاؤں پر جلنے کا بڑا سا گول نشان۔"

حیات نے اس نئی نشانی کو اپنے ذہن میں نقش کر لیا۔ دائیں پاؤں پر جلنے کا گول نشان... یہ ایک اور واضح اور منفرد شناخت تھی۔ اب اس کے پاس لقمان ملک کو تلاش کرنے کے لیے دو اہم نشانیاں تھیں۔ بائیں ہاتھ کی ٹیڑھی چھوٹی انگلی اور دائیں پاؤں پر جلنے کا بڑا سا گول نشان۔ یہ سراغ اسے اس ظالم شخص تک پہنچنے میں ضرور مدد کریں گے۔

✷ • • • ✷ • • • ✷

ان دنوں وہ چھ مہینے بعد لندن سے واپس آیا تھا، شہر کی ہلچل اور لندن کی مصروف زندگی کے بعد اپنے پرانے گھر کی خاموشی اسے ایک عجیب سا سکون بخش رہی تھی۔
موبائل ایپ ڈویلپمنٹ کمپنی۔ آئی او ایس اور اینڈرائیڈ پلیٹ فارمز کے لیے موبائل ایپلیکیشنز بنانا۔ زہران کا لندن جانا دراصل اس کی موبائل ایپ ڈویلپمنٹ کمپنی کے ایک اہم کاروباری سلسلے کا حصہ تھا۔ اس کی کمپنی، جو آئی او ایس اور اینڈرائیڈ پلیٹ فارمز کے لیے جدید اور صارف دوست موبائل ایپلیکیشنز تیار کرنے میں مہارت رکھتی ہے، اب بین الاقوامی مارکیٹ میں اپنی موجودگی کو مضبوط کرنے کے لیے کوشاں تھی۔ لندن، جو کہ ایک عالمی تجارتی اور مالیاتی مرکز ہے، اس مقصد کے لیے ایک اسٹریٹجک مقام کی حیثیت رکھتا تھا۔
وہ اپنے لان میں بیٹھا شام کی دھوپ سے لطف اندوز ہو رہا تھا کہ دروازے پر دستک ہوئی۔
یہ ٹینا تھی، جو آج ایک گہرے کالے رنگ کے مغربی لباس میں ملبوس تھی۔ اس کا بولڈ انداز ہمیشہ زہران کو برا لگتا تھا۔ لیکن آج اس کے سیاہ لباس نے زہران کے ذہن میں ایک اور ہی تصویر تازہ کر دی۔
عادل نے دروازہ کھولتے ہی کہا۔
"واہ ٹینا! آج تو تم بالکل 'بلیک بیوٹی' لگ رہی ہو!" عادل نے ٹینا کو دیکھتے ہی ایک سیٹی بجائی۔ "زہران، کیا خیال ہے؟ کیا یہ رنگ تمہارے دل پر کوئی نیا جادو جگا پائے گا؟"

ٹینا نے عادل کو آنکھیں دکھائیں۔ "You always exaggerate(تم ہمیشہ بڑھا چڑھا کر باتیں کرتے ہو) مجھے یہ ڈریس پسند ہے، اس لیے پہنا ہے۔ زہران کی پسند ناپسند سے مجھے کوئی فرق نہیں پڑتا۔"

"ہاں ہاں، بالکل! اور میں یقیناً ایک بیوقوف ہوں۔ جو کچھ سمجھتا ہی نہیں۔" عادل نے ایک ڈرامائی انداز میں کہا، جس پر ٹینا اور وہ خود بھی ہنس پڑے۔

زہران بھی اُن کے پاس چلا آیا۔ ٹینا کو کالے لباس میں دیکھ کر وہ ایک لمحے کے لیے ماضی میں کھو گیا۔ اسے حیات سے اپنی پہلی ملاقات یاد آ گئی، جب وہ بھی کالے رنگ کی بڑی سی چادر پہنے ہوئے تھی۔ وہ دن جب اس کی تلخ باتوں نے زہران کو غصے سے بھر دیا تھا اور اُس نے حیات کی کلائی پکڑ لی تھی۔ حیات نے جواباً اسے تھپڑ رسید کر دیا تھا۔ وہ تیکھا لہجہ، وہ غصے سے سرخ ہوتا چہرہ... سب کچھ اس کی آنکھوں کے سامنے گھوم گیا۔ ایک انجانی سی کسک اس کے دل میں اٹھی، ایک ایسی یاد جو تلخی اور ایک مبہم سی کشش کا امتزاج تھی۔

"ہیلو زہران! کیسا لگا میرا آج کا انتخاب؟ بلیک ان مائی ٹون!" ٹینا نے زہران کو دیکھا اور مسکراتے ہوئے کہا۔

زہران نے ایک گہری نظر ٹینا پر ڈالی، لیکن اس کی آنکھیں اس منظر پر مرکوز تھیں جو اس کے ذہن میں چل رہا تھا۔ اس نے بمشکل ایک رسمی سی مسکراہٹ دی اور بغیر کچھ کہے تیزی سے مڑا اور اپنے کمرے کی طرف چلا گیا۔

ٹینا اور عادل ایک دوسرے کو حیرت سے دیکھنے لگے۔ "یہ کیا ہوا اسے؟ کیا اس کے کمپیوٹر میں کوئی وائرس آ گیا؟ اچانک اتنا خاموش کیوں ہو گیا؟" عادل نے سر کُھجاتے ہوئے پوچھا۔

ٹینا نے بھی کندھے اچکائے۔ "مجھے نہیں معلوم۔ وہ تو ٹھیک لگ رہا تھا۔ شاید اسے دھوپ لگ گئی ہو۔" لیکن اس کے دل میں ایک انجانی سی بے چینی محسوس ہوئی۔ زہران کا ردعمل ہمیشہ چلبلا اور دوستانہ ہوتا تھا، آج کی یہ سرد مہری کچھ عجیب تھی۔

مگر اُس کے اس رویے کے وہ پانچ سال سے عادی ہو چکے تھے۔ جب وہ لکھنؤ سے لوٹا تھا۔ تب بھی اُس کا رویہ ایسا ہی تھا۔ پھر وہ دو سال اپنے ٹریٹمنٹ کے لیے ملک سے باہر چلا گیا تھا۔

"یار ٹینا، یہ زہران کو کیا ہو گیا ہے؟ کہیں لکھنؤ میں کسی نے اسے سنجیدگی کا انجیکشن تو نہیں لگا دیا؟ وہ تو پہلے ایسا نہیں تھا۔ یاد ہے لکھنؤ جانے سے پہلے وہ کتنا ہنس مکھ اور بے پرواہ تھا؟" عادل نے اپنی ٹھوڑی پر ہاتھ پھیرتے ہوئے کہا۔

"اوہ ہاں! وہ تو ہر وقت کوئی نہ کوئی مذاق کرتا رہتا تھا۔"

"اور اس کی وہ مضحکہ خیز انگریزی! "آئی ایم فائن تھینک یو، اینڈ یو؟ مائی نیم از زہران، آئی ایم کم فرام... فرام... دی ارتھا!"

"اور اس کی وہ مضحکہ خیز ڈانس مووز! ایسا لگتا تھا جیسے کسی نے روبوٹ کو ڈانس کرنے پر چھوڑ دیا ہو!" ٹینا قہقہہ مار کر ہنسی۔

"ہاں! اور اس کے لطیفے! اتنے بے سرے کہ ہنسنے کے بجائے رونا آ جاتا تھا! یاد ہے وہ بھالو والا لطیفہ؟ آج تک کسی کو سمجھ نہیں آیا کہ اس میں کیا مزہ تھا۔"

"ہاں، وہ واقعی ایک نمبر کا مسخرہ تھا۔ ہر وقت ہنسنا ہنسانا اس کا کام تھا۔" ٹینا نے مسکراتے ہوئے کہا۔

عادل بھنویں اچکا کر "تو پھر یہ اچانک اتنا سنجیدہ کیوں ہو گیا ہے؟ جب سے وہ لکھنؤ سے واپس آیا ہے... کتنے سال ہو گئے؟ پانچ سال؟ میں نے اسے کھل کر ہنستے ہوئے نہیں دیکھا۔ ہمیشہ ایک اداسی اس کے چہرے پر رہتی ہے۔"

"ہاں عادل، تم ٹھیک کہہ رہے ہو۔ وہ پہلے بالکل ایسا نہیں تھا۔ لکھنؤ میں ایسا کیا ہوا جس نے اسے اتنا بدل دیا؟'

"اوہ ہو! لگتا ہے لکھنؤ میں کسی نے اس کے دل پر گہرا زخم لگا دیا! کوئی لکھنؤ کی حسینہ جس نے اس کے سارے لطیفے بے اثر کر دیے!" عادل نے مصنوعی سنجیدگی سے کہا۔

"عادل! فضول باتیں مت کرو۔ یہ کوئی مذاق کی بات نہیں ہے۔ زہران واقعی پریشان لگتا ہے۔" ٹینا نے اسے گھورا۔

عادل نے کندھے اچکا کر کہا۔ "خیر، جو بھی ہے۔ کم از کم اب اس کے کمرے میں جانے سے پہلے تین بار دستک دینی پڑے گی! ورنہ کہیں وہ لکھنؤ کی کسی ادھوری کہانی کے خیالوں میں کھویا ہوا نہ ملے۔ یاد ہے جب اس نے لکھنؤ سے آکر سب کو وہ اداس شاعری سنائی تھی؟ "لکھنؤ کی گلیاں اور تیری یادیں..."

ٹینا نے آہ بھری۔ "ہاں... وہ بالکل بدل گیا ہے۔ اور شاید تم سہی کہہ رہے ہو۔ کچھ عرصے پہلے میں اُس کے آفس گئی تھی۔ میں ذرا سا

اُس کے قریب کیا چلی گئی۔ وہ ناراض ہو گیا۔ پھر پتا نہیں کیا کیا کہنے لگا۔ نور .... سادگی....پاکیزگی....حیا..بلا بلا بلا۔"
اور ہاں مجھے اُس کے ایک اور الفاظ یاد آئے۔ میرا دل کسی اور کی یادوں سے بھرا ہوا ہے، ایک ایسی محبت سے جو اتنی گہری ہے کہ اس کے سامنے کسی اور کا خیال بھی گناہ کی طرح لگتا ہے۔ اس دل میں کسی اور کے لیے کوئی جگہ باقی نہیں بچی۔
شاید تمہارا شک سہی ہے۔ .Maybe he loves someone(شاید وہ کسی سے محبت کرتا ہے)۔" ٹینا نے آفس والی باتیں عادل کو تفصیل میں بتائیں۔
"مگر اُس نے کبھی بھی مجھے ان سارے معاملات کے بارے میں کچھ نہیں بتایا۔ جب وہ ڈپریشن کا مریض ہوا تھا۔ تب بھی مجھے لگا کہ شاید علی انکل کے جانے کے غم نے اُسے ڈپریشن کا مریض بنا دیا۔ مگر جو کچھ تم بتا رہی ہو کہ، زہران نے تم سے یہ سب کہا ہے تو پکا کوئی بات ہے۔ جو ہم نہیں جانتے۔" عادل اب سنجیدہ تھا۔
"چلو چل کر دیکھتے ہیں۔ وہ کیا کر رہا ہے۔؟" وہ دونوں اُس کے کمرے کی طرف چلے گئے۔
کمرے کے دروازے پر پہنچ کر عادل نے ہلکی سی دستک دی۔ کوئی جواب نہیں آیا۔ اس نے دوبارہ دستک دی، اس بار تھوڑی اونچی۔ پھر بھی خاموشی۔
"کیا ہوا؟ جواب کیوں نہیں دے رہا؟" ٹینا نے تشویش سے عادل کی طرف دیکھا۔
عادل نے کندھے اچکائے۔ "مجھے نہیں معلوم۔ شاید سو رہا ہو۔" لیکن اس کی آواز میں بھی کچھ بے چینی تھی۔
اس نے آہستہ سے دروازے کا ہینڈل گھمایا۔ دروازہ بند نہیں تھا۔ عادل نے دھیرے سے دروازہ کھولا اور دونوں اندر داخل ہوئے۔
کمرے میں مدھم روشنی تھی۔ پردے آدھے کھلے ہوئے تھے اور شام کی ہلکی دھوپ کمرے میں داخل ہو رہی تھی۔ زہران بیڈ پر پیٹھ کے بل لیٹا ہوا تھا، اس کی آنکھیں بند تھیں اور چہرے پر ایک گہرا سکون طاری تھا۔ اس کے ہاتھ سینے پر رکھے ہوئے تھے اور وہ گہری نیند میں لگ رہا تھا۔

ٹینا اور عادل آہستہ آہستہ اس کے بیڈ کے قریب گئے۔ انہوں نے غور سے اس کے چہرے کو دیکھا۔ اس پر کوئی پریشانی یا اداسی کے آثار نہیں تھے۔ وہ بالکل پرسکون لگ رہا تھا۔
"لگتا ہے سو گیا ہے۔" عادل نے سرگوشی کی۔
"ہاں، شاید تھکا ہوا ہوگا۔" لیکن اس کے دل میں ایک عجیب سی بے چینی تھی۔ زہران کی یہ خاموشی اور گہری نیند اسے کچھ غیر معمولی لگ رہی تھی۔
عادل نے آگے بڑھ کر زہران کے کندھے پر ہلکا سا ہاتھ رکھا۔
"زہران؟ اوئے زہران!"
کوئی جواب نہیں آیا۔ عادل نے اسے تھوڑا اور ہلایا۔ پھر بھی کوئی حرکت نہیں ہوئی۔
ٹینا کی پیشانی پر شکنیں پڑ گئیں۔ "عادل، یہ ٹھیک نہیں لگ رہا۔ اسے اٹھنا تو چاہیے۔"
عادل نے گھبرا کر زہران کے نبض پر ہاتھ رکھا۔ اس کا چہرہ یکدم فق ہو گیا۔
"ٹینا..." اس کی آواز میں ایک خوفناک لرزش تھی۔ "اس کی نبض... یہ تو بہت دھیمی ہے۔"
ٹینا نے گھبرا کر زہران کے قریب جھکی اور اس کے ماتھے پر ہاتھ رکھا۔ وہ برف کی طرح ٹھنڈا تھا۔ اس کی آنکھیں خوف سے پھیل گئیں۔
"عادل! یہ... یہ کیا ہو رہا ہے؟ زہران..." ٹینا کی آواز حلق میں اٹک گئی۔ ایک انجانا خوف ان دونوں کے دلوں کو اپنی گرفت میں لے رہا تھا۔ کمرے کا سکون ایک خوفناک خاموشی میں بدل گیا تھا۔
عادل نے فوراً زہران کو ہلانا شروع کر دیا۔ "زہران! اٹھو! زہران!" اس کی آواز میں گھبراہٹ صاف محسوس ہو رہی تھی۔
ٹینا نے بے یقینی سے زہران کا چہرہ تھپتھپایا۔ "زہران! کیا ہوا تمہیں؟ جواب دو!"
جب کوئی ردعمل نہ ہوا تو عادل نے چیخ کر اپنے ملازم کو آواز دی، "جاوید! جاوید! جلدی آؤ!"
جاوید گھبرایا ہوا اندر آیا اور زہران کی بے حس و حرکت حالت دیکھ کر اس کے چہرے کا رنگ بھی فق ہو گیا۔
"صاحب جی کو کیا ہوا؟" جاوید نے پریشانی سے پوچھا۔

"مجھے نہیں معلوم! یہ اچانک..." عادل کی آواز لڑکھڑا رہی تھی۔ "جلدی کرو، ڈاکٹر کو فون کرو!"

ٹینا نے اپنے فون سے ڈاکٹر کو کال ملائی،۔"ڈاکٹر صاحب! فوراً آئیے! زہران... وہ ٹھیک نہیں ہیں۔"

کمرے میں افراتفری دیکھ کر نانو بھی گھبرا کر کمرے میں داخل ہوئیں۔ عادل کی چیخیں اور ٹینا کی پریشان آوازیں سن کر ان کا دل پہلے ہی ڈوب رہا تھا۔ جب انہوں نے زہران کو بے حس و حرکت بستر پر پڑا دیکھا تو ان کے پیروں تلے زمین نکل گئی۔ ان کی آنکھیں پھیل گئیں اور ایک چیخ ان کے حلق سے نکلتے نکلتے رہ گئی۔

"یہ... یہ کیا ہو گیا میرے زہران کو؟" نانو لڑکھڑاتی ہوئی قدموں سے بیڈ کی طرف بڑھیں اور اپنے لخت جگر کے بے جان چہرے پر ہاتھ رکھا۔ ان کا ہاتھ بری طرح کانپ رہا تھا۔ ان کی نظریں عادل اور ٹینا کی طرف سوالیہ انداز میں اٹھیں، گویا پوچھ رہی ہوں کہ ان کے نواسے کو کیا ہوا ہے؟

"نانو جان... وہ..." ٹینا کی آواز رندھ گئی۔ وہ اپنی آنکھوں میں آئے ہوئے آنسوؤں کو بمشکل روک پائی۔ "ڈاکٹر کو بلا لیا ہے۔ وہ کہہ رہے ہیں کہ شاید زہران نے نیند کی گولیاں زیادہ مقدار میں لے لی ہیں۔"

نانو پر تو جیسے بجلی گر گئی۔ "کیا؟ نیند کی گولیاں؟ میرا زہران؟ وہ تو کبھی ایسی دوائیاں نہیں لیتا تھا۔ یہ تم کیا کہہ رہی ہو؟" ان کی آواز یقین نہ کرنے والے انداز میں بلند ہوئی۔ ان کے چہرے پر صدمے اور انکار کے واضح آثار تھے۔

عادل نے افسوس سے سر جھکایا۔ "دادی جان... وہ... وہ پچھلے پانچ سال سے یہ دوائیں لے رہا ہے۔ لکھنؤ سے واپس آنے کے بعد سے اسے نیند نہیں آتی تھی۔ میں نے بہت کوشش کی، لیکن..." عادل اپنی بات پوری نہ کر سکا۔ اس کی آنکھوں میں بھی نمی تھی۔

"میں یہ تو جانتی تھی کہ، اُس کی یاد سے زہران پیچھا نہیں چھڑا پا رہا۔ مگر یہ نہیں معلوم تھا کہ وہ اس قدر درد میں ہے۔ اُسے راتوں کو نیند نہیں آتی۔" وہ پست آواز میں کہہ رہی تھیں۔

عادل اور جاوید نے مل کر زہران کو بستر سے اٹھایا اور اسے اوپر سیدھا لٹانے کی کوشش کی۔ ٹینا بے چینی سے ادھر ادھر ٹہل رہی تھی۔ اور نانو صوفے پر بیٹھی دعائے کریمہ پڑھ رہی تھیں۔

کچھ ہی دیر میں ڈاکٹر پہنچ گیا۔ اس نے فوراً زہران کا معائنہ شروع کر دیا۔ نبض چیک کی، آنکھوں کی پتلیوں کو دیکھا اور پھر کچھ ٹیسٹ کرنے کے لیے کہا۔ کمرے میں ایک خاموش انتظار کی کیفیت طاری تھی۔ ٹینا اور عادل پاس میں کھڑے بے یقینی سے ڈاکٹر کی طرف دیکھ رہے تھے۔

معائنے کے بعد ڈاکٹر نے ایک گہری سانس لی۔ اس کے چہرے پر تشویش کے آثار تھے۔ "ان کی حالت ٹھیک نہیں ہے۔ انہیں فوراً ہاسپیٹل لے کر جانا پڑے گا۔"

"کیا ہوا ہے زہران کو ڈاکٹر؟" عادل کی آواز بمشکل نکل رہی تھی۔

ڈاکٹر نے افسوس سے سر ہلایا۔ "ابھی کچھ کہنا مشکل ہے۔ انہوں نے نیند کی گولیاں زیادہ لے لی ہیں۔ کچھ ٹیسٹ کے بعد ہی اصل صورتحال واضح ہو پائے گی۔ لیکن ہمیں ایک لمحہ بھی ضائع نہیں کرنا چاہیے۔"

عادل نے فوراً جاوید کو ایمبولینس بلانے کے لیے کہا اور خود زہران کو سہارا دینے لگا۔ کمرے کا وہ سکون اب ایک خوفناک حقیقت میں بدل چکا تھا، اور سب کو ایک انجانے خطرے کا سامنا تھا۔

......*

کچھ دن بعد، زہران ہاسپٹل سے واپس گھر لوٹ آیا۔ وہ اب جسمانی طور پر تو بہتر تھا، لیکن اس کے چہرے پر اب بھی ایک گہری اداسی چھائی ہوئی تھی۔ وہ کم بولتا تھا اور زیادہ تر وقت اپنے کمرے میں ہی گزارتا تھا۔ نانو جان ہر وقت اس کے پاس رہتیں، اس کا خیال رکھتیں اور اسے پیار سے کھانا کھلاتیں۔ عادل بھی اُسے بہلانے کی کوشش کرتا۔

گھر کا ماحول اب بھی سوگوار تھا، لیکن ایک ہلکی سی امید کی کرن ضرور نظر آ رہی تھی کہ زہران آہستہ آہستہ اس تکلیف سے باہر نکل آئے گا۔ اس کے کمرے میں خاموشی چھائی رہتی تھی، لیکن اس خاموشی میں نانو جان کی تسبیح کی مدھم آواز اور ان کی پیار بھری نگاہیں زہران کو ایک سہارا دے رہی تھیں۔

ایک شام، جب زہران اپنے کمرے میں کھڑکی کے پاس بیٹھا باہر دیکھ رہا تھا، نانو جان آہستہ سے اندر داخل ہوئیں۔ ان کے ہاتھ میں ایک پیالی گرم دودھ تھا۔

"زہران بیٹا، یہ پی لو۔ تمہارے لیے بنایا ہے۔" نانو جان نے پیار سے کہا اور پیالی اس کی طرف بڑھائی۔

زہران نے نفی میں سر ہلایا۔ "نہیں نانو جان، میرا دل نہیں کر رہا۔"

نانو جان اس کے قریب آکر کھڑی ہو گئیں اور اس کے بالوں پر شفقت سے ہاتھ پھیرا۔ "بیٹا، تمہیں کچھ تو کھانا پینا ہوگا۔ اپنی صحت کا خیال رکھنا ہوگا۔"

زہران نے خاموشی سے دودھ کی پیالی پکڑ لی۔

"زہران بیٹا،" نانو جان نے نرمی سے کہا، "مجھے معلوم ہے تمہارے دل میں جو غم ہے۔ مگر بیٹا جانے والے کے پیچھے خود کو برباد نہیں کرتے۔ مجھے بتاؤ تم کیا محسوس کر رہے ہو؟"

زہران نے خاموشی سے نانو جان کی طرف دیکھا۔ اس کی آنکھوں میں ایک بے بسی اور درد تھا۔ وہ جانتا تھا کہ نانو جان اس سے کتنی محبت کرتی ہیں، لیکن وہ اپنا درد ان سے کیسے بانٹے؟ وہ جس اذیت سے گزر رہا تھا، وہ الفاظ میں بیان کرنا مشکل تھا۔

"نانو جان..." زہران نے آہستہ سے کہنا شروع کیا، اس کی آواز میں ایک تھکن تھی۔ "میں... میں بس تھکا ہوا ہوں۔ میں کچھ دیر آرام کرنا چاہتا ہوں۔"

نانو جان نے اس کا ہاتھ اپنے ہاتھوں میں لے لیا۔ "میں سمجھ سکتی ہوں بیٹا کہ زندگی کبھی کبھی بہت مشکل لگتی ہے۔ لیکن تمہیں ہمت نہیں ہارنی چاہیے۔ ہم سب تمہارے ساتھ ہیں۔"

نانو جان کمرے سے چلی گئیں۔ زہران نے دودھ کی پیالی ٹیبل پر رکھی اور خود بیڈ پر اوندھے منہ لیٹ گیا۔ کمرے میں خاموشی چھائی ہوئی تھی، صرف باہر سے آنے والی ہلکی ہوا کی سرسراہٹ سنائی دے رہی تھی۔ زہران کی آنکھیں بند تھیں، لیکن اس کا ذہن بے چین خیالات کی آماجگاہ بنا ہوا تھا۔

اچانک اسے اپنے سامنے کسی کے ہونے کا احساس ہوا۔ اس نے آہستہ سے اپنی آنکھیں کھولیں اور دھیرے دھیرے اپنا سر اٹھایا۔ اس کے سامنے حیات کھڑی تھی، بالکل ویسے ہی جیسے وہ اسے ہمیشہ

یاد تھی۔ اس کے چہرے پر وہی دلنشین مسکراہٹ تھی اور آنکھوں میں وہی چمک۔
"حیات؟" زہران نے حیرت اور بے یقینی سے سرگوشی کی۔ کیا یہ سچ ہے؟ کیا تم واقعی میرے سامنے کھڑی ہو؟
حیات نے ہلکا سا سر ہلایا اور اس کی مسکراہٹ اور گہری ہو گئی۔ وہ بالکل خاموش تھی۔
زہران نے اٹھ کر بیٹھنے کی کوشش کی، اس کا دل زور سے دھڑک رہا تھا۔ "تم... تم یہاں کیا کر رہی ہو؟"
"تمہیں دیکھنے آئی ہوں تم کس طرح میرے لیے تڑپ رہے ہو؟"
"ایک ہی بار جان کیوں نہیں لے لیتی میری، قطرہ قطرہ کر کے زہر دینا ضروری ہے کیا؟" اس کی آواز میں درد اور التجا تھی۔
"مرے ہوئے کو کیا مارنا۔ تم تو پہلے ہی مجھ پر مر چکے ہو۔" اس نے طنزیہ مسکراہٹ کے ساتھ کہا، اس کی آواز میں وہی پرانی شوخی تھی۔
زہران نے ایک تلخ مسکراہٹ کے ساتھ جواب دیا۔ "آج بھی تمہاری طنز کرنے والی عادت نہیں گئی۔ آج بھی تم وہی ہو..."
حیات نے کوئی جواب نہیں دیا، بس اس کی طرف دیکھتی رہی اور اس کی طنزیہ مسکراہٹ برقرار رہی۔ پھر وہ دھیرے دھیرے ہنسنے لگی۔ اس کی ہنسی وہی تھی، آج سے پانچ سال پہلی والی۔ زہران اس کی ہنسی سن کر ایک عجیب سی کیفیت میں مبتلا ہو گیا۔ ایک طرف تو اسے خوشی ہو رہی تھی کہ وہ اسے دیکھ رہا ہے، لیکن دوسری طرف ایک گہرا اضطراب بھی تھا۔
پھر وہ خاموش ہو گئی۔
"حیات، بولو نا کچھ تم خاموش کیوں ہو؟" زہران نے بے چینی سے کہا اور اس کی طرف ہاتھ بڑھانا چاہا۔
لیکن جیسے ہی اس کا ہاتھ حیات کے قریب پہنچا، وہ دھیرے دھیرے دھندلی ہونے لگی۔ اس کی مسکراہٹ مدھم پڑ گئی اور اس کی شکل آہستہ آہستہ غائب ہونے لگی۔ زہران نے اپنی آنکھیں زور سے کھولیں۔ کمرہ اب بھی ویسا ہی خاموش تھا، صرف ٹیبل پر رکھی ہوئی دودھ کی پیالی نظر آ رہی تھی۔ حیات وہاں نہیں تھی۔

وہ جان گیا تھا کہ وہ صرف اس کا وہم اُس کا خواب تھا۔ اس کی تنہائی اور اداسی نے اس کے ذہن میں حیات کی ایک خیالی تصویر بنا دی تھی۔

اُس نے ایک گہری سانس لی اور اپنا سر تکیے پر گرا دیا۔ حیات کا وہ خیالی منظر اس کے ذہن سے محو ہو چکا تھا، لیکن اس کی تلخ مسکراہٹ اور طنزیہ جملے اب بھی اس کے کانوں میں گونج رہے تھے۔ اس کا دل ایک گہرے درد اور تنہائی کے احساس سے بوجھل ہو گیا۔ اُس کی آنکھوں کے آنسو تکیے میں جذب ہو رہے تھے۔

اچانک اس کے اندر ایک شدید کرب اٹھا۔ وہ اٹھا اور ایک زوردار چیخ ماری، ایک ایسی دلخراش آواز جو اس کے اندر جمع شدہ تمام درد اور مایوسی کا اظہار تھی۔ یہ چیخ اتنی بلند اور تکلیف دہ تھی کہ پورے گھر میں گونج گئی۔

زہران کی چیخ سن کر نانو جان گھبرا کر فوراً کمرے میں داخل ہوئیں۔ ان کا چہرہ خوف اور پریشانی سے زرد پڑ گیا تھا۔ انہوں نے دیکھا کہ زہران بستر پر بیٹھا ہوا ہے۔ اس کی آنکھوں میں ایک وحشت اور بے بسی کا عالم تھا۔

"زہران! کیا ہوا میرے بچے؟ کیا ہوا تمہیں؟" نانو جان تیزی سے اس کے پاس آئیں اور اس کے بازوؤں کو پکڑ لیا۔ ان کی آواز میں گہری تشویش تھی۔

زہران ہانپ رہا تھا وہ کچھ بول نہیں پا رہا تھا، بس اس کی سانسیں تیز اور بے ترتیب تھیں۔ اس کی چیخ نے نانو جان کے دل میں ایک گہرا خوف پیدا کر دیا تھا۔ وہ جانتی تھیں کہ زہران جس اذیت سے گزر رہا ہے وہ صرف جسمانی نہیں، بلکہ روحانی بھی ہے۔

"کیا ہوا بیٹا؟ مجھے بتاؤ۔"

"نانو....وہ..... وہ آئی تھی۔" اُس نے ایک لمبی سانس لی۔ اور اپنی لرزتی ہوئی آواز میں کہا۔

"مگر بیٹا وہ کیسے آ سکتی ہے؟ وہ تو لکھنؤ میں ہے۔ ضرور تمہارا خواب ہوگا۔"

"ہاں....خواب ہی ہے میرا۔ مگر آج بھی وہ میرے خوابوں میں مجھے طنز کرتی ہے۔ کہتی ہے مرے ہوئے کو کیا مارنا۔ تم تو پہلے کی مجھ پر مر چکے ہوں۔"

"بیٹا اُسے بھول جاؤ۔ اُس کی شادی ہو چکی ہے۔"

"نانو ...یہ میرے اختیار میں نہیں ہے۔ میں خود بھی اُسے بھولنا چاہتا ہوں۔ مگر نہیں بھول پاتا۔ میں اُسے جتنا بھولنے کی کوشش کرتا ہوں۔ وہ مجھے اتنی ہی یاد آتی ہے۔"

وہ اب بیڈ سے اتر کر صوفے پر بیٹھ گیا۔

کمرے کی نیم تاریکی میں صوفے پر نیم دراز تھا۔ اس کا نحیف اور زرد چہرہ کم روشنی میں اور بھی مرجھایا ہوا لگ رہا تھا۔ اس کے بکھرے ہوئے بال اس کی پیشانی پر الجھے ہوئے تھے اور اس کی سرمئی آنکھیں، جن میں کبھی ایک گہری چمک ہوا کرتی تھی، اب کسی انجانے کرب کی داستان سنا رہی تھیں۔ ان آنکھوں کے گرد ہلکے نمایاں تھے جو راتوں کی بے خوابی اور اندرونی جدوجہد کی گواہی دے رہے تھے۔ اس نے ایک ڈھیلا ڈھالا سفید کرتا پہنا ہوا تھا جس کے بازو کہنیوں تک مڑے ہوئے تھے۔ اس کی نظریں چھت پر کسی انجانے نقطے پر جمی ہوئی تھیں، جیسے وہ اپنی کھوئی ہوئی دنیا کو وہاں تلاش کر رہا ہو۔

اس کے ہونٹوں پر ایک تلخ مسکراہٹ نمودار ہوئی، جو اس کے اندرونی کرب کی عکس تھی۔ وہ آہستہ سے بڑبڑایا، اس کی آواز میں ایک گہرا درد چھپا ہوا تھا،

"میں نے اُسے پا کر کھو دیا ۔ مطلب سب کچھ کھو دیا۔

اور اس نے مجھے کھو کر اپنی محبت کو پا لیا مطلب سب کچھ پا لیا۔"

اتنے دکھوں کے بعد بھی اُس کے چہرے پر ایک عجیب سی مسکراہٹ نمودار ہوئی جس میں بہت ہی سکون اور خوشی چھپی ہوئی تھی ۔ وہ یہ سوچ کر مطمئن ہو گیا کہ اُس کی محبت کو اُس کی محبت مل گئی (یعنی فراز مل گیا)

نانو بیڈ پر بیٹھی اُسے بڑبڑاتا اور مسکراتا دیکھ رہی تھیں۔ اُنہوں نے بے یقینی میں اپنا سر ہلایا۔

......*

ہاسپیٹل کے ایک پرسکون کمرے میں وہ ایک آرام دہ کرسی پر بیٹھا تھا۔ کمرے کی دیواروں پر ہلکے رنگ تھے اور ایک بڑی کھڑکی سے باہر سبزہ نظر آ رہا تھا، جس سے ماحول پرسکون اور مثبت لگ

رہا تھا۔ سامنے ایک دوسری کرسی پر ایک نرم گفتار اور تجربہ کار خاتون بیٹھی تھیں، جو اُس کی کونسلر تھیں۔ ان کا نام ڈاکٹر فوزیہ تھا۔ ان کے چہرے پر ایک ہمدردی اور سمجھداری کا تاثر تھا۔

زہران کی سرمئی آنکھیں کسی گہرے خیال میں ڈوبی ہوئی تھیں اور اس کے چہرے پر ایک تھکن اور اداسی نمایاں تھی۔ اس کے بال قدرے بکھرے ہوئے تھے اور اس نے ایک سادہ سی قمیض پہنی ہوئی تھی۔ وہ اپنے ہاتھوں کی انگلیوں کو آپس میں مروڑ رہا تھا، جو اس کی اندرونی بے چینی کو ظاہر کر رہا تھا۔

ڈاکٹر فوزیہ نے نرمی سے بات شروع کی۔ "زہران، آپ کیسا محسوس کر رہے ہیں آج؟" ان کی آواز میں ایک دھیما اور تسلی بخش لہجہ تھا۔

زہران نے ایک گہری سانس لی اور دھیرے سے جواب دیا۔ "میں... میں ٹھیک ہوں۔ شاید تھوڑا بہتر۔" لیکن اس کی آواز میں کوئی خاص جوش نہیں تھا۔

"یہ اچھی بات ہے۔ یاد رکھیں، یہ ایک لمبا سفر ہے اور ہر قدم اہم ہے۔ آپ نے بتایا تھا کہ آپ کو حیات کی یادیں بہت ستاتی ہیں۔ کیا آج بھی آپ ویسا ہی محسوس کر رہے ہیں؟" ڈاکٹر فوزیہ نے ہمدردی سے پوچھا۔

زہران نے اپنی نظریں جھکا لیں۔ "ہاں۔ وہ... وہ اکثر میرے خیالوں میں آتی ہے۔ خاص طور پر راتوں میں۔ ایسا لگتا ہے جیسے وہ میرے آس پاس ہی ہو۔ اور کبھی کبھی تو... مجھے ایسا لگتا ہے جیسے وہ مجھ سے باتیں کر رہی ہو۔" اس کی آواز میں ایک درد اور بے بسی تھی۔

ڈاکٹر فوزیہ نے تحمل سے سنا اور پھر نرمی سے کہا۔ "زہران، یہ آپ کے غم کا ایک حصہ ہے۔ جب ہم کسی ایسے شخص کو کھو دیتے ہیں جس سے ہم محبت کرتے ہیں، تو ہمارا ذہن اس کی یادوں کو مختلف طریقوں سے محفوظ رکھتا ہے۔ یہ خیالات اور محسوسات آپ کے دل میں اس شخص کی اہمیت کو ظاہر کرتے ہیں۔ آپ نے بتایا کہ حیات کی شادی ہو گئی ہے اور وہ لکھنؤ میں ہے۔"

زہران نے بے چینی سے کرسی پر اپنی پوزیشن بدلی۔ "میں جانتا ہوں کہ وہ اب میری نہیں رہی۔ لیکن... لیکن میں اس احساس سے چھٹکارا کیسے پاؤں؟ وہ کہتی ہے کہ میں اس پر مر چکا ہوں۔ اس کی طنز... وہ مجھے اب بھی تکلیف دیتی ہے۔" اس کی آواز میں ایک کسک تھی۔

"زہران، آپ اس وقت ایک گہرے جذباتی صدمے سے گزر رہے ہیں۔ آپ نے ایک ایسی محبت کھو دی ہے جو آپ کے لیے بہت اہم تھی۔ یہ طنزیہ خیالات دراصل آپ کے اپنے اندرونی مکالمے کا حصہ ہو سکتے ہیں۔ آپ شاید اپنے آپ کو اس رشتے کے ختم ہونے کا ذمہ دار ٹھہرا رہے ہوں گے۔" ڈاکٹر فوزیہ نے آہستگی سے کہا۔
زہران نے حیرت سے ڈاکٹر فوزیہ کی طرف دیکھا۔ "کیا؟ میں... میں خود کو ذمہ دار ٹھہرا رہا ہوں؟"
"ہو سکتا ہے۔ گناہ کا احساس، پچھتاوا... یہ سب جذباتی جدوجہد کے پیچیدہ پہلو ہیں۔ ہمیں ان جذبات کو سمجھنا اور ان کا سامنا کرنا ہوگا۔ آپ نے بتایا کہ حیات اب لکھنؤ میں اپنے شوہر کے ساتھ خوش ہے۔ کیا یہ خیال آپ کو کچھ سکون دیتا ہے؟"
زہران نے ایک لمحے کے لیے سوچا اور پھر دھیرے سے کہا۔ "ہاں... جب میں یہ سوچتا ہوں کہ وہ خوش ہے، تو مجھے تھوڑا سا سکون ملتا ہے۔ لیکن پھر فوراً یہ خیال آتا ہے کہ اس کی خوشی میں میں شامل کیوں نہیں ہوں۔" اس کی آواز میں ایک تڑپ تھی۔
"یہ بالکل فطری ہے۔ آپ اس سے محبت کرتے تھے اور اس کی خوشی چاہتے تھے۔ لیکن اب آپ کو اپنی خوشی کے بارے میں بھی سوچنا ہوگا۔ آپ کی زندگی ابھی ختم نہیں ہوئی ہے۔ آپ کے پاس ابھی بھی بہت کچھ ہے جس پر آپ توجہ دے سکتے ہیں۔"
پھر اُنہوں نے تھوڑی دیر خاموشی اختیار کی اور پھر کہا۔ "ہمیں آہستہ آہستہ اس حقیقت کو قبول کرنا ہوگا کہ حیات اب آپ کی زندگی کا حصہ اس طرح سے نہیں رہیں گی جس طرح آپ چاہتے تھے۔ وہ لکھنؤ میں اپنی نئی زندگی میں خوش ہیں۔ آپ کو اپنی زندگی کو آگے بڑھانا ہوگا۔ آپ کیا سوچتے ہیں؟ کیا آپ تیار ہیں اس طرف قدم بڑھانے کے لیے؟"
زہران نے کھڑکی سے باہر دیکھا، جہاں سورج کی روشنی پتوں پر پڑ کر چمک رہی تھی۔ اس نے ایک لمبی سانس لی اور ایک کمزور سی مسکراہٹ کے ساتھ ڈاکٹر فوزیہ کی طرف دیکھا۔ "میں کوشش کروں گا۔"
ڈاکٹر فوزیہ نے اطمینان سے مسکرایا۔ "مجھے یقین ہے کہ آپ کر سکتے ہیں۔ پہلا قدم ہمیشہ مشکل ہوتا ہے، لیکن ایک بار جب آپ چلنا شروع کر دیتے ہیں، تو راستہ خود بخود کھلتا جاتا ہے۔ آپ ملائیشیا

میں اپنا کاروبار سنبھال رہے ہیں، آپ کے دوست ہیں، آپ کی نانی جان ہیں۔ آپ کی زندگی میں اب بھی بہت کچھ ہے جو آپ کو خوشی دے سکتا ہے۔"

"لیکن وہ یادیں... وہ مجھے چھوڑتی ہی نہیں ہیں۔"

ڈاکٹر فوزیہ نے سمجھداری سے کہا۔ "یادیں ہمارے ماضی کا حصہ ہوتی ہیں، مسٹر زہران ۔ ہم انہیں مٹا نہیں سکتے، لیکن ہم انہیں اپنے حال اور مستقبل پر حاوی ہونے سے روک سکتے ہیں۔ ہمیں ان یادوں کو ایک خوبصورت کہانی کی طرح دیکھنا ہوگا، ایک ایسا باب جو ختم ہو چکا ہے، لیکن جس سے ہم نے بہت کچھ سیکھا ہے۔"

انہوں نے تھوڑی دیر خاموشی اختیار کی اور پھر پوچھا۔ "آپ کو کیا چیزیں خوشی دیتی ہیں؟ کیا آپ کو اپنے کام میں دلچسپی محسوس ہوتی ہے؟ اپنے دوستوں کے ساتھ وقت گزارنا کیسا لگتا ہے؟"

زہران نے کچھ دیر سوچا۔ "کام... کام تو ٹھیک ہے۔ لیکن وہ پہلے والی بات نہیں رہی۔ دوستوں کے ساتھ وقت گزارنا اچھا لگتا ہے، لیکن پھر بھی ایک خلا محسوس ہوتا ہے۔"

ڈاکٹر فوزیہ نے سر ہلایا۔ "یہ خلا وقت کے ساتھ بھر جائے گا، مسٹر زہران ۔ آپ کو اپنے آپ کو وقت دینا ہوگا۔ نئی چیزیں کرنے کی کوشش کریں، نئی دلچسپیاں پیدا کریں، اپنے دوستوں اور فیملی کے ساتھ زیادہ وقت گزاریں۔ زندگی میں آگے بڑھنے کے بہت سے طریقے ہیں۔"

انہوں نے اپنی کرسی پر تھوڑا سا آگے جھک کر کہا۔ "اور سب سے اہم بات، اپنے آپ پر رحم کریں۔ آپ نے ایک مشکل صورتحال کا سامنا کیا ہے اور آپ اس سے نکلنے کی کوشش کر رہے ہیں۔ اپنے آپ کو معاف کر دیں اگر آپ نے کوئی غلطی کی ہے، اور اس بات کو تسلیم کریں کہ ہر چیز ہمارے کنٹرول میں نہیں ہوتی۔"

زہران نے ڈاکٹر فوزیہ کی باتوں کو غور سے سنا۔ ان کے الفاظ میں ایک گہرا خلوص اور تجربہ کار رہنمائی تھی۔ اسے محسوس ہوا کہ شاید وہ واقعی اس درد سے باہر نکل سکتا ہے۔ شاید اسے اپنی زندگی کو ایک نئے زاویے سے دیکھنے کی ضرورت ہے۔

"شکریہ ڈاکٹر،" زہران نے ایک کمزور سی مسکراہٹ کے ساتھ کہا۔ "آپ کی باتوں سے مجھے کچھ حوصلہ ملا ہے۔"

ڈاکٹر فوزیہ نے بھی مسکرا کر جواب دیا۔ "مجھے خوشی ہوئی۔ یاد رکھیں، میں یہاں آپ کی مدد کے لیے ہوں۔ جب بھی آپ کو ضرورت محسوس ہو، آپ مجھ سے رابطہ کر سکتے ہیں۔ اور سب سے اہم بات، اپنے آپ پر یقین رکھیں۔ آپ مضبوط ہیں۔ آپ اس سے بھی نکل جائیں گے۔"

"جی"

ڈاکٹر فوزیہ نے زہران کی طرف گہری نظروں سے دیکھا، ان کی آواز میں وہی نرمی اور ہمدردی برقرار تھی۔ "زہران، ایک اہم سوال۔ کیا کبھی ایسا ہوتا ہے کہ جب آپ بہت تکلیف میں ہوں، تو آپ کا دل چاہے کہ آپ خود کو کچھ کر لیں؟ زندگی ختم کر دیں؟ کیا خودکشی جیسے خیالات آپ کے دماغ میں آتے ہیں؟"

زہران کچھ دیر خاموش رہا۔ اس کی سرمئی آنکھیں ایک انجانے درد کی گہرائی میں ڈوبی ہوئی تھیں۔ اس نے اپنی انگلیوں کو مزید سختی سے آپس میں جکڑ لیا، گویا اس تکلیف کو جسمانی طور پر محسوس کرنے کی کوشش کر رہا ہو۔ آخر کار، اس نے ایک دھیمی اور لرزتی ہوئی آواز میں جواب دیا۔

"جی... آتے ہیں۔ پچھلے پانچ سال میں جیتنے دِن ہوتے ہیں۔ اتنی بار یہ خیال آیا ہے۔" اس اعتراف میں ایک ایسی بے بسی تھی جو سننے والے کے دل کو چھو جائے۔

اس کے بعد زہران کی نظریں دور کسی نقطے پر مرکوز ہو گئیں۔ پھر اس نے آہستہ سے کہنا شروع کیا، اس کی آواز میں ایک کمزور سی امید کی کرن جھلک رہی تھی، "مگر پھر... پھر اُس کے الفاظ کانوں میں گونجنے لگتے ہیں۔"

ڈاکٹر فوزیہ نے خاموشی سے اس کی طرف دیکھا، جانتی تھیں کہ وہ کس کے بارے میں بات کر رہا ہے۔

زہران نے ایک لمبی سانس لی اور ان الفاظ کو دہرایا جو اس کے دل پر نقش ہو چکے تھے۔"(جن سے ہم محبت کرتے ہیں۔ اگر وہ ہم سے بچھڑ جائے تو مرا نہیں کرتے۔ بلکہ اُن کے لیے جیا جاتا ہے جو ہم سے محبت کرتے ہیں۔)" اس کی آواز میں ایک یقین تھا، ایک ایسا سہارا جس نے اسے ان تاریک خیالوں سے بچایا تھا۔ ان الفاظ نے اس کے اندر ایک ایسی قوت پیدا کی تھی جو اسے زندگی کی طرف واپس کھینچ لاتی تھی۔

ڈاکٹر فوزیہ نے ہلکا سا سر ہلایا اور ایک دھیمی مسکراہٹ کے ساتھ کہا۔ "یہ بہت اہم الفاظ ہیں، زہران، یہ ظاہر کرتے ہیں کہ آپ کے اندر ایک مضبوط قوت موجود ہے جو آپ کو مشکل ترین لمحات میں بھی تھامے رکھتی ہے۔ آپ جانتے ہیں کہ آپ کی زندگی صرف آپ کی اپنی نہیں ہے۔ ایسے لوگ ہیں جو آپ سے محبت کرتے ہیں اور جن کے لیے آپ کی زندگی بہت معنی رکھتی ہے۔"

انہوں نے مزید کہا، "جب آپ کو ایسے خیالات آئیں، تو ان الفاظ کو یاد کریں۔ ان لوگوں کے بارے میں سوچیں جو آپ سے محبت کرتے ہیں، جن کے لیے آپ کی زندگی قیمتی ہے۔ اور سب سے اہم بات، فوراً مدد طلب کریں۔ آپ اکیلے نہیں ہیں۔ میں یہاں ہوں، آپ کے دوست ہیں، آپ کی نانی جان ہیں۔ ہم سب آپ کے ساتھ ہیں۔"

زہران نے ایک گہری سانس لی اور کمرے سے باہر کی طرف دیکھا۔ سورج کی روشنی اب پہلے سے زیادہ تیز تھی اور پرندوں کی چہچہاہٹ بھی زیادہ واضح سنائی دے رہی تھی۔ شاید زندگی واقعی آگے بڑھنے کا نام ہے۔

✷ . . . ✷ . . . ✷

دفتر میں کام کا ماحول تھا۔ کمپیوٹر کی بورڈ پر انگلیوں کی دھیمی کھٹ کھٹ اور دفتری گفتگو کی ہلکی آوازیں گونج رہی تھیں۔ حیات اپنی ڈیسک پر بیٹھی ایک اہم پروجیکٹ پر کام کر رہی تھی، اس کی توجہ پوری طرح اپنے لیپ ٹاپ کی سکرین پر مرکوز تھی۔ حاشر سر کچھ دیر سے اس کے پاس کھڑے اس کے کام کا جائزہ لے رہے تھے۔

اُس کے ذہن میں اب بھی لقمان ملک کا نام چل رہا تھا۔ وہ سات مہینے سے اُن کی تلاش میں تھی۔

تبھی حاشر سر کی آواز نے اُسے اپنی طرف متوجہ کیا۔

"حیات، یہ رپورٹ آپ نے بہت عمدگی سے تیار کی ہے۔ آپ کی باریک بینی اور کام کی لگن قابل تعریف ہے۔"

"شکریہ سر۔" حیات نے ان کی تعریف پر ایک ہلکی سی مسکراہٹ کے ساتھ شکریہ ادا کیا۔

حاشر سر کچھ دیر وہیں کھڑے رہے، ان کی نظریں حیات پر مرکوز تھیں۔ ان کی آواز میں اچانک ایک نرمی اور سنجیدگی آ گئی۔

"حیات، صرف ایک پیشہ ور ساتھی کے طور پر نہیں، بلکہ ایک انسان کے طور پر بھی میں آپ کو بہت قدر کی نگاہ سے دیکھتا ہوں۔"
حیات نے قدرے حیرت سے ان کی طرف دیکھا، اس کی انگلیاں کی بورڈ پر رک گئیں۔
حاشر سر نے اپنی بات جاری رکھی، ان کے لہجے میں ایک خلوص تھا۔ "میں نے آپ کے ساتھ کام کرتے ہوئے آپ کی ذہانت، آپ کی محنت اور آپ کے صبر کو بہت قریب سے دیکھا ہے۔ آپ ایک مضبوط اور باہمت خاتون ہیں۔ اور... اور میں آپ کی ان تمام خوبیوں کا دل سے احترام کرتا ہوں۔"
انہوں نے ایک لمحے کے لیے توقف کیا اور پھر ایک فیصلہ کن انداز میں کہا۔ "حیات، میں آپ سے شادی کرنا چاہتا ہوں۔ کیا آپ اس رشتے کے لیے راضی ہیں؟"
حیات بالکل مبہوت رہ گئی۔ دفتر کے اس رسمی ماحول میں، کام کی گفتگو کے دوران، حاشر سر کی یہ غیر متوقع پیشکش اس کے لیے ایک بڑا جھٹکا تھی۔ اس کے چہرے پر حیرت اور الجھن کے ملے جلے تاثرات تھے۔حیات کچھ لمحے خاموشی سے حاشر سر کی طرف دیکھتی رہی۔ ان کی آنکھوں میں ایک سچی خواہش اور احترام نظر آ رہا تھا، لیکن حیات کے دل میں ایک عجیب سی بے چینی تھی۔
اس نے ایک گہری سانس لی اور اپنی نظریں جھکا لیں۔
"حاشر سر، آپ کی پیشکش کے لیے میں آپ کی بہت مشکور ہوں۔ آپ نے ہمیشہ میرے ساتھ بہت اچھا سلوک کیا ہے اور میں آپ کی عزت کرتی ہوں۔" حیات نے دھیمی اور قدرے لرزتی ہوئی آواز میں کہنا شروع کیا۔
اس نے ایک لمحے کے لیے رُک کر اپنے الفاظ کو ترتیب دیا اور پھر اپنی بات جاری رکھی۔ "لیکن... لیکن سچ یہ ہے کہ میں اس وقت شادی کے بارے میں نہیں سوچ رہی ہوں۔ میری زندگی میں کچھ ایسے معاملات ہیں جن پر مجھے ابھی توجہ دینی ہے۔"
حیات نے اپنی نظریں اٹھا کر حاشر سر کی طرف دیکھا، ان کی آنکھوں میں ایک افسوس اور معذرت کا تاثر تھا۔ "میں کسی اور کی امانت ہوں اور میں امانت میں خیانت نہیں کرتی۔ اور میں نہیں چاہتی کہ میں آپ کو کوئی غلط امید دلاؤں۔" اس نے ایک اور گہری سانس

لی اور اپنی بات مکمل کی۔ "مجھے افسوس ہے، لیکن میں آپ کی اس پیشکش کو قبول نہیں کر سکتی۔"
دفتر میں ایک گہری خاموشی چھا گئی۔ حاشر سر کے چہرے پر پہلے حیرت اور پھر مایوسی کے آثار نمایاں ہوئے۔ انہوں نے ایک لمحے کے لیے حیات کی طرف دیکھا اور پھر ایک افسردہ مسکراہٹ کے ساتھ سر جھکا لیا۔
"میں سمجھ سکتا ہوں، حیات۔ آپ کی ایمانداری کے لیے میں آپ کا احترام کرتا ہوں۔" حاشر سر کی آواز میں ایک واضح دکھ تھا۔ "میں امید کرتا ہوں کہ آپ اپنی زندگی میں خوش رہیں گی۔"
حیات نے افسوس سے حاشر سر کی طرف دیکھا۔ وہ جانتی تھی کہ اس کا انکار انہیں تکلیف پہنچا رہا ہے، لیکن وہ کوئی جھوٹا وعدہ نہیں کرنا چاہتی تھی۔ اس نے آہستہ سے کہا، "شکریہ میں بھی آپ کی خوشی کے لیے دعا گو ہوں۔"
دفتر کا ماحول دوبارہ کام میں مصروف ہو گیا، لیکن حیات اور حاشر سر کے درمیان ایک خاموش اداسی چھائی رہی۔ وہ اپنی ڈیسک کی طرف واپس چلے گئے اور حیات نے دوبارہ اپنے کام پر توجہ مرکوز کرنے کی کوشش کی، لیکن اس کا دل ایک عجیب سی بے چینی میں مبتلا تھا۔

باب:۵

رات کی سیاہی میں، اُس کی سانسیں بے قابو ہو رہی تھیں۔ اس کے دل کی دھڑکن اس کے کانوں میں گونج رہی تھی، جو اسے اس کے تعاقب میں لگے ہوئے قدموں کی تیز رفتار آوازوں پر قابو پانے کی کوشش کر رہی تھی۔

اس نے پیچھے مڑ کر دیکھنے کی ہمت نہیں کی، وہ جانتی تھی کہ اگر اس نے ایسا کیا تو وہ خوف سے مفلوج ہو جائے گی۔

وہ تنگ گلیوں میں دوڑ رہی تھی، اس کے پاؤں پھسل رہے تھے اور اس کی ایڑیاں پتھروں سے ٹکرا رہی تھیں۔ دکانوں کی بند شٹریں اور اونچی دیواریں اسے ایک بھول بھلیاں کی طرح لگ رہی تھیں، جس میں سے نکلنے کا کوئی راستہ نہیں تھا۔ اس کے پھیپھڑے جل رہے تھے، اور اس کے جسم میں درد کی ٹیسیں اٹھ رہی تھیں۔

آخر کار، وہ ایک کھلی جگہ پر پہنچ گئی۔ اس کے سامنے ایک گہری کھائی تھی، جس کی گہرائی میں سیاہی کے سوا کچھ نظر نہیں آ رہا تھا۔ اس نے ایک لمحے کے لیے ہچکچاتے ہوئے پیچھے مڑ کر دیکھا۔ اس کا پیچھا کرنے والے سائے تیزی سے اس کی طرف بڑھ رہے تھے۔

اس کے پاس ذرا بھی وقت نہیں تھا۔ اُس نے خطرہ مول لیتے ہوئے کھائی کے کنارے پر قدم بڑھایا۔ زمین گیلی اور پھسلن تھی، اور اس کا پاؤں پھسل گیا۔ ایک چیخ اس کے حلق سے نکلی جب اس کا جسم ہوا میں معلق ہوا، اس کی زندگی ایک دھاگے سے لٹکی ہوئی تھی۔

پھر، اچانک، ایک مضبوط ہاتھ نے اس کی کلائی کو مضبوطی سے تھام لیا۔ حیات کا دل دھڑکنا بھول گیا۔ اس نے اپنی آنکھیں کھولیں اور اوپر دیکھا۔ ایک دھندلے سے چہرے نے اسے کھینچنے کی کوشش کی، لیکن حیات کی توجہ اس کے ہاتھ پر مرکوز تھی۔

اس کی انگلی میں ایک انگوٹھی تھی۔

ایک قیمتی پتھر کی آسمانی انگوٹھی، جو اس نے آج سے پانچ سال چھ مہینے پہلے دیکھی تھی۔ وہ انگوٹھی، جو ایک خاص شخص کے دائیں ہاتھ کی کلمہ انگلی میں چمکتی تھی، ایک ایسی یاد تھی جو اس کے دل میں گہری نقش تھی۔

اس لمحے، حیات کا خوف حیرت میں بدل گیا۔
اُس نے حیات کو جھٹکے سے اپنی طرف کھیچا۔ وہ بے اختیار اُس کے سینے سے ٹکرا گئی۔
حیات کی نظر اُس کی سرمئی آنکھوں سے ملی۔
"تم!" حیات نے حیرت سے کہا۔
"ہاں... میں... میں نے کہا تھا نا، میں ہمیشہ تمہیں ہر موڑ پر ملوں گا۔ یہ کیسے ہو سکتا ہے کہ حیات مشکل میں ہو اور زہران نہ آئے؟ زہران خان تو وہ نام ہے جو حیات احسن کو کبھی گرنے، کبھی بکھرنے نہیں دے سکتا۔ تمہارا ہر درد، ہر آنسو، سب سے پہلے مجھ تک پہنچتا ہے، اور میں تمہیں گرنے سے پہلے تھام لینے کا وعدہ کر چکا ہوں۔"
حیات نے ایک گہری سانس لی اور اپنی آنکھیں چونک کر کھولیں۔ اس کا جسم پسینے میں شرابور تھا اور اس کا دل زور زور سے دھڑک رہا تھا۔ کمرہ تاریک تھا اور باہر رات کی خاموشی چھائی ہوئی تھی۔ وہ سمجھ گئی کہ یہ سب ایک ڈراؤنا خواب تھا مگر خوبصورت بھی۔
اس نے اپنے اردگرد دیکھا، اپنے کمرے کی جانی پہچانی چیزوں کو پہچاننے کی کوشش کی۔ اُس نے اپنے ہاتھ چہرے پر رکھ لیے۔
پھر وہ اٹھی۔ اور اُس نے وضو کرکے تہجّد کی نماز ادا کی۔
جب زندگی کی الجھنیں بڑھ جائیں اور دل بے چین ہو جائے، تو نماز کی خاموشی میں پناہ لو۔ یہ وہ جائے امان ہے جہاں روح کو تسکین اور قلب کو اطمینان ملتا ہے۔

......*

حیات اور حاشر سر اپنے دفتر میں بیٹھے ایک کیس کی تیاری کر رہے تھے۔ فائلوں کا انبار میز پر پھیلا ہوا تھا اور دونوں سنجیدگی سے بحث میں مصروف تھے۔ کام ختم ہونے کے بعد، حیات نے ہچکچاتے ہوئے ایک ذاتی موضوع چھیڑ دیا۔
"سر، میں آپ سے کچھ کہنا چاہتی ہوں۔" حیات نے اپنی کرسی پر تھوڑا سا آگے جھکتے ہوئے کہا۔

اُنہوں نے فائل سے نظریں اٹھائیں اور حیات کی طرف دیکھا۔ "جی مس صدیقی، فرمائیے۔"
حیات نے ایک گہری سانس لی۔ "یہ نایاب کے بارے میں ہے۔ میری دوست ہے۔"
حاشر سر کی بھنویں ہلکی سی سکڑیں۔ "نایاب؟ میں سمجھا نہیں۔"
"جی ہاں، نایاب۔ وہ آپ سے ملی تھی، یاد ہے؟ اس دن جب میں نے آپ کو بتایا تھا کہ میں تھوڑی دیر کے لیے جا رہی ہوں؟" حیات نے یاد دلانے کی کوشش کی۔
"جی...لیکن مجھے کوئی لڑکی یاد نہیں"
"کیوں کہ آپ اُس سے ملے نہیں تھے۔ مگر اُس نے آپ کو دیکھا تھا۔ اور وہ آپ سے بہت متاثر ہوئی۔ اور اگر آپ اُس سے ملیں گے، تو آپ بھی اُس سے متاثر ہو جائیں گے۔"
"جی ٹھیک ہے۔ آگے بولیے۔"
"دراصل میں چاہتی ہوں۔ آپ اُس کے گھر رشتہ لے کر جائیں۔ اور اگر وہ آپ کو پسند آگئی۔ تو انگوٹھی پہنا دیجئے گا۔ اور اگر نہیں....لیکن نہیں کا کوئی سوال ہی پیدا نہیں ہوتا۔"
وہ مسکرائے۔ "حیات یہ سب بہت جلدی نہیں ہے۔ آئی مین بہت اچانک۔"
"جلدی کچھ بھی نہیں ہے۔ نایاب کو آپ سے ملے، تقریباً ایک سال ہونے والے ہیں۔ اور مجھے نہیں لگتا کہ نایاب سے اچھی کوئی بھی لڑکی آپ کے لیے ہو سکتی ہے۔" اُس نے پر اعتمادی سے کہا۔
"اوکے! میں آپ کی دوست کے گھر رشتہ کے جانے کو تیار ہوں۔"
"تھینک یو!"
وہ خوشی سے دفتر سے نکل گئی۔

......*

حیات اپنے کمرے میں بیٹھی کچھ کتابیں پڑھ رہی تھی، جب پھوپھی آہستہ سے اندر داخل ہوئیں۔ ان کے چہرے پر ایک خاص سنجیدگی تھی، جو حیات کو کچھ عجیب لگی۔
"حیات بیٹا، مجھے تم سے کچھ ضروری بات کرنی ہے،" پھوپھی نے دھیمی آواز میں کہا۔

حیات نے کتاب بند کی اور اپنی پھوپھی کی طرف دیکھا۔ "جی پھوپھو، فرمائیے۔"
پھوپھی نے حیات کے قریب بیٹھتے ہوئے کہا، "بیٹا، اب تمہاری زندگی میں ایک نیا موڑ آ رہا ہے۔ تمہارے لیے ایک اچھا رشتہ آیا ہے۔ لڑکا بہت شریف اور سمجھدار ہے۔"
حیات نے حیرت سے اُن کی طرف دیکھا۔ "رشتہ؟ لیکن میں تو ابھی شادی کے بارے میں نہیں سوچ رہی۔"
"بیٹا، میں جانتی ہوں کہ تم اپنی زندگی میں بہت کچھ کرنا چاہتی ہو۔ لیکن یہ رشتہ بہت اچھا ہے۔ میں نہیں چاہتی کہ تم اسے کھو دو۔"
حیات کو احسن صاحب یاد آگئے۔ ان کی بھی یہی خواہش تھی کہ وہ جلد از جلد شادی کر لے۔
"پھوپھو، میں ابھی شادی نہیں کرنا چاہتی۔ آپ سمجھتی نہیں ہیں۔"
"میں سب سمجھ رہی ہوں۔ اچھا ایک بات بتاؤ کیا تم کسی کو پسند کرتی ہو؟"
"میں... میں کسی کا انتظار کر رہی ہوں۔" حیات نے آہستہ سے کہا۔
"کس کا؟ کون ہے وہ؟" پھوپھی نے حیران ہو کر پوچھا۔
حیات نے ایک گہری سانس لی۔
"کہیں تم فراز کا انتظار تو نہیں کر رہی؟" اُنہوں نے مشکوک نظروں سے اُسے دیکھا۔
نہیں....ہرگز نہیں۔"
"تو پھر"
"زہران... میں زہران کا انتظار کر رہی ہوں۔"
"اُس کا... جس نے تم سے یہ کہہ کر رشتہ ختم کر دیا تھا کہ، وہ اپنے باپ کے کہنے پر تم سے شادی کر رہا ہے۔"
"پھوپھو ....یہ سچ نہیں ہے۔ میں نے اُسے مجبور کیا تھا رشتہ ختم کرنے کے لیے۔"
"مجھے تو تمہاری سمجھ نہیں آتی۔ تم آخر چاہتی کیا ہو۔" اُنہوں نے غصّے سے کہا۔
"مجھے بھی اب سمجھ آیا ہے کہ مجھے کیا چاہیے۔"
"ویسے مجھے نہیں لگتا کہ وہ اب لوٹے گا۔ لیکن اگر تمہیں یقین ہے تو ٹھیک ہے۔"

"پھوپھو، میں کوئی بھی فیصلہ لینے میں جلدی نہیں کرنا چاہتی۔ اور خاص طور سے غلطی نہیں کرنا چاہتی۔
کیوں کہ ایک غلط انسان کا انتخاب۔ چہرے کی رونق اور دل کا سکون چھین لیتا ہے۔"
پھوپھی نے کچھ دیر حیات کو غور سے دیکھا۔ ان کی آنکھوں میں ایک الجھن اور تشویش تھی۔
"ٹھیک ہے اگر وہ نہیں لوٹا تو میں تمھاری شادی کسی اور سے کرا دوں گی۔"
"میرا دل کہتا ہے کہ ایک دن وہ ضرور لوٹے گا۔ اور میں اس وقت تک کسی اور سے شادی نہیں کر سکتی۔"
"ٹھیک ہے۔ تُمہاری نظروں میں میری کوئی اہمیت ہے نہیں ہے۔"
"ایسا نہیں ہے پھوپھو۔"
وہ خاموش رہیں۔
"اوکے فائن! بعد میں آپ جس سے کہیں گی۔ میں شادی کر لوں گی۔"

......*

حیات کی پیشکش کے بعد حاشر سر ایک ہفتے میں نایاب کے گھر رشتے لے کر لکھنؤ پہنچ گئے۔ اُن کے آنے کے کچھ گھنٹے پہلے حیات خود لکھنؤ پہنچ گئی تھی۔
باشر سر کے چچا اور چچی جب رشتہ لے کر نایاب کے گھر پہنچے تو دروازہ نایاب کی والدہ نے کھولا۔ انہوں نے مہمانوں کو خوش آمدید کہا اور ڈرائنگ روم کی طرف رہنمائی کی۔ کمرے میں داخل ہوتے ہی نایاب کے والد نے آگے بڑھ کر ان سے مصافحہ کیا اور بیٹھنے کی درخواست کی۔
سب صوفے پر بیٹھ گئے۔
نایاب جب چائے کا ٹرے لے کر ڈرائنگ روم میں داخل ہوئی تو کمرے میں موجود تمام نگاہیں اس کی طرف اٹھ گئیں۔ اس نے آج خاص طور پر ایک ہلکے گلابی رنگ خوبصورت لباس پہنا تھا اور اس کی چال میں ایک خاص قسم کی نزاکت اور شرم و حیا تھی۔
حاشر سر، جو اپنے چچا اور چچی کے ساتھ بیٹھے گفتگو میں مصروف تھے، اُنہوں نے بھی نایاب کو دیکھا تو ان کی آواز یک دم

تھم گئی۔ ان کی آنکھیں حیرت اور ایک مبہوت کیفیت سے کھلی کی کھلی رہ گئیں۔ ایسا لگا جیسے وہ کسی خواب میں کھڑے ہوں، یا کسی ایسی فلم کا منظر دیکھ رہے ہوں جس میں ایک پری پردہ اٹھاتے ہی ان کے سامنے نمودار ہو گئی ہو۔
ان کے چہرے پر ایک لمحے کے لیے وقت رک سا گیا، جیسے وہ کسی اور دنیا میں پہنچ گئے ہوں۔ وہ جس کام میں مصروف تھے، وہ سب بھول گئے، ان کی توجہ مکمل طور پر اس لڑکی پر مرکوز ہو گئی جو آہستہ آہستہ ان کی طرف بڑھ رہی تھی۔
ان کے چچا نے ان کے بازو پر ہلکا سا ہاتھ رکھا، لیکن حاشر سر کو جیسے کچھ خبر ہی نہ تھی۔ وہ بس نایاب کو دیکھے جا رہے تھے، ایک ایسی کیفیت میں جو تعریف اور حیرت سے لبریز تھی۔
ان کی یہ حالت دیکھ کر نایاب کے چہرے پر ایک ہلکی سی مسکراہٹ نمودار ہوئی۔
جب نایاب چائے کا ٹرے میز پر رکھ رہی تھی، تو حیات نے حاشر سر کی طرف دیکھ کر ایک دلنشین مسکراہٹ کے ساتھ کہا۔
"سر، چایے کا کپ لے لیجئے!"
وہ اب ہوش میں آ چکے تھے، ایک ہلکی سی ہنسی ہنسے اور قدرے خجل ہو کر بولے۔
" تھینک یو!۔" ان کی نظریں ابھی بھی نایاب پر ٹکی ہوئی تھیں۔
نایاب بھی حیات کے پاس صوفے پر بیٹھ گئی۔ اُس نے حیات کو چایے کا کپ پکڑا دیا۔
اُس نے چایے کی ایک سپ لی۔ اس کی نظر بے خیالی میں حاشر سر کے چچا کی چھوٹی انگلی پر پڑی۔ ایک لمحے کے لیے اسے اس بوڑھی عورت کی بتائی ہوئی نشانیاں یاد آ گئیں - چھوٹی انگلی کا ٹیڑھا ہونا۔ حیات نے فوراً اپنے خیال کو جھٹک دیا، یہ محض اتفاق ہو سکتا تھا۔
تبھی وہ صوفے پر تھوڑا اوپر ہو کے بیٹھنے لگے اور ان کا پائجامہ ان کے ٹکھنے سے اٹھ گیا۔ حیات کی نظر ایک دم اس جلے ہوئے کالے گول نشان پر پڑی۔ وہ نشان... وہ بالکل ویسا ہی نشان تھا جیسا اس بوڑھی عورت نے بتایا تھا۔ اس کا دل زور سے دھڑکنے لگا، ایک سرد لہر اس کے جسم میں دوڑ گئی۔ اس کے ہاتھ سے چائے کا کپ بے اختیار چھوٹ گیا اور فرش پر گر کر کرچی کرچی ہو گیا۔

گرم چائے قالین پر پھیل گئی اور ٹوٹے ہوئے کپ کا شور کمرے کی خاموشی کو چیر گیا۔ سب کی نظریں حیات پر جم گئیں۔
"آر یو اوکے؟" حاشر سر نے تھوڑا اُس کی طرف بڑھتے ہوئے کہا۔
"یا.....آئی ایم فائن!"
وہ گھبرائی ہوئی کمرے سے چلی گئی۔
نایاب اور حاشر سر نے حیرت سے ایک دوسرے کو دیکھا۔
رشتہ پکا ہو گیا۔ اور مہینے کے آخر میں نکاح کی تاریخ طے کردی گئی۔
"کیا ہوا حیات؟" نایاب نے کمرے میں داخل ہوتے ہوئے پوچھا۔
"کچھ نہیں بس چکر آ گیا تھا۔ اب ٹھیک ہوں میں۔"
"اچھا سنو....ہم انابیہ کے گھر چلیں گے۔ انویٹیشن دینے۔ اور اُس کی طبیعت بھی ٹھیک نہیں ہے۔"
" ہاں...ٹھیک ہے چلیں گے۔ میں اُس کی شادی پر بھی نہیں آپائی تھی۔ جب چلنا ہوگا۔ بتا دینا میں ریڈی ہو جاؤں گی۔"
"اوکے...."

✷...✷...✷

وہ دونوں انابیہ کے گھر پہنچیں، انابیہ نے دروازہ کھولتے ہی دوڑ کر حیات کو زور سے گلے لگا لیا۔ اس کی آنکھوں میں ندامت اور پیار کے آنسو تھے۔
"حیات! مجھے معاف کر دو۔ مجھے سب کچھ بتا دینا چاہیے تھا۔" انابیہ کی آواز لرز رہی تھی۔
"انابیہ، کیا ہوا؟ تم کس بارے میں بات کر رہی ہو؟" حیات نے اسے حیرت سے دیکھا۔
انابیہ نے حیات کا ہاتھ پکڑ کر اسے صوفے پر بٹھایا اور نایاب کی طرف ایک افسوس بھری نظر ڈالی۔ پھر اس نے گہری سانس لی اور اپنی بات شروع کی۔
"فراز نے جو کچھ بھی تمہارے ساتھ کیا... کہیں نہ کہیں اس میں میری بھی غلطی تھی۔"
حیات کی بھنویں سکڑ گئیں۔ "تمہاری غلطی؟ کیا مطلب؟"
انابیہ نے اپنی بات جاری رکھی۔ "ایک دن... یونیورسٹی میں فراز نے تمہیں میرے ساتھ دیکھ لیا تھا۔"

حیات کو وہ دن دھندلا سا یاد آیا جب وہ انابیہ کے ساتھ بیٹھی تھی۔
"ہاں... تو؟" حیات نے پوچھا۔
"تو وہ مجھ سے تمہارے بارے میں پوچھنے لگا۔ اس نے پوچھا کہ وہ لڑکی کون ہے؟ جس کے ساتھ تم بیٹھی تھی۔ میں نے اسے بتایا کہ تم میری دوست ہو۔ تو کہنے لگا کہ وہ تمہیں پسند کرتا ہے۔
"میں نے بتا دیا کہ تم کسی اور محبت کرتی ہو۔"
"کس سے؟" فراز نے پوچھا۔
اس رات بارش میں تم جس لڑکے سے ملی تھی...میں نے اُس کے بارے میں ساری تفصیل اُسے بتا دی۔ اور میں نے صرف یہ اس لیے کیا کیوں کہ مجھے لگا کہ وہ سچ میں تم سے محبت کرتا ہے۔" انابیہ کی آواز میں ایک ہچکچاہٹ تھی۔
حیات کا دل ایک انجانے خوف سے دھڑکنے لگا۔ "اور پھر؟"
"اور اُس نے مجھے یقین دلایا کہ وہ بعد میں تمہیں سچ بتا دے گا، کہ وہ بارش والا لڑکا نہیں ہے۔" انابیہ نے بمشکل یہ الفاظ کہے۔
حیات کی آنکھیں حیرت سے پھیل گئیں۔ اس کا منہ کھلا کا کھلا رہ گیا۔ اس کے ذہن میں ایک دھند چھا گئی، جیسے اسے کچھ سمجھ نہ آ رہا ہو۔
"اسی وجہ سے میں خاموش رہی۔ مجھے نہیں معلوم تھا کہ کیا کرنا ہے؟" انابیہ نے روتے ہوئے کہا۔ "اور جب تمہارے ساتھ یہ سب ہوا... تب میں کینیڈا چلی گئی تھی۔ میری والدہ کی طبیعت بہت خراب تھی۔ مجھے یہاں آ کر سب پتہ چلا۔"
حیات بالکل ساکت بیٹھی رہی، جیسے اس کے جسم میں خون جم گیا ہو۔ اس کے چہرے پر ایک ایسا تاثر تھا جو ناقابل یقین حد تک حیران کن تھا۔ اس کی آنکھیں پھٹی کی پھٹی رہ گئیں، اس کا منہ قدرے کھلا ہوا تھا، اور اس کے ذہن میں انابیہ کے الفاظ گونج رہے تھے۔ بارش والا لڑکا... فراز نہیں تھا۔ یہ کیسے ممکن تھا؟
سچ کا سامنا کرنا ایک طوفان سے گزرنے جیسا ہے، جو سب کچھ بہا لے جاتا ہے، لیکن اس کے بعد سکون آتا ہے۔
حیات نے بارش کی رات کی سین کو اپنے سامنے اسکرین پر چلتے دیکھا۔
اُس شخص کے الفاظ اُس کے کانوں میں گونج رہے تھے۔ "(آپ کو کسی اچھے آئی اسپیشلسٹ کی سخت ضرورت ہے)"

......*

انابیہ کے گھر سے واپس آنے کے بعد حیات سیدھی اپنے کمرے کی طرف چلی گئی۔ اسماء بیگم نے اُسے پریشان دیکھ کر کچھ سوال کیے، لیکن حیات نے کسی کا کوئی جواب نہیں دیا۔ اس کی آنکھیں کسی انجانے درد سے پتھرائی ہوئی تھیں اور اس کا چہرہ بے تاثر تھا۔ نایاب بھی اُس کے پیچھے اُس کے کمرے میں چلی آئی اور خاموشی سے دروازہ بند کر دیا۔

حیات نے کمرے میں داخل ہوتے ہی جیسے کسی قیمتی شے کو ڈھونڈ رہی ہو، پاگلوں کی طرح ادھر اُدھر دیکھنے لگی۔ اس کی نظریں بے چینی سے ہر کونے میں اُس ایک چیز کو تلاش کر رہی تھیں جس کی یاد نے اس کے دل میں ایک طوفان برپا کر دیا تھا۔ آخر کار، اس کی نظریں الماری کے پاس پڑے ہوئے ایک کونے پر جم گئیں۔ وہاں وہ کالی چھتری پڑی تھی، جس میں ایک خوبصورت گٹار کا umbrella charm لگا تھا۔ یہ وہی چھتری تھی جو اُسے اُس بارش والی رات میں اُس اجنبی نے دی تھی۔

چھتری ملتے ہی حیات کے سارے بند ٹوٹ گئے۔ وہ فرش پر بیٹھ کر چھتری کو اپنے سینے سے لگائے بے اختیار پھوٹ پھوٹ کر رونے لگی۔ آنسوؤں کا ایک سیلاب تھا جو اس کے دل میں برسوں سے جمع شدہ درد اور تکلیف کو بہا لے گیا۔ ماضی میں ہوئے سارے واقعات ایک ایک کر کے اُس کی آنکھوں کے سامنے گھومنے لگے۔ وہ بارش والی رات، وہ اجنبی کی نرم آواز، اُس کی دی ہوئی چھتری... اور پھر فراز کا دھوکہ۔ وہ جھوٹ جس نے اُس کی محبت اور یقین کو ریزہ ریزہ کر دیا تھا۔ اُسے وہ تلخ حقیقت یاد آ گئی کہ جس شخص کو وہ اپنی پہلی محبت سمجھتی تھی، وہ دراصل ایک فریب تھا۔

اس کی آنکھوں سے بہتے آنسو اُس ٹوٹے ہوئے خواب کی گواہی دے رہے تھے جو کبھی اُس نے دیکھا تھا۔

نایاب بھی اُس کے پاس آکر فرش پر بیٹھ گئی۔

"حیات، رونا بند کرو۔ فراز نے تمہیں دھوکہ دیا۔ یہ تو تم بہت پہلے سے جانتی تھی۔"

"مگر یہ تو نہیں جانتی تھی نا، کہ وہ میری محبت کا مزاق بنائے گا۔ بارش کی رات میں جس شخص سے ملی۔ مجھے وہ انسان پسند آیا۔ میں نے صرف اُس کے بارے میں سوچا۔ اور فراز نے مجھے دھوکہ دے کر اُس انسان سے بھی نفرت کروا دی، جو میری نفرت کا حقدار نہیں تھا۔"
"تمہاری نفرت کا حقدار تو زہران بھی نہیں تھا۔"
اُس نے نایاب کی طرف دیکھا۔
"ہاں...وہ بھی نفرت کا حقدار نہیں تھا۔ مگر .... میں خود نفرت کی حقدار ہوں....اُس انجان شخص کی نفرت کی حقدار...زہران کی نفرت کی حقدار...."
"تم ابھی بھی اُس بارش والے شخص کو بھولی نہیں ہو۔"
"نہیں.."
"مطلب تم ابھی بھی اُس سے محبت کرتی ہو۔"
"مجھے نہیں پتہ... میں کچھ نہیں جانتی۔ لیکن میں اُس سے ملنا چاہتی ہوں۔ اُس کا شکریہ ادا کرنا چاہتی ہوں۔"
"اگر قسمت میں لکھا ہوگا، تو ضرور ملوگی۔"
وہ اٹھی اور اپنے کپڑے پیک کرنے لگی۔
"یہ کیا کر رہی ہو حیات؟"
"پیکنگ۔" حیات نے چھتری بھی ساتھ رکھ لی۔
"مجھے بھی دکھ رہا ہے۔ مگر کیوں؟"
"میں گجرات جا رہی ہوں۔"
"ابھی کتنے دن ہوئے ہی ہیں تمہیں آئے۔"
"کچھ ادھورے کام ہیں۔ جنہیں پورا کرنا ہیں۔ اور تم فکر مت کرو۔ تُمہاری شادی تک آ جاؤں گی۔"
"سنو، تم نے پھوپھو سے کہا ہے کہ، تم زہران کا اِنتظار کر رہی ہو؟"
"ہاں...کہا ہے۔ تمہیں کیسے پتا؟"
"پھوپھو نے بتایا ہے۔ کہہ رہی تھیں، کہ میں تمہیں سمجھاؤں۔"
"تو کیا سمجھاؤگی۔؟" حیات نے اُس کی طرف دیکھتے ہوئے پوچھا۔
"یہی کہ اُسے بھول کر آگے بڑھ جاؤ۔"
"کسے کسے بھول کر آگے بڑھوں۔ بارش والے شخص کو یا اُس دھوکہ باز فراز کو.... یا پھر زہران کو۔"
"سب کو بھول کر آگے بڑھ جاؤ۔"

"میرا دل بے بازار نہیں۔ ایک جائے دوسرا آ جائے۔ مجھے تو خود پر ترس آتا ہے۔ ترس نہیں بلکہ غصّہ آتا ہے۔ مجھے کیا چاہیے۔ کیا چاہت ہے میری۔ مجھے سمجھ نہیں آتا۔"

"حیات، اس میں تمہاری غلطی نہیں ہے۔ حالات ہی ایسے ہوگئے تھے۔ اگر فراز تم سے نا کہتا کہ، وہ بارش والا انسان ہے۔ تو کیا کبھی تمہیں اُس سے محبت ہوتی؟ اور ہوئی بھی نہیں۔ کیوں کہ تم شروع سے ہی بارش والے شخص کو پسند کرتی تھی۔ اُسے دیکھا بھی نہیں تھا۔ پھر بھی........ پھر زہران تم سے محبت کرنے لگا اور تم نے اُسے بارش والے شخص کے لیے ہی ٹھکرایا تھا۔ فراز کے لیے نہیں۔"

"لیکن مجھے اب کوئی نہیں چاہیے۔"

"حیات، فیصلہ کرو۔ تُمہاری زندگی میں تین انسان آئے۔ ایک وہ بارش والا شخص۔ دوسرا فراز اور تیسرا زہران۔ فراز کا چیپٹر کلوز ہو چکا ہے۔ وہ ایک انچاہا کردار تھا۔ اب بچے دو۔ بولو...بارش والا انسان یا زہران۔"

"یہ فیصلہ میرے بس کا نہیں ہے۔ میں نے اب اپنا فیصلہ اللہ پر چھوڑ دیا۔ اب وہ میری زندگی میں ہمسفر کا انتخاب کرے گا۔"

"زہران کو بھول سکوگی؟" نایاب نے اُسے دیکھا۔

"بھولنا بھی نہیں چاہتی۔"

......*

کئی مہینوں بعد، وہ ایک بار پھر ڈاکٹر فوزیہ کے کلینک میں بیٹھا تھا۔ کمرے میں وہی پرسکون ماحول تھا، لیکن زہران کے چہرے پر پہلے سے زیادہ سکون تھا۔ وہ کمرے میں داخل ہوئیں۔ اس نے ڈاکٹر فوزیہ کی طرف دیکھا، جس کے چہرے پر ایک اطمینان بھری مسکراہٹ تھی۔

"مسٹر زہران، آپ کیسے ہیں آج؟"

"میں ٹھیک ہوں۔ کافی بہتر، دراصل۔" زہران نے ایک ہلکی سی مسکراہٹ کے ساتھ جواب دیا۔

"بہت اچھی بات ہے۔ آپ امپروو کر رہے ہیں۔"

ڈاکٹر فوزیہ نے اپنی کرسی پر بیٹھتے ہوئے زہران کی طرف دیکھتے ہوئے کہا۔

"مسٹر زہران، آپ کی گرینڈ ما کا فون آیا تھا۔ وہ آپ کی خیریت دریافت کر رہی تھیں اور... وہ چاہتی تھیں کہ آپ اپنی زندگی میں آگے بڑھیں۔ ان کا کہنا تھا کہ اب آپ کو شادی کے بارے میں سوچنا چاہیے۔ اور حیات کو بھول کر زندگی میں آگے بڑھنا چاہیے۔"

زہران نے کھڑکی سے باہر دیکھا، جہاں شام کا سایہ چھا رہا تھا۔ اس نے ایک لمبی سانس لی اور پھر ڈاکٹر فوزیہ کی طرف مڑا۔

"میرے جسم سے اگر میری جان پرواز کر جائے، تب بھی میں مرنے کے بعد بھی اُسے نہیں بھولوں گا۔ کیوں کہ وہ میری روح کا حصہ ہے۔ اور روزِ حشر جب سب اپنے اعمال کا بوجھ اٹھائے کھڑے ہوں گے، میری کوئی دنیاوی خواہش نہیں ہوگی۔ حوریں... جنت کی پریوں کا تصور بھی میرے لیے بے معنی ہوگا۔ میری تو بس ایک ہی دعا ہوگی، ایک ہی التجا اس رب سے جس نے یہ کائنات بنائی ہے۔ میں کہوں گا...میں حورو کی تمنّا نہیں کرتا۔ مجھے بس میری محبت لوٹا دے۔ میں اپنی محبت کو مانگتا ہوں۔"

اس کی آواز میں ایک ایسی شدت تھی جس نے ڈاکٹر فوزیہ کو بھی خاموش کر دیا۔ اُنہیں معلوم تھا زہران کے دل میں حیات کی محبت کتنی گہری اور لازوال ہے۔ وہ اس یقین کو چیلنج نہیں کر سکتی تھیں، نہ ہی اس درد کو کم کر سکتی تھیں۔ وہ صرف ہمدردی سے اسے دیکھتی رہیں، جانتی تھیں کہ وقت ہی اس کے زخموں پر مرہم رکھ سکتا ہے۔

✷ . . . ✷ . . . ✷

دانیہ کے کینیڈا سے لوٹے مہینے گزر چکے تھے۔ گھر میں خوب چہل پہل تھی۔ عادل اور دانیہ کی آپس میں تیکھی نوک جھونک معمول کی بات تھی، اور زہران بھی ان کی باتوں پر ہلکی سی مسکراہٹ بکھیر دیتا۔

"کینیڈا کے پینگوئن! اب یہیں رہنا، وہاں تو صرف ٹھنڈ ہی ٹھنڈ دیکھی ہوگی۔ اور ویسے بھی وہاں کے لڑکے تو اب شکرانے کی نماز ادا کرتے ہوں گے، کہ تم کینیڈا سے چلی گئی۔"

"تمہیں کیا پتہ ملیشین چوہے! وہاں تو میرے پیچھے کتنے فاز گھومتے تھے۔"
زہران جو صوفے پر بیٹھا کتاب پڑھ رہا تھا، ان کی یہ ہلکی پھلکی لڑائی سن کر ایک دھیمی سی مسکراہٹ اس کے لبوں پر آئی۔
"زہران، تم بھی سنو اس کی بکواس؟ سارا دن فضول باتیں کرتا رہتا ہے۔" دانیہ نے زہران کی طرف دیکھتے ہوئے کہا۔
"میں فضول باتیں کرتا ہوں؟ تمہیں تو وہاں جا کر ہی میری کمی کا احساس ہوا ہوگا۔"
کچھ احساس نہیں ہوا تھا۔ وہاں میرے بہت اچھے دوست بن گئے تھے۔ اور وہاں تو مجھے ایک لڑکا ملا تھا... فاز نام کا۔"
زہران نے کتاب سے نظریں اٹھائیں، لیکن اس کے چہرے پر کوئی خاص تاثر نہیں تھا۔ عادل نے تجسس سے پوچھا، "لڑکا؟ واہ بھئی واہ! کینیڈا میں سیٹنگ کر لی؟ کیسا ہے یہ فاز؟"
"یار وہ اتنا کیوٹ ہے نا... بالکل کسی فلمی ہیرو کی طرح۔ اور باتیں بھی بہت اچھی کرتا ہے۔ ہم یونیورسٹی میں ملے تھے۔"
زہران نے ایک سپ لیا اور خاموشی سے کتاب پر واپس نظریں جما لیں۔
"وہ میرے برتھ ڈے پر بھی آ رہا ہے۔ تم دونوں بھی ملنا اس سے۔"
زہران نے سر ہلایا، جیسے وہ دانیہ کی بات سن رہا ہو، لیکن اس کے چہرے پر کوئی خاص دلچسپی یا ردعمل ظاہر نہیں ہوا۔ اس کی آنکھیں کتاب کے صفحات پر مرکوز تھیں، اور اس کا انداز بے نیازی کا تھا۔
عادل اور دانیہ نے زہران کی طرف دیکھا۔ پھر ایک دوسرے کو دیکھا۔
وہ دونوں بھائی بہن چاہ کے بھی اُسے ہنسا نہیں پائے۔
عادل نے موضوع بدلتے ہوئے کہا۔
"دانیہ تمہیں یاد ہے ، جب زہران نے غلطی سے کیمسٹری لیب میں وہ بدبودار بم بنا دیا تھا؟ پورا کالج تین دن تک اس کی اسمیل سے پریشان رہا تھا۔"
"یار عادل! وہ بدبو تو ایسی تھی کہ کھانا بھی مشکل ہو گیا تھا۔ مجھے تو لگا تھا کوئی مرا ہوا جانور پڑا ہے۔"

"وہ غلطی سے ہو گیا تھا۔ میں ایک نیا تجربہ کر رہا تھا اور فارمولا تھوڑا گڑبڑ ہو گیا۔" زہران نے فوراً صفائی پیش کی۔
اُن دونوں کی کوشش اب کامیاب ہو رہی تھی۔
"تھوڑا گڑبڑ؟ وہ تو حیاتیاتی ہتھیار بن گیا تھا، حیاتیاتی ہتھیار! اور تمہیں یاد ہے جب فائنل ایگزام کے دوران زہران نے پوری کلاس کو غلط جواب بتا دیے تھے؟"
"میں نے جان بوجھ کر نہیں کیا تھا۔ مجھ سے خود غلطی ہو گئی تھی۔" زہران نے احتجاج کیا۔
"ہاں، اور اس 'غلطی' کی وجہ سے آدھی کلاس فیل ہوتے ہوتے بچی تھی۔ ٹیچر نے تو زہران کو کلاس کا (Leader of Misguidance) کا خطاب دے دیا تھا۔" دانیہ ہنسی۔
"بالکل! اور وہ جو کالج کے فنکشن میں زہران نے ڈانس کیا تھا؟ اوہ مائی گاڈ! ایسا لگ رہا تھا جیسے کوئی زخمی مرغا تڑپ رہا ہو۔" عادل ہنسی روک نہیں پایا۔
"یار وہ میرا دن اچھا نہیں تھا۔ اور میں کبھی اچھا ڈانسر نہیں رہا۔" زہران نے شرمندہ ہو کر کہا۔
"اچھا؟ مجھے تو لگا تھا تم کوئی دوسری مخلوق ہو۔ وہ کون سا ڈانس تھا؟ 'تڑپتا ہوا زہران'؟"
"تڑپتا ہوا زہران! زبردست نام ہے۔ آئندہ سے میں اسے، اسی نام سے پکاروں گا۔"
زہران نے دونوں کو گھور کر دیکھا، لیکن اس کے ہونٹوں پر بھی ہلکی سی مسکراہٹ تھی۔ عادل اور دانیہ ایک دوسرے کی طرف دیکھ کر مسکرائے۔
"اور زہران، تمہیں یاد ہے جب کالج میں نئی لڑکیاں آئی تھیں تو تم نے بازو پھیلا کر ایسے استقبال کیا تھا جیسے کوئی بادشاہ اپنی سلطنت میں مہمانوں کا استقبال کر رہا ہو؟"
"ہاں! اور ساتھ میں رومانوی میوزک بھی گنگنا رہا تھا۔ ایسا لگ رہا تھا جیسے کوئی فلم کا سین چل رہا ہو۔" دانیہ نے اُسے یاد دلانے کی کوشش کی۔
"یار وہ بس مذاق تھا۔ میں تو ویسے ہی..." زہران نے شرمندہ ہو کر کہا۔

"مذاق؟ تمہارے چہرے پر تو باقاعدہ 'ویلکم ٹو مائی ورلڈ' والی اسمائل تھی۔ اور وہ لڑکیاں تمہیں دیکھ کر ایسے گھبرا گئی تھیں جیسے انہوں نے کسی خلائی مخلوق کو دیکھ لیا ہو۔"
"بالکل! ایک لڑکی تو پیچھے مڑ کر اپنی دوست سے پوچھ رہی تھی، یہ کون ہے؟ کیا یہ کالج کا مجسمہ ہے جو زندہ ہو گیا ہے؟""
"تم شاید بھول رہی ہوں۔ تُمہاری دوست جو میرے پیچھے ہاتھ دھو کر پڑ گئی تھی۔ اور میرے انکار پر اُس نے خودکشی کر لی تھی۔" زہران نے اُسے یاد دلانے کی کوشش کی۔
"ہاں یار! وہ مجھے بہت یاد آتی ہے۔" دانیہ نے قدرے افسردگی سے کہا۔
"تو جا کر مل لو۔ کون سا وہ مر گئی۔ ہاتھ کو ہلکا سا کاٹا تھا۔ وہ بھی نبض سے دو انچ اوپر۔" زہران نے طنز کیا۔
وہ پھر اپنی کتاب پڑھنے میں مصروف ہو گیا۔
"یہ تم کیا ہر وقت ناولز پڑھتے رہتے ہو؟ اس دنیا سے بھی کوئی رابطہ ہے یا بس ان بے جان کاغذوں میں ہی اپنی زندگی تلاش کرو گے؟" دانیہ نے کتاب کی طرف اشارہ کرتے ہوئے کہا۔
"بے جان کاغذ؟ دانیہ، تم غلط سمجھ رہی ہو۔ یہ تو میری کائنات ہیں۔ یہاں ہر صفحہ ایک دھڑکتا ہوا دل ہے، ہر سطر ایک سانس لیتی ہوئی زندگی۔ ان کرداروں میں میری روح بستی ہے، ان کی کہانیوں میں میرا ماضی، میرا حال، میرا مستقبل پنہاں ہے۔ شاید کتابوں میں لوگوں کو ان کی محبت مل جاتی ہے... اور مجھے؟ مجھے میری محبت انہی کتابوں میں ملتی ہے۔ اصل زندگی میں تو محبت کا دوسرا نام ہی جدائی ہے، لیکن ان صفحات میں، محبت ابدی ہے، لازوال ہے۔
تم شاید اس رشتے کو نہیں سمجھ سکتی جو میرا ان کتابوں سے ہے۔ یہ کتابیں میری روح کا دوسرا حصہ ہیں۔
دانیہ نے سر پکڑ لیا۔ اور عادل حیرت سے زہران کو دیکھتا رہا۔
عادل نے اُس کمرے میں نظریں گھماتے ہوئے، جو ناولوں اور کتابوں کے انبار سے اٹا پڑا تھا۔ "ویسے زہران، یہ سب دیکھ کر ایک سوال تو بنتا ہے... اب تک کتنی کتابیں رگڑ ماری ہوں گی تم نے؟ کوئی اندازہ بھی ہے؟"
زہران نے کتاب سے نظریں ہٹائے بغیر، انگلی صفحے پر جمائے ہوئے کہا۔

"کتنی؟ عادل، یہ پوچھنا ایسا ہی ہے جیسے سمندر کی لہروں کو گننا، یا رات کے آسمان پر تاروں کی تعداد کا اندازہ لگانا۔ ہر کتاب ایک کائنات ہے، اور میرے کمرے میں ایسی لاتعداد کائناتیں سمائی ہوئی ہیں۔ ان میں کچھ اتنی پرانی ہیں کہ ان کے صفحات صدیوں کی کہانیاں سناتے ہیں، کچھ اتنی نئی کہ ان کی روشنائی ابھی تازہ ہے۔ کچھ اتنی موٹی ہیں کہ انہیں ختم کرتے کرتے ایک زندگی بیت جائے، اور کچھ اتنی مختصر کہ ایک نشست میں روح کو سیراب کر دیں۔ ان میں ناول ہیں، جو انسانی جذبات کی اتھاہ گہرائیوں میں غوطہ زن کرتے ہیں؛ شاعری ہے، جو لفظوں میں موسیقی بھر دیتی ہے؛ تاریخ ہے، جو گزرے ہوئے زمانوں کی داستان سناتی ہے؛ فلسفہ ہے، جو زندگی کے رازوں سے پردہ اٹھاتا ہے۔ سائنس ہے، جو کائنات کے اسرار کو بے نقاب کرتی ہے۔ اور ہر ایک کتاب ایک نیا دروازہ ہے، ایک نئی دنیا کی طرف کھلتا ہوا۔ تو کتنی؟ یہ مت پوچھو عادل... بس اتنا جان لو کہ اگر ان سب کو ایک قطار میں رکھا جائے تو شاید یہ زمین کے گرد ایک چکر لگا سکتی ہیں... اور ہر کتاب میں اتنی کہانیاں ہیں کہ اگر انہیں سنایا جائے تو شاید کئی زندگیاں کم پڑ جائیں۔"

اُس کا کمرا، کمرا نہیں بلکہ لائبریری لگ رہا تھا۔

الماری کتابوں سے اٹی پڑی تھی، لیکن ہر کتاب مصنف کے نام کے حروف تہجی کے مطابق سلیقے سے جمی ہوئی تھی۔ ضخیم کلاسیکی کتابیں اوپر والی شیلف پر وقار سے ایستادہ تھیں، جبکہ رنگ برنگی ناول ایک ادبی خاندان کی طرح ساتھ ساتھ تھے۔ شاعری کی نازک جلدیں ایک رومانوی گوشہ بنائے ہوئے تھیں، اور علمی کتابیں موضوع کے لحاظ سے منظم قطاروں میں کھڑی تھیں۔ یہ محض کتابیں نہیں، زہران کی مرتب کردہ علم کی ایک پرسکون دنیا تھی۔

✷ . . . ✷ . . . ✷

"I don't believe this کہ میرے چچا ایسا کر سکتے ہیں۔ وہ... وہ ہمیشہ سے اصولوں کے پابند رہے ہیں۔ یہ کیسے ممکن ہے کہ وہ کسی غریب عورت کی زمین پر قبضہ کر لیں؟ آپ یقین سے کہہ رہی ہیں مس صدیقی؟"

حاشر سر نے حیات کی بات سن کر کرسی کی پشت سے ٹیک لگاتے ہوئے کہا۔ ان کے چہرے پر بے یقینی اور انکار کے آثار نمایاں تھیں۔

"یس سر۔ میرے پاس ثبوت ہے۔" حیات نے اُنہیں اُس بوڑھی عورت کی ریکارڈنگ سنا دی۔ جو اُس نے اُس دِن کی تھی۔

حاشر سر نے اپنا سر پکڑ لیا۔ اُنہیں جیسے اپنے کانوں پر یقین نہیں آرہا تھا۔

"مس صدیقی، اگر میرے چچا نے اُس عورت کے ساتھ نا انصافی کی ہوگی، تو میں اُس عورت کو انصاف دلاؤں گا۔"

"یہی کام کبھی میرے دادا جان بھی کرنا چاہتے تھے۔ اُس عورت کو انصاف دلانا چاہتے تھے۔ پھر کیا ہوا۔ میرے دادا کو کسی نے بے رحمی سے قتل کے دیا۔"

"واٹ؟ آپ کے دادا کا قتل ہوا تھا۔ کیا قاتل پکڑا گیا؟"

"نہیں۔"

"کیوں؟" اُنہوں نے حیرت سے پوچھا۔

"کیوں کہ قاتل کا پتا نہیں چلا، کہ وہ کون تھا؟"

"آپ کے گھر والوں کو، یا آپ کو کسی پر شک ہے؟"

"یس!"

"کس پر؟" اُنہوں نے شویش سے پوچھا۔

"لقمان ملک پر۔"

"مس صدیقی، میرے چچا ایسا نہیں کر سکتے۔"

"ٹھیک ہے، یہ بھی بہت جلد پتا چل جائے گا، کہ میرے دادا جان کا قاتل کون ہے؟ اور وہ جو کوئی بھی ہوا میں اُسے سلاخوں کے پیچھے ڈال کر ہی دم لوں گی۔ میں اُس کے غرور کو مٹی میں ملا دوں گی، اُس کی آنکھوں میں خوف اور پچھتاوے کی وہ جھلک دیکھوں گی، جو ہر رات میرے دادا جان کے خون کی فریاد کو تسکین دے گی۔ میں اسے اس کے انجام تک پہنچا کر رہوں گا، کیوں کہ میرے دادا کا خون معافی کا نہیں، انصاف کا طلبگار ہے۔"

......*

جب وہ اپنے چچا کے گھر پہنچے تو ان کے دل میں ایک عجیب بے چینی تھی۔ حیات کی باتوں پر یقین کرنا مشکل تھا، لیکن اس کی آنکھوں میں چھپی سچائی کو بھی نظر انداز نہیں کیا جا سکتا تھا۔ انہوں نے سیدھے اپنے چچا کے کمرے کا رخ کیا۔

"چچا جان، کیا یہ سچ ہے جو میں نے سنا ہے؟ کیا آپ نے کسی عورت کی زمین پر قبضہ کیا ہے؟" اُنہوں نے دروازہ کھول کر، قدرے لرزتی ہوئی آواز میں کہا۔

وہ ایک آرام دہ کرسی پر بیٹھے اخبار پڑھ رہے تھے۔ حاشر سر کی آواز سن کر انہوں نے قدرے ناگواری سے اخبار نیچے رکھا۔

"یہ کیسی بے بنیاد باتیں کر رہے ہو حاشر؟ میں نے کسی کی زمین پر قبضہ نہیں کیا۔ یہ سب افواہیں ہیں۔ کون پھیلا رہا ہے یہ سب؟" اُنہوں نے قدرے نا گواری سے کہا۔

"حیات نے مجھے بتایا۔ اس نے اپنی آنکھوں سے دیکھا ہے۔ وہ عورت بہت پریشان ہے۔"

لقمان ملک نے ایک سرد قہقہہ لگایا۔

"عورت... ہر عورت ڈرامے باز ہوتی ہے۔ اور ویسے بھی وہ جو کوئی بھی ہے۔ اپنا حق جتانے کے لیے جھوٹ بول رہی ہوگی۔ تم اس کی باتوں میں مت آؤ۔"

حاشر سر کو اُن کے لہجے میں کچھ گڑبڑ محسوس ہوئی۔ ان کی آنکھیں سچائی تلاش کر رہی تھیں۔

"لیکن چچا جان، اگر وہ سچ کہہ رہی ہو تو؟ کسی کا حق مارنا تو گناہ ہے۔"

چچا جان نے کچھ دیر حاشر صاحب کو گھورا، پھر ان کے چہرے پر ایک سرد اور بے حس مسکراہٹ نمودار ہوئی۔

"سچ؟ حق؟ یہ سب کمزوروں کے بہانے ہیں۔ طاقتور اپنا حق خود چھین لیتے ہیں۔"

"لیکن میں آپ کو کسی مظلوم کا حق نہیں چھیننے دوں گا۔"

"تم مجھے روکو گے؟" وہ قہقہہ لگا کر ہنسے۔

"تم جانتے بھی نہیں ہو حاشر میں کیا کر سکتا ہوں۔ آج سے تقریباً بیس سال پہلے ایک بوڑھا آدمی اسی طرح میری راہ میں روڑا اٹکا رہا تھا۔ اس زمین کے معاملے میں بہت بول رہا تھا۔ تو میں نے اس کا حساب چکا دیا تھا۔

بنا ٹکٹ کے اوپر پہنچا دیا۔ اور کوئی میرا کچھ بگاڑ نہیں سکا۔"
حاشر سر کے چہرے کا رنگ فق ہو گیا۔
"آپ... آپ نے انصار صدیقی کو... بیس سال پہلے؟" وہ صدمے اور خوف کے عالم کہہ رہے تھے۔
لقمان ملک کی آنکھوں میں ایک خطرناک چمک آئی۔ انہوں نے کرسی پر آگے جھک کر حاشر سرکو گھورا۔ اور دھمکی آمیز لہجے میں کہا۔
"ہاں، میں نے۔ اور اگر تم نے ان سارے معاملات میں ذرا بھی چوں و چرا کی، یا اس عورت کی مدد کرنے کی کوشش کی، تو تمہارا انجام بھی وہی ہوگا جو میں نے انصار صدیقی کا کیا تھا۔ جو میں نے بیس سال پہلے کیا تھا وہ میں اب بھی کر سکتا ہوں۔ اور میں کسی رشتے کا لحاظ نہیں کروں گا، سمجھ گئے؟ اپنے کام سے کام رکھو، ورنہ تمہاری زندگی بھی خطرے میں پڑ جائے گی۔"
حاشر سر پر ایک سرد لہر دوڑ گئی۔ اپنے ہی چچا کے منہ سے بیس سال پرانے قتل کا اعتراف سن کر وہ ہل گئے۔
"حاشر میری بات سمجھے، بنا ٹکٹ کے اوپر" وہ مسکرائے۔
"اور میں بھی آپ سے وعدہ کرتا ہوں۔ میں آپ کو بنا ٹکٹ کے جیل بھیجوں گا۔"

✷ . . . ✷ . . . ✷

اُنہوں نے سارے کیس کو اسٹڈی کیا۔ یہ کیس بہت ہی مشکل تھا۔ اُنہوں نے حیات سے کہا کہ وہ لقمان ملک کے خلاف رپورٹ درج کرائے۔
وہ دروازے پر دستک دے کر کمرے میں داخل ہوئی۔
"سر مجھے آپ سے کچھ بات کرنی ہے۔"
"جی مس صدیقی"
"سر، میں چاہتی ہوں کہ آپ یہ سب اپنی شادی کے بعد کریں۔ آپ کی شادی میں بس ایک ہفتہ ہی باقی ہے۔ اور نایاب کو ان سارے معاملات کے بارے میں پتا نہ چلے، ورنہ معلوم نہیں وہ کس طرح رایکٹ کرے گی۔"
"آئی انڈسٹینڈ!"
حیات جانے کے لیے مڑی۔
"مس صدیقی! اُنہوں نے آواز دی۔
"یس سر! حیات نے پلٹ کر کہا۔

"آئی ایم سوری!"
"بٹ وائے؟"
"میرے چچا نے ماضی میں آپ کے دادا کے ساتھ جو کچھ کیا، میں اُس پر بہت شرمندہ ہوں۔ مجھے نہیں سمجھ آ رہا کہ میں کس منہ سے آپ سے معافی مانگوں۔ لیکن میں نے جو وعدہ کیا ہے، میں اُسے ضرور پورا کروں گا اور آپ کے دادا کو انصاف دلاؤں گا۔ میں جانتا ہوں یہ سب میرے لیے آسان نہیں ہوگا۔ میرے والدین کے جانے کے بعد میرے چچا ہی میرے لیے ماں باپ کی طرح تھے۔ اُنہیں سلاخوں کے پیچھے دیکھنا جلتے ہوئے کوئلے کو اپنی آنکھوں میں ڈالنے سے زیادہ اذیت ناک ہوگا۔ لیکن میں حق اور سچ کا راستہ نہیں چھوڑ سکتا۔ میں میزانِ عدل کو قائم رکھوں گا۔ اور انصاف کے ترازو میں اگر انصاف اور رشتے کو تولہ جائے، تو انصاف کا پلڑا بھاری ہوگا۔"
"تھینک یو سر! لیکن اپنے دادا کا کیس میں پرسنلی لڑنا چاہتی ہوں۔ اور یہ ثابت کرنا چاہتی ہوں۔ جب لگن سچی ہو، تو منزل مل ہی جاتی ہے۔"
"لیکن مس صدیقی، یہ آپ کی زِندگی کا پہلا کیس ہوگا۔ اور یہ کیس ہم ہار نہیں سکتے۔ اس لیے پلیز! آپ مجھے یہ کیس خود لڑنے دیں۔"
"سوری سر! یہ کیس تو میں ہی لڑوں گی۔ اور ویسے بھی میں نے آپ کے انڈر دو سال پریکٹس کی ہے۔ اتنا ایکس پیرینس تو مجھے بھی ہے۔"
اے سالکِ راہِ حق! جان لے کہ یہ دنیا ایک ترازو ہے۔ اور اس ترازو کا نام ہے 'میزانِ عدل'۔ ہر عمل، ہر خیال، ہر سانس یہاں تولا جاتا ہے۔ ذرا بھی کمی بیشی ہوئی تو حساب سخت ہے۔ بس اپنی نیت کو خالص رکھ اور اپنے فعل کو عدل پر قائم۔ یہی بندگی ہے، یہی رہائی ہے۔

✱ . . . ✱ . . . ✱

کوالا لمپور کی ایک سنسان سڑک، جالان امپی پر پہلی بارش برس رہی تھی۔ سڑکیں گیلی تھیں اور ان پر مدھم روشنی منعکس ہو رہی تھی، جس سے ایک دھندلا سا منظر پیدا ہو رہا تھا۔ آس پاس کے فلک بوس عمارتوں کی روشنیاں بارش کی بوندوں میں دھندلی دکھائی دے

رہی تھیں، اور ہوا میں ایک تازگی اور نمی کا احساس تھا۔ دور سے شہر کی زندگی کی ہلکی سی گونج سنائی دے رہی تھی، جو اس تنہائی میں ایک مبہم سا پس منظر بنا رہی تھیں۔
اسی جالان امپی پر، بارش میں بھیگتا ہوا ایک شخص آہستہ آہستہ قدم اٹھا رہا تھا۔ وہ سڑک کے کنارے چل رہا تھا، بارش کی ہلکی بوندیں اس کے بالوں اور کپڑوں کو تر کر رہی تھیں۔ بارش کے پانی اس کے چہرے پر بکھرے ہوئے تھے۔ اس نے ایک کالی شرٹ اور ڈھیلا ڈھالا ٹاوزر پہن رکھا تھا۔ یہ زہران تھا۔
اس کا دل غم سے بوجھل تھا، اور اس کی روح اپنے خالق کے حضور فریاد کناں تھی۔ اُس نے نظریں اٹھا کر آسمان کی طرف دیکھا۔
"یا اللہ...میں نے سنا ہے جب تو اپنی رحمت کی بارش برساتا ہے تو کائنات میں خوشی پھیل جاتی ہے۔ لیکن آج یہ کیسی بارش ہے جو میرے آنسوؤں کے ساتھ مل کر میری تنہائی کو اور گہرا کر رہی ہے؟ یہ جدائی کا غم، یہ تنہائی کا زہر... اب مجھ سے سہا نہیں جاتا۔ میرے عزیز مجھ سے دور ہو گئے، اور میں بے بس کھڑا ہوں۔ یہ کیسا امتحان ہے؟ میں اس کے بغیر کیسے جیوں گا؟ تجھے تیرے رحیم ہونے کا واسطہ... اس دل پر رحم کر جو اپنوں کی جدائی سے ٹکڑے ٹکڑے ہو گیا ہے۔ تجھے تیرے کریم ہونے کا واسطہ... مجھے اس غم کو سہنے کی طاقت دے، جو ہر لمحہ میری جان لیتا ہے۔ لیکن میں مرتا نہیں۔ مجھے اس اذیت سے نکال دے۔ آخر تو میرا بھی خدا ہے۔ میں جانتا ہوں، تو اپنے بندوں کو آزماتا ہے۔ میں تجھ سے شکوہ نہیں کر رہا، میں بس سکون چاہتا ہوں۔ تو میرے گناہوں کو بخش دے۔
میرے بابا کا سایہ میرے سر سے اٹھ گیا۔ جِسے چاہا وہ بھی چھن گیا۔
میرے بھائی بہن، جن سے میں بات کرنے کو ترس گیا ہوں۔ یا اللہ، یہ کیسی دوری ہے جو تو نے میرے نصیب میں لکھ دی؟ میں کس سے شکوہ کروں، کس کے سامنے اپنے درد کا قصہ بیان کروں؟
تجھے تیرے عدل کا واسطہ... مجھے صبر عطا فرما۔ مجھے اتنی ہمت دے کہ میں اس امتحان میں سرخرو ہو سکوں۔ اور میرے بھائی بہنوں کے دلوں میں میری محبت قائم رکھنا۔ میں چاہ کر بھی اُن سے نہیں مل سکتا۔ کیوں جب وہ مجھ سے پوچھیں گے۔ میں نے اُنہیں کیوں چھوڑ دیا۔ تو میں اُنہیں کیا جواب دوں گا۔ اگر سچ کہا تو وہ اپنی

ماں سے نفرت کریں گے۔ اور اگر جھوٹ کہا تو وہ مجھ سے نفرت کریں گے۔
یا رب، میں کمزور بندہ ہوں۔ میری مدد فرما۔ اس تنہائی کے اندھیرے میں مجھے روشنی دکھا۔ میرے دل کے زخموں پر مرہم رکھ مجھے وہ سکون عطا کر جس کے لیے میری روح ترس رہی ہے۔ تجھ سے ہی مدد مانگتا ہوں، اور تجھ پر ہی بھروسہ کرتا ہوں۔"
اپنے بھیگے ہوئے ہاتھوں سے چہرے پر بہتے آنسوؤں کو صاف کرتے ہوئے، زہران کی ہمت جواب دے گئی۔ اس کے پاؤں لڑکھڑائے اور وہ کوالا لمپور کی گیلی سڑک، جالان امپی پر گھٹنوں کے بل بیٹھ گیا۔ اس کا سر جھک گیا اُس نے اپنے ہاتھوں سے اپنا چہرہ ڈھانپ لیا۔
ایک گہری، دبی ہوئی سسکی اس کے سینے سے نکلی۔
پھر جیسے بند ٹوٹ گیا ہو۔ وہ پھوٹ پھوٹ کر رونے لگا۔ اس کے آنسو اب بے قابو ہو کر بارش کے پانی میں شامل ہو رہے تھے، ایک ایسی روانی جو اس کے اندر کے طوفان کی عکاسی کر رہی تھی۔ اس کے کندھے ہچکولے کھا رہے تھے اور اس کی آواز، وہ بے اختیار سجدے میں گر گیا۔ اُس کی آواز جو پہلے دبی ہوئی تھی، اب ایک دردناک فریاد میں بدل رہی تھی۔
"کیوں آخر کیوں؟ میں اُسے بھول نہیں پا رہا۔ لعنت ہے تم پر زہران خان تم ایک لڑکی کے لیے اتنا بےبس اتنا بے اختیار ہو گئے۔ تمھارا دل تمھارے اختیار میں نہیں رہا۔ تمھارا دماغ تمھارے بس میں نہیں ہے۔ نفرت ہے مجھے خود سے۔ میرے وجود سے۔ میری چاہت سے۔ اور ہر اُس شخص جس نے میری پسند کو پسند کیا۔"
وہ اب بھی سڑک پر سجدے میں پڑا بارش میں رو رہا تھا۔ بلکل ایک بچے کی طرح۔
"یا اللہ..... میں تھک گیا ہوں، ٹوٹ گیا ہوں، بکھر گیا ہوں... میری چاہت میرے گناہ بن گئی ہے... میری محبت میری سزا بن گئی ہے! یا اللہ....میرے گناہوں کو بخش دے۔ میری غلطیوں کو معاف کردے۔ میرا دل بند ہو رہا ہے۔ یہ تکلیف اب مجھ سے برداشت نہیں ہو رہی۔"
بارش میں اُس کے جو آنسو گرے، وہ زمین نے پیا، اور جو سسکیاں اٹھیں، وہ آسمان نے سنی۔ آج اُس کے اس حالت پر آسمان بھی رو رہا تھا۔ زمین سسک رہی تھی۔
اُس نے سجدے سے سر اٹھایا۔

اچانک اُس کے آنسو رک گئے۔ اُس کی سسکیاں ختم ہو گئی اُسے سکون محسوس ہونے لگا۔ آج بارش میں اُس کے سارے گناہ دھل گئے۔ بے سکونی بارش کے پانی میں بہہ گئی۔ آج شاید وہ آزاد تھا لیکن صرف اپنے گناہوں سے۔ مگر یادوں کی قید سے رہائی نہیں ملی۔

✷ . . . ✷ . . . ✷

"آپ کا نکاح حاشر ملک ابن جمال ملک کے ساتھ کیا جاتا ہے۔ کیا آپ کو یہ نکاح قبول ہے؟"

"قبول ہے۔" نکاح کی رضامندی مل گئی۔ نکاح پورا ہوا۔ اور قاضی نے دعا کی۔

حیات نایاب کے پاس سے اٹھ کر باہر لان میں چلی آئی۔ انیسہ بیگم بھی اُس کے پیچھے چلی آئیں۔

"حیات،" اُنہوں نے پیچھے سے آواز دی۔

وہ پلٹی۔ "جی آنٹی۔"

"کیسی ہو بیٹا؟"

"ٹھیک ہوں۔ الحمداللہ۔" حیات نے جواب دیا۔

"اب تم بھی شادی کے بارے میں سوچو۔ تُمہاری ساتھ کی سبھی لڑکیوں کی شادی ہو گئی ہے۔"

"سب کو میری شادی کے علاوہ اور کچھ نظر ہی نہیں آتا۔ اندھے لوگ۔" وہ بڑبڑائی۔

"کچھ کہا تم نے بیٹا؟"

"نہیں کچھ نہیں"

"تو پھر کب کر رہی ہو شادی؟"

"جب اللہ کا حکم ہوگا۔"

"بات تو سہی ہے تُمہاری۔ اور میں جانتی ہوں، جو کچھ تمہارے ساتھ ماضی میں ہوا اُسے بھولنا مشکل ہے۔ لیکن ماضی کی تلخیوں کو بھول کر زندگی میں آگے بڑھنا پڑتا ہے۔ تمہارے انکل کے جانے کے بعد تو مجھے لگا، کہ میں بھی مر جاؤں گی۔ لیکن زندہ ہوں۔ اور زبران کی حالت دیکھ کر ہم سب بہت پریشان ہوئے تھے۔ لیکن دیکھو اب وہ اپنی زندگی میں خوش ہے۔"

زبران کا نام سنتے ہی حیات نے اُن کی طرف دیکھا۔

"اپنی فیملی کے ساتھ لندن گیا ہے۔"
"فیملی؟ مگر آپ لوگ تو یہی ہیں۔" حیات نے حیرت سے کہا۔
"اپنی نئی فیملی کے ساتھ، اپنی بیوی اور بچوں کے ساتھ"
"بیوی؟ بچے؟"
"ہاں، اُس نے تین سال پہلے ملیشیا میں شادی کر لی تھی۔ اپنی پسند سے۔"
وہ وقف رنگت اور کانپتے ہوئے ہاتھوں کے ساتھ وہاں سے چلی گئی۔ اُسے اپنے کانوں پر یقین نہیں آیا۔
نایاب کی رخصتی کا وقت ہو گیا تھا۔ وہ کمرے میں داخل ہوئی۔
"کہاں چلی گئی تھی؟ میں کب سے تمھارا انتظار کر رہی تھی۔"
"کوئی کسی کا انتظار نہیں کرتا۔" وہ بیڈ پر بیٹھ گئی۔
"کیا ہوا تم رو کیوں رہی ہو؟" نایاب نے قدرے پریشانی سے پوچھا۔
"اُس نے شادی کر لی۔"
"کس نے شادی کر لی؟"
"اُسی نے، جو قیامت تک انتظار کرنے کا دعوہ کرتا تھا۔ مگر چند سال بھی انتظار نہیں کر سکا۔" اُس کے کان میں زہران کے الفاظ گونج رہی تھے۔ "(تم اگر کہو گی انتظار کرنے کو، میں انتظار کروں گا، جب تک یہ کائنات قائم ہے۔ تب تک اگر اس دنیا میں وصل مقدر نہیں، تو روزِ حشر تک تمھاری راہ تکوں گا)"
"زہران نے؟" نایاب نے قدرے حیرت سے پوچھا۔
حیات خیالات کی دنیا سے باہر آئی۔ اور اثبات میں سر ہلایا۔
"اُف حیات! کس نے کہا یہ سب ؟"
"انیسہ آنٹی نے۔" حیات نے جواب دیا۔
"وہ تو زہران سے اتنی نفرت کرتی ہے، کہ اُس کے مرنے کی جھوٹی خبر بھی لوگوں کو دے سکتی ہیں۔"
"وہ اُس سے نفرت کیوں کریں گی؟" حیات نے تشویش سے پوچھا۔
"کیوں کہ زہران اُن کی سوتن کا بیٹا ہے۔ اور تایا جان نے زہران کی والدہ سے محبت کی شادی کی تھی۔ وہ اُس کی والدہ سے محبت کرتے تھے۔ مگر دادی جان کی ضد پر اُنہوں نے انیسہ تائی سے شادی کرلی۔ پھر ایک سال بعد اُنہوں نے ملیشیا جا کر زہران کی والدہ سے شادی کر لی۔ زہران جب ایک سال کا ہوا، تو وہ اُنہیں ساتھ لکھنؤ لے آئے۔ اور پھر اپنی دونوں بیوی میں انصاف کیا۔ ۵۰ فیصد پراپرٹی

زہران کی والدہ کے نام کر دی۔ اور ۵۰ فیصد عمیر کی والدہ(یعنی انیسہ بیگم) کے نام کردی۔ مگر اُنہیں پھر بھی وہ پراپرٹی کم لگتی تھی۔ اور وہ زہران سے حسد کرتی تھیں۔ زہران نے اپنی پراپرٹی اُن کے منہ پر دے ماری، اور ملیشیا چلا گیا۔ اور اُس کے ملیشیا جانے کے بعد اُس نے کسی سے رابطہ نہیں کیا۔ نا عمیر سے نا ماہرا سے اور نا ہی تائی جان سے۔ اور یہ سب مجھے علشبہ نے بتایا ہے۔ یہ سب اُس دِن ہوا تھا جس دن تُمہاری شادی فراز سے تھی۔"
حیات خاموشی سے اُس کی بات سنتی رہی۔
"لیکن ہو سکتا ہے اُس نے شادی کر لی ہو۔ اور ویسے بھی وہ مجھ سے جھوٹ کیوں بولیں گی؟" اُس نے مجھ لفظ پر زور دیتے ہوئے کہا۔
"شاید کرلی ہو۔ یہ سوچ کر، کہ تم نے فراز سے شادی کر لی ہے۔"
وہ خاموش رہی۔
"اچھا یہ سب چھوڑو.....تُمہاری رخصتی کا وقت ہو گیا ہے۔" حیات نے اُس کا دوپٹہ ٹھیک کرتے ہوئے کہا۔ اور مسکرانے کی کوشش کی۔

✷...✷...✷

ان دنوں حیات لکھنؤ سے واپس آئی تھی۔ اپنے دادا کے کیس کے سلسلے میں وہ حاشر سر سے ملنے اُن کے گھر گئی۔ دونوں ڈرائنگ روم میں بیٹھی تھیں۔
"نایاب، پندرہ دن ہو گئے تمہاری شادی کو۔ کہیں جانے کا ارادہ ہے؟"
"ہاں، میں حاشر کے ساتھ مکہ جانا چاہتی ہوں۔ مگر وہ ابھی کہہ رہے ہیں کہ کوئی ضروری کیس ہے۔ وہ ختم ہو جائے تب ہم جائیں گے۔" نایاب نے ہلکے مسکراہٹ کے ساتھ کہا۔
"یہ تو اچھی بات ہے۔ ویسے انہوں نے بتایا کہ کیسا کیس ہے؟" اُس نے تشویش بھرے لہجے میں پوچھا۔
وہ نفی میں سر ہلاتے ہوئے۔ "نہیں بتایا۔"
تبھی دروازہ کھلا اور لقمان ملک کمرے میں داخل ہوئے۔
"السلام علیکم۔"
"وعلیکم السلام۔"

انہوں نے جواب دیا اور صوفے پر بیٹھ گئے۔ نایاب فوراً اٹھ کر کچن کی طرف چلی گئی۔ لقمان ملک کی نظریں حیات پر جم گئیں، وہ اسے غور سے گھور رہے تھے۔ حیات کو بے چینی محسوس ہوئی اور وہ اٹھنے کے لیے کھڑی ہوئی۔

"ارے رکو! تم سے بہت ضروری بات کرنی ہے۔" اُنہوں نے پُرزور لہجے میں کہا۔

حیات نے اپنے قدم روک لیے اور سوالیہ نظروں سے انہیں دیکھا۔

"ویسے میں نے تمہارے بارے میں پتہ کیا۔ بہت ہی بہادر لڑکی ہو۔ منوّر شاہ جیسے انسان کو ٹکر دینے کا تجربہ ہے۔"

حیات خاموش رہی، اس کی نظریں ان پر مرکوز تھیں۔

"اور میں نے سنا ہے تم بہت بدتمیز بھی ہو۔ اپنی شادی کے دن اپنے ہونے والے شوہر کو تھپڑ مارا تھا۔"

وہ اب بھی خاموشی سے کھڑی تھی، اس کے چہرے پر کوئی تاثر نہیں تھا۔

"ویسے بہت ہی بیوقوف بھی ہو۔ ایک غیر لڑکے کے لیے منور شاہ سے دشمنی کر لی۔" اُنہوں نے تحقیر آمیز لہجے میں کہا۔

حیات نے آخرکار اپنی خاموشی توڑی۔

"تو سوچیں جب میں ایک غیر لڑکے کے لیے منور شاہ سے دشمنی کر سکتی ہوں اور اُن کے بیٹے کو جیل پہنچا سکتی ہوں، تو میں آپ کے ساتھ کیا کروں گی، جس نے میرے دادا جان کا قتل کیا ہے۔" اُس نے سرد لہجے میں کہا۔

لقمان ملک کی مسکراہٹ غائب ہو گئی، ان کی آنکھوں میں غصہ اور دھمکی صاف نظر آ رہی تھی۔

"کیا کروگی تم؟ مجھے جیل پہنچاؤگی؟ یہ مجھے پھانسی کے پھندے پر لٹکا دو گی؟"

"یہ تو وقت بتائے گا کہ میں آپ کے ساتھ کیا کروں گی؟"

"جس طرح تمہارے دادا کو دودھ میں سے مکھی کی طرح نکال پھینکا تھا، اسی طرح تمہیں بھی نکال پھینکوں گا۔" اُنہوں نے حیات کو دھمکانے کی کوشش کی۔

چائے کا ٹرے گرنے کی آواز کمرے میں گونجی۔ اس کی آنکھیں خوف اور صدمے سے پھیلی ہوئی تھیں۔ وہ حیات کو بے یقینی سے دیکھ رہی تھیں۔ لقمان ملک کے دھمکی آمیز الفاظ اس کے ذہن میں

گونج رہے تھے۔ حیات نے نایاب کی حالت دیکھی اور اس کی طرف بڑھی۔
"نایاب، کیا ہوا؟ تم ٹھیک ہو؟"
نایاب نے لرزتے ہوئے ہاتھ سے حیات کا بازو تھاما، اس کی آنکھوں میں آنسو تیر رہے تھے۔ اس کا چہرہ زرد پڑ گیا تھا۔
"وہ... وہ کہہ رہے تھے... تمہارے دادا... ان کا قتل... لقمان چچا نے کیا...؟" اُس نے ہکلاتے ہوئے کہا۔
حیات نے اثبات میں سر ہلایا۔
لقمان ملک کمرے سے چلے گئے۔
نایاب کے چہرے پر خوف اور بھی گہرا ہو گیا۔ وہ جانتی تھی کہ لقمان ملک حاشر کے چچا ہیں، ان کے خاندان کے ایک معزز فرد۔ اس انکشاف نے اس کے دل میں ایک نیا خوف پیدا کر دیا تھا۔
"لیکن... لیکن کیوں؟ انہوں نے ایسا کیوں کیا؟"
حیات کی آنکھوں میں ایک سرد چمک آئی۔
"زمین کی لالچ۔ میرے دادا جان ان کے راستے میں رکاوٹ تھے۔ اسی لیے اُنہوں نے دادا جان کی جان لے لی۔ اور اب... اب وہ مجھے بھی دھمکی دے رہے ہیں کہ اگر میں نے ان کے خلاف کوئی قدم اٹھایا تو میرا حشر بھی وہی ہوگا جو میرے دادا جان کا ہوا۔"
نایاب نے حیات کا ہاتھ اور مضبوطی سے پکڑ لیا۔
"نہیں حیات۔ وہ تمہیں کچھ نہیں کر سکتے۔ ہم حاشر کو بتائیں گے۔"
"حاشر سر سب پہلے سے ہی جانتے ہیں۔ اور کچھ دن میں عدالت میں سنوائی ہے۔ دعا کرنا۔ میرے بچپن کا خواب پورا ہو، اور میں اپنے دادا جان کو انصاف دلا سکوں۔ اور اپنے ڈر سے نجات پا سکوں۔"
"کیا حاشر اپنے چچا کی طرف سے ہیں؟" نایاب نے حیرت سے پوچھا۔
"نہیں، وہ انصاف کا ساتھ دے رہے ہیں۔"
"حیات، کیا حاشر اپنے ہی چچا کے خلاف جا پائیں گے؟"
"وہ آلریڈی جا چکے ہیں۔ اب حاشر سر کو ایک ایسی جنگ لڑنی ہے جس میں انصاف اور رشتوں کی دیواریں حائل ہیں۔"

......*

وہ کمرے میں داخل ہوئیں۔ حیات کچھ فائلیں پڑھ رہی تھی۔
"حیات، مجھے تم سے بات کرنی ہے۔ بات نہیں، بلکہ ایک فیصلہ سنانا ہے۔" انہوں نے اس کے پاس بیٹھتے ہوئے کہا۔
"کیسا فیصلہ؟" اس نے حیرت سے پوچھا۔
"تمہاری شادی کا فیصلہ۔"
"شادی!" حیات نے انہیں حیرت سے دیکھا۔
"ہاں، شادی۔ مجھے پتا ہے تم جس کا انتظار کر رہی تھی، اس نے شادی کر لی ہے اور وہ اپنی زندگی میں خوش ہے۔ اب تم بھی شادی کر لو۔"
"مگر پھوپھو..."
"اگر مگر کچھ نہیں۔ میں نے تمہارا رشتہ طے کر دیا ہے۔ اور تم نے مجھ سے وعدہ کیا تھا کہ تم میری بات مانو گی، اور اب تم اپنا وعدہ پورا کرو۔"
"آپ بھی اچھی طرح جانتی ہیں، حیات اپنی جان دے سکتی ہے مگر وعدہ خلافی نہیں کر سکتی۔"
"مطلب تم شادی کے لیے راضی ہو؟" انہوں نے خوشی ظاہر کرتے ہوئے کہا۔
وہ خاموش رہی۔
"ٹھیک ہے۔ میں تمہیں لڑکے کی تصویر دکھاتی ہوں۔"
"مجھے نہیں دیکھنی۔ آپ نے دیکھا ہے نا، یہ میرے لیے بہت ہے۔" اس نے سرد مہری سے کہا۔
"تو نام..." حیات نے ان کی بات کاٹ دی۔
"نام میں کیا رکھا ہے؟ نکاح کے وقت سن لوں گی، کیا نام ہے۔ اور نکاح کے بعد دیکھ لوں گی کیسا دکھتا ہے۔"
"جیسی تمہاری مرضی۔ دو مہینے میں تمہارا نکاح ہے۔"
"کیا!" اس کے حلق سے بے اختیار نکلا۔ "مگر پھوپھو، اتنی جلدی کیوں؟ اور ویسے بھی نایاب کچھ دن میں ملک سے باہر جا رہی ہے۔"
"تو کیا ہوا بیٹا؟ ہم صرف تمہارا نکاح کریں گے، کیوں کہ لڑکے کو کسی کام سے ملک سے باہر جانا ہے۔ جب وہ واپس آئے گا، تب رخصتی کر دیں گے۔"
"اتنی جلدی کیوں ہے؟" اس نے اکھڑے ہوئے لہجے میں کہا۔
"دو مہینے تمہیں جلدی لگ رہے ہیں؟"

وہ خاموش رہی۔
"دیکھو حیات، کوئی بھی بہانہ نہیں چلے گا۔ میں نے اپنے بھائی سے وعدہ کیا ہے کہ میں تمہاری شادی کرنے کے بعد ہی فریحہ کی شادی کروں گی اور اگر تمہارے دل میں میری ذرا بھی عزت ہے تو اس رشتے کو دل سے قبول کر لو۔"

......*

عدالت کا ہال بدستور لوگوں سے بھرا ہوا تھا۔ جج صاحب سنجیدگی سے بیٹھے ہیں اور حیات اپنے دادا کے قتل کے کیس کی خود پیروی کر رہی تھی۔ اس کے ساتھ حاشر سر مضبوطی سے کھڑے تھے۔ سامنے اس کی پھوپھی، بابا اور والدہ تشویش زدہ بیٹھے ہیں۔
"جناب جج صاحب، میرے دادا کا قتل ایک سوچی سمجھی سازش کا نتیجہ ہے۔ اور میں آج یہاں ان کے قاتل کو بے نقاب کرنے آئی ہوں۔ میرے پاس اس بات کا ناقابل تردید ثبوت موجود ہے کہ لقمان ملک اس گھناؤنے جرم میں ملوث ہیں۔"
اس کے بعد حیات نے ثبوت کے طور پر وہ ریکارڈنگ پیش کی جس میں لقمان ملک حاشر سر کو دھمکیاں دے رہے تھے ریکارڈنگ کی آواز ہال میں گونجتی ہے، اور ہر کوئی خاموشی سے اس دھمکی آمیز گفتگو کو سنتا ہے۔ لقمان ملک کی بدمعاشی اور جرم کی طرف اشارہ کرنے والی باتیں واضح طور پر سنائی دے رہی تھیں۔
ریکارڈنگ ختم ہونے پر مخالف وکیل نے فوراً اعتراض اٹھایا۔ "جناب جج صاحب، یہ ریکارڈنگ ناقابل اعتبار ہے۔ یہ کسی بھی طرح سے ثابت نہیں کرتی کہ میرے موکل نے قتل کیا ہے۔ یہ محض ایک شخص کی دوسرے کو ڈرانے کی کوشش ہو سکتی ہے، یا پھر یہ ریکارڈنگ کسی طرح سے ایڈیٹ کی گئی ہو سکتی ہے۔ اس کو قتل کے ثبوت کے طور پر قبول نہیں کیا جا سکتا۔ اور ویسے بھی حاشر ملک لقمان ملک کے بھتیجے ہیں۔ وہ اُنہیں جان سے کیوں مارنا چاہیں گے۔"
حیات نے مخالف وکیل کے دلائل کا جواب دیتے ہوئے کہا، "جناب جج صاحب۔ یہ حقائق کو توڑ مروڑ کر پیش کر رہے ہیں۔ خیر.....انہوں نے میرے دادا کو واضح دھمکیاں دی گئی تھیں، جس

کا مقصد انہیں ڈرانا اور ان کے انصاف کے لیے اٹھائے گئے قدموں سے پیچھے ہٹانا تھا۔"

ہال میں ایک بار پھر بحث شروع ہو گئی۔ حیات اور حاشر سر ریکارڈنگ کے درست ہونے اور اس کی اہمیت پر زور دے رہے تھے، جبکہ مخالف وکیل اسے محض ایک بے معنی ٹیپ قرار دیتا ہے۔

جب مخالف وکیل ریکارڈنگ کو جھوٹا اور ناقابل اعتبار ثابت کرنے پر بضد ہوا، تو حیات ایک گہرا سانس لیا اور جج صاحب سے مخاطب ہوتے ہوئے کہا۔

"جناب جج صاحب، اگر مخالف وکیل صاحب کو اس ریکارڈنگ کی صداقت پر شک ہے، تو میں عدالت میں ایک ایسی گواہ کو پیش کرنا چاہوں گی جو اس معاملے کی تہہ تک روشنی ڈال سکتی ہیں۔ یہ وہ خاتون ہیں جن کی زمین پر لقمان ملک نے ناجائز قبضہ کیا تھا، اور میرے دادا نے اسی وجہ سے لقمان ملک سے دشمنی مول لی تھی۔"

جج صاحب کی اجازت ملنے پر، ایک ضعیف خاتون سہارے سے چلتی ہوئی کٹہرے میں آتی ہیں۔ ان کے چہرے پر وقت کی جھریاں اور آنکھوں میں ایک طویل جدوجہد کی کہانی عیاں ہے۔ حیات ان کے پاس جاتی ہے اور ان کا ہاتھ پکڑ کر انہیں تسلی دیتی ہے۔

حیات نے بوڑھی خاتون سے سوالات شروع کیے۔ "بی بی جی، کیا آپ ہمیں بتا سکتی ہیں کہ لقمان ملک نے آپ کی زمین پر کب قبضہ کیا تھا؟"

بوڑھی خاتون کی آواز لرزتی ہوئی تھی، لیکن اس میں ایک عزم جھلک رہا تھا۔ "تقریباً اکیس سال پہلے، جب میرے شوہر کا انتقال ہوا تھا۔ لقمان ملک طاقت کے نشے میں دھت تھا اور اس نے میری زمین پر زبردستی قبضہ کر لیا۔"

"اور کیا آپ کو یاد ہے کہ اس وقت آپ کے اور لقمان ملک کے درمیان کوئی بات ہوئی تھی؟" حیات نے پوچھا۔

بوڑھی خاتون نے ایک لمبا سانس لیا اور گویا ماضی میں کھو گئیں۔ "ہاں بیٹی، مجھے سب یاد ہے۔ جب تمہارے دادا نے میری مدد کرنے کی کوشش کی، تو لقمان ملک غصے سے پاگل ہو گیا تھا۔ اس نے میرے سامنے تمہارے دادا کو دھمکی دی تھی... اس نے کہا تھا کہ وہ

انہیں جان سے مار دے گا۔ اس کی آواز میں اتنی نفرت تھی کہ میں آج تک نہیں بھولی۔"

بوڑھی خاتون کے انکشاف سے عدالت میں سکوت طاری ہو گیا۔ حیات کے بابا اور والدہ کی آنکھوں میں نمی آ گئی۔ حاشر سر نے اطمینان سے سر ہلایا۔

مخالف وکیل نے بوڑھی خاتون پر جرح کرنے کی کوشش کی، ان کی یادداشت اور باتوں کی صداقت پر سوال اٹھائے، لیکن بوڑھی خاتون اپنے بیان پر ثابت قدم رہیں۔ ان کی آنکھوں میں وہ خوف اب بھی موجود تھا جو انہوں نے اکیس سال پہلے محسوس کیا تھا۔

اب صورتحال یکسر بدل چکی تھی۔ ریکارڈنگ کو جھٹلانے کے بعد، بوڑھی خاتون کی براہ راست گواہی نے لقمان ملک کے خلاف ایک مضبوط کڑی جوڑ دی تھی۔ یہ نہ صرف دھمکیوں کی تصدیق کر رہی تھی، بلکہ یہ بھی بتا رہی تھی کہ قتل کی وجہ کیا تھی۔ اور یہ بھی ثابت ہو گیا تھا کہ اُس بوڑھی عورت کی زمین پر لقمان ملک نے سچ میں قبضہ کیا تھا۔

پرانی دشمنی جو انصاف کی کوشش کرنے پر پیدا ہوئی تھی۔ اب عدالت کی نظریں جج صاحب پر تھیں، جو اس اہم گواہی کے بعد کیا فیصلہ سناتے ہیں۔

عدالت میں خاموشی چھائی ہوئی تھی۔ جج صاحب نے اپنے عینک کے اوپر سے سب کو دیکھا، ان کا چہرہ سنگین اور فیصلہ کن نظر آ رہا تھا۔

"اس عدالت نے تمام شواہد اور گواہوں کے بیانات کا بغور جائزہ لیا ہے۔ ریکارڈنگ میں موجود دھمکیاں اور گواہ اور بوڑھی عورت کا بیان اس بات کی واضح نشاندہی کرتے ہیں کہ ملزم لقمان ملک انصار صدیقی کے قتل میں ملوث ہے۔ ان حالات میں، عدالت کے پاس کوئی اور راستہ نہیں بچتا سوائے اس کے کہ قانون کے مطابق سزا سنائی جائے۔"

جج صاحب نے ایک لمحے کے لیے توقف کیا، اور پھر اپنا فیصلہ سنایا۔

"ملزم لقمان ملک کو دفعہ 302 کے تحت قتل کے جرم میں عمر قید کی سزا سنائی جاتی ہے۔ اور وسیم انصاری کی زمین پر لقمان ملک کا قبضہ ہٹا کر ان کی بیوی کو زمین واپس دی جاتی ہے۔"

فیصلہ سنتے ہی عدالت میں ایک گہرا سکوت طاری ہو گیا۔ حیات نے ایک لمبا سانس لیا، اس کی آنکھوں میں نمی تھی لیکن چہرے پر اطمینان تھا۔ اسے اپنے دادا کے لیے انصاف مل گیا تھا۔ اس کی پھوپھی اور والدہ زار و قطار رونے لگیں، لیکن ان کے آنسو خوشی اور اطمینان کے تھے۔ احسن صاحب نے اپنی بیٹی کو فخر سے دیکھا۔ اور اُنہوں نے حیات کے سر پر ہاتھ پھیرا۔ وہ اُن سے گلے لگ کر بے اختیار رونے لگی۔

"حیات مجھے تم پر فخر ہے.....کہ تم میری بیٹی ہو۔ اپنے بابا کی بیٹی....اور آج مجھے یقین ہو گیا میری بیٹی اس دنیا سے اکیلی لڑ سکتی ہے۔"

اُس نے مسکرا کر اُنہیں دیکھا۔ آنکھیں نم تھی۔

حاشر سر اپنی جگہ پر ساکت کھڑے رہے، ان کی آنکھوں میں آنسو تھا۔ یہ صرف ایک قانونی فتح نہیں تھی، بلکہ ایک ذاتی جنگ کا اختتام تھا۔ لقمان ملک ان کے چچا تھے۔ اگرچہ انہوں نے حیات کا ساتھ دیا تھا اور سچائی کے لیے لڑے تھے، لیکن اپنے چچا کو اس حالت میں دیکھنا ان کے لیے تکلیف دہ تھا۔ ان کی آنکھوں میں دکھ اور کڑوا سچائی کا بوجھ صاف نظر آ رہا تھا۔ وہ اپنے جذبات کو ضبط کرنے کی کوشش کر رہے تھے، لیکن آنسو بے اختیار ان کی پلکوں سے ڈھلک گئے۔

لقمان ملک سکتے کی حالت میں کھڑے تھے۔ اُنہیں یقین نہیں آ رہا تھا۔ اُن کے وکلا نے سر جھکا لیا۔ عدالت کے اہلکار اسے اپنی تحویل میں لینے کے لیے آگے بڑھے۔

جب لقمان ملک کو کمرہ عدالت سے باہر لے جایا جا رہا تھا، حیات نے ٹھہر کر اُنہیں دیکھا۔ اس کی آواز میں اب غصے کی جگہ ایک گہرا درد تھا۔

"لقمان صاحب، آپ نے طاقت کے نشے میں وہ سب کچھ کیا جو ایک مردہ دل انسان کرتا ہے۔ آپ نے ایک نیک انسان کی جان لی اور ایک خاندان کو برباد کر دیا۔ آج قانون نے اپنا کام کر دیا، لیکن کیا آپ جانتے ہیں کہ سب سے بڑا حساب کس نے چکایا ہے؟ وہ آپ کا اپنا ضمیر ہے۔ وہ آپ کو کبھی معاف نہیں کرے گا۔ قید تو ایک دن ختم ہو جائے گی، لیکن اپنے کیے کا بوجھ آپ زندگی بھر اٹھائیں گے۔

کاش..... آپ نے اس وقت سوچا ہوتا جب آپ کے ہاتھ بے گناہ کے خون سے رنگ رہے تھے۔"

اہلکار اُنہیں لے کر چلے گئے۔

حیات نے حاشر سر کی طرف دیکھا۔ وہ ان کے درد کو محسوس کر سکتی تھی۔ حاشر سر نے نم آنکھوں سے اس کی طرف دیکھا اور ایک ہلکی سی مسکراہٹ دی۔

یہ خاموش اشارہ اس بات کا ثبوت تھا کہ انصاف کی جیت کے باوجود، رشتوں کی پیچیدگی اور اپنوں کی تکلیف کا احساس ہمیشہ باقی رہتا ہے۔

آج اُس کا ڈر ختم ہو گیا تھا۔ اب اُسے سفید رنگ سے خوف نہیں آتا تھا۔ بلکہ اُسے دیکھ کر سکون کا احساس ہوتا تھا۔

عدالت سے لوٹتے ہوئے حیات کی نظر سڑک کنارے بے سدھ پڑے ایک بوڑھے شخص پر پڑی۔ آس پاس کوئی موجود نہ تھا۔ اس کا دل تڑپ اٹھا اور وہ فوراً گاڑی روک کر اس کی مدد کو دوڑی۔

جیسے ہی وہ بوڑھے کے قریب پہنچی، ایک تیز رفتار گاڑی اچانک نمودار ہوئی اور سیدھی اس سے ٹکرا گئی۔ یہ تصادم اس قدر اچانک تھا کہ حیات کو سنبھلنے کا موقع بھی نہ ملا۔

ٹکر اتنی شدید تھی کہ حیات دور جا گری اور زمین پر بے سدھ پڑ گئی۔ خون اُس کے جسم اور سر سے بہہ رہا تھا۔

راہگیر اکٹھے ہونے لگے اور حیات کی بے حرکت جسم کو دیکھ کر سہم گئے۔ کچھ نے فوراً ایمبولینس کو فون کیا۔

جب ایمبولینس پہنچی تو میڈیکل اسٹاف نے فوری طور پر حیات کو اسٹریچر پر منتقل کیا۔

ایمبولینس کی سائرن کی آواز مدھم پڑتی گئی۔ حیات اسٹریچر پر بے سدھ پڑی تھی، اس کا چہرہ زرد اور ساکت تھا۔ اس کے سر سے بہتا خون اس کے لباس کو سرخ کر رہا تھا۔ اس کی سانسیں گہری اور بے ترتیب تھیں، ہر اگلی سانس پہلے سے کمزور ہوتی جا رہی تھی۔ اس کی بند پلکیں ہلکی سی لرزش کر رہی تھیں، گویا زندگی کی آخری رمق باقی ہو۔ میڈیکل اسٹاف اس کی نبض ٹٹول رہی تھی، لیکن گرفت ڈھیلی پڑتی محسوس ہو رہی تھی۔ حیات کے لب دھیرے سے ہلنے لگے۔ ایک کمزور آواز اس کے حلق سے نکلی اور اس کے لڑکھڑاتے ہونٹوں نے مقدس کلمات ادا کیے۔

"لا الٰہ إلا اللہ محمد رسول اللہ..."
ہر لفظ اس کی کمزور ہوتی ہوئی قوت ارادی کا ثبوت تھا۔ جیسے جیسے کلمہ مکمل ہوا، اس کی سانسیں اور بھی دھیمی پڑ گئیں۔ اس کے ہاتھ کی گرفت بالکل ڈھیلی ہو گئی اور اس کے جسم میں ایک سکون سا چھا گیا۔ مانیٹر پر دل کی دھڑکن کی لکیر سیدھی ہونے لگی۔

......*

کئی دن گزر چکے تھے اور ہسپتال کا وہ کمرہ سوگ کی تصویر پیش کر رہا تھا۔ حیات اب بھی بے سدھ بستر پر لیٹی تھی، اس کے سر پر پٹی بندھی تھی اور زندگی کی رمق بمشکل محسوس ہو رہی تھی۔ احسن صاحب ایک کرسی پر غمزدہ بیٹھے تھے۔ ان کی آنکھوں میں آنسو خشک ہو چکے تھے، لیکن دل اب بھی کسی معجزے کی امید پر ٹکا ہوا تھا۔
اچانک دروازہ کھلا اور ڈاکٹرز کا ایک چھوٹا سا گروپ اندر داخل ہوا۔ ان کے چہروں پر افسردگی نمایاں تھی۔ انہوں نے خاموشی سے حیات کا معائنہ کیا، اس کی آنکھوں کی پتلیوں پر روشنی ڈالی اور پھر ایک دوسرے کی طرف مایوسی سے دیکھا۔ کمرے میں ایک گہرا سکوت چھا گیا۔
حیات کے بابا بے تابی سے اٹھے، ان کی آواز میں التجا تھی، "ڈاکٹر صاحب، میری بچی کیسی ہے؟ کوئی بہتری آئی؟"
ڈاکٹر نے گہری سانس لی اور افسوس بھرے لہجے میں جواب دیا "ہمیں افسوس ہے، لیکن کئ دن گزرنے کے بعد بھی حیات کی حالت میں کوئی خاص بہتری نہیں آئی ہے۔ درحقیقت، کچھ تشویشناک علامات ظاہر ہوئی ہیں۔"
"کیا مطلب ہے آپ کا؟ کیا ہوا ہے اسے؟" پھوپھی نے سسکتے ہوئے پوچھا۔
ڈاکٹر نے نگاہیں جھکا لیں، ان کے الفاظ کمرے میں ایک سرد لہر کی طرح دوڑ گئے۔ "حادثے کے نتیجے میں اس کے دماغ پر گہرا اثر پڑا ہے۔ بدقسمتی سے، ہماری تمام تر کوششوں کے باوجود، ایسا لگتا ہے کہ اس کی آنکھوں کی روشنی چلی گئی ہے۔ اور واپس آنے کے بہت

کم چانس ہیں۔ اور اُن کی جان بچ گئی۔ یہ بہت بڑی بات ہے۔ ورنہ اُن کے بچنے کی کوئی امید نہیں تھی۔"
یہ سنتے ہی احسن صاحب کرسی پر بیٹھ گئے۔ان کی آنکھوں سے آنسوؤں کا ایک سیلاب امڈ آیا۔ پھوپھی نے اپنے منہ پر ہاتھ رکھ لیا، ان کی پوری وجود ایک بے آواز سسکی میں ڈوب گیا۔ کمرے میں صرف ان کی دلخراش ہچکیوں کی آواز سنائی دے رہی تھی، جو ایک ایسی تاریک حقیقت کی گواہی دے رہی تھی جس کا انہوں نے کبھی تصور بھی نہیں کیا تھا۔ ان کی پیاری حیات، جس نے انصاف کے لیے اتنی ہمت دکھائی تھی، اب ہمیشہ کے لیے روشنی سے محروم ہو چکی تھی۔

......*

دو مہینے بیت چکے تھے۔ احسن صاحب اور اسماء بیگم اس کی خالہ کے آپریشن کے سلسلے میں بیرون ملک چلے گئے تھے، یہ جانتے ہوئے کہ پھوپھی اس کا بخوبی خیال رکھیں گی۔ گھر میں اب سکون تھا، لیکن حیات کی زندگی میں ایک خاموش اداسی رچی ہوئی تھی۔ دن پہلے کی طرح طلوع ہوتے، لیکن اس کے لیے ان میں کوئی رنگ نہیں تھا۔
وہ اپنے کمرے میں بستر پر بیٹھی رہتی، کبھی کھڑکی کی طرف رخ کر کے باہر کی آوازیں سننے کی کوشش کرتی۔ پرندوں کی چہچہاہٹ، بچوں کا شور، اور گلی میں گزرتے لوگوں کی باتیں اس کے لیے اب ایک مبہم سا میوزک تھیں۔ وہ ان آوازوں میں زندگی تلاش کرنے کی کوشش کرتی، ان مناظر کو تصور میں لانے کی کوشش کرتی جو اب اس کی آنکھوں سے اوجھل ہو چکے تھے۔
پھوپھی سارا دن اس کے ساتھ رہتیں، اس سے باتیں کرتیں، اسے کہانیاں سناتیں اور اس کا دل بہلانے کی ہر ممکن کوشش کرتیں۔ وہ اسے کھانا کھلاتیں، اس کے بالوں میں کنگھی کرتیں اور اسے محسوس کرواتیں کہ وہ اکیلی نہیں ہے۔ لیکن حیات اکثر کھوئی کھوئی سی رہتی، اس کی خاموشی میں ایک گہرا درد چھپا ہوتا تھا۔
دو مہینے گزر گئے تھے، اور حیات ایک نئی دنیا میں جینے کی عادی ہو رہی تھی۔ یہ ایک ایسی دنیا تھی جس میں روشنی نہیں تھی،

لیکن پیار، شفقت اور اپنے پیاروں کی آوازوں کا سہارا ضرور تھا۔ وہ جانتی تھی کہ زندگی رک نہیں سکتی، اور اسے اس نئے سفر میں اپنی ہمت اور حوصلے سے آگے بڑھنا ہوگا۔ اگرچہ اس کی آنکھوں میں اندھیرا تھا، لیکن اس کے دل میں ایک ننھی سی امید کی کرن ابھی بھی روشن تھی۔

......*

گھر میں ان دنوں ایک نئی چہل پہل تھی۔ ماحول میں ایک شیرینی گھلی ہوئی تھی جو پہلے کبھی محسوس نہیں ہوئی تھی۔ دراصل، حیات کا رشتہ پہلے سے ہی طے تھا، لیکن اس المناک حادثے کے بعد شادی ملتوی کر دی گئی تھی۔ تاہم، اب چند مہینے گزرنے کے بعد حیات کی طبیعت میں نمایاں سدھار آیا تھا۔ وہ بولنے لگی تھی، اپنے کام خود کرنے کی کوشش کرتی تھی، اور اس کی قوت ارادی بھی پہلے سے کہیں زیادہ مضبوط تھی۔

پھوپھی نے محسوس کیا کہ زندگی کو مزید روکے رکھنا ٹھیک نہیں ہے۔

ایک سہ پہر، پھوپھی نے حیات کے پاس بیٹھ کر اس موضوع پر بات کی۔ "حیات، تمہیں یاد ہے وہ رشتہ جو پہلے طے ہوا تھا؟"

حیات نے دھیرے سے سر ہلایا۔

"ان لوگوں نے تمہاری موجودہ حالت کے بارے میں سب کچھ جاننے کے بعد بھی اس رشتے کو ختم نہیں کیا۔ وہ اب بھی تمہیں اپنی بہو بنانا چاہتے ہیں۔"

حیات خاموش رہی۔ اس کے ذہن میں وہی پرانے سوال گھوم رہے تھے - کیا وہ واقعی کسی کے قابل ہے؟ کیا وہ کسی کی زندگی میں خوشی لا سکتی ہے، جب وہ خود روشنی سے محروم ہے؟

پھوپھی نے اس کے سکوت کو توڑتے ہوئے کہا، "حیات، زندگی رک نہیں جاتی۔ اور سچے ساتھی وہ ہوتے ہیں جو ہر حال میں ایک دوسرے کا ساتھ دیتے ہیں۔ ان لوگوں نے تمہارے دل کو دیکھا ہے، تمہاری روح کو پہچانا ہے۔ انہیں تمہاری ظاہری حالت سے کوئی فرق نہیں پڑتا۔"

"لیکن پھوپھی جان..." حیات نے اپنی تشویش کا اظہار کرنا چاہا۔

پھوپھی نے اس کا ہاتھ تھام کر کہا، "میں جانتی ہوں کہ تمہارے دل میں خوف ہے، لیکن میرا یقین کرو، یہ تمہارے لیے ایک نئی شروعات ہو سکتی ہے۔ اور تمہارے بابا اور والدہ کے بیرون ملک سے واپس آنے کے بعد ہی تمہاری رخصتی ہوگی۔ لیکن نکاح مہینے کے آخر میں سادگی سے کر دیا جائے گا، تاکہ یہ رشتہ ایک بندھن میں بندھ جائے۔"

وہ کمرے سے نکلی۔ فریحہ دروازے پر کھڑی تھی۔ اُنہوں نے فریحہ کی طرف دیکھا۔ اور پھر اپنے کمرے کی طرف چلی گئیں۔

فریحہ بھی اُن کے پیچھے پیچھے چلی گی۔

وہ کمرے میں داخل ہوئی۔

"امّی، یہ کیسے ممکن ہے؟" فریحہ نے حیرت سے پوچھا۔

وہ خاموش تھیں۔

"امی، آپ کو یاد ہے نا، حادثے کے فوراً بعد اُن لوگوں نے تو رشتہ ختم کر دیا تھا۔ ہم نے تو حیات کو یہ بات اس لیے نہیں بتائی تھی کہ اُسے بہت دکھ ہوگا۔ تو اب یہ سب کیسے ممکن ہوا؟ وہ لوگ دوبارہ کیسے مان گئے؟" اس کی آواز میں الجھن اور تشویش دونوں نمایاں تھے۔

" یہ دوسرا رشتہ ہے۔ اُن لوگوں نے شادی کرنے سے انکار کر دیا تھا۔ اور حیات کو اُس لڑکے کا نا تو نام معلوم تھا۔ اور نا ہی اُس نے کبھی اُسے دیکھا تھا۔ اسی لیے میں نے اُسے بتانا ضروری نہیں سمجھا، کہ یہ دوسرا رشتہ ہے۔"

"مگر امّی، وہ لڑکا کون ہے؟ کہاں کا ہے؟ کیسا ہے؟"

"وہ بہت ہی اچھا لڑکا ہے۔ اور مجھے یقین ہے کہ وہ حیات کا خیال رکھے گا۔"

"مگر آپ کو وہ لڑکا کہاں ملا؟"

"بہت لمبی کہانی ہے۔ بعد میں بتاؤں گی۔"

......*

آخر کار وہ دن آگیا۔ جس دن کا سب کو انتظار تھا۔ شادی کی تقریب سادگی سے منعقد کی گئی۔ کمرے میں چند قریبی رشتے دار اور

دوست احباب موجود تھے۔ حیات سرخ رنگ کے جوڑے میں ملبوس بیٹھی تھی۔

قاضی صاحب نے نکاح کے ارکان بیان کیے اور پھر حیات سے نکاح کی اجازت مانگی۔

حیات نے خاموشی اختیار کی۔ وہ اپنے خیالوں کی دنیا میں کھوئی ہوئی تھی۔

آخر وہ کیوں نہیں میری قسمت میں؟" وہ سوچ رہی تھی۔

قاضی صاحب نے اپنے الفاظ ایک بار دہرائے۔

مگر اُس کا دھیان الفاظ پر نہیں تھا۔

"بیٹا، رضامندی دے دو۔" پھوپھو میں کہا۔

وہ کچھ وقفے کے لیے خاموش رہی۔

"مجھے قبول ہے۔"

قاضی نے شاہویر خان سے پوچھا، "کیا آپ کو یہ حیات بنتِ احسن صدیقی سے نکاح منظور ہے، حق مہر ایک لاکھ ایک روپیہ کے عوض؟"

شاہویر خان نے واضح اور پر اعتماد لہجے میں جواب دیا، "مجھے قبول ہے۔"

نکاح کے کلمات ادا کیے گئے اور دعا کی گئی۔

نکاح کی رسم کے بعد فریحہ حیات کا ہاتھ پکڑ کر اسے کمرے میں لے گئی۔ حیات خاموشی سے فریحہ کے ساتھ چلی گئی، اس کے قدم بھاری اور بے دلی سے اٹھ رہے تھے۔ کمرے میں پہنچ کر فریحہ نے اسے بستر پر بٹھایا۔ حیات کی آنکھوں سے بے اختیار آنسو جاری ہو گئے، جو اس کے عروسی لباس پر گر رہے تھے۔

فریحہ کی باہوں میں سمٹی حیات کی آواز ایک ٹوٹی ہوئی سرگوشی کی مانند تھی، "فریحہ... مجھے یوں لگتا ہے جیسے میری روح میرے جسم کا ساتھ چھوڑ رہی ہے۔" اس کی گرفت فریحہ کے لباس پر ڈھیلی پڑ گئی۔ "یہ اندھیرا... یہ صرف میری آنکھوں میں نہیں اترا... یہ میرے اندر تک پھیل گیا ہے۔"

فریحہ نے اسے مضبوطی سے تھامے رکھا، اس کا دل حیات کے درد سے چھلنی ہو رہا تھا۔

"ایسی باتیں مت کرو، حیات۔ تم اتنی کمزور نہیں ہو۔ زندگی میں دکھ آتے ہیں، تم ہمیشہ سے بہت بہادر ہو۔ ہر مشکل وقت سے تمہیں لڑنا آتا ہے۔ تم دیکھنا، وقت سب ٹھیک کر دے گا۔"
حیات نے نفی میں سر ہلایا، اس کے آنسو فریحہ کے کندھے کو تر کر رہے تھے۔ "میں ایک ادھوری کہانی ہوں... ایک ایسی کہانی جس کا کوئی انجام نہیں..." اس کی آواز ٹوٹ گئی اور وہ بے اختیار سسکیاں بھرنے لگی۔ "مجھے یوں لگتا ہے جیسے... میں آہستہ آہستہ مر رہی ہوں..."
فریحہ نے اُسے چھ سالوں میں پہلی بار اتنا بکھرا ہوا دیکھا تھا۔
اللہ کے فیصلوں پر شک مت کرو، وہ تمہارے حال اور مستقبل کو تم سے بہتر جانتا ہے۔

✷ . . . ✷ . . . ✷

فریحہ دھیرے سے کمرے میں داخل ہوئی۔ حیات بستر پر خاموشی سے بیٹھی تھی، اس کی آنکھیں بند تھیں اور چہرے پر ایک سکون سا طاری تھا۔
"حیات، سنو۔ شاہویر بھائی آئے ہیں۔" فریحہ نے اس کے قریب جا کر نرمی سے کہا۔
حیات نے اپنی آنکھیں کھولیں، لیکن ان میں کوئی تاثر نہیں تھا۔
"کون شاہویر؟" اس کی آواز میں الجھن اور یاد نہ کرنے کا تاثر تھا۔
فریحہ نے حیرت سے اسے دیکھا۔ "ارے، تمہارے شوہر۔ شاہویر بھائی۔ بھول گئیں کیا؟"
"اچھا، میرے شوہر کا نام شاہویر ہے۔" اُس نے بے تاثر چہرے کے ساتھ کہا۔
"ہاں، اور وہ تمہارے لیے چاکلیٹ آئس کریم لائے ہیں۔"
"چاکلیٹ آئس کریم؟" حیات نے حیرت سے کہا۔
"ہاں یار، تمہیں تو پسند ہے نا۔"
"ہاں، پسند تو ہے، مگر اُنہیں کیسے پتا؟" وہ کچھ وقفے کے لیے ٹھہری۔"تم نے بتایا ہے نا؟" حیات نے مشکوک لہجے میں پوچھا۔
"نہیں یار! قسم سے میں نے کچھ نہیں بتایا۔ وہ خود مجھ سے کہہ رہے تھے، کہ تمہیں چاکلیٹ آئس کریم پسند ہے۔"

شاہویر خان پھوپھی کے پاس بیٹھے، ان کے چہرے پر سنجیدگی تھی۔ "آنٹی میں آپ سے حیات کے علاج کے بارے میں بات کرنا چاہتا تھا۔"

پھوپھی نے تشویش سے ان کی طرف دیکھا۔ "ہاں بیٹا، کہو کیا بات ہے؟ مجھے بھی اس کی صحت کی بہت فکر رہتی ہے۔"

"میں نے لندن میں کچھ اچھے اسپیشلسٹ سے بات کی ہے۔ ان کا کہنا ہے کہ حیات کی آنکھیں واپس آنے کا ابھی بھی چانس موجود ہے، اگر صحیح وقت پر علاج شروع کیا جائے۔ وہاں جدید ترین طبی سہولیات بھی میسر ہیں۔"

پھوپھی کی آنکھوں میں ایک امید کی کرن چمکی۔ "کیا سچ کہہ رہے ہو بیٹا؟ کیا واقعی ایسا ممکن ہے؟"

"جی آنٹی ان ڈاکٹرز کا تجربہ بہت اچھا ہے۔ میرا خیال ہے کہ ہمیں حیات کو جلد از جلد لندن لے جانا چاہیے۔ وہاں اس کا بہتر علاج ہو سکے گا۔" اُس نے اُنہیں یقین دلاتے ہوئے کہا۔

پھوپھی کچھ دیر سوچ میں گم رہیں۔ "لیکن حیات کی حالت ایسی نہیں کہ وہ اتنا لمبا سفر کر سکے۔"

"میں سفر کے دوران میں اس کا خیال رکھوں گا۔ میری کوشش رہے گی کہ اسے کوئی تکلیف نہ ہو۔ اب مجھے چلنا چاہیے۔"

"نہیں بیٹا رُکو، میں حیات سے بات کر کے تمہیں بتاتی ہوں۔ اصل میں وہ بہت ضدی ہے۔"

اُس نے اثبات میں سر ہلایا۔

پھُوپھی حیات کے کمرے کی طرف چلی گئی۔

"حیات، شاہویر تمہیں علاج کے لیے لندن لے جانا چاہتا ہے۔" اُنہوں نے حیات کے پاس بیٹھتے ہوئے کہا۔

"کیا؟ وہ مجھے لندن لے جانا چاہتے ہیں۔ اور آپ نے کیا کہا؟"

"میں نے کہہ دیا۔ لے جاؤ۔ اور اچھی بات ہے، تُمہارا علاج ہو جائے گا۔ تُمہاری روشنی واپس آ جائے گی۔"

"پھوپھو، آپ میرے ساتھ ایسا کیسے کر سکتی ہیں؟ ایک اجنبی انسان کے ساتھ آپ مجھے لندن بھیج رہی ہیں۔" حیات نے اکھڑے ہوئے لہجے میں کہا۔

"وہ اجنبی نہیں ہے۔ شوہر ہے تُمہارا۔"

"نہیں مانتی میں کسی رشتے کو۔" وہ خفا ہوئی۔

"حیات ضد مت کرو۔ اُس کے ساتھ چلی جاؤ۔" پھُوپھی نے اُسے سمجھانے کی کوشش کی۔
"میں کہیں نہیں جا رہی، اور یہ میرا آخری فیصلہ ہے۔" وہ بضد ہوئی۔
شاہویر ڈرائنگ روم میں بیٹھا۔ اوپر ہونے والی بحث کو سن رہا تھا۔ اچانک اُس کی نظر الماری پر رکھی ایک کالی چھتری پر پڑی۔ وہ حیرت سے اسے دیکھتا رہا۔
فریحہ چایے کا کپ لے کے ڈرائنگ روم میں داخل ہوئی۔
"یہ چھتری؟" اُس نے فریحہ کی طرف دیکھتے ہوئے کہا۔
"یہ حیات کی ہے، شاید کسی خاص انسان نے دی تھی ......مجھے اتنا ہی پتا ہے۔" وہ کمرے سے چلی گئی۔
وہ ابھی بھی اُس چھتری کو حیرت سے دیکھ رہا تھا۔
مسلسل بحث کے بعد حیات غصّے سے اٹھی اور دروازے کی طرف بڑھی۔ پھُوپھی بے یقینی کے عالم میں اپنا سر پکڑ کر بیڈ پر بیٹھی رہیں۔ حیات تیز قدموں سے چلتی ہوئی کمرے سے باہر نکلی۔ اس کا دل غصّے اور بے بسی سے بھرا ہوا تھا۔ وہ اس شادی کو قبول نہیں کر پا رہی تھی، اپنی معذوری کو اپنی پہچان بنتے دیکھ کر اس کا دل ٹوٹ رہا تھا۔
شاہویر نیچے ہال میں کھڑا ساری باتیں سن رہا تھا۔ جب ان کی نظر اوپر سیڑھیوں کی طرف گئی۔ اُس نے دیکھا کہ حیات غصے کے عالم میں کمرے سے نکلی اور تیزی سے سیڑھیوں کی طرف آ رہی ہے۔ ہلکے گلابی رنگ کے کپڑے میں ملبوس وہ بہت خوبصورت لگ رہی تھی۔
وہ حیات کی طرف دوڑا۔ ابھی وہ اُس سے کچھ کہہ پاتا یا اُسے روک پاتا حیات کا قدم پھسلا اور وہ لڑکھڑا گئی۔ شاہویر نے پلک جھپکتے ہی لپک کر اس کا ہاتھ تھام لیا۔ اُس کی انگلیاں اس کی نازک کلائی کے گرد مضبوطی سے لپٹ گئیں۔
ایک زوردار کھینچ کے ساتھ اُس نے حیات کو اپنی طرف کھینچ لیا۔ وہ اُس کے قریب آگئی۔ اتنی قریب کہ وہ اُس کی تیز دھڑکنوں آواز سن سکتی تھی۔
حیات کی بکھری ہوئی زلفیں شاہویر کو اس شدت سے اپنی گرفت میں لے رہی تھیں کہ وہ سانس لینا ہی بھول گیا۔

ہر لٹ جو اس کے چہرے کو چھو کر گزر رہی تھی، اُس نے بائیں ہاتھ سے اُس کی زلف کو چہرے سے ہٹایا۔
اُس کا دل بےقابو ہو کر دھڑکنے لگا، ایسی رفتار سے کہ اسے لگا اگلے ہی لمحے یہ سینہ پھاڑ کر باہر نکل آئے گا۔ اُس نے آج تک اتنا خوبصورت چہرہ کہیں نہیں دیکھا تھا۔ ابھی بھی حیات کی کلائی اُس کے ہاتھ کی گرفت میں تھی۔
وہ اُسے دیکھتا رہا صرف اُسے۔
اس سے پہلے کہ حیات کوئی ردعمل دے پاتی، فریحہ تیزی سے وہاں پہنچ گئی۔ اس نے حیات کا دوسرا بازو تھاما اور شفقت سے اسے اپنی طرف کھینچتے ہوئے بولی۔
"حیات تمہیں باہر آنے کی کیا ضرورت تھی؟" فریحہ اسے سہارا دے کر واپس کمرے میں لے جانا چاہا۔
شاہویر نے اُس کی کلائی نا چاہتے ہوئے بھی چھوڑ دی۔
حیات ایک لمحے کے لیے شاہویر کی مضبوط گرفت میں قید رہی، اُس کی دھڑکتی ہوئی دل کی آواز اس کے کانوں میں گونج رہی تھی۔
شاہویر وہیں ساکت کھڑا حیات کو جاتے ہوئے دیکھتا رہا۔ پھر اپنے ہاتھ کی طرف دیکھا۔ جس سے اُس نے حیات کو کلائی کو پکڑا تھا۔
اور ہاتھ کو اپنے سینے پر رکھ لیا۔

✷ • • • ✷ • • • ✷

"پھوپھو، مجھے آپ سے بات کرنی ہے۔" اُس نے پہلا لقمہ منہ میں رکھتے ہوئے کہا۔
"ہاں بولو۔ میں سن رہی ہوں۔"
"پھوپھو، آپ ابھی بھی مجھ سے ناراض ہیں؟"
وہ خاموش رہیں۔
"پھوپھو، میں علاج کے لیے شاہویر کے ساتھ جانے کو تیار ہوں۔"
پھُوپھی نے اُسے بے یقینی سے دیکھا۔
"سچ میں!"
"ہاں، سچ میں۔ کیوں کہ کل مجھے اس بات کا یقین ہو گیا، کہ وہ شخص میری حفاظت کر سکتا ہے۔ اور میں اُس شخص کو اپنی آنکھوں سے دیکھنا چاہتی ہوں۔ اپنے شک کو یقین میں بدلنا چاہتی

ہوں۔ میں چاہتی ہوں، میری آنکھوں کی روشنی جلد از جلد واپس آ جائے۔"
"کیسا شک؟" فریحہ نے تجسّس سے پوچھا۔
"وہ......یہ شک کہ، شاہویر میری حفاظت کر سکتے ہیں۔"
پھُوپھی نے اُس کے سر پر ہاتھ رکھا۔
"آپ کو پتا ہے پھوپھو، ایک انتخاب میرے لیے میرے بابا نے کیا تھا۔ جو غلط ثابت ہوا۔ پھر ایک انتخاب میں نے اپنے لیے کیا۔ جو پہلے سے بھی زیادہ غلط ثابت ہوا۔ اور اب یہ انتخاب اللہ نے میرے لیے کیا ہے۔ اور میرا دل کہتا ہے کہ اس میں ضرور کوئی بہتری ہوگی۔"
حیات نے ایک گہری سانس لی اور اپنی بات جاری رکھی۔ "پھوپھو، میں نے زندگی میں اپنی مرضی سے فیصلے کیے اور ٹھوکر کھائی۔ شاید اللہ کی حکمت یہی ہے کہ انسان اپنی عقل پر بھروسہ کرنے کے ساتھ ساتھ اس ذات پر توکل کرے جو سب کچھ جانتی ہے۔ ہو سکتا ہے میری روشنی جانے میں بھی کوئی بھلائی پوشیدہ ہو، جس نے مجھے ان لوگوں کی قدر کرنے کا موقع دیا جو ظاہری خوبصورتی سے بڑھ کر روح کی پاکیزگی کو دیکھتے ہیں۔ اور شاید شاہویر... شاید اللہ نے انہیں میری زندگی میں ایک ایسے وقت میں بھیجا ہے جب مجھے سب سے زیادہ سہارے کی ضرورت ہے۔ میں جانتی ہوں کہ اللہ کا یہ فیصلہ میرے لیے روشنی لے کر آئے گا، ایک ایسی روشنی جو میری آنکھوں سے نہیں، میرے دل سے محسوس ہوگی۔"

......*

لندن کے ہسپتال کے باہر شاہویر بے چینی سے ٹہل رہا تھا۔ دو ہفتےکئ صدی کی طرح گزرے تھے۔ ہر گزرتے لمحے کے ساتھ اُس کی امیدیں اور دعائیں حیات کی صحت یابی کے لیے بلند ہوتی رہی۔ وہ کمرے کے اندر نہیں جاتا تھا۔ کیوں کہ وہ اُسے اس حالت میں نہیں دیکھ سکتا تھا۔
آج، اُس کی بے چینی کچھ زیادہ ہی بڑھی ہوئی تھی۔ صبح سے کئی ڈاکٹرز حیات کے کمرے میں جا چکے تھے اور ابھی تک کوئی باہر نہیں آیا تھا۔ اُس کا دل مختلف خیالوں میں گھرا ہوا تھا۔ اچانک دروازہ

کھلا اور وہی سینئر ڈاکٹر باہر آئے۔ ان کے چہرے پر ایک ہلکی سی مسکراہٹ تھی۔
شاہویر فوراً ان کی طرف بڑھا اُس کی آواز میں ایک التجا تھی۔
"ڈاکٹر صاحب، کیا سب ٹھیک ہے؟ حیات کی طبیعت کیسی ہے؟"
ڈاکٹر نے اطمینان سے ان کے کندھے پر ہاتھ رکھا۔ "مبارک ہو، مسٹر خان۔ آج حیات کا علاج مکمل ہو گیا۔"
شاہویر کی آنکھوں میں نمی آ گئی۔
"علاج نے بہترین نتائج دکھائے ہیں۔ اب آپ انہیں گھر لے جا سکتے ہیں۔ اور ہاں، آپ ان کی آنکھوں سے پٹی بھی اتار سکتے ہیں۔" ڈاکٹر نے مسکراتے ہوئے کہا۔
شاہویر کو یقین نہیں آ رہا تھا۔ جس لمحے کا وہ اتنے عرصے سے انتظار کر رہا تھا وہ آخرکار آ پہنچا تھا۔ ان کے دل میں خوشی کی ایک لہر دوڑ گئی۔

......*

گاڑی مسجد بیت الفتوح کے سامنے رکی تو حیات نے محسوس کیا کہ یہ کوئی عام جگہ نہیں ہے۔ فضا میں ایک روحانی سکون اور عظمت رچی ہوئی تھی۔
شاہویر نے گاڑی کا دروازہ کھولا اور حیات کو آہستہ سے باہر نکالا۔ اس کی آنکھوں پر ابھی بھی احتیاطاً پٹی بندھی ہوئی تھی۔ اُس نے نرمی سے اس کا ہاتھ تھاما اور اسے مسجد کے وسیع و عریض صحن کی طرف لے گیا۔ فضا میں پرندوں کی چہچہاہٹ اور ہلکی ہوا کا سرسراہٹ حیات کے کانوں میں رس گھول رہی تھی۔
جب وہ مسجد کے مرکزی دروازے کے قریب پہنچے تو شاہویر رُک گیا۔ اس نے حیات کی طرف دیکھا اور ایک دھیمی مسکراہٹ کے ساتھ کہا، "حیات، اب اپنی آنکھیں کھولو۔"
حیات نے ایک گہری سانس لی اور آہستہ آہستہ اپنی آنکھوں پر بندھی پٹی کو ہٹایا۔ دنیا میں یہ دوسری بار تھا جب اس کی آنکھیں مکمل طور پر کھل رہی تھیں۔ پہلی بار اس نے اس دنیا کو دیکھا تھا اور آج، دوسری بار، اس کی نظریں براہ راست خدا کے گھر پر پڑیں۔
مسجد بیت الفتوح اپنی پوری شان و شوکت کے ساتھ اس کے سامنے کھڑی تھی۔ اس کا عظیم الشان گنبد سورج کی سنہری کرنوں میں

چمک رہا تھا اور بلند مینار آسمان کی طرف اٹھے ہوئے تھے۔ حیات اس خوبصورتی اور عظمت کو دیکھ کر مبہوت ہو گئی۔ اس کے دل میں بے اختیار شکر کا جذبہ امڈ آیا اور اس نے خاموشی سے اللہ کا شکر ادا کیا۔

پھر اس کی نظریں اپنے پاس کھڑے شخص کی طرف اٹھیں، جو آسمان کی طرف عاجزی سے اپنے ہاتھوں کو اٹھائے اللہ کا شکر ادا کر رہا تھا۔ یہ شخص... اس کی چوڑی پیٹھ، اس کے بالوں کا انداز، اس کی دعا میں ڈوبی ہوئی عاجزی... حیات کا دل ایک دھڑکن کے لیے رُک سا گیا۔

چھ سال بعد، حیات نے پہلی بار اسے مسجد بیت الفتوح میں دیکھا تھا۔ اور پہلی بار اس نے اسے اللہ کے گھر میں اس طرح کھڑا دیکھا تھا۔ اس کی آنکھیں نم ہو گئیں، آنسوؤں کی ایک لڑی بے اختیار اس کے گالوں پر بہہ نکلی۔ آج اس کا طویل انتظار ختم ہو گیا تھا۔

یہ زہران تھا۔

حیات کا زہران۔

اس نے زہران کو دیکھا، اس کی شکل میں وقت نے کچھ تبدیلیاں ضرور لائی تھیں، لیکن اس کی روح کی پہچان اب بھی اتنی ہی واضح تھی۔ اسے کوئی حیرت نہیں ہوئی۔ ایک گہرا یقین اس کے دل میں جاگزیں تھا۔

زہران نے اپنی دعا ختم کی اور مڑ کر حیات کی طرف دیکھا۔ اس کی آنکھوں میں نمی اور ایک سوال تھا۔ "حیات... کیا تمہیں حیرت نہیں ہوئی کہ میں یہاں کیسے؟"

حیات نے اپنی نم آنکھوں سے اسے دیکھا اور دھیمی لیکن یقین سے بھری آواز میں جواب دیا۔

"نہیں زہران، مجھے حیرت نہیں ہوئی۔ کیونکہ مجھے اسی دن پتہ چل گیا تھا کہ وہ تم ہی ہو... جب تم نے مجھے سیڑھیوں سے گرنے سے بچایا تھا۔ میری آنکھیں بے نور تھی تو کیا۔ میں تُمہارے لمس کو محسوس کر سکتی ہوں۔ ہزاروں لوگوں کے ہجوم کے بیچ میں تمہارے دل کی دھڑکن کو سن سکتی ہوں۔ تُمہاری خوشبو کو پہچان سکتی ہوں۔"

اس کی آواز میں ایک گہرا یقین تھا۔ آج، خدا کے گھر کے سامنے، ان کے ماضی اور حال کے تمام دھندلے رابطے ایک واضح اور ابدی حقیقت میں بدل گئے تھے۔

زہران مسجد بیت الفتوح کے صحن میں کھڑا تھا۔ سورج کی مدھم ہوتی ہوئی شعاعیں اس کے چہرے پر پڑ رہی تھیں، جس سے اس کے نقوش اور بھی نمایاں ہو رہے تھے۔ حیات کی نظریں اس پر جمی ہوئی تھیں، لیکن ایک چیز نے اس کی توجہ اپنی جانب مبذول کرائی – زہران کا پہنا ہوا کُرتا۔

یہ وہی سفید رنگ کا کُرتا تھا جو حیات نے چھ سال پہلے اُسے دیا تھا۔ وہ دن اسے آج بھی یاد تھا، زہران کا بے نیاز انداز اور اس کا ہلکا سا ناگواری کا اظہار جب اس نے وہ کُرتا وصول کیا تھا۔ لیکن آج، اسی کُرتے پر تین چھوٹے چھوٹے پیوند لگے ہوئے تھے۔ یہ پیوند صاف اور سلیقے سے لگائے گئے تھے، لیکن وہ واضح طور پر دکھائی دے رہے تھے۔

حیات کو اپنی آنکھوں پر یقین نہیں آ رہا تھا۔ یہ کیسے ممکن تھا؟ یہ وہی زہران تھا جو برانڈڈ کپڑوں اور اپنے ظاہری رکھ رکھاؤ پر جان چھڑکتا تھا۔ وہ شخص جو ایک بار کوئی لباس پہن لیتا تو دوبارہ اسے دیکھنا بھی گوارا نہیں کرتا تھا۔ اور آج، اتنے سالوں بعد، وہ اسی کُرتے میں کھڑا تھا، جس پر پیوند لگے ہوئے تھے۔

ان پیوندوں نے حیات کے دل میں ایک گہرا اثر چھوڑا۔ یہ صرف چند ٹانکے نہیں تھے، بلکہ یہ زہران کی زندگی میں آنے والی تبدیلیوں، اس کی قدروں میں ہونے والے انقلاب اور شاید اس کی یادوں کا ثبوت تھے۔ کیا یہ پیوند اس بات کی نشاندہی کر رہے تھے کہ زہران نے ماضی کی بے پروائی کو ترک کر دیا تھا؟ کیا یہ اس بات کا اشارہ تھا کہ وہ اب ان چیزوں کی قدر کرتا تھا جو اسے حیات کی یاد دلاتی تھیں؟

حیات کی آنکھیں نمی سے بھر گئیں۔ یہ محض حیرت کے آنسو نہیں تھے، بلکہ ایک گہری سمجھ اور ایک خاموش اعتراف کے آنسو تھے۔ زہران کا وہی پرانا کُرتا، جس پر پیوند لگے ہوئے تھے، ان چھ سالوں کی ایک خاموش کہانی بیان کر رہا تھا – ایک ایسی کہانی جس میں جدائی تھی، پچھتاوا تھا اور شاید محبت کی ایک ایسی چنگاری تھی جو اب بھی اس کے دل میں کہیں روشن تھی۔

جب زہران نے ایک بار پھر حیات کی طرف دیکھا۔ تو اُس کی نظر خود اُس کے کرتے پر پڑی۔ ایک ہلکی سی شرمندگی اس کے چہرے پر آئی، لیکن اس سے پہلے کہ وہ کچھ کہتا، حیات نے اپنی نم آنکھوں سے اسے دیکھا اور اس کے دل میں ایک یقین جاگزیں ہو گیا — وقت گزرنے کے ساتھ، ظاہری رکھ رکھاؤ سے کہیں زیادہ اہم چیزیں بدل گئی تھیں۔ اور شاید، ان پیوندوں کی طرح، ان کے دلوں کے درمیان ٹوٹے ہوئے رشتے بھی اب جڑنے کے لیے تیار تھے۔
زہران نے حیات کی نم آنکھوں میں جھانکا، اس کی آواز میں گہرا درد تھا۔
"حیات، میں خدا کو حاضر ناظر مان کر تم سے اپنی محبت کا اظہار کرتا ہوں۔ میں نے تم سے اتنی محبت کی ہے، جتنی شاید کبھی کسی نے کسی سے نہیں کی ہوگی۔"
ان الفاظ نے حیات کے دل میں ایک گونج پیدا کی۔ اسے چھ سال پہلے کہے ہوئے اپنے ہی الفاظ یاد آ گئے۔
"میں تم سے اتنی نفرت کرتی ہوں، جتنی کبھی کسی نے کسی سے نہیں کی ہوگی۔"
اس کی آنکھ سے ایک آنسو ٹپکا، جو اس کے چھ سال کے درد کی گواہی تھی۔
زہران کی نظر اس آنسو پر پڑی، جس میں اسے اپنا عکس صاف نظر آیا۔ حیات کا دل ایک عجیب کرب سے بھر گیا۔ زہران کی محبت اور اپنے تلخ الفاظ کا موازنہ اسے ہلا گیا۔
مسجد بیت الفتوح کی خاموشی حیات کے دل کے اضطراب کو کم نہ کر سکی۔
زہران نے حیات کے چہرے پر رقص کرتے آنسوؤں کو دیکھا تو بے اختیار بول پڑا، "یار چھوڑو بھی رونا دھونا۔ یہ کیا لگا رکھا ہے؟" اس کی آواز میں ہلکی سی جھنجھلاہٹ تھی، لیکن فکر صاف جھلک رہی تھی۔
حیات نے سسکتے ہوئے اسے دیکھا۔
زہران نے اس کے گالوں پر ہاتھ رکھ کر نرمی سے آنسو پونچھے۔
"حیات، تمہارے یہ آنسو فرش پر نہیں۔ بلکہ میرے دل پر جلتے ہوئے انگار کی طرح گر رہے ہیں۔"

زہران نے ایک گہری سانس لی۔ "اب بس بھی کرو۔ کیا یاد دلا رہی ہو وہ سب؟ اللہ کا شکر کرو کہ ہم یہاں ہیں"

"تم... تم ٹھیک تو ہو؟" حیات نے بمشکل کہا۔

زہران ہلکا سا مسکرایا۔ "میں تب ٹھیک ہوں گا جب تمہاری آنکھوں میں یہ غم کے بادل چھٹ جائیں گے۔ اب ہنسو تھوڑا۔"

حیات نے مسکرانے کی کوشش کی، ایک مدھم سی مسکراہٹ اس کے ہونٹوں پر آئی، جس میں ابھی بھی آنسوؤں کی نمی تھی۔

زہران نے اپنا ہاتھ اُس کی طرف بڑھایا۔ پھر رک گیا۔ حیات نے حیرت سے اُسے دیکھا۔

"کیا میں تمہارا ہاتھ تھام سکتا ہوں؟"

حیات بے اختیار ہنسی۔

"بس، یہی والی مسکراہٹ چاہیے۔ اب وعدہ کرو، کوئی آنسو نہیں۔"

حیات نے سر ہلایا۔

"بولو، کیا میں تمہارا ہاتھ تھام سکتا ہوں؟" زہران نے اپنا سوال ایک بار پھر دہرایا۔

"آج تھپڑ نہیں ماروں گی۔ کیوں کہ اب تم میرے محرم ہو۔"

وہ اُس کا ہاتھ تھامے اُس کے ساتھ قدم ملا کر چل رہا تھا۔

"مجھے یقین تھا۔ تم واپس ضرور اوگے۔ لیکن پھر یہ سوچ کر خوفزدہ ہو جاتی۔ کہیں میرا یہ انتظار...ایک طرفہ تو نہیں؟ بالکل اسی طرح جیسے کبھی تُمہاری محبت میرے لیے ایک طرفہ ہوا کرتی تھی،" وہ کہہ رہی تھی اور اس کی آنکھوں میں نمی تیر رہی تھی۔ اس کی آواز میں برسوں کی اداسی رچی ہوئی تھی۔

"پاگل لڑکی! میں کیسے نہ آتا؟ تم جانتی ہو، اگر نہ آتا تو شاید... شاید میں زندہ ہی نہ رہ پاتا۔ اور تم نے میرا چھ سال انتظار کیا؟" اس کی آواز میں پیار اور حیرت دونوں تھے۔ وہ اس کی محبت کی گہرائی پر قربان ہو رہا تھا۔

"چھ سال؟" وہ ہلکی سی مسکراہٹ کے ساتھ بولی۔ "محبت کرنے والے تو قیامت تک انتظار کرتے ہیں۔ یہ چند سال تو ایک پل کی مانند گزر گئے۔ لیکن کبھی کبھی مجھے ایک دن بھی ایک صدی کی طرح لگتا تھا۔ "

وہ دونوں شکرانے کی نماز ادا کرنے کے لئے کھڑے ہوئے۔

زاہران آگے تھا اور وہ اس کے تھوڑا پیچھے۔ ان کے درمیان کوئی فاصلہ نہیں تھا۔ جیسے دو روحیں ایک ہی جسم میں سمٹ آئی ہوں۔
وہ جب التحیات کے لیے بیٹھا۔ أَشْهَدُ أَنَّ لَا إِلَـٰهَ إِلَّا ٱللَّـٰهُ پر اُس کی کلمہ انگلی اٹھی۔ اور وَ أَشْهَدُ أَنَّ مُحَمَّدًا عَبْدُهُ وَرَسُولُهُ پر نیچے کر لیں۔
ان کی نماز محض رسم نہیں تھی، بلکہ ان کی روحوں کا خدا کے حضور ایک عہد تھا، ایک شکرانہ تھا اس طویل انتظار کے بعد ملنے والی لازوال محبت کا۔ ان کی خاموش مناجاتیں عرش تک پہنچ رہی تھیں، گواہی دے رہی تھیں ان کے پاکیزہ اور سچے عشق کی۔
نماز کے اختتام پر جب زاہران نے سلام پھیرا، تو اس کی نظریں حیات پر مرکوز ہو گئیں۔ وہ ابھی تک وہیں بیٹھی، دونوں ہاتھ آسمان کی طرف اٹھائے، گہری خاموشی میں ڈوبی دعا مانگ رہی تھی۔ اس کا چہرہ ایک نورانی کیفیت میں لپٹا ہوا تھا، آنکھیں بند تھیں اور ہونٹ ہلکے ہلکے جنبش کر رہے تھے۔ زاہران محوِ حیرت اسے دیکھے جا رہا تھا۔ اس خاموشی میں ایک عجب سکون اور گہرائی تھی۔
حیات نے دعا ختم کی۔ اور زہران کی طرف دیکھا۔ جو ابھی بھی اُسے دیکھ رہا تھا۔
"تمہیں پتا ہے حیات۔ میں کتنا بدل گیا ہوں۔ پہلے میں سات دن میں ایک وقت کی نماز پڑھتا تھا۔ اور اب ایک دن میں سات وقت کی نماز پڑھتا ہوں۔"
"مگر ہم پر تو صرف پانچ وقت کی نماز فرض ہے۔ تو تم سات وقت کی کیسے پڑھتے ہو؟" اُس نے بے اختیار ہنستے ہوئے کہا۔
"دیکھو، فجر، ظہر، عصر، مغرب، عشاء، تہجّد اور چاشت۔" آج پھر وہ فخریہ انداز میں کہہ رہا تھا۔
حیات ابھی بھی مسکرا رہی تھی۔
"حیات آج بھی دنیا میں معجزے ہوتے ہیں۔ اور آج جو تم میرے ساتھ ہو تو یہ بھی معجزہ ہے۔
اگر دل سے یقین ہو کہ اللہ چاہے تو سب کچھ ممکن ہے، تو وہی یقین معجزے کی پہلی سیڑھی بن جاتا ہے۔"
اُس کا اپنے اللہ پر یقین اور گہرا ہو گیا تھا۔ اُسے وہ محبت ملی تھی۔ جس کے ملنے کی کوئی اُمّید نہیں تھی۔
"ویسے شاہویر کون ہے؟" حیات نے پوچھا۔

"علی خان کا بڑا بیٹا۔ میری ماں مجھے زہران کہہ کر بلاتی تھی۔ پھر ہر کوئی مجھے زہران ہی کہنے لگا۔ مگر بابا نے میرا نام شاہویر رکھا تھا۔ اور میرا حقیقی نام شاہویر ہے۔ اس لیے نکاح شاہویر نام سے ہوا تھا۔ اور میں نے تمہیں اس لیے سچ نہیں بتایا کہ کہیں تم دوبارہ شادی سے انکار نہ کردو۔ کیوں کہ میں دوبارہ تمہیں نہیں کھو سکتا...."

وہ اٹھ کھڑا ہوا۔ اور اپنا ہاتھ حیات کی طرف بڑھایا۔ حیات نے اُس کا ہاتھ مضبوطی سے پکڑ لیا۔ اور کھڑی ہو گئی۔

"میں شادی سے انکار نہیں کرتی۔" حیات نے معصومیت سے کہا۔

وہ مسکرایا۔

"ویسے تمہیں پتا کیسے چلا میرے بارے میں؟" حیات نے تجسّس سے پوچھا۔

"بہت لمبی کہانی ہے۔"

......*

کہانی شروع ہوتی ہے، چند عرصے پہلے۔ جب زہران اور عادل دانیہ کی برتھ ڈے پارٹی ارینج کر رہے تھے۔

دانیہ بہت ایکسائیٹڈ تھی۔ یہ ایکسائٹمنٹ برتھ ڈے کی نہیں تھی، بلکہ فاز سے ملنے کی تھی۔

کیک میز پر پڑا ہوا تھا۔ مگر دانیہ فاز کا انتظار کر رہی تھی۔ اُس کی نظر گیٹ پر ٹکی ہوئی تھی۔

دانیہ کے آس پاس اُس کے دوست اور رشتےدار موجود تھے۔

زہران اور عادل بھی فاز کا انتظار کر رہے تھے۔

زہران کرسی پر بیٹھا اپنے پیر کو مسلسل ہلا رہا تھا۔ تبھی اُس کا فون بجتا ہے۔ وہ سائڈ میں جا کر فون پر باتیں کرنے لگتا ہے۔

دانیہ، فاز کے ساتھ، زہران کے عین پیچھے آکر کھڑی ہو گئی۔ زہران اب بھی اپنے فون پر کسی سے بات کرنے میں مگن تھا کہ اچانک دانیہ کی آواز اس کے کانوں میں پڑی۔ وہ پلٹا اور سامنے فراز کو دیکھ کر اس کی حیرت کی کوئی انتہا نہ رہی۔

"تم... تم یہاں؟" زہران نے ایک دم سکتے کے عالم میں پوچھا، اس کی آنکھوں میں disbelief اور غصے کے ملے جلے تاثرات تھے۔

دانیہ نے زہران کی حیرت کو نظر انداز کرتے ہوئے فاز کا ہاتھ تھاما اور ایک فاتحانہ مسکراہٹ کے ساتھ بولی۔

"ہاں، یہی ہے فاز... میرا بوائے فرینڈ۔"

یہ جملہ زہران کے لیے کسی بم سے کم نہ تھا۔ اس کا چہرہ غصے سے تمتما اٹھا، رگیں پھول گئیں اور اس سے پہلے کہ کوئی کچھ سمجھ پاتا، اس نے جھپٹ کر فاز کا گریبان پکڑ لیا۔

"تم... تم حیات کو دھوکہ دے رہے ہو؟ شادی اس سے کی ہے اور یہاں پر یہ سب افئیر چلا رہے ہو؟" زہران کی آواز غصے سے کانپ رہی تھی اور اس کی گرفت فاز کے گریبان پر مضبوط ہوتی جا رہی تھی۔

"نہیں! ایسا نہیں ہے۔ میں نے حیات سے شادی نہیں کی ہے۔" فراز نے زہران کو ساری بات تفصیل میں بتائی۔ وہ غصّے سے پاگل ہو گیا۔

"اگر آج کے بعد تم نے یا تمھارے خاندان میں سے کسی نے حیات کی طرف آنکھ اٹھا کر دیکھا تو خدا کی قسم میں تمھیں تمھارے خاندان سمیت آگ لگا دوں گا۔" وہ کہتا ہوا اُسے مارے جا رہا تھا۔

پہلا مکا بجلی کی تیزی سے فراز کے جبڑے پر پڑا۔ ایک دھماکے سی آواز آئی اور فراز کا سر ایک طرف جھٹکے سے گھوم گیا۔ اس کے منہ سے خون کا ایک قطرہ نکلا۔ اور دوسرا مکا اس کی پسلیوں پر رسید کیا۔ فراز کی سانسیں ایک لمحے کے لیے رک گئیں اور اس کے چہرے پر کرب کے آثار نمایاں ہوئے۔

زہران پاگلوں کی طرح اس پر برس رہا تھا۔ جیسے صدیوں پرانا غصّہ نکال رہا ہو۔ ہر مکا ایک چیخ بن کر فضا میں گونج رہا تھا۔ فراز بے بسی سے اپنے آپ کو بچانے کی کوشش کر رہا تھا۔

ایک زوردار لات فراز کے پیٹ پر پڑی، جس سے اس کی ساری ہوا نکل گئی۔ وہ دہرے ہو کر گر پڑا۔ لیکن زہران کا غصہ ابھی ٹھنڈا نہیں ہوا تھا۔ اس نے جھک کر فراز کے بالوں کو مٹھی میں بھینچا اور اس کا سر زمین پر دے مارا۔

دانیہ صدمے کے حالت میں کھڑی رہی۔

عادل کچھ سامان لے کر لان میں آیا۔ اُس کی نظر زہران پر پڑی۔ وہ دوڑا۔

دانیہ پہلے تو خوفزدہ ہو گئی، لیکن پھر صورتحال کی سنگینی کو بھانپتے ہوئے اس نے آگے بڑھ کر زہران کو پکڑنے کی کوشش کی، "زہران! پلیز رکو! کیا کر رہے ہو تم؟"

عادل بھی زہران کے پاس پہنچا اور اُس کا بازو پکڑ لیے۔ "زہران! بس کرو! اسے مار ڈالو گے کیا؟" عادل نے پوری قوت سے اسے پیچھے کھینچنے کی کوشش کی، جبکہ دانیہ نے فاز کو سہارا دے کر اٹھانے کی کوشش کی۔

"ہاں، مار ڈالوں گا۔ ہر اُس شخص کو مار ڈالوں گا جس کی وجہ سے حیات کو تکلیف ہوگی۔" وہ چلایا۔

اور اپنے بالوں کو اپنے ہاتھوں سے سہی کیا۔ اور ایک بار پھر فراز کو طرف لپکا۔ عادل اُسے تقریباً کھینچتے ہوئے اندر لے گیا۔

دانیہ نے ایمبولینس بلائی اور فراز کو ہاسپٹل بھیجا۔ اور پھر زہران کے کمرے کی طرف چلی گئی۔

"یہ کیا حرکت تھی، زہران؟" عادل کا لہجہ دھیما لیکن سخت تھا۔ اس کے الفاظ میں وہ صدمہ اور غصہ صاف جھلک رہا تھا جو اس نے ابھی دیکھا تھا۔ اس کی نظریں زہران کے خون آلود ہاتھوں پر مرکوز تھیں۔

"تمہیں کیا ہو گیا ہے؟ کیا تم پاگل ہو گئے ہو؟" اس کی آواز اب قدرے بلند ہو گئی تھی، اس میں خوف اور مایوسی کا عنصر شامل تھا۔ "تم نے اسے... تم نے اسے مار ڈالا ہوتا!"

اس نے ایک قدم زہران کی طرف بڑھایا، اس کی آنکھوں میں سوال اور ملامت تھی۔ "یہ سب کیا تھا؟"

"کچھ نہیں تھا۔ تم نے نہیں سنا کس طرح کہہ رہا تھا۔ اُس نے اپنے بھائی کا بدلہ لینے کے لیے حیات کا استعمال کیا ہے۔ اُسے شادی کے دن چھوڑ کر چلا گیا۔" وہ سخت آواز میں کہ رہا تھا۔

دانیہ کمرے میں داخل ہوئی۔ اُس نے شرمندگی سے زہران کی طرف دیکھا۔

"میرا تو دل چاہ رہا ہے کہ ابھی اس کا گلا گھونٹ دوں! اس کی سانس کی ڈور کاٹ دوں اسے گھسیٹ کر ملیشیا کی سب سے اونچی عمارت مردیکا پر لٹکا دوں! اتنا اونچا کہ ہر نظر اس پر پڑے، ہر گزرنے والا اس کی بے وفائی پر تھوکے! اور صرف تھوکے ہی نہیں، پتھروں سے اس کا سر کچل دیں! ایک ایک پتھر اس دھوکے کا

حساب ہو جو اس نے حیات کی روح کو دیا ہے! زہران غصّے کے عالم میں کہہ رہا تھا۔
"زہران اُسے چھوڑو یار۔ بہت مارا ہے تم نے اُسے۔"
"جان سے تو نہیں مارا۔ اسے شخص کو جان سے مار دینا چاہیے۔ جس نے پاکیزہ رشتے کو روند ڈالا! ایسے بے ایمانوں کے لیے اس دنیا میں کوئی جگہ نہیں ہونی چاہیے! انہیں عبرت کا نشان بنا دینا چاہیے! ان کی لاشیں ان سب کے لیے ایک پیغام ہونی چاہئیں جو محبت کے نام پر دغا کرتے ہیں!"
وہ کچھ وقفے کے لیے ٹھہرا۔
"میں اسے مار کر لٹکا دیتا! اگر میرے ہاتھ بندھے نہ ہوتے! اگر یہ معاشرہ مجھے اس درندگی کی اجازت دیتا! میں اس کی بے حس جان نکال لیتا اور اسے اس اونچی عمارت پر لٹکا کر بے وفاؤں کے لیے ایک ایسی مثال قائم کرتا جسے قیامت تک کوئی نہ بھولتا! یہ ان سب کے لیے ایک خوفناک انجام ہوتا جنہوں نے کبھی کسی کے پاک جذبات سے کھیلنے کی جرات کی! لیکن میں اُس کے گندے خون سے اپنا ہاتھ نہیں رنگ سکتا۔ میں ایک قاتل نہیں بن سکتا۔ اور شاید میں قاتل بن بھی جاتا۔ لیکن یہ سوچ کر اُسے زندہ چھوڑ دیا کہ کبھی وہ حیات کی محبت تھا۔"
"جب اتنی ہی محبت کرتے تھے۔ تو اُسے فراز کے حوالے کیوں کیا؟"عادل نے اکھڑے ہوئے لہجے میں کہا۔
"میں نے اُسے اُس درندے کے حوالے نہیں کیا۔ مجھے لگا تھا، کہ فراز اُس سے محبت کرتا ہے۔ اور اگر حیات اُس سے محبت نا کرتی ہوتی۔ خدا کی قسم اُسے مجھ سے کوئی جدا نہیں کر سکتا تھا۔ میں صرف حیات کی خوشی کے لیے اپنی محبت سے دسپردار ہو گیا۔ اُس کی خوشیوں کے لیے میں نے خود کو اذّیت دی۔"

......*

فراز کے اعتراف نے زہران کے دل پر ایک گہرا گھاؤ لگا دیا۔ وہ فوراً لکھنؤ لوٹا۔ حیات کے گھر پر خاموشی کا راج تھا۔ تالا لگا دیکھ کر اس کا دل ڈوبنے لگا۔ آس پاس کے لوگوں سے پوچھنے پر معلوم ہوا کہ حیات اب گجرات میں اپنی پھوپھی کے پاس ہے۔

ایک کسک لیے زہران گجرات پہنچ گیا۔ اس نے دھڑکتے دل کے ساتھ دروازے پر دستک دی۔

دروازہ کھلتے ہی پھوپھی نے اسے پہچان لیا۔ ایک دھندلی سی یاد ان کے ذہن میں تازہ ہو گئی، جب انہوں نے اسے ایک بار حیات کے گھر میں دیکھا تھا۔

"تم... تم یہاں کیسے؟" ان کی آواز میں حیرت اور ایک چھپی ہوئی تشویش تھی۔ "اندر آؤ۔"

زہران اندر داخل ہو گیا۔

"آنٹی۔ مجھے کچھ دن پہلے ہی یہ سب پتا چلا کہ فراز نے حیات کے ساتھ کتنا بڑا دھوکہ کیا ہے۔" زہران کی آواز بھرا گئی۔

پھوپھی کی آنکھیں نم ہو گئیں۔ "حیات نے بہت سہہ لیا ہے۔ اور اب تو..." ان کی آواز رندھ گئی۔

"اب کیا آنٹی؟ مجھے بتائیے۔"

پھوپھی نے ایک گہری سانس لی۔

"بیٹا، حیات کی آنکھوں کی روشنی چلی گئی ہے۔ ایک حادثے میں..." ان کی آواز لرز رہی تھی۔

زہران پر جیسے بجلی گری۔ اس کی دنیا ایک لمحے میں اندھیر ہو گئی۔ "کیا... کیا کہہ رہی ہیں آپ؟ حیات... وہ اب دیکھ نہیں سکتی؟" اس کی آواز میں یقین اور انکار کا ایک عجیب امتزاج تھا۔

پھوپھی نے افسردگی سے سر ہلایا، "ہاں بیٹا... اس کی دنیا اندھیری ہو گئی ہے۔"

زہران نے ایک لمحے کے لیے اپنی آنکھیں بند کر لیں۔ اور اپنے سر پر کو اپنے ہاتھوں سے پکڑ کر بیٹھا رہا۔ ایک گہرا سکوت کمرے پر طاری ہو گیا۔

"آنٹی، میں اب بھی حیات سے شادی کروں گا۔ مجھے اس بات سے فرق نہیں پڑتا۔"

وہ اٹھا، بوجھل قدموں کے ساتھ دروازے کی طرف بڑھا۔ ایک عجیب بےچینی، ایک ناگوار سا اضطراب، اس کے قدموں میں باندھ سا گیا تھا۔

دل جیسے کسی ان دیکھے خوف سے لرز رہا تھا۔

اسی لمحے...زہران کی نظر حیات پر پڑی۔ وہ کمرے کے اندر سے نکل رہی تھی،

مگر کیسی نکل رہی تھی؟
کسی اندھے مسافر کی طرح —
ہر دیوار، ہر کونہ، ہر آہٹ کو چھوتی، سہارا لیتی، مدھم قدموں سے، ٹوٹتے حوصلے سے۔
حیات کی آنکھوں میں کبھی جگمگانے والی وہ روشنی...آج گویا بجھ چکی تھی۔وہ بےنور آنکھیں، خالی پن سے لبریز — ایسا سناٹا، جس میں نہ کوئی خواب بچا تھا، نہ کوئی امید۔
زہران کے قدم زمین سے جڑ گئے۔
ہاتھوں سے دروازہ تھام کر وہ وہیں بیٹھ گیا۔
اس کی پلکیں لرزنے لگیں۔
اور پھر آنکھوں سے بےاختیار آنسو بہنے لگے۔ ایسے آنسو جن میں برسوں کی بےبسی، لاچاری اور ٹوٹا ہوا عشق شامل تھا۔
اس کا جسم کپکپانے لگا۔ دل کی چیخیں لبوں سے پہلے چھن چھن کر آنکھوں سے نکلنے لگیں۔ پھر وہ بےاختیار سجدے میں جا گرا۔
ایسا سجدہ، جس میں شکر نہ تھا، دعا نہ تھی،
بس ایک بےبس عشق کی ٹوٹ پھوٹ تھی۔
وہ سجدے میں روتا رہا...لرزتا رہا...سسکتا رہا...
ایسے جیسے اس کی روح جسم سے نکل کر فرشِ زمین پر بکھر گئی ہو۔
اپنی محبت کو اس حال میں دیکھنا، زہران کے لیے کسی قیامت سے کم نہ تھا۔ ایسی قیامت جو ہر سانس میں اسے زندہ دفن کر رہی تھی۔
اُس کے بعد حیات اور زہران اُرف (شہویر) کا نکاح ہو گیا۔

✷ . . . ✷ . . . ✷

ان دنوں وہ حیات کے ساتھ لکھنؤ واپس آیا تھا۔
رات کا وہی پہر تھا، بارش کی بوندیں سڑک پر گر رہی تھیں۔ اور ٹھنڈی ٹھنڈی ہوا چل رہی تھی۔ سڑک کے کنارے لگی لائٹوں کی مدھم روشنی میں دو سائے ایک دوسرے کا ہاتھ تھامے آہستہ آہستہ چل رہے تھے۔
زہران نے گہری نظروں سے حیات کی طرف دیکھا اور مسکراتے ہوئے کہا۔

"یہی سڑک... یہی پہر... یہی موسم... اور یہی بارش... جب ہم پہلی بار ملے تھے۔" اس کی آواز میں ایک پرانی یاد تازہ ہو رہی تھی۔
حیات نے اس کی آنکھوں میں جھانکا اور نفی میں سر ہلایا۔
"نہیں، زہران۔ ہم پہلی بار گاندھی روڈ پر ملے تھے۔ اور وہ دن کا وقت تھا۔ تمہیں یاد نہیں؟" اس نے ناراضگی ظاہر کی۔
زہران کی مسکراہٹ اور گہری ہو گئی۔ "اوہ، ہاں! میری یادداشت کچھ کمزور ہے تمہارے معاملے میں۔ شاید اس لیے کہ ہر ملاقات پہلی ملاقات کی طرح خاص ہوتی ہے۔" پھر اس نے اچانک کہا، "اچھا، ایک کام کرو۔ اپنی آنکھیں بند کرو۔"
حیات نے حیرت سے اسے دیکھا۔ اور پھر اپنی آنکھیں بند کر لیں۔
زہران نے اپنی جیب میں ہاتھ ڈالا اور ایک چھوٹا سا مخملی ڈبہ نکالا۔ اس نے ڈبہ کھولا اور اس میں سے ایک نازک سا چاندی کا بریسلٹ نکالا۔ بہت احتیاط سے اس نے وہ بریسلٹ حیات کی خالی کلائی میں پہنا دیا۔
"اب کھولو اپنی آنکھیں۔" زہران نے دھیمی آواز میں کہا۔
حیات نے اپنی آنکھیں کھولیں اور اپنی کلائی پر چمکتے ہوئے بریسلٹ کو دیکھ کر دم بخود رہ گئی۔ یہ وہی بریسلٹ تھا! اس کی پتلی سی زنجیر اور چھوٹا سا سرخ نگینہ... اسے اچھی طرح یاد تھا۔ یہ وہی بریسلٹ تھا جو سات سال پہلے اس اجنبی شخص سے چھتری لیتے وقت اس کی گاڑی میں گر گیا تھا۔ وہ حیرت اور خوشی کے ملے جلے جذبات سے زہران کو دیکھتی رہ گئی۔ یہ اتفاق نہیں ہو سکتا تھا... یہ تو ان کی ان کہی کہانی کا ایک خوبصورت ربط تھا۔
اب بھی اس کا دل زور زور سے دھڑک رہا تھا۔ اس کی نظریں زہران کے چہرے پر جم گئیں، ان میں یقین اور ایک گہری حیرت رچی ہوئی تھی۔
"یہ..." اس کی آواز لرز رہی تھی۔ اُس نے اپنے بریسلیٹ کو چھوا اور پھر اپنی نظریں اٹھا کر زہران کو دیکھا "یہ بریسلٹ... یہ تو..."
زہران نے اس کا ہاتھ اپنے ہاتھوں میں لیا۔
"یاد ہے وہ بارش کی رات؟ وہ الجھن بھرا لمحہ جب تم میری گاڑی کے سامنے آ گئی تھیں؟ اور یہ بریسلیٹ میں نے کسی غیر کی امانت سمجھ کر اپنے پاس رکھا تھا۔ مگر مجھے نہیں پتہ تھا۔ یہ بریسلیٹ میری امانت کی امانت ہے۔"

حیات کی آنکھیں دھیرے دھیرے وسیع ہوتی گئیں۔ اس کے ذہن میں اس رات کے دھندلے نقوش تازہ ہونے لگے۔ تیز بارش، ایک اجنبی کی آواز، ایک پیش کی گئی چھتری......

"مجھے نہیں پتا تھا، کہ مجھے اس قدر بدتمیز لڑکی سے محبت ہو جائے گی۔" اُس نے مسکراتے ہوئے کہا۔

حیات نے نم آنکھوں سے اسے گھورا، لیکن اس کے ہونٹوں پر بھی ایک ہلکی سی مسکراہٹ چھپی ہوئی تھی۔ "بدتمیز میں؟ تم نے تو مجھے تقریباً مار ہی ڈالا تھا اپنی تیز رفتار گاڑی سے!"

"دیکھو حیات۔ اُس رات بھی تُمہاری غلطی تھی۔ تم ہی اچانک سے میری گاڑی کے سامنے آ گئی تھی۔ تمہیں یاد ہے تم نے مجھ سے کتنی بدتمیزی کی تھی۔" اُس نے خامخواہ غصّے ہونے کی اداکاری کی۔

"آئی ایم سوری!" حیات نے شرمندگی سے کہا۔

"ارے یار! مزاق کر رہا ہوں۔" وہ مسکرایا۔

"سچ کہوں تو، اس رات مجھے بالکل اندازہ نہیں تھا کہ وہ ایک اتفاقی ملاقات ہماری پوری زندگی بدل دے گی۔ وہ بارش کی رات میری زندگی کی سب سے خوبصورت شروعات ثابت ہوئی۔ اور بہت دردناک بھی۔"

"محترمہ آپ بھی عجیب لڑکی ہیں۔ میری ہی محبت کے لیے مجھے ہی ٹھکرا دیا۔" وہ بہت معصومیت سے کہہ رہا تھا۔

"تب کیا معلوم تھا کہ تم ہی وہ انسان ہو جس کے لیے میری روح برسوں سے منتظر تھی۔ اور جب ہماری قسمت میں ملنا ہی لکھا تھا، تو ہم پہلے کیوں نہیں ملے؟" حیات نے زہران کی آنکھوں میں دیکھتے ہوئے کہا۔

"شاید اس لیے، کہ اگر ہم پہلے ہی ایک دوسرے کے نصیب میں لکھ دیے جاتے، تو شاید ہم اس قیمتی رشتے کی ناقدری کرتے۔ اتنی دردناک جدائی کے بعد جب آج ہم ملے ہیں، تو اب جدا ہونے کے محض خوف سے ہی جسم سے روح پرواز کر جائے گی۔"

"واہ! تم تو بہت گہری گہری باتیں کرنے لگے۔"

زہران مسکرایا۔

کچھ دیر دونوں خاموشی سے ایک دوسرے کو دیکھتے رہے۔

"تمہیں یاد ہے حیات، ایک بار تم نے مجھ سے کہا تھا۔"

محبت کی کتاب میں اگر لفظِ وفا نا ہو۔
تو آخری صفحے پہ لفظِ جدائی مقدّر بن جاتی ہے۔"
"اور آج میں تم سے کہتا ہوں۔"
"محبت کی کتاب کا آغاز ہو لفظِ وفا سے گر،
تو آخری سطر پہ مل ہی جاتی ہے منزلِ یار آخر"
حیات خاموشی سے سنتی رہی۔
زہران نے حیات کی طرف پیار سے دیکھتے ہوئے ایک سنجیدہ سا چہرہ بنایا، پھر آنکھیں جھپکاتے ہوئے بولا۔
"اچھا سنئے محترمہ! میں قسم کھاتا ہوں... نہیں، وعدہ کرتا ہوں کہ اب سے میری زبان سے آپ کے لیے کبھی کوئی ٹیڑھی بات نہیں نکلے گی۔ بدتمیزی؟ توبہ توبہ! وہ تو میرا کوئی پرانا جنون تھا، اب میں ایک سدھرا ہوا شریف النفس شہری ہوں۔ اور حیات احسن کا سیدھا سادھا معصوم سا شوہر۔
"اور ہاں... آپ کی وہ خاص قسم کی، مرچوں سے بھری ہوئی بریانی... جو میں نے پہلی بار آپ کے گھر کھائی تھی۔ میں اسے بھی شوق سے کھایا کروں گا۔ ہر بار ایک فاتح کی طرح پلیٹ صاف کروں گا، چاہے میرے کانوں سے دھواں ہی کیوں نہ نکل رہا ہو۔"
"اور اب سے اگر آپ کا دل چاہے تو آپ مجھے دن میں دس بار سرمئی آنکھوں والا بندر کہہ سکتی ہیں۔ بلکہ میں تو کہوں گا، 'آج کیا موڈ ہے، محترمہ ؟ کیا آج میں صرف بندر ہوں یا کوئی خاص قسم کا لنگور؟.....اور ہاں آپ کو سب معاف ہے۔ آپ کوئی عام لڑکی نہیں، بلکہ زہران خان کی پہلی محبت ہیں۔ میری شریکِ حیات ہیں۔"
وُہ بے اختیار ہنسی۔
آج اُسے وہ محبت مل گئی تھی۔ جس کی وہ حقدار تھی۔
زہران کو اس بات کا احساس ہو گیا تھا۔ اصل دولت محبت ہوتی ہے۔ پیسہ نہیں۔
حیات نے اپنا ہاتھ اُس کے سینے پر رکھا اُس کے دل کے قریب۔ اُس کی دھڑکنوں کو اپنے ہاتھ کی ہتھیلی میں محسوس کرتے ہوئے کہا۔ اس کی آواز میں گہری چاہت اور سپردگی تھی۔
"زہران، میں وعدہ کرتی ہوں کہ میری محبت ہر گزرتے لمحے کے ساتھ اور گہری ہوتی جائے گی۔ جس طرح جنت ابدی ہے، اسی طرح میری روح کا تعلق تم سے کبھی ختم نہیں ہوگا۔ تم میری زندگی کا وہ

انمول جوہر ہو جسے میں اپنی پلکوں کی چھاؤں میں رکھوں گی۔ یہ میرا تم سے وعدہ ہے۔"

زہران مسکرایا اور اپنے سینے سے حیات کا ہاتھ اپنی مضبوط ہتھیلی کی گرفت میں لے لیا۔ پھر وہ اس کے ساتھ چلنے لگا، لیکن حیات اس سے دو قدم پیچھے تھی۔ اس نے اپنے قدم روک لیے، جس پر حیات بھی ٹھہر گئی۔

"تم میرے ساتھ قدم ملا کر چلو، حیات۔ مجھے یہ گوارا نہیں کہ میری محبت مجھ سے پیچھے چلے۔ تم میری زندگی کی ساتھی ہو، میری برابر کی حقدار۔"

حیات نے بے اختیار اس کی طرف دیکھا۔ اس کے دل میں زہران کی اس بات نے ایک گہرا اثر کیا تھا۔ یہ صرف ایک درخواست نہیں تھی، بلکہ اس کے احترام اور برابری کے احساس کا اظہار تھا۔

ایک دھیمی مسکراہٹ اس کے لبوں پر آئی اور اس نے اپنا دوسرا ہاتھ زہران کے ہاتھ پر رکھ دیا۔

"زہران، تمہاری محبت ہی تو میرا راستہ ہے۔ جہاں تم ہو، وہیں میری منزل ہے۔ اگر میں دو قدم پیچھے تھی، تو شاید اس لیے کہ میں تمہارے نقشِ قدم کو دیکھ رہی تھی، اس یقین کے ساتھ کہ تم ہمیشہ میرا ہاتھ تھامے رہو گے۔ اور میرے محافظ بن کر میرے آگے کھڑے رہو گے۔ کھڑے رہو گے نا؟"

زہران نے اثبات میں سر ہلایا۔"

وہ دونوں ہلکی ہلکی بارش میں، ایک دوسرے کا ہاتھ تھامے اس سڑک پر محوِ سفر تھے۔ ان کے دل محبت کی گہری تپش سے منور تھے، اور ان کی خاموشی بھی ایک دوسرے سے سرگوشیاں کر رہی تھی۔ یہ منظر ہمیں یاد دلاتا ہے کہ سچی محبت محض ایک دنیاوی جذبہ نہیں، بلکہ یہ تو اللہ کی ایک عظیم نعمت ہے، ایک پاکیزہ بندھن ہے جو دو روحوں کو ایک رشتے میں پرو دیتا ہے۔

یہ کہانی ہمیں سکھاتی ہے کہ محبت صبر، قربانی اور وفاداری کا دوسرا نام ہے۔ جس طرح زہران اور حیات نے طویل جدائی اور سخت آزمائشوں کے بعد ایک دوسرے کو پایا، اسی طرح ہمیں بھی اپنی محبتوں میں ثابت قدم رہنا چاہیے۔ یاد رکھیں، دنیا کی محبت اگر اللہ کی رضا کے لیے ہو، تو وہ کبھی فنا نہیں ہوتی۔ یہ تو وہ نور ہے جو دلوں کو جوڑتا ہے اور زندگی کے اندھیروں میں روشنی دکھاتا ہے۔

اپنی محبتوں کو اللہ کے احکامات کے مطابق ڈھالو۔ ایک دوسرے کے لیے رحمت اور سکون کا باعث بنو۔ دنیاوی چاہت کو بندگی کا ذریعہ بناؤ، اور جان لو کہ جو محبت اللہ کی خاطر ہو، اس کا انجام ہمیشہ خیر و برکت والا ہوتا ہے۔ زہران اور حیات کی یہ داستان ہمیں یہی پیغام دیتی ہے کہ سچی محبت دنیا میں بھی جنت کا نمونہ ہے اور آخرت میں بھی بلند درجات کا سبب بنے گی۔

www.ingramcontent.com/pod-product-compliance
Lightning Source LLC
LaVergne TN
LVHW100436051026
849518LV00004B/1513
* 9 7 8 9 3 4 9 8 6 0 4 2 1 *